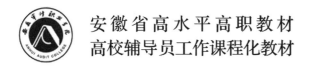

安徽省高水平高职教材

高校辅导员工作课程化教材

大学生服务手册

第 2 版

主编 胡华北 韩成文

中国科学技术大学出版社

内 容 简 介

新生入学教育是大学生进入高校的"第一堂课",搞好入学教育是使新生熟悉学校环境、适应大学生活,在角色、心理、行为等方面顺利完成由高中生向大学生成功转变的前提和基础。本书本着为大学新生服务的宗旨,从适应新生活、安全健康、职业规划、自主管理、学习交往、心理困扰、驾驭网络、合理消费、爱情友情等方面来关注和引导大学新生的健康成长与发展。

图书在版编目(CIP)数据

大学生服务手册/胡华北,韩成文主编. —2版. —合肥:中国科学技术大学出版社,2020.8 (2021.8重印)

ISBN 978-7-312-04972-9

Ⅰ.大… Ⅱ.①胡… ②韩… Ⅲ.大学生—入学教育 Ⅳ.G645.5

中国版本图书馆CIP数据核字(2020)第087915号

大学生服务手册

DAXUESHENG FUWU SHOUCE

出版	中国科学技术大学出版社 安徽省合肥市金寨路96号,230026 http://press.ustc.edu.cn https://zgkxjsdxcbs.tmall.com
印刷	安徽国文彩印有限公司
发行	中国科学技术大学出版社
经销	全国新华书店
开本	787 mm×1092 mm 1/16
印张	15.75
字数	403千
版次	2015年9月第1版 2020年8月第2版
印次	2021年8月第7次印刷
定价	36.00元

写给未来的你
（代　序）
余光中

　　孩子，我希望你自始至终都是一个理想主义者。

　　你可以是农民，可以是工程师，可以是演员，可以是流浪汉，但你必须是个理想主义者。

　　童年，我们讲英雄故事给你听，并不是一定要你成为英雄，而是希望你具有纯正的品格。

　　少年，我们让你接触诗歌、绘画、音乐，是为了让你的心灵填满高尚的情趣。

　　这些高尚的情趣会支撑你的一生，使你在最严酷的冬天也不会忘记玫瑰的芳香。

　　理想会使人出众。

　　孩子，不要为自己的外形担忧。

　　理想纯洁你的气质，而最美貌的女人也会因为庸俗而令人生厌。

　　通向理想的途径往往不尽如人意，而你亦会为此受尽磨难。

　　但是，孩子，你尽管去争取，理想主义者的结局悲壮而绝不可怜。

　　在貌似坎坷的人生里，你会结识许多智者和君子，你会见到许多旁人无法遇到的风景和奇迹。

　　选择平庸虽然稳妥，但绝无色彩。

　　不要为蝇头小利放弃自己的理想，不要为某种潮流而改换自己的信念。

　　物质世界的外表太过复杂，你要懂得如何去拒绝虚荣的诱惑。

　　理想不是实惠的东西，它往往不能带给你尘世的享受。

　　因此你必须习惯无人欣赏，学会精神享受，学会与他人不同。

　　其次，孩子，我希望你是个踏实的人。

　　人生太过短促，而虚的东西又太多，你很容易眼花缭乱，最终一事无成。

　　如果你是个美貌的女孩，年轻的时候会有许多男性宠你，你得到的东西太过容易，这会使你流于浅薄和虚浮；

　　如果你是个极聪明的男孩，又会以为自己能够成就许多大事而流于轻佻。

　　记住，每个人的能力有限，我们活在世上能做好一件事足矣。

　　写好一本书，做好一个主妇。

　　不要轻视平凡的人，不要投机取巧，不要攻击自己做不到的事。

　　你长大后会知道，做好一件事太难，但绝不要放弃。

你要懂得和珍惜感情。

不管男人女人,不管墙内墙外,相交一场实在不易。

交友的过程会有误会和摩擦,但想一想,诺大世界,有缘结伴而行的能有几人?

你要明白朋友终会离去,生活中能有人伴在身边,听你倾谈,倾谈给你听,就应该感激。

要爱自己和爱他人,要懂自己和懂他人。

你的心要如溪水般柔软,你的眼波要像春天般明媚。

你要会流泪,会孤身一人坐在黑暗中听伤感的音乐。

你要懂得欣赏悲剧,悲剧能丰富你的心灵。

希望你不要媚俗。

你是个独立的人,无人能抹杀你的独立性,除非你向世俗妥协。

要学会欣赏真,要在重重面具下看到真。

世上圆滑标准的人很多,但出类拔萃的人极少。而往往出类拔萃又隐藏在卑琐狂荡之下。

在形式上我们无法与既定的世俗争斗,而在内心我们都是自己的国王。

如果你的脸上出现谄媚的笑容,我将会羞愧地掩面而去。

世俗的许多东西虽耀眼却无价值,不要把自己置于大众的天平上,不然你会因此无所适从,人云亦云。

在具体的做人上,我希望你不要打断别人的谈话,不要娇气十足。

你每天至少要拿出两小时来读书,要回信写信给你的朋友。

不要老是想着别人应该为你做些什么,而要想着怎么去帮助他人。

借他人的东西要还,不要随便接受别人的恩惠。

要记住,别人的东西,再好也是别人的;自己的东西,再差也是自己的。

孩子,还有一件事,虽然做起来很难,但相当重要,这就是要有勇气正视自己的缺点。

你会一年年地长大,会渐渐遇到比你强、比你优秀的人,会发现自己身上有许多你所厌恶的缺点。

这会使你沮丧和自卑。

但你一定要正视它,不要躲避,要一点点地加以改正。

战胜自己比征服他人还要艰巨和有意义。

不管世界潮流如何变化,但人的优秀品质却是永恒的:正直、勇敢、独立。

我希望你是一个优秀的人。

前　言

　　行为自主是人类发展的客观规律,"有所为,有所不为"是个人健康成长的显著特征。可以说,成长自主是大学生个性发展的必然选择。

　　大学生在校期间,我们积极倡导"四自教育"(自主学习教育、自我服务教育、自我管理教育、自我成长教育),力求引导大学生做到:从入学迷惘到改变自我、适应新环境,从被动学习到自主规划、主动成长,从依附父母到独立生活、学会感恩,从埋头学习到关注社会、报效祖国。这些,既需要大学生读书、实践、追求,也需要学校关爱、服务、教育。

　　当同学们接到入学通知书的那一刻,憧憬着美好的大学生活,头脑中一定装着很多疑问且想"早知道",这是多么宝贵的自主求知动机呀! 学校为了引导学生尽快适应大学生活,也迫切需要学生"早明白"。

　　这既是双方的基本诉求,也是两者的自觉担当。鉴于此,这本《大学生服务手册》因需而生了。

　　我们追寻大学生"四成教育"(成人教育、成长教育、成才教育、成功教育)的梦想,努力搭建开展学生"四自教育"的平台。本书通过精心的构思与设计,试图帮助大学生在入学时回答"我是谁?""我在哪?"等疑问,解决"我去哪?""我如何做?"等困惑。

　　本书共分10篇,从"初识大学""角色规划""行为规范"到"校园安全""就业发展""核心价值观"等内容,循序渐进,力争做到校园生活指引全覆盖,健康成长指导全方位。

　　真诚地希望本手册能为大一新生"四自教育"提供服务,这是编者的美好愿望,但由于时间仓促、水平有限,不足之处在所难免,诚恳希望广大师生在使用过程中提出宝贵意见和建议。

　　本书是安徽省2016年高校省级质量工程教学研究项目重大课题:"高职院校辅导员工作课程化模式改革研究"(皖教秘高〔2016〕189号,项目号:2016jyxm0365)阶段性研究成果、安徽省教育厅2018年高等学校省级质量工程项目:"高水平高职教材建设"(皖教秘高〔2019〕31号,项目号:2018yljc185)建设成果。本书在编写过程中,得到了安徽审计职业学院领导和相关部门的大力支持,参考了相关研究者的研究成果,在此一并表示衷心的感谢!

编　者

目　　录

写给未来的你(代序) ………………………………………………………（ⅰ）

前言 …………………………………………………………………………（ⅲ）

第一章　适应篇 ……………………………………………………………（ 1 ）
　　第一节　初识大学 ……………………………………………………（ 1 ）
　　第二节　高职角色 ……………………………………………………（ 2 ）
　　第三节　大学规划 ……………………………………………………（ 6 ）

第二章　校园篇 ……………………………………………………………（ 11 ）
　　第一节　学院概况 ……………………………………………………（ 11 ）
　　第二节　部门机构 ……………………………………………………（ 13 ）
　　第三节　校园文化 ……………………………………………………（ 17 ）

第三章　管理篇 ……………………………………………………………（ 22 ）
　　第一节　行为规范 ……………………………………………………（ 22 ）
　　第二节　党团组织 ……………………………………………………（ 68 ）
　　第三节　公寓管理 ……………………………………………………（ 78 ）

第四章　学习篇 ……………………………………………………………（ 81 ）
　　第一节　自主学习 ……………………………………………………（ 81 ）
　　第二节　"双证"提升 …………………………………………………（ 85 ）
　　第三节　阅读图书 ……………………………………………………（ 91 ）

第五章　生活篇 ……………………………………………………………（ 94 ）
　　第一节　劳动教育 ……………………………………………………（ 94 ）
　　第二节　理性消费 ……………………………………………………（ 96 ）
　　第三节　奖助保险 ……………………………………………………（101）
　　第四节　社团组织 ……………………………………………………（118）

第六章　交际篇 ……………………………………………………………（124）
　　第一节　师生关系 ……………………………………………………（124）
　　第二节　同学关系 ……………………………………………………（125）
　　第三节　校园恋情 ……………………………………………………（131）

第七章　安全篇 ……………………………………………………………（139）
　　第一节　安全意识 ……………………………………………………（139）
　　第二节　校园安全 ……………………………………………………（143）

第三节　应急演练 …………………………………………………………（151）
　　第四节　应急逃生 …………………………………………………………（153）

第八章　就业篇 ……………………………………………………………………（156）
　　第一节　就业政策 …………………………………………………………（156）
　　第二节　就业渠道 …………………………………………………………（165）
　　第三节　就业技巧 …………………………………………………………（168）

第九章　健康篇 ……………………………………………………………………（172）
　　第一节　健康概述 …………………………………………………………（172）
　　第二节　身体健康 …………………………………………………………（175）
　　第三节　心理健康 …………………………………………………………（177）

第十章　修身篇 ……………………………………………………………………（200）
　　第一节　党的十九大精神 …………………………………………………（200）
　　第二节　习近平新时代中国特色社会主义思想 …………………………（202）
　　第三节　核心价值观 ………………………………………………………（204）
　　第四节　中国梦 ……………………………………………………………（211）
　　第五节　修身养性 …………………………………………………………（214）

附录　高校毕业生就业创业政策百问 ……………………………………………（218）

参考文献 ……………………………………………………………………………（244）

第一章 适 应 篇

第一节 初识大学

  大学是人生的关键阶段。进入大学,我们第一次放下了高考的重担,开始追逐自己的兴趣、理想;第一次离开家庭生活,参与团体和社会生活;第一次可以有机会在学习理论的同时亲身实践;第一次脱离被动,自由处置生活和学习中遇到的各类问题,支配所有属于自己的时间。

  离开父母后,我们开始独立,不只是生活上的独立,更重要的是思想上我们脱离了父母的约束,在理想的天空下任意驰骋,命运把握在我们自己手中。

  大学是智慧的象征,是精神的家园,是令人向往和憧憬的圣地;大学是一个舞台,给人展示的机会;大学是一面镜子,让自己认识自己;大学是一个超市,让人各取所需;大学是一座富矿,等待人们去开采……

  在这里,可以尽情地汲取丰富的知识;

  在这里,可以畅意地漫步在林荫小道;

  在这里,可以纯真地品尝甜蜜爱情。

  大学,这个无数人向往的象牙塔,一批又一批优秀青年鱼贯而入、比肩接踵。

  从高中走进大学,就如同沿着小溪和江河驶进了大海。"天高任鸟飞,海阔凭鱼跃",在大学的知识海洋里,大学生们可以尽情地遨游,充分地展现自己。你真的准备好了吗?

  首先,还是让我们来认识一下什么是"大学"?

  "大学"一词是从拉丁语"Universitas"派生而来的,大致意思是"教师和学者的社区"。现代的"大学",泛指实施高等教育的学校,是指提供教学和研究条件并授权颁发学位的高等教育组织,包括综合性大学、学院、高职高专院校等。截至2019年6月15日,全国高等学校共计2956所,其中普通高等学校有2688所(含独立学院257所),成人高等学校有268所。

  "大学"也指提供教学和研究条件的高等教育组织,通常设有许多专业,再由几个相近的专业组成系或院。

  有史料记载的最早的大学是印度的那烂陀寺,建于公元5世纪,后来逐渐成为亚洲高等学府的翘楚。那烂陀在梵文中意思为莲花给予者,而莲花在古尼泊尔象征着知识。那烂陀寺在鼎盛时期藏书900万卷,有教师2000人,吸引来自中国、日本、高丽等国的1万多名学生。这里的教学以佛教教育为中心,教授科学、哲学、文学、数学、逻辑学和医学等知识。中国僧人玄奘西天取经,就是在那烂陀寺求教佛法。

  1193年突厥军队攻入印度,把那烂陀寺洗劫一空,放火烧毁了那里规模宏大的图书馆。

那时候,牛津大学等西方高等学府才刚刚形成规模。

在中国,封建时代的"大学"一词除了指儒家经典四书之一的《大学》外,还指聚集在特定地点整理、研究和传播高深领域知识的机构。根据文献记载,大学作为一种具有高等教育职能的机构,可以追溯到五帝时期的成均和上庠。董仲舒曰:"五帝名大学曰成均,则虞痒近是也。"虞舜时成立上庠,"上庠"即"高等学校"的意思。郑玄曰:"上庠为大学,在王城西郊。"以后夏朝的东序、商朝的瞽宗、周朝的辟雍都是当时位于京师的最高学府。

到了汉朝,中央设立太学,为最高学府,而地方也开始设立郡学、州学、府学、县学等供同龄学生学习的地方官办高等学校,相当于不同阶级的公立大学,低阶大学学业出色的学生可以进至高阶大学学习。隋唐以后太学改为国子监,唐朝以后出现书院。书院可以分为大学部、小学部,有些并不严格区分;有官办的,有私立的,不少是私办官助的。白鹭书院、白鹿洞书院、应天府书院、嵩阳书院、石鼓书院、茅山书院等都是著名书院的代表。中国传统学校培养服务公共政治的官员及从事文化教育的文人,偏重儒学及人文教育。

此外,还有专门的学科部或者专科性的高等教育机构。南朝宋时设有儒学馆、玄学馆、文学馆、史学馆,合并后分儒、道、文、史、阴阳五部学。唐朝的国子监设有律学馆、书学馆、算学馆。明朝时设有专门培养外交翻译人才的四夷馆。此外,还有兼具人才培养功能的专门性的科研及应用服务机构,如医学领域的太医馆等,天文历法领域的司天监或者钦天监等;还出现过综合性的学术研究机构,如南朝时宋朝设立的华林学省,相当于后来的"中央研究院"。

19 世纪末,辛亥革命元老、中国现代教育奠基人何子渊、丘逢甲等人开风气之先,排除顽固守旧势力的干扰,成功引入西学(美式教育),创办新式学校,将平民教育纳入清政府的视野。迫于形势压力清政府不得不对教育革新网开一面,于 1905 年年末颁布新学制,废除科举制,并在全国范围内推广新式学堂,西学逐渐成为学校教育的主要形式。新学制将学校分为"小学堂""中学堂""高等学堂"和"大学堂"等几个等级,"高等学堂"和"大学堂"属高等教育。宣统元年(1909 年),地方科举考试真正停止以后,中国的现代教育才得以迅速发展。

北洋西学学堂(1903 年更名为北洋大学堂)是中国近代史上第一所大学,创办于 1895 年。1912 年中华民国成立,当时即效法美国的大学制度,延续至今。民国建立以后"大学"和"学院"等则成为正式称谓。

第二节 高职角色

高职(高等职业学校)和高专(高等专科学校)都是专科(大专)层次的普通高等学校。所谓高职,可以用三句话来概括:它是高等教育;它是职业技术教育;它是职业技术教育的高等阶段。根据《中华人民共和国高等教育法》和国务院有关文件精神,高职高专教育由省级人民政府管理。在国家宏观政策的指导下,省级政府根据本地区经济和社会发展的实际需要,结合招生能力、就业状况等综合情况,确定年度招生计划、招生办法、专业设置、收费标准和户籍管理政策,颁发学历证书,指导毕业生就业,确定生均教育事业费的补贴标准等,同时负有保证教育质量、规范办学秩序和改善办学条件等职责。

一、高职新生在进行角色转换时容易产生的心理问题

"角色"一词源于戏剧表演,原指由演员扮演的剧中人物。20世纪20年代,美国芝加哥心理学派将其引入社会心理学范畴,又称社会角色。它是指某一个人因占据一定的社会位置而产生的被期望的心理与行为模式,是构成社会群体或组织的基础。"角色转换"是指人由于社会生活的变化,原来的社会角色也随之发生了变化,进而需要被赋予新的社会期望来适应环境。"高职学生"是每一位高职新生的新角色,在接受大学文化知识教育的同时,又要根据职业岗位的要求学习职业知识,接受职业技能教育。高职新生要扮演好新的角色,必须从过去的角色中走出来,接受新的角色。如果自身的行为不能随着时间、环境的改变而进行相应的调整以符合新角色的要求,就可能会出现一些心理问题。

大学新生的9个准备

1. 角色认识不清

当一个人对其要扮演角色的行为规范缺乏明确理解、认识不清时,他在生活中就不知道自己应该做什么和不应该做什么,处于一种角色模糊的状态中。高职新生经历了较长时间的中学生活,已经形成了稳固的角色定势,在大学入学之初,他们需要完成从高中的应试教育模式到大学的开放式教育模式的转换,形成新的角色定位。高职学生接受高等教育是要把自己培养成为一个既会做事,又会做学问,更会做人的一代新人,最终目的是将优秀的自己推向社会,成为一名合格的职业人。如果不能较快地从中学生的角色定势中解放出来,明确当前的角色状态,往往就会产生应激反应,出现焦虑感和失落感。

2. 角色发展不全

当一个人面对多种角色期待时,可能会满足部分角色期待,而不能满足另一部分角色期待,这就造成了角色发展不全。高职新生面对大学新的校园环境,多种角色期待集于一身:在身份上,他们由中学老师的宠儿、家长的骄傲到高校的"平民";在职责方面,高职学生的社会职责、家庭职责和个人职责也在不断变化,由关注自身到服务社会,由依赖家庭到感恩父母,由集中学习到自主学习;在观念方面,从参照社会标准到坚持自我本位,从依附从众到自强自立;在消费、恋爱以及择业等行为方面也发生了根本性的转变。部分高职新生面对新的环境,一时较难完全胜任自己的角色扮演,喜欢用过去的角色意识审视当前的处境,在现实与理想不一致时,难免会因不适应而产生自卑感和挫折感。

3. 角色转换中断

如果一个人面对新的生活角色不能完全从旧的角色中解放出来,只是部分地进行角色调整、转换,不能完全适应新的角色行为规范,这时就易产生新、旧角色的矛盾冲突,从而造成角色转换中断。部分高职新生没有认同自己在新环境中的角色,这种状态的时间越长越不利于新角色的形成与稳定:一方面他们在名义上是高职学生,另一方面自身行为又不符合高职学生的素质标准,关键是不知如何满足高职学生的角色期待,以至于几年大学生活不明不白地就混过去了,空虚感和失败感随之而来。

4. 角色扮演失败

当一个人对新的角色不愿去承担或无法去扮演时,就会中途退出这个角色,或尽管没有

退出角色,但将被事实证明角色扮演不成功。角色扮演失败可以证明某一个人不适合某一角色,但这并不意味着这个人不能扮演其他角色。部分高职新生在入学第一学期时就选择了退学,说明他作为高职学生的角色扮演失败。

二、高职新生进行角色转换的有效策略

1. 明确角色转换目标

高职新生角色转换的核心是促进每位学生最大限度地激发自身的潜力,发展自己,从而实现新的角色发展目标。因此,高职新生角色转换的目标就非常明确了,即紧紧围绕"转换角色"这一中心,发挥学校的教育资源优势,从各个方面为学生创造调整心态、角色转换的氛围,激起广大新同学的自豪感,提高他们的积极性与主动性,帮助他们明确未来发展方向,并进行科学的职业生涯规划,从而顺利地实现角色转变。在身份上,由"高中生"向"高职学生"转变;在环境上,由熟悉的高中校园到适应陌生的大学校园转变;在生活上,由半独立状态向独立状态转变;在思维方式上,由"非成人化"向"成人化"转变;在学习上,由基础学习向专业学习、职业学习转变;在思想观念上,由"学而优则上"向"全面发展、和谐发展"转变,进而向"提升职业素养、职业技能"转变。

2. 保持积极的心态,按照角色认知规律进行行为实践

高职新生要实现角色转换,由一个不自觉的角色者转换成自觉的角色者,就需要保持积极的心态,按照角色认知规律一步一步地去做,这一过程主要有以下四个阶段:

(1) 角色认知阶段

高职新生在进入校园后首先要正确认识和理解社会对高职学生的角色期望与要求,明确自身的权利和义务。当今高职学生已成为建设和谐社会的生力军,社会对他们的角色期望是了解本专业的基本知识和基础理论,重点掌握从事本专业领域实际工作的基本技能,具有良好的职业道德,成为德、智、体、美、劳等全面发展的高等职业人才。社会对他们的角色要求是学习上要自觉,生活上要自理,思想上要自立,行为上要自律。

(2) 角色认同阶段

成为一名高职新生,这是人生角色的重大变化。作为大学生要有积极的心态,做好准备,对新角色所带来的困难要有充分的估计,能够自觉认同新角色,个人情感和意志要顺应变化,以求和谐发展。若出现心理准备不充分,对新角色所带来的困难估计不足,思想上产生诸多矛盾时,也不用着急,因为每个人的适应过程是有差异的,要主动与同学、老师、家长交流,积极寻求帮助。这一阶段,大学生要主动克服角色认同障碍,逐渐提高对新角色的认同程度。

(3) 角色实践阶段

角色实践是指个体在角色认同的基础上以实际行动来实现社会角色。这是角色扮演的实质性阶段,要注重自身与社会期望的一致性程度。角色实践同角色认同是一致的,即认同达到何种程度,就能做到何种程度。这一阶段,大学生从不自觉角色变为了自觉角色,知道"高职学生"意味着什么,从而自觉地按"高职学生"的角色要求去规范自己的思想,支配自己的行动。

(4) 角色形成阶段

角色形成是指个体把社会对个体所扮演角色的各项规范和要求转化为个人内心的要求、思想、情感、意志和信念,并通过行为稳定地表现出来。这一阶段,高职新生已经历了长时间的沉淀和磨砺,正努力把自己打造成为社会需要的高级职业人才。

3. 进行积极的自我评价,主动运用心理防御机制

积极心理学认为人的本性是偏爱积极的。新角色的形成要经历一个过程,难免会产生困惑、困难,对自我有一个积极、合理的评价是学生重新塑造自我、进行角色转换的前提和动力。高职新生要以积极的态度对待自己和他人,要敢于面对现实,积极寻求外部支持,如主动与老师交流,使自己的疑惑得到解决;乐于与父母交流,使自己的心理得到慰藉;乐意与朋辈交往,使自己在孤单时获得支持。教师、父母和同伴是高职新生在大一阶段最重要的获取支持的来源,在获得他们帮助的同时,高职新生还要学会让自己坚强和独立起来,培养自理能力,为自己塑造良好的生活环境,成功实现角色的转换。

心理防御机制是人类本身具有的一种主动适应环境的机制。正确运用心理防御机制,可以调适由角色转换产生的心理问题。比如,运用"合理宣泄",把个人的忧愁、烦恼和不平向自己信任的师友宣泄一番,可以减轻角色转换带来的心理压力;运用"适时转移"能避开引起自己不良情绪的情境,把情绪转移到新鲜事物上,有利于接受新的角色;给自己积极的"心理暗示",会逐渐建立起积极的自我形象,树立信心,鼓起勇气。

4. 创设和谐的自主发展的良好环境

积极心理学认为个体积极品质的形成离不开良好的环境,个人的经验获得与成长是在与环境的积极互动中得到体现的,良好的环境适应性本身也是一种积极的心理品质。

(1) 重视校风建设,发扬优良的校园文化传统

幽静的校园、优美的环境和文明端庄的言行自然会让人心情舒畅、气氛和谐,这非常有利于新生调整心态和发展新的行为模式。入学教育要充分利用学校优良的文化传统,突出校园人文环境建设,强调师生平等,促进人人互相尊重、互相关心、互相理解、关系和谐,从而形成处处充满着温馨与活力的氛围。对和谐校园文化建设活动的参与,有利于促进学生自身积极、健康地向社会期待的角色方向发展。

(2) 重视班风建设,组织有意义的班集体活动

带领学生尽快熟悉校园生活,促进同学之间的沟通和交流;组织新生交流会,及时了解高职新生的思想动态,帮助他们解决在实际生活中遇到的问题。实践证明,给新入学的学生多提供参与各种活动的机会,有利于他们更好地适应环境和促进新角色的形成。

(3) 加强引导学生进行自我教育

积极心理学认为心理问题的解决是一个积极的自我锤炼的过程,任何教育只有转变成被教育者自身的活动并体现其主体参与时,教育目的才能得以实现。要引导学生加强自我保健,有意识地进行自我心理调适。给学生一个公平、公正、公开的空间,让他们有远大的理想,有自主选择发展的机会,真正处于"我的地盘我做主,我的青春我做主"的环境,这样会加速他们对新角色的适应,尽快实现向新角色的转换。

高职学生只有顺应社会转型和时代变迁,才能成为社会的精英和主人。面对日新月异的社会舞台,高职学生唯有直面角色转换,积极转变,科学发展,才能真正实现角色担当,成为时代先锋。这不仅是学校对高职学生群体的期待,也是全体职业教育工作者乃至全社会的企盼和厚望。

第三节 大学规划

一、什么是职业规划

职业规划又称职业生涯设计,是个体的人生规划的主体部分,是在对一个人主观条件和客观条件进行测定、分析、总结的基础上,对自己的兴趣、爱好、能力、特点进行综合分析与权衡,结合时代特点,根据自己的职业倾向,确定其最佳的职业奋斗目标,并为实现这一目标做出行之有效的安排。

职业规划具体表现为按照一定的时间安排,制订相应的工作、培训和教育计划,体现长期性、可行性、适应性、变通性、持续性的特点;筹划未来,即根据主客观条件设计出合理的、可行的职业生涯规划,为自己定下事业大计。用大学生的话说,职业规划就是你打算选择什么样的行业,什么样的职业,什么样的组织,想达到什么样的成就,想过一种什么样的生活,如何通过你的学习与工作达到你的目标。

二、职业规划对大学生成长的重要作用

对于大学新生而言,在大学中有许多需要学习和发展的内容,其中最为重要的是开始进行个人的职业生涯规划。斯坦福大学的首任校长乔丹曾在开学典礼上这样对学生讲:"生活归根到底是指向实用的,你们到此应该是为了给自己谋求一个有用的职业,这必须包含着创新、进取的愿望,良好的设计和最终使之实现的努力。"

从起点看终点,成功从职业规划开始。大学是人生的重要阶段,也是很容易自我迷失的阶段。对于大多数新生而言,在经历了刚进大学的喜悦和兴奋之后,大学初期的迷茫在所难免。常言道:"凡事预则立,不预则废。"预,指预测、准备、规划。人生的美好愿望要得以实现,就需要我们做好规划。

1. 大学新生首先要明白成功属于做好规划的人

哈佛商学院曾经做过一项抽样调查,问学生"十年后希望成为什么样的人?"100%的人选择在商场上拥有财富、成就和影响力。但是,他们中只有10%的人写下目标并做了规划。10年后,调查小组追踪发现,那10%为自己定下目标、做好规划的人,他们所拥有的财富占全部受访者所拥有的财富的96%。

专家分析认为:世界上一般只有3%的人有自己的目标和计划,并且将它明确地写出来;还有10%的人有目标和计划,但却将它留在自己脑子里;剩余的87%的人都在随波逐流。

著名管理学家彼得·杜拉克认为:"越来越多的职场人,需要学习'经营、管理自己',他们要懂得将自己放在最能有所贡献的地方,并努力发挥自己的所长。"无疑,提高职业生涯规划本领更能让你具有独特的眼光和洞察力,能够发现问题、正视问题,并采取积极有效的方法解决问题,从而不断改进和改善自己的处境。提高生涯规划本领能让你充分发挥自己的

优势并超越你的竞争者。总之,成功属于那些做好规划的人。

2. 大学生要学会辨析学业、职业和事业的关系

学业是我们获取职业和事业发展的准备。进入大学后,以下问题不容新生回避:"到大学来干什么?""在大学学习什么?""学习为了什么?"毫无疑问,学生在大学最主要的任务是学习。然而,说到底,无论如何学习,最终还是要去成就一番事业。学习绝不是为了学而学,而是为了生活得更有价值和意义,因而也就应该包括为了获得未来工作所需的职业素质和职业能力。

3. 大学生要知道职业是我们生存和提升价值的平台

作为一名大学生,作为一个渴望独立的青年,一直梦想能够通过自己的努力来实现人生价值,希望看到家人因我们的努力而展现出欣慰的笑容。这些都需要一个能展示才华的职业平台。

通过工作,个人才能更好地实现自己的社会价值。凡是被人们所记住的历史人物往往都是在某一行业里创造了价值的人。有了职业,才会有获取社会资源的能力。

事业是我们实现理想的道路。古人云:"取法乎上。"入学之际,大学生需要高扬理想的旗帜,方能有所作为。理想,是人们向往和选择的未来目标。职业理想则是在事业上将要达到何种成就的期望和追求。可以说,一旦我们确定了人生的职业理想,我们的学业、职业就将转变为事业。理想的实现需要有一个实现理想的平台作为依托,事业则是我们通向理想的道路,没有事业这个平台理想就只是幻想。作为大学新生,不仅要善于把现实的学业观转化为将来的职业观,还要善于把"为了生活而学习工作"的职业观,转化为"为了学习工作而生活"的事业观。因此,做好职业规划对大学生具有极其重要的作用。

(1) 做好职业规划,可以分析自我,以既有的成就为基础,确立人生的方向,为奋斗提供策略。

(2) 通过职业规划,可以重新安排自己的学习、生活,突破世俗的束缚,塑造充实的自我。

(3) 通过职业规划,可以准确定位职业方向。

(4) 通过职业规划,可以评估个人目标和现状的差距,提供前进的动力。

(5) 通过职业规划,可以准确评价个人特点和强项,在职业竞争中发挥个人优势。

(6) 职业规划通常建立在个体的人生规划上,因此,做好职业规划将个人生活、事业与家庭联系起来,可以让生活变得更加充实而有条理。

(7) 通过职业规划,可以全面了解自己,增强职业竞争力,发现新的职业机遇。

(8) 通过职业规划,可以重新认识自身的价值并使其增值。

三、职业规划的基本原则

大学生进行职业规划设计应该遵循如下原则:

1. 择己所爱

从事一项你所喜欢的工作,工作本身就能给你一种满足感,你的职业生涯也会从此变得妙趣横生。兴趣是最好的老师,是成功之母。调查表明:兴趣与成功概率有着明显的正相关性。在设计自己的职业生涯时,务必考虑自身的特点,珍惜自己的兴趣,择己所爱,选择自己所喜欢的职业。

2. 择己所长

任何职业都要求从业者掌握一定的技能,具备一定的能力和条件,而一个人一生中不可能将所有技能都全部掌握,所以你必须在进行职业选择时择己所长,才能有利于发挥自己的优势。可以运用比较优势原理深入分析别人与自己的优势与劣势,尽量选择自己具有优势的行业。

3. 择世所需

社会的需求不断演化着,旧的需求不断消失,新的需求不断产生,新的职业也不断产生,所以在设计你自己的职业生涯时,一定要分析社会需求,择世所需。最重要的是,目光要长远,能够准确预测未来行业或者职业发展方向,再做出选择。不仅要考虑社会需求,而且应考虑这个需求的长久性。

4. 择己所利

职业是个人谋生的手段,其目的在于追求个人幸福,所以你在择业时,在考虑国家、社会需要的同时,应考虑自己的预期收益——个人幸福最大化。明智的选择是从由收入、社会地位、成就感和工作付出等变量组成的函数中找出一个最大值。这就是选择职业生涯中的收益最大化原则。

四、职业规划的阶段和步骤

1. 职业规划的四个阶段

第一阶段:确定方向目标。

全面地审视自己,正确地评价自己,知道自己的兴趣、能力、价值观和理想以及优势和劣势。在大学期间挖掘出真正令自己感兴趣的领域,从而确定自己的职业方向。了解自己的价值观,有助于搞清自己以什么样的心情看待周围的世界和以什么样的方式生活。具体可按下图做标注与说明。

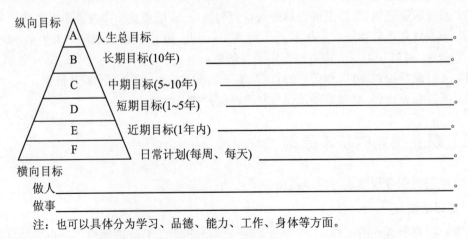

注:也可以具体分为学习、品德、能力、工作、身体等方面。

第二阶段:根据目标设计方案。

为自己规划的目标设计几种方案,并研究每个方案所需要的能力和条件。当然,任何一个方案都应该根据自己的专业特点进行设计,因此如何基于自己的专业进行职业选择,是每一位大一新生应该认真思考的问题。了解专业特点及各专业主要面向的职业领域,是规划目标设计的前提。在明确自己想干、能干的专业领域的同时,依据社会需求确定最佳方案。

第三阶段:调整和执行。

在了解各个职业目标的具体要求后,执行具体计划,并根据社会需求调整方案和计划,以适应职业发展的需要。应参加与自己的职业目标相关的实习,以提高自己的能力,增加自己对职业规划的直观了解。这里要特别指出的是,无论你的职业规划如何设计,有些能力是必须具备的,这也是大学中出现考证热的原因。通常必须参加的考试有:英语四、六级考试,全国计算机等级考试,会计专业技术资格考试,教师资格考试等。

第四阶段:参加实践,增强适应性。

应多了解社会,多参加实践,努力做到全面发展。从高分考生到高层次、高素质的人才,有很长的路要走。有些学生把考进大学作为自己的最终目标,上大学后,整天沉溺于网络游戏、网络聊天或谈恋爱,完全将学业置于不顾,到了期末考试时"一路红灯",结果被学校劝退,这是极其严重的教训。大学新生一定要珍惜来之不易的深造机会,要自立自强。

2. 职业规划的步骤

(1) 职业规划的简单步骤

就业面试时主考官常常会问这样一个问题:如果你获得这个职位,你将如何开展工作?这就是你必须回答的一个简单的职业规划问题。面对日益激烈的职场竞争,每个人都不得不面对这样的问题:我未来的路在哪?如何找到我满意的工作?其实每个人都潜移默化地在心里想过自己的职业规划,也许这只是一个很模糊的意识。只要通过回答以下几个问题,职业规划过程就明确了。

① What kind of person are you? 首先问自己,你是什么样的人? 这是自我分析过程,分析的内容包括个人的兴趣爱好、性格倾向、身体状况、教育背景、专长、过往经历和思维能力。这样能对自己有个全面的了解。

② What do you want? 你想要什么? 这是目标展望过程,包括职业目标、收入目标、学习目标、名望、期望和成就感。特别要注意的是学习目标,只有不断确立新的学习目标,并不断将其实现,才能不被激烈的竞争淘汰,才能不断超越自我,登上职业高峰。

③ What can you do? 你能做什么? 自己的专业技能何在? 最好能学以致用,发挥自己的专长,在学习过程中应积累与自己专业相关的知识与技能。同时个人工作经历也是个人经验积累的重要方面,从中能够判断你能够做什么。

④ What can support you? 什么是你的职业支撑点? 你具有哪些职业竞争能力? 即你的各种资源和社会关系,也许都能够影响你的职业选择。

⑤ What fit you most? 什么是最适合你的? 行业和职位众多,哪个才是适合你的呢? 待遇、名望、成就感和工作压力及劳累程度都不一样,这就要看个人的选择了。选择最好的并不意味着就是合适的,选择合适的才是最好的。

⑥ What can you choose in the end? 最后你能够选择什么? 通过前面五个步骤,你就能够做出选择了。机会偏爱有准备的人,你做好了职业规划,为未来的职业做了准备,当然机会一定要比没有做准备的人多。

通过以上的简单步骤,个人就可以设计职业规划了。根据不同的情况,个人可以制定一个整体规划,作为一个纲领性长期规划;或者制定一个3~5年的规划,作为一种发展的中期规划;或者制定一个一年的规划,作为一个可操作性强、变化较小的短期规划。有了规划,生活就有了目标,就不会迷失前进的方向。尤其要注意的是,职业规划是人生规划的主体部分,是同个人、家庭和社会生活结合在一起的,是和个人追求幸福生活密不可分的。所以制定职业规划,要和个人人生目标结合起来,要把职业生涯和家庭、社会生活结合起来。

(2)职业规划的具体步骤(大一新生个人职业规划13步)

步骤1:开始编织美梦,包括你想拥有的、你想做的、你想成为的和你想体验的四个方面。"如果你知道不可能失败,你想要得到什么?如果你百分之百相信会成功,你会采取什么行动?"现在,请坐下来,拿起纸和笔,动手写下你的心愿。在你写的时候,不必管那些目标该用什么方式去达成,就是尽量写。

步骤2:审视你所写的,并规定希望达成的时限。你希望何时达成呢?有实现时限的才叫目标,没时限的只能叫梦想。

步骤3:核对你所列的四个目标是否与以下规则相符:A. 用肯定的语气来预期你的结果,说出你希望的而非不希望的;B. 结果要尽可能具体,还要明确目标实现的期限与具体操作项目;C. 目标实现时你要能知道目标已经实现;D. 要能抓住主动权,而非任人左右;E. 是否对社会有利。

步骤4:列出你已经拥有的各种重要的资源。当你开展一个计划,就得知道该使用哪些工具。列出一张你所拥有的资源的清单,包括自己的个性、财物、教育背景、时限要求、能力、朋友以及其他。这份清单越详尽越好。

步骤5:当你做完这一切,请你思考,在你所列的资源中哪些运用得很纯熟。回顾过去找出你认为最成功的两三次经验,仔细想想是做了什么特别的事,才取得了成功,请记下这个特别的原因。

步骤6:当你做完前面的步骤后,现在请你写下要实现目标自身所应具有的条件。

步骤7:写下你不能马上达成目标的原因。首先你得从剖析自己的个性开始,是什么原因妨碍你的前进?要达成目标,你得采取什么做法?如果你不确定,可以想想有哪位成功者值得你去学习。你得从最终的成就向前推算,一步步列出所需的做法。

步骤8:现在请你针对自己的四个重要目标,列出实现它们的步骤,并且自问,我第一步该如何做才会成功?是什么妨碍了我,我该如何改变自己呢?一定要记住你的计划得包含今天你可以做的,千万不要好高骛远。

步骤9:为自己找一些值得学习的模范。从你周围或名人当中找出三到五位在你的目标领域中有杰出成就的人,简单地写下他们成功的经验和事迹。在你做完这件事后,请你闭上眼睛想一想,仿佛他们每个人都会为你提供一些能达成目标的建议,记下他们每一位所建议的内容,如同他们与你私谈一样,在每一句话的重点词下记下他的名字。

步骤10:使目标多样化且有整体意义。

步骤11:为自己创造一个适当的环境。

步骤12:经常反省所得到的结果。

步骤13:列一张表,写下过去曾是你追求的而目前已实现的目标。你要从中看看自己学到了些什么,这期间有哪些值得感谢的人,你有哪些特别的成就。许多人常常只看到未来,却不知珍惜和善用已经拥有的。成功的要素之一就是要存一颗感恩的心,时时对自己的现状心存感激。

第二章 校 园 篇

第一节 学 院 概 况

安徽审计职业学院现拥有合肥包河校区和合肥方兴校区两个校区,校园总面积为 262 350 m², 学院建筑面积为 94 006 m², 其中学生宿舍面积为 34 104 m², 实习实训场地面积为 14 919 m²; 教学仪器设备总值 1 875 万元; 图书馆馆藏图书达 104.42 万册(其中电子图书为 5 000 GB, 纸质图书为 23.42 万册)。学院建有 210 兆宽带主干校园网络和计算机网络服务系统,以及运动场、各类球场等体育活动设施。

一、历史沿革

高水平大学建设

安徽审计职业学院(原安徽审计学校)始建于 1984 年 4 月,是全国唯一一所公办全日制审计类高等职业院校,隶属安徽省审计厅,业务上接受安徽省教育厅指导。1984 年 4 月,经安徽省编委批准成立安徽省审计干部培训班;1985 年 2 月,更名为安徽省审计干部学校;1985 年 3 月,经安徽省人民政府批准,设立安徽审计学校;1989 年,开始面向全省招生;1997 年,经国家审计署和原国家教委批准,面向全国招生;2000 年,与安徽大学联合办学,设立安徽大学审计学校教学点;2004 年 6 月,经安徽省人民政府批准,升格为安徽审计职业学院。

校门

二、办学定位

1. 办学目标定位

建设具有审计特色的财经类高等职业教育名校,努力将学院建成审计人才培养的阵地、审计人员继续教育的阵地、审计工作理论研究的阵地。

2. 办学类型定位

以高等职业教育为主体,高等职业教育与继续教育并举,积极探索中外合作办学。

3. 人才培养目标定位

强化实践育人,以能力为本位,知识、能力、素质并举。

4. 专业建设定位

以就业为导向,根据市场需求,加强专业建设,构建一个审计特色鲜明、以现代服务业为主的专业体系。立足安徽、依托行业,做优做强会计与审计、审计实务、会计、资产评估等重点专业,并以此带动审计类、会计类、工程管理类和商学类等专业群建设。

5. 服务面向定位

立足审计、面向现代服务业。

6. 办学特色定位

以校企合作为基础,以工学结合为切入点,以"五个对接"为载体,创新人才培养模式,形成培养现代服务业技能型人才的特色。

安徽审计职业学院校景

三、系部及专业设置

我院现有大数据与审计、大数据技术、大数据与会计、大数据与财务管理、财税大数据应用、会计信息管理、电子商务、财富管理、金融服务与管理、商务管理、市场营销、现代物流管理、工程造价、建设工程管理、建筑经济信息化管理、建筑室内设计、建筑装饰工程技术、现代物业管理、资产评估与管理、房地产经营与管理、房地产智能检测与估价等 21 个专业,其中审计系 2 个专业、会计系 4 个专业、商学系 6 个专业、工程管理系 9 个专业。

四、师资队伍

学院拥有教师 257 人,其中专任教师 167 人,校内兼课教师 10 人,校外兼职教师 55 人,校外兼课教师 25 人。专任教师中,具有副高及以上职称的有 52 人,拥有中级职称的有 90 人,拥有初级职称及以下职称的有 25 人;具有硕士及以上学位的有 132 人,具有本科学历(学士学位)的有 35 人;省级专业带头人有 4 人,省级教学名师有 5 人,省级优秀教师有 2 人,省教坛新秀有 8 人,具有"双师素质"的专业课教师有 127 人。

第二节 部门机构

学院宣传片

一、安徽审计职业学院机构设置

安徽审计职业学院机构设置如下表所示。

党政管理机构				
办公室 63617016	组织人事处(宣传办) 63617006	教务处 63617007	学生处 63617009	总务处 63617010
财务室 63617018	纪检监察室 63617026	招生就业中心 63617105	后勤服务中心 63617011	安全保卫部(武装部) 63617021
教学机构				
审计系 63617012	会计系 63617013	工程管理系 63617101	商学系 63617014	基础部(思政部) 63617037
教辅机构				
图书馆 63617015		现代教育技术中心 63617027		
群团组织				
工会		团委 63617019		

二、安徽审计职业学院内设机构及其职责

1. 学院

(1) 贯彻执行党的教育方针和国家有关高等职业教育的法律法规及政策,面向经济建设和社会发展,以就业为导向,为行业和地方培养生产、服务、管理第一线岗位需要的实用型、技能型高级专门人才。

(2) 开展教育、教学研究,为教学和社会实践服务。

(3) 承担审计系统干部培训工作。

(4) 承担省审计厅交办的其他工作。

2. 办公室

(1) 协助学院党政领导处理日常工作,并综合协调各部门工作。

(2) 负责学院综合性文字材料的起草、审核及印发工作。

(3) 负责全院性会议组织、文电处理、文书档案和印鉴管理工作。

(4) 负责学院发展规划的制定和督促执行。

(5) 负责学院普法、信访、保密、外事、公务用车、院务公开、信息调研和统计工作。

(6) 完成学院领导交办的其他工作。

3. 组织人事处(宣传办)

(1) 负责学院机构设置、人员编制、人员调配、职称评聘、工资福利和教职工考核、培训工作。

(2) 负责学院基层党团组织的建设和党员的发展及管理工作。

(3) 制定学院干部队伍建设规划,负责干部培养、选拔、考核和任免工作。

(4) 负责学院人事档案管理工作。

(5) 负责学院宣传、统战、群团工作和离退休教职工的管理及服务工作。

(6) 完成学院领导交办的其他工作。

4. 教务处

(1) 负责组织实施学院教学、考试考务和教学质量监控工作。

(2) 负责学院教科研工作,专业建设、课程建设和实习实训等的统筹规划。

(3) 负责组织学院人才培养方案的制订和教学改革。

(4) 负责学院学籍管理工作。

(5) 负责学院教师业务考核工作,协同做好教师业务培训工作。

(6) 完成学院领导交办的其他工作。

5. 学生处

(1) 负责学院大学生思想政治教育和心理健康教育工作。

(2) 负责新生入学、军训、毕业生离校工作的整体安排和综合协调。

(3) 负责学生资助、医保、档案管理、奖惩、考核、公寓管理等日常管理工作。

(4) 负责学生安全教育工作,做好安全事故应急处理。

(5) 负责学院专职辅导员(兼职班主任)队伍建设和管理工作。

(6) 完成学院领导交办的其他工作。

6. 总务处

(1) 负责学院园区建设规划及基建建设、管理和维修工作。
(2) 负责学院各类固定资产的购置、登记和管理工作,配合财务室定期进行财产清查。
(3) 负责规划学院园区建设、绿化工程及水电监管工作。
(4) 负责学院卫生防疫工作。
(5) 负责教学和办公用品等大宗采购。
(6) 完成学院领导交办的其他工作。

7. 四系(审计系、会计系、商学系、工管系)

(1) 负责编制各专业人才培养方案、教学计划、教学大纲及其运行管理工作。
(2) 负责系专业发展规划、课程建设管理和系教师队伍发展规划及教师队伍建设。
(3) 负责系各专业日常教学管理,配合教务处开展教学质量的管理和监控工作。
(4) 负责系大学生思想政治教育、日常管理和专职辅导员(兼职班主任)管理等工作。
(5) 负责学生毕业设计、校外实习组织及管理工作。
(6) 负责行业培训和其他各类社会培训。
(7) 完成学院领导交办的其他工作。

8. 基础部(思政部)

(1) 负责编制公共课教学计划、教学大纲及其运行管理工作。
(2) 负责部门教科研工作和教师队伍发展规划及教师队伍建设。
(3) 负责思政教学和研究工作。
(4) 负责部门日常教学管理,配合教务处开展教学质量的管理和监控工作。
(5) 负责组织大学生英语四、六级和高等学校英语应用能力考试等。
(6) 完成学院领导交办的其他工作。

9. 图书馆

(1) 负责学院教学、科研所需各类文献信息资源的采集、整理、保管和开发利用。
(2) 负责为师生提供各类文献信息资源的流通、阅览和参考咨询服务。
(3) 负责完善图书馆管理制度,积极采用现代技术,实现科学管理。
(4) 负责开展读者教育,做好文献检索辅导。
(5) 参与馆际协作、合作和学术活动。
(6) 完成学院领导交办的其他工作。

10. 财务室

(1) 负责编制学院财务年度预算与决算,并向学院教职工代表大会报告财务工作。
(2) 负责学院会计核算和财务日常收支业务工作。
(3) 负责学院的资金筹措、使用,国有资产监管以及会计档案管理工作。
(4) 完成学院领导交办的其他工作。

11. 纪检监察室

(1) 负责学院党风廉政建设和反腐败工作,监督检查党风廉政建设责任制执行情况,负责学院内部审计工作。

（2）负责受理对学院党组织、党员及监察对象的检举、控告和申诉。

（3）负责监督检查以学院"三重一大"（重大决策、重要干部任免、重大项目安排和大额度资金使用情况）为重点的民主集中制执行情况，负责监督基本建设、物资采购、干部任用、职称评聘、评优评先、招生就业、奖助学金评审、科研经费管理使用等重点领域、重要环节运行情况。

（4）负责完成上级纪检监察机关和学院党委、纪委交办的其他工作。

12. 现代教育技术中心

（1）负责校园网络的规划、建设、维护和管理工作。

（2）负责学院教学、科研、办公仪器设备的调配、管理、维护、报修和报废等工作。

（3）负责语音室、多媒体教室、实训室等的建设、管理和维护工作。

（4）完成学院领导交办的其他工作。

13. 招生就业中心

（1）负责编制年度招生计划、招生章程和招生简章，做好招生咨询、宣传和录取工作。

（2）负责学生就业指导和服务工作。

（3）做好招生数据的分析统计工作和毕业生跟踪调查工作。

（4）完成学院领导交办的其他工作。

14. 后勤服务中心

（1）负责校园环境管理，做好校园绿化维护、保洁工作。

（2）负责食堂、浴池、物业服务中心等后勤托管单位的监督和管理工作。

（3）负责学院经营性铺面的建设、招商和监管工作。

（4）完成学院领导交办的其他工作。

15. 安全保卫部（武装部）

（1）负责全院的安全、保卫、消防和师生员工的户籍管理工作。

（2）负责学院人民武装教育和学生兵员征集工作，完成兵役机关交办的征兵任务。

（3）负责预备役登记和报告工作。

（4）完成学院领导交办的其他工作。

16. 关工委

（1）配合党组织开展关心、教育、培养下一代工作。

（2）发挥党建组织员作用，配合党、团组织开展党团知识教育和党建、团建工作。

（3）协助学院党政领导加强对青年教职工的教育培养工作。

（4）开展调查研究，提出对策和建议，为学院领导决策服务。

（5）完成学院领导交办的其他工作。

17. 工会

（1）负责学院教职工代表大会筹备、组织工作，并贯彻执行教代会的决议，承担教代会闭会期间工作机构的有关工作。

（2）维护教职工的合法权益，及时向学院党政领导反映教职工的意见和要求。

（3）发挥工会宣传阵地和活动室的作用，积极配合学院党委和教学的中心工作，组织、开展形式多样的文体活动，促进学院精神文明和校园文化的建设。

(4) 配合相关部门做好教职工集体福利和健康保障工作。
(5) 完成学院领导交办的其他工作。

18. 团委

(1) 贯彻执行学院党委和上级团委关于青年工作的决议和指示。
(2) 负责团员思想教育、团的组织建设以及优秀团员推荐入党工作。
(3) 负责开展校园文化活动和社会实践活动,协助学生处和相关部门做好学生工作。
(4) 负责学生会和学生社团的建设和活动指导。
(5) 完成学院领导交办的其他工作。

第三节 校园文化

学院风光

校园文化在当今高等教育中发挥着重要作用,校园文化是常新的,能够保持永恒魅力,能够激发青年学生激情,能够唤起青年一代高尚的、独立的人格追求和高尚的道德追求。

校园文化活动是自发的,也是自觉的,既受社会生活影响也由大学生自我心灵主宰,它无处不在,充满现代意识,反映着大学生复杂的心态;它是大学生心灵的自然流露,充满创造力;受时代文化潮流的影响,人生与社会、理想与追求、情与爱,都会在校园文化中表现出来。

一、校园文化的定义

校园文化指的是学校所具有的特定精神环境和文化气息,它包括校园建筑设计、校园景观、绿化美化这些物化形态的内容,也包括学校的传统、校风、学风、人际关系、集体舆论、心理氛围,以及学校的各种规章制度和学校成员在共同交往中形成的非明文规范的行为准则。健康的校园文化,可以陶冶学生情操、启迪学生心智,促进学生全面发展。

1. 校徽

学院校徽由两个英文字母"A"演绎,一是"审计"一词拼音 Audit 的首字母,一是"安徽"一词英文 Auhui 的首字母。图案呈书的造型,体现学院教育行业属性。同时,书卷的字母"A"也构成汉字"人",体现学院"以人为本"的办学发展思想。

校徽 1

校徽 2

2. 校训

学院校训由安徽省审计厅党组书记、厅长刘大群题写。

(1) 笃学——敏而好学、慎思明辨。
(2) 诚信——以诚立己、明信达人。
(3) 求实——探求真知、止于至实.
(4) 创新——开拓进取、革故鼎新。

校训体现了治学之要、为人之道以及务实为向、拓新为魂的精神,既弘扬了中华民族的优秀传统文化,又汲取了现代职业教育的办学理念,还体现了审计人的创业精神。

3. 方兴校区中心广场雕塑

屹立在学院中心广场的雕塑群,由1个主雕和3块浮雕构成,融合了中国古代及近代审计思想和当代审计精神。雕塑群简约、敦厚、大气,如鼎一般散发着正气,是展现学院校园文化和审计文化、代表学院形象的地标性建筑。从空中俯视雕塑群,犹如一枚外圆内方的古钱币镶嵌在中心广场。主雕塑是以秤砣为主体造型,中间刻有篆体"审"字的古钱币,并以警钟形态的设计。无论俯视还是近观,"审"字紧盯着钱币,象征国家审计对公共资金、财产的监督和对世人的警示。秤砣上的红丝带是对中国审计的抽象表达,展现出学院办学鲜明的审计特色。随风飘扬的红丝带与方正大气的秤砣组合相辅相成、虚实结合、稳重大气、富有活力。主雕塑周围的基座上镶嵌着3块浮雕,勾勒出中国国家审计悠久的历史轨迹。

校训

学院中心广场雕塑

第一块浮雕记载了我国古代审计的思想与雏形。殷商时代甲骨刻辞记载了我国古代审计雏形。琱生簋、史颂簋是重要的审计文物。西周时期,凡是国家重大契约都铸在钟鼎等器具上。西周王朝设置的"宰夫"是有记载以来的最早的审计职位。被誉为"春秋第一相"的管仲,名夷武,字仲,又名敬仲,安徽省阜阳市颍上县管谷村人。《管子·幼官》记载,管仲提出的"明法审数,立常备能,则治。同异分官,则安"的审计思想被历朝历代借鉴。雕塑上刻有"计、勾、稽、比、覆、磨、勘、审"八个在古代表达审计概念的文字,是中国审计文化的浓缩。

浮雕局部效果图 1

第二块浮雕回顾了我国从"上计制度"至"科道审计"的历程。春秋战国时期,"上计制度"包含审计监督,是我国历史上最早的一套审计监督制度。秦国商鞅变法后,颁布《效律》,设"御史大夫",监察百官,辅佐丞相。西汉时期,"上计制度"更加完备,主要表现在设置上计机构和上计职官的专门化,受理上计的仪制更隆重,上计内容更广泛。汉律《上计律》将上计作为专门制度纳入法律条款。《汉书·武帝纪》记载了汉武帝在位期间的四次受计活动。浮雕呈现了汉武帝受理上计的场面。南宋诸军、诸司审计司是中国古代第一个以"审计"命名的专职审计机构,"审计"专用词语由此而来。元、明、清三代以"科道审计"为主,监察机关集行政监察和审计职权于一身,形成了高度集权、机构庞大、制约严密的强有力的监察体系。清代《钦定台规》对监察审计制度作出了系统、全面的规定。浮雕上展示的是明朝监察御史王忬腰牌(腰牌刻字"给监察御史王忬佩")和清都察院印。

浮雕局部效果图 2

第三块浮雕展示了中国近代、现代和当代审计的标志性图标。1912 年,北洋政府在国务院设立审计处。1928 年,国民政府改组审计院,颁布《国民政府审计院组织法》。1934 年 2 月,中华苏维埃第二次全国代表大会通过的《中华苏维埃共和国中央苏维埃组织法》规定,中央审计委员会由中央执行委员会领导,与中央人民委员会、中央革命军事委员会、临时最高法院并列,其成员由中央执行委员会主席团委任。阮啸仙曾任审计委员会主任,是中华苏维埃共和国审计工作先驱。延安时期,审计机构从无到有,从小到大,为边区政府渡过经济紧张的难关发挥了重要作用。1937 年 2 月,谢觉哉曾任中华苏维埃临时中央政府国家审计委员会主席。在新中国成立之后的 30 余年间,国家没有设置独立的专门审计机构。1983 年 9 月 15 日,我国国家审计署正式成立运行,县级及以上地方人民政府设立审计机关。浮雕展示了国家审计署、中国香港审计署、中国澳门审计署的徽标和中国台湾地区图形,我国审计事业在地域上是全覆盖的。浮雕上的算盘、键盘反映了审计技术手段的革新，标志着由传统手工审计向现代计算机审计、大数据审计的发展变迁，审计在经济发展和社会进步中发挥着越来越重要的作用。

浮雕效果局部3

二、校园文化的宗旨

校园文化建设的宗旨，用一句话来说就是有助于培养德才兼备的人才，即体魄健全、身心健康的社会主义建设者。学校是培养人才的园地，在这里我们的一切教学、科研工作，一切师生参与的活动，都应以有利于学生的健康成长和成为有用人才为中心。就此而言，可以说学校的一切都是为了学生。

校园文化建设的任务，就是贯彻党的教育方针，培养社会主义建设者。首要任务是培养学生成为良好的"四有"公民，即有理想、有道德、有文化、有纪律的一代新人。

三、校园文化的作用

1. 校园文化是一种氛围、一种精神

校园文化是学校发展的灵魂，是凝聚人心、展示学校形象、提高学校文明程度的重要体现。校园文化对学生的人生观、价值观产生着潜移默化的深远影响，而这种影响是任何课程都无法比拟的。健康、向上、丰富的校园文化对学生的品性形成具有渗透性、持久性和选择性，对于提高学生的人文道德素养，拓宽学生的视野，培养优秀人才具有深远意义。

2. 校园文化建设可以极大提升学校的文化品位

古人云："近朱者赤，近墨者黑。"学校的校容校貌，表现出一个学校整体精神的价值取向，是具有引导功能的教育资源。校园文化作为一种环境教育力量，对学生的健康成长有着巨大的影响。

校园文化建设的终极目标是创建一种氛围，以陶冶学生的情操，构筑健康的人格，全面提高学生素质。

3. 校园文化是一所学校综合实力的反映

校园文化建设包括学院物质文化建设、精神文化建设和制度文化建设，这三个方面建设的全面、协调发展，将为学校树立起完整的文化形象。校园文化是一所学校综合实力的反映，校园文化的核心竞争力主要表现为文化的凝聚力和创造力，优秀的校园文化能赋予师生独立的人格、独立的精神，激励师生不断反思、不断超越。所以，校园文化建设是学校发展的重要保证。

四、校园文化标语

(1) 我是学校的主人,我爱我的家。
(2) 校园风景线,大家来共建。
(3) 要成为学生们真正的教育者,就要把自己的心奉献给他们。
(4) 有您的自觉贡献,才有学校的辉煌。
(5) 爱护公物,珍惜资源,勤俭节约,共同发展。
(6) 理想向现实回归,生成向预设回归,社会向课堂回归,多元向标准回归。
(7) 百尺竿头,更进一步。
(8) 今天的付出,明天的回报。
(9) 时代精神演绎民族灵魂,优质精神构筑时代精神。
(10) 改善即改革,改革先革心。
(11) 善战者,求之于势,不责于人,故能择人而任势。
(12) 活的人才教育不是灌输知识,而是将开发文化宝库的钥匙,尽我们知道的交给学生。
(13) 改善提高,永无止境。
(14) 一个学校建设好一种具有个性的文化比争取在某次考试中取得名次要有意义得多。
(15) 实施成效要展现,持之以恒是关键。
(16) 勿以恶小而为之,勿以善小而不为之。
(17) 成功者找方法,失败者找借口。
(18) 没有措施的管理是空谈的管理,没有检查和计划的管理是空洞的管理。
(19) 管理始于训练,止于训练。
(20) 教育兴民族兴匹夫有责襄伟业,校友情师生情绵薄无贷助鹏程。
(21) 过积极健康的生活,做有责任的合格公民,此乃思想品德教育的价值所在。
(22) 付出就有收获,尝试方能成功。

第三章 管 理 篇

第一节 行 为 规 范

学校的管理制度和规范,是为了维护正常的教育教学秩序,保障学生身心健康,促进学生的全面发展,需要同学们认真学习,自觉遵守。以下介绍的是与同学们关系密切的相关制度,详见表3.1。

表 3.1 行为规范一览表

序号	制度规范	本书页码
1	《高等学校学生行为准则》	23
2	《〈普通高等学校学生管理规定〉安徽审计职业学院实施办法》	23
3	《高等学校校园秩序管理若干规定》	30
4	《普通高等学校学生安全教育及管理暂行规定》	32
5	《学生伤害事故处理办法》	35
6	《安徽审计职业学院学生学籍管理办法》	39
7	《安徽审计职业学院学生缴费与注册管理规定(试行)》	44
8	《安徽审计职业学院学生德育素质测评暂行办法》	45
9	《安徽审计职业学院学生违纪处分办法》	48
10	《安徽审计职业学院学生申诉处理管理办法》	53
11	《安徽审计职业学院考场规则和考试违纪处分办法》	56
12	《安徽审计职业学院学生学业预警实施办法》	57
13	《安徽审计职业学院图书馆借阅管理办法》	58
14	《安徽审计职业学院先进班集体评选和表彰办法》	61
15	《安徽审计职业学院学生先进个人评选表彰办法》	62
16	《安徽审计职业学院学生文明行为规范》	66
17	《安徽审计职业学院学生文明上网公约》	67

一、《高等学校学生行为准则》

高等学校学生行为准则

一、志存高远,坚定信念。努力学习马克思列宁主义、毛泽东思想、邓小平理论和"三个代表"重要思想,面向世界,了解国情,确立在中国共产党领导下走社会主义道路、实现中华民族伟大复兴的共同理想和坚定信念,努力成为有理想、有道德、有文化、有纪律的社会主义新人。

二、热爱祖国,服务人民。弘扬民族精神,维护国家利益和民族团结。不参与违反四项基本原则、影响国家统一和社会稳定的活动。培养同人民群众的深厚感情,正确处理国家、集体和个人三者利益关系,增强社会责任感,甘愿为祖国为人民奉献。

三、勤奋学习,自强不息。追求真理,崇尚科学;刻苦钻研,严谨求实;积极实践,勇于创新;珍惜时间,学业有成。

四、遵纪守法,弘扬正气。遵守宪法、法律法规,遵守校纪校规;正确行使权利,依法履行义务;敬廉崇洁,公道正派;敢于并善于同各种违法违纪行为作斗争。

五、诚实守信,严于律己。履约践诺,知行统一;遵从学术规范,恪守学术道德,不作弊,不剽窃;自尊自爱,自省自律;文明使用互联网;自觉抵制黄、赌、毒等不良诱惑。

六、明礼修身,团结友爱。弘扬传统美德,遵守社会公德,男女交往文明;关心集体,爱护公物,热心公益;尊敬师长,友爱同学,团结合作;仪表整洁,待人礼貌;豁达宽容,积极向上。

七、勤俭节约,艰苦奋斗。热爱劳动,珍惜他人和社会劳动成果;生活俭朴,杜绝浪费;不追求超越自身和家庭实际的物质享受。

八、强健体魄,热爱生活。积极参加文体活动,提高身体素质,保持心理健康;磨砺意志,不怕挫折,提高适应能力;增强安全意识,防止意外事故;关爱自然,爱护环境,珍惜资源。

二、《〈普通高等学校学生管理规定〉安徽审计职业学院实施办法》

《普通高等学校学生管理规定》安徽审计职业学院实施办法

皖审院〔2017〕82号

第一章 总 则

第一条 为规范学院学生管理行为,维护正常的教育教学秩序和生活秩序,保障学生合法权益,培养德、智、体、美等方面全面发展的社会主义建设者和接班人,依据《中华人民共和国教育法》《中华人民共和国高等教育法》《普通高等学校学生管理规定》(教育部令第41号)等有关法律法规和《安徽审计职业学院章程》,结合学院实际情况,制定本规定。

第二条 本规定适用于在学院接受普通高等学历教育的专科(高职)学生的管理。

第三条 学院坚持社会主义办学方向,坚持马克思主义的指导地位,全面贯彻国家教育方针;坚持以立德树人为根本,以理想信念教育为核心,培育和践行社会主义核心价值观,弘扬中华优秀传统文化和革命文化、社会主义先进文化,培养学生的社会责任感、创新精神和实践能力;坚持依法治校,科学管理,健全和完善管理制度,规范管理行为,将管理与育人相结合,不断提高管理和服务水平。

第四条 学生应当拥护中国共产党领导,努力学习马克思列宁主义、毛泽东思想、中国特色社会主义理论体系,深入学习习近平总书记系列重要讲话精神和治国理政新理念新思想新战略,坚定中国特色社会主义道路自信、理论自信、制度自信、文化自信,树立中国特色社会主义共同理想;应当树立爱国主义思想,具有团结统一、爱好和平、勤劳勇敢、自强不息的精神。

第五条 学生应当秉承"笃学、诚信、求实、创新"的校训精神,增强法治观念,遵守宪法、法律、法规,遵守公民道德规范,遵守学院管理制度,具有良好的道德品质和行为习惯;应当刻苦学习,勇于探索,积极实践,努力掌握现代科学文化知识和专业技能;应当积极锻炼身体,增进身心健康,提高个人修养,培养审美情趣。

第六条 学院尊重和保护学生的合法权利,教育和引导学生承担应尽的义务与责任,鼓励和支持学生实行自我管理、自我服务、自我教育、自我监督。

第二章 学生的权利与义务

第七条 学生在校期间依法享有下列权利:
(一)参加学院教育教学计划安排的各项活动,使用学院提供的教育教学资源;
(二)参加社会实践、志愿服务、勤工助学、文娱体育及科技文化创新等活动,获得就业创业指导和服务;
(三)申请奖学金、助学金及助学贷款;
(四)在思想品德、学业成绩等方面获得科学、公正评价,完成学院规定学业后获得相应的学历证书等;
(五)在学院内组织、参加学生团体,以适当方式参与学院管理,对学院与学生权益相关事务享有知情权、参与权、表达权和监督权,对学院的工作提出意见和建议;
(六)对学院给予的处分或者处理有异议,可向学院、教育行政部门提出申诉;对学院、教职员工侵犯其人身权、财产权等合法权益的行为,提出申诉或者依法提起诉讼;
(七)法律、法规和学院章程规定的其他权利。

第八条 学生在校期间依法履行下列义务:
(一)遵守宪法、法律、法规;
(二)遵守学院章程和规章制度;
(三)恪守学术道德,完成规定学业;
(四)按规定缴纳学费及有关费用,履行获得助学贷款及奖助学金的相应义务;
(五)遵守学生行为规范,尊敬师长,养成良好的思想品德和行为习惯;
(六)法律、法规及学院章程规定的其他义务。

第三章 学籍管理

学院制定《安徽审计职业学院学生学籍管理办法》《安徽审计职业学院学生转专业管理办法》《安徽审计职业学院学生转学管理办法》《安徽审计职业学院学生课程考核与成绩管理暂行办法》《安徽审计职业学院学生学业预警实施办法》《安徽审计职业学院激励创新创业学

籍管理办法》等制度,对学院学生学籍管理相关工作作出具体规定。

第一节　入学与注册

第九条　按国家招生规定录取到学院的新生,持录取通知书,按通知书规定的要求和期限到校办理入学手续。因故不能按期入学的,应当向学院请假。请假一般不超过一个月,否则需办理保留入学资格手续。未请假或者请假逾期的,除因不可抗力等正当事由以外,视为放弃入学资格。

第十条　新生报到时,学院对其入学资格进行初步审查,审查合格的办理入学手续,予以注册学籍;审查发现新生的录取通知、考生信息等证明材料,与本人实际情况不符,或者有其他违反国家招生考试规定情形的,取消入学资格。

第十一条　新生因特殊情况,可以申请保留入学资格。保留入学资格期间不具有学籍。

新生保留入学资格期满前应向学院申请入学,经学院审查合格后,办理入学手续。审查不合格的,取消入学资格;逾期不办理入学手续且未有因不可抗力延迟等正当理由的,视为放弃入学资格。

第十二条　学生入学后,学院在3个月内按照国家招生规定进行复查。复查内容主要包括以下方面:

(一) 录取手续及程序等是否合乎国家招生规定;

(二) 所获得的录取资格是否真实、合乎相关规定;

(三) 本人及身份证明与录取通知、考生档案等是否一致;

(四) 身心健康状况是否符合报考专业或者专业类别体检要求,能否保证在校正常学习、生活;

(五) 特殊类型录取学生的专业水平是否符合录取要求。

复查中发现学生存在弄虚作假、徇私舞弊等情形的,确定为复查不合格,取消学籍;情节严重的,学院将移交有关部门调查处理。

复查中发现学生身心状况不适宜在校学习,经学院指定的二级甲等以上医院诊断,需要在家休养的,可以按照学院规定保留入学资格。

第十三条　每学期开学时,学生应当按学院规定办理注册手续。不能如期注册的,应当履行暂缓注册手续。未按学院规定缴纳学费或者有其他不符合注册条件的,不予注册。

家庭经济困难的学生可以申请助学贷款或者其他形式资助,办理有关手续后注册。

学院按照国家有关规定为家庭经济困难学生提供教育救助,完善学生资助体系,保证学生不因家庭经济困难而放弃学业。

第二节　考核与成绩记载

第十四条　学生必须参加学院教育教学计划规定的课程和各种教育教学环节(以下统称课程)的考核(考试或考查)。考核成绩真实、完整地载入成绩册,并归入本人学籍档案。

第十五条　对学生思想品德的考核、鉴定,按照《安徽审计职业学院学生德育素质测评暂行办法》规定进行。

第十六条　《安徽审计职业学院学生学籍管理办法》对学生课程学习及升级、试读、留级等要求作出具体规定。

学院制定《安徽审计职业学院学生学业预警实施办法》,督促学生努力学习,顺利完成学业。

第十七条 学生参加学院认可的开放式网络课程学习,其修读的课程成绩,经学院审核同意后,予以承认。

第十八条 学生参加创新创业、社会实践等活动以及发表论文、获得专利授权等与专业学习、学业要求相关的经历、成果,经学院审核同意后,可以计入学业成绩。

第十九条 学院健全学生学业成绩和学籍档案管理制度,真实完整地记载并出具学生学业成绩,对通过补考、重修获得的成绩,予以标注。

学生严重违反考核纪律或者作弊的,该课程考核成绩记为无效,并应视其违纪或者作弊情节,给予相应的纪律处分。处分包括警告、严重警告、记过及留校察看等,经教育表现较好,对该课程给予补考或者重修机会。

学生因退学等情况中止学业,其在校学习期间所修课程及已获得成绩,予以记录。学生重新参加入学考试、符合录取条件,再次入学的,其已获得成绩,经学院认定,予以承认。

第二十条 学生应按时参加教育教学计划规定的活动。不能按时参加的,应当事先请假并获得批准。无故缺席的,根据学院相关制度给予批评教育,情节严重的,给予相应的纪律处分。

第二十一条 学院开展学生诚信教育,真实记录学生在学业、学术、品行等方面的诚信信息,对有严重失信行为的,根据《安徽审计职业学院学生违纪处分办法》的规定给予相应的纪律处分。

第三节 转专业与转学

第二十二条 学生在学习期间对学院开设其他专业有兴趣且具备专长或学院规定的其他情况,可以申请转专业。

第二十三条 学生一般应当在我院完成学业。因患病或者有特殊困难、特别需要,无法继续在我院学习或者不适应我院学习要求的,可以按照学院规定申请转学。

第四节 休学与复学

第二十四条 学生可以分阶段完成学业,原则上应在学院规定的3年学习年限内完成学业,不包括休学和保留学籍等特殊情况。

学生申请休学或者学院规定应当休学的,经学院批准,可以休学。学生休学一般以一年为期,在校期间只限休学一次。休学时间从学生不能坚持正常上课时算起。

第二十五条 新生、在校生应征参加中国人民解放军(含中国人民武装警察部队),学院保留其入学资格或者学籍至退役后2年。

学生参加学院组织的跨校联合培养项目,在联合培养学校学习期间,学院同时为其保留学籍。

学生保留学籍期间,与其实际所在的部队、学校等组织建立管理关系。

第二十六条 休学学生必须办理手续离校。学生休学期间,学院为其保留学籍,但不享受在校学习学生待遇。因病休学学生的医疗费按国家及当地的有关规定处理。

第二十七条 学生休学期满,应于学期开学前一个月内向学院申请复学,经学院复查合格,方可复学。

第五节 退 学

第二十八条 学生有下列情形之一,学院予以退学处理:

(一)留级一次后,经成绩考核仍应留级者;

（二）学生无特殊情况（如创业、应征入伍等）超过其学制年限一年者；

（三）休学、保留学籍期满，在学院规定期限内未办理复学手续或者申请复学经审查不合格者；

（四）经学院指定医院诊断，患有疾病或意外伤残无法继续在校学习者；

（五）超过学院规定期限未注册而又未履行暂缓注册手续者；

（六）未经批准连续2周未参加学院规定的教学活动者；

学生本人申请退学的，经学院审核同意后，办理退学手续。

第二十九条　退学学生，必须在退学通知书送达或公告之日起一个月内办理退学手续离校。

退学学生的档案由学院退回其家庭所在地，户口按照国家相关规定迁回原户籍地或者家庭户籍所在地。

第六节　毕业与结业

第三十条　学生在学院规定学习年限内，修完教育教学计划规定内容，成绩合格，达到学院毕业要求的，准予毕业，并在离校前发给毕业证书。

第三十一条　学生在学院规定学习年限内，修完教育教学计划规定内容，但未达到学院毕业要求的，学院准予结业，发给结业证书。

结业后，学生可以申请一次课程补考（补做实习报告等）或重修，经考核合格，达到毕业要求者，换发毕业证书。结业超过两年没有提出申请者，或者返校参加考试但成绩不合格者，不再发放毕业证书。

对退学学生，学院发给肄业证书或者写实性学习证明。

第七节　学业证书管理

第三十二条　学院严格按照招生时确定的办学类型和学习形式，以及学生招生录取时填报的个人信息，填写、颁发学历证书及其他学业证书。

学生在校期间变更姓名、出生日期等证书需填写的个人信息的，必须有合理、充分的理由，并提供有法定效力的相应证明文件，学院对此进行审查。

第三十三条　学院执行高等教育学历电子注册管理制度，按相关规定及时进行学生学历电子注册，将颁发的毕（结）业证书信息注册备案。

第三十四条　对违反国家招生规定取得入学资格或者学籍的，学院取消其学籍，不得发给学历证书；已发的学历证书，学院依法予以撤销。对以作弊、剽窃、抄袭等学术不端行为或者其他不正当手段获得学历证书的，学院依法予以撤销。

被撤销的学历证书已注册的，学院予以注销并报安徽省教育厅宣布无效。

第三十五条　毕业、结业、肄业（在校修业一学年以上因故而退学）证书遗失或损坏不予补发。如本人申请，学院审核后，出具相应的证明书。证明书与原证书具有同等效力。

第四章　校园秩序和课外活动

第三十六条　学院、学生应当共同维护校园正常秩序，保障学院环境安全、稳定，保障学生的正常学习和生活。

第三十七条　学院推行院务公开，支持和保障学生依法、依章参与学院民主管理，多渠道地听取学生的意见和建议。学生社团组织是学生参与学院民主管理的主要渠道。

第三十八条　学生应当自觉遵守公民道德规范，自觉遵守学院管理制度，创造和维护文明、整洁、优美、安全的学习和生活环境,树立安全风险防范和自我保护意识,维护自身合法权益。

第三十九条 学生不得有酗酒、打架斗殴、赌博、吸毒,传播、复制、贩卖非法书刊和音像制品等违法行为;不得参与非法传销和进行邪教、封建迷信活动;不得从事或者参与有损大学生形象、有损社会公德、有损学院声誉、有悖社会公序良俗的活动。

学院发现学生在校内有违法行为或者严重精神疾病可能对他人造成伤害的,可以依法采取或者协助有关部门采取必要措施。

第四十条 学院坚持教育与宗教相分离原则。任何组织和个人不得在校园内进行宗教活动。

第四十一条 学院坚持建立健全学生代表大会制度,为学生会等学生组织开展活动提供必要条件,支持其在学生管理中发挥作用。

第四十二条 学生可以在校内成立、参加学生团体。学生成立团体,应当按照学院社团管理的相关规定提出书面申请,报学院批准并施行登记和年检制度。

学生团体必须在宪法、法律、法规和学院管理制度范围内活动,接受学院的领导和管理。学生团体邀请校外组织、人员到校举办讲座等活动,须经学院相关部门批准后方可实施。

第四十三条 学院提倡并支持学生及学生团体开展有益于身心健康,成长成才的学术、科技、艺术、文娱、体育等活动。

学生进行课外活动不得影响学院正常的教育教学秩序和生活秩序。

第四十四条 学生参加勤工助学活动必须遵守法律、法规以及学院、用工单位的管理制度,履行勤工助学活动的审批手续及相关协议。

第四十五条 学生举行大型集会、游行、示威等活动,必须按法律程序和有关规定获得批准。对未获批准的,学院将依法劝阻或者制止。

第四十六条 学生必须遵守国家和学院关于网络使用的有关规定,不得登录非法网站和传播非法文字、音频、视频资料等;不得编造或者传播虚假、有害信息;不得攻击、侵入他人计算机和移动通讯网络系统。

第四十七条 学生必须遵守学生住宿管理规定,不得擅自外出租房居住,不得使用违禁电器。

第五章 奖励与处分

第四十八条 学院定期开展各类学生评优活动,对在德、智、体、美等方面全面发展或在思想品德、学业成绩、科技创造、体育竞赛、文艺活动、志愿服务及社会实践等方面表现突出的学生,给予奖励和表彰。

学院对学生的评优、表彰奖励,依据相关规定,按照公开、公平、公正的原则组织实施,并给予相应的精神鼓励或者物质奖励。

第四十九条 学院根据上级有关规定开展学生资助工作,对家庭经济困难学生实施经济帮扶,完善"奖、助、贷、勤、补、免"等多元一体的学生资助体系,落实国家资助政策,坚持资助与育人并举,帮助经济困难学生顺利完成学业。

第五十条 对有违反法律法规、院纪院规的学生,学院根据其违反情节、过错程度和性质,给予批评教育或纪律处分。纪律处分包括以下类型:

(一)警告;

(二)严重警告;

（三）记过；
（四）留校察看；
（五）开除学籍。

第五十一条　学生有下列情形之一者，给予开除学籍处分：

（一）违反宪法，反对四项基本原则，破坏安定团结，扰乱社会秩序的；

（二）触犯国家法律，构成刑事犯罪的；

（三）受到治安处罚，情节严重、性质恶劣的；

（四）参加非法组织的；

（五）由他人代替考试、替他人参加考试、组织作弊、使用通讯设备作弊、向他人出售考试试题或答案牟取利益，以及其他严重作弊或扰乱考试秩序行为的；

（六）公开发表的研究成果存在抄袭、篡改、伪造等学术不端行为，情节严重的，或者代写论文、买卖论文的；

（七）违反学院有关规定，严重影响学院教育教学秩序、生活秩序或者公共场所管理秩序，以及侵害其他个人、组织合法权益，造成严重后果的；

（八）屡次违反学院规定受到纪律处分，经教育不改的。

第五十二条　学院给予学生处分，坚持教育与惩戒相结合，做到证据充分、依据明确、定性准确、程序正当、处分适当。

学院在对学生作出处分或其他不利决定之前，告知学生作出该决定的事实、理由、依据及学生享有的陈述与申辩权利，听取学生的陈述和申辩。

第五十三条　学院对学生作出处理或处分，一律出具处理处分决定书。处理处分决定书包括下列内容：

（一）学生的基本信息；

（二）作出处分的事实和证据；

（三）处分的种类、依据、期限；

（四）申诉的途径和期限；

（五）其他必要内容。

第五十四条　处理处分决定以及处分告知书等，直接送达学生本人，学生拒绝签收的，可以以留置方式送达；已离校的，可以采取邮寄方式送达；难于联系的，可以利用学院网站、新闻媒体等渠道，以公告方式送达。

第五十五条　对学生作出取消入学资格、取消学籍、退学、开除学籍或者其他涉及学生重大利益的处理或者处分决定的，提交院长办公会研究决定，并事先进行合法性审查。

第五十六条　除开除学籍处分以外，给予学生的处分可设置 6 个月到 12 个月的处分期限，在处分期内学生悔过表现较好的，到期后可以解除。学生处分解除后，其获得表彰、奖励及其他权益，不再受原处分的影响。

第五十七条　对学生的奖励、处理、处分及解除处分材料，学院真实完整地归入学院文书档案和学生本人档案。

被开除学籍的学生，由学院发给学习证明。学生要按照学院规定期限离校，档案由学院退回其家庭所在地，户口按照国家相关规定迁回原户籍地或者家庭户籍所在地。

第六章　学生处理与申诉

第五十八条　学院成立学生申诉处理委员会，专门受理学生对处理或处分决定不服而提起的申诉。

学生申诉处理委员会由相关的院领导、职能部门负责人、教师代表(至少一名法律专业教师)、学生代表及学院法律顾问共同组成,在特别需要时,也可聘请有关方面的专家参与。

第五十九条　学生对学院的处理处分决定有异议的,可以在接到学院处理决定书之日起10日内,向学院学生申诉处理委员会提出书面申诉。

第六十条　申诉处理委员会对学生的申诉进行复查时,应听取学生本人及有关部门的意见,根据需要开展必要的调查,并在接到学生书面申诉之日起15日内,作出复查结论并告知申诉人。

情况复杂或遇其他特殊情形的,不能在此规定限期内作出复查结论的,经学院负责人批准,可延长15日。

第六十一条　申诉处理委员会认为需要改变原处分决定或暂缓执行的,应向学院提出建议撤销或变更、暂缓执行的复查书面意见,做出处理处分的部门重新予以研究后,再由院长办公会或专门的会议作出复议决定。

第六十二条　申诉处理委员会根据审查情况,分别作出下列处理,以区别不同情形:

(一)事实清楚、依据明确、定性准确、程序正当、处分适当的,应予以维持;

(二)事实认定不清楚,证据不足,或作出的决定与上位法相矛盾的,应予以撤销或重新作出决定;

(三)事实认定清楚,但情节认定有误、定性不准确,或适用依据不恰当的,应予以变更处分或重新作出决定;

(四)违反学院规定的程序和权限的,要按规定程序予以重新作出决定。

第六十三条　学生对复查复议决定有异议的,可在接到学院复查复议决定书之日起15日内,向安徽省教育厅提出书面申诉。

第六十四条　从处理决定或者复查决定送达之日起,学生在申诉期内未提出申诉的,视为自动放弃申诉,学院或者上级教育行政部门不再受理其提出的申诉。

第七章　附　则

第六十五条　本办法以外的学院相关规定,学生应当自觉遵守。

第六十六条　对在学院接受教育的其他各类学生的管理参照本规定执行。

第六十七条　本办法自2017年9月1日起执行,原《安徽审计职业学院学生管理规定(试行)》(皖审院〔2005〕34号)同时废止,其他有关文件规定与本规定不一致的,以本规定为准。

第六十八条　本办法由学院学生处、教务处负责解释。

三、《高等学校校园秩序管理若干规定》

高等学校校园秩序管理若干规定
(国家教育委员会令第13号)

第一条　为了优化育人环境,加强高等学校校园管理,维护教学、科研、生活秩序和安定团结的局面,建立有利于培养社会主义现代化建设专门人才的校园秩序,制定本规定。

第二条　本规定所称的高等学校(以下简称"学校")是指全日制普通高等学校和成人高

等学校。本规定所称的师生员工是指学校的教师(包括外籍教师)、学生(包括外国在华留学生)、教育教学辅助人员、管理人员和工勤人员。

第三条 学校的师生员工以及其他到学校活动的人员都应当遵守本规定,维护宪法确立的根本制度和国家利益,维护学校的教学、科研秩序和生活秩序。学校应当加强校园管理,采取措施,及时有效地预防和制止校园内的违反法律、法规、校规的活动。

第四条 学校应当尊重和维护师生员工的人身权利、政治权利、教育和受教育的权利以及法律规定的其他权利,依照法律,不得限制、剥夺师生员工的权利。

第五条 进入学校的人员,必须持有本校的学生证、工作证、听课证或者学校颁发的其他进入学校的证章、证件。未持有前款规定的证章、证件的国内人员进入学校,应当向门卫登记后进入学校。

第六条 国内新闻记者进入学校采访,必须持有记者证和采访介绍信,在通知学校有关机构后,方可进入学校采访。外国新闻记者和中国港澳台新闻记者进入学校采访,必须持有学校所在省、自治区、直辖市人民政府外事机关或港澳台办的介绍信和记者证,并在进校采访前与学校外事机构联系,经许可后方可进入学校采访。

第七条 外国人、中国港澳台人员进入学校进行公务、业余活动,应当经过省、自治区、直辖市或者国务院有关部门同意并告知学校后,或按学术交流计划经学校主管领导研究同意后,方可进入学校。自行要求进入学校的外国人、中国港澳台人员,应当在学校外事机构或港澳台办批准后,方可进入学校。接受师生员工个人邀请进入学校探亲访友的外国人、中国港澳台人员,应当履行门卫登记手续后进入学校。

第八条 依照本规定第五条、第六条、第七条的规定进入学校的人员,应当遵守法律、法规、规章和学校的制度,不得从事与其身份不符的活动,不得危害校园治安。对违反本规定第五条、第六条、第七条和本条前款规定的人员,师生员工有权向学校保卫机构报告,学校保卫机构可以要求其说明情况或者责令其离开学校。

第九条 学生一般不得在学生宿舍留宿校外人员,遇有特殊情况留宿校外人员,应当报请学校有关机构许可,并且进行留宿登记,留宿人离校应注销登记。不得在学生宿舍内留宿异性。违反前款规定的,学校保卫机构可以责令留宿人离开学生宿舍。

第十条 告示、通知、启事、广告等,应当张贴在学校指定或者许可的地点。散发宣传品、印刷品应当经过学校有关机构同意。对于张贴、散发反对我国宪法确立的根本制度、损害国家利益或者侮辱诽谤他人的公开张贴物、宣传品和印刷品的当事者,由司法机关依法追究其法律责任。

第十一条 在校园设置临时或者永久建筑物以及安装音响、广播、电视设施,设置者、安装者应当报请学校有关机构审批,未经批准不得擅自设置、安装。师生员工或者团体、组织使用学校的广播、电视设施,必须报请学校有关机构批准,禁止任何组织或者个人擅自使用学校广播、电视设施。在校内举行文化娱乐活动,不得干扰学校的教学、科研和生活秩序。违反第一款、第二款、第三款规定的,学校有关机构可以劝其停止设置、安装或者停止活动,已经设置、安装的,学校有关机构可以拆除,或者责令设置者、安装者拆除。

第十二条 在校内举行集会、讲演等公共活动,组织者必须在72小时前向学校有关机构提出申请,申请中应当说明活动的目的、人数、时间、地点和负责人的姓名,学校有关机构应当最迟在举行时间的4小时前将许可或者不许可的决定通知组织者,逾期未通知的,视为许可。集会、讲演等应符合我国的教育方针和相应的法规、规章,不得反对我国宪法确立的根本制度,不得干扰学校的教学、科研和生活秩序,不得损害国家财产和其他公民的权利。

第十三条 在校内组织讲座、报告等室内活动,组织者应当在72小时前向学校有关机构提出申请,申请中应当说明活动的内容、报告人和负责人的姓名。学校有关机构应当最迟在举行时间的4小时前将许可或者不许可的决定通知组织者。逾期未通知的,视为许可。讲座、报告等不得反对我国宪法确立的根本制度,不得违反我国的教育方针,不得宣传封建迷信,不得进行宗教活动,不得干扰学校的教学、科研和生活秩序。

第十四条 师生员工应当严格按照学校的安排进行教学、科研、生活和其他活动,任何人都不得破坏学校的教学、科研和生活秩序,不得阻止他人根据学校的安排进行教学、科研、生活和其他活动。禁止师生员工赌博、酗酒、打架斗殴以及其他干扰学校的教学、科研和生活秩序的行为。

第十五条 师生员工组织社会团体,应当按照《社会团体登记管理条例》的规定办理。成立校内非社会团体的组织,应当在成立前由其组织者报请学校有关机构批准,未经批准不得成立和开展活动。校内非社会团体的组织和校内报刊必须遵守法律、法规、规章,贯彻我国的教育方针和遵守学校的制度,接受学校的管理,不得进行超出其宗旨的活动。

第十六条 违反本规定第十二条、第十三条、第十四条和第十五条规定的,学校有关机构可以责令其组织者以及其他当事人立即停止活动。违反本规定第十二条第二款的规定,损害国家财产的,学校有关机构可以责令其赔偿损失。

第十七条 禁止无照人员在校园内经商,设在校园内的商业网点必须在指定地点经营。违反前款规定的,学校有关机构可以责令其停止经商活动或者离开校园。

第十八条 对违反本规定,经过劝告、制止仍不改正的师生员工,学校可视情节给予行政处分或者纪律处分;属于违反治安管理行为的,由公安机关依法处理;情节严重构成犯罪的,由司法机关处理。师生员工对学校的处分不服的,可以向有关教育行政部门提出申诉,教育行政部门应当在接到申诉的三十日内作出处理决定。

违反本规定的,经劝告、制止仍不改正的校外人员,由公安、司法机关根据情节依法处理。

第十九条 各高等学校可以根据本规定制定具体管理制度。

第二十条 本规定自发布之日起施行。

四、《普通高等学校学生安全教育及管理暂行规定》

普通高等学校学生安全教育及管理暂行规定

(国家教育委员会1992年4月颁发)

第一章 总 则

第一条 为了加强高等学校管理,维护正常的教学和生活秩序,保障学生人身和财物的安全,促进身心健康发展,特制定本暂行规定。

第二条 高等学校学生安全教育及管理的主要任务是:宣传、贯彻国家有关安全管理工作的方针、政策、法律、法规,对学生实施安全教育及管理,妥善处理各类安全事故,引导学生健康成长。

第三条 高等学校学生安全教育及管理,要以预防为主,本着保护学生、教育先行、明确责任、教管结合、实事求是、妥善处理的原则,做好教育、管理和处理工作。

第四条 本暂行规定所称学生指在普通高等学校学习取得学籍的全日制学生,即按国家任务、用人单位委托培养、自费三种计划形式录取的学生。

第二章 安 全 教 育

第五条 高等学校应将对学生进行安全教育作为一项经常性工作,列入学校工作的重要议事日程,加强领导。学校各部门和有关群众团体或组织要相互配合,积极开展安全教育,普及安全知识。增强学生的安全意识和法制观念,提高防范能力。

第六条 学生安全教育应根据不同专业及青年学生的特点,从学生入学到毕业,在各种教学活动和日常生活中,特别是节假日前适时进行,并善于利用发生的安全事故教育学生,防患于未然。

学校应根据环境、季节及有关规定进行防盗、防火、防特、防病、防事故等方面的教育,并使之经常化、制度化。

第七条 高等学校对学生进行安全教育须注重心理疏导,加强思想政治工作,教育学生注意保持健康的心理状态,帮助学生克服因各种原因造成的心理障碍,把事故消除在萌芽状态。

第三章 安 全 管 理

第八条 高等学校要做好学生日常安全管理工作,加强安全防范,建立和健全规章制度,严格管理。学校要把安全教育及管理工作纳入领导任期的责任目标,落实到年级、班主任。学校应由一名校领导主要负责。

第九条 高等学校应确定学生安全教育及管理工作的主管部门。明确其职责,具体组织实施安全教育及其管理工作。各有关部门应分工协作,积极配合。

第十条 全体教职工要从关心学生、爱护学生出发,树立安全思想,努力做好本职工作和改善环境与条件,保护学生人身和财产安全。

第十一条 学生发生意外事故以及学生要求保护人身或财产安全等情况时,学校应迅速采取有效措施。

第十二条 学生必须遵守国家法律、法规和学校的各项规章制度,注意自身的人身和财产安全,防止各种事故的发生。

第十三条 学生在日常教学及各项活动中,应遵守纪律和有关规定,听从指导,服从管理;在公共场所,要遵守社会公德,增强安全防范意识,提高自我保护能力。

第十四条 学生组织集体课外活动,须经学校同意,按学校规定进行。学校须认真进行安全审查,条件不具备时不得批准。

第十五条 学生应严格遵守宿舍管理的规定,自觉维护宿舍的安全与卫生,提高自我管理能力。

第十六条 发现刑事、治安案件或交通、灾害等事故,在场学生应保护现场,及时报告学校和公安部门并协助处理。在学校范围内的,学校应迅速采取措施,控制事态发展,减轻伤害和损失。

第四章 事 故 处 理

第十七条 学生人身和财产发生一般伤害后,学校要及时调查处理,根据当事人或他人的过错,责令其赔偿损失,并给予批评教育或相应的行政、纪律处分。

在校园内,发生学生非正常死亡、重伤或被窃、失火等造成财产重大损失事故后,学校应迅速采取措施进行抢救、保护现场,同时加强思想政治工作,稳定情绪,恢复秩序,并协同地方有关部门妥善处理。

第十八条　学校对事故调查后认为涉及追究刑事责任的,要及时与公安部门联系,协助调查处理。重大事故学校有关领导应亲自参与调查工作,并认真研究调查报告,及时处理。

第十九条　在安全管理或事故处理过程中,学校认为有必要搜查学生住处,须报请公安部门依法进行。调查处理案件中要以事实为依据,不得逼供或诱供。

第二十条　重大事故发生后,学校应在一天内向所在省、直辖市、自治区有关主管部门报告,并及时通知学生家长。事故处理结束后一周内书面报告有关主管部门。

第二十一条　学生在教学、实习过程与日常生活中,因学校或有关单位责任发生死亡、重伤或残疾,由学校或有关单位承担责任,做好处理及善后工作。

在教学、实习过程与日常生活中,学生因不遵守纪律或不按要求活动而发生意外事故,学校不承担责任。

第二十二条　因忽视安全生产、管理不善;工作不负责任,违章指挥;玩忽职守,徇私舞弊等对学生造成严重的人身、财物损害的,由其所在单位或上级主管部门,视具体情况对有关责任人员分别给予责令检查、赔偿损失、行政处分,直至依法追究刑事责任。

第二十三条　学生未经批准擅自离校不归发生意外事故的,学校不承担责任。

对擅自离校不归,学校不知去向的学生,学校应及时寻找并报告当地公安部门,及时通知学生家长。半月不归且未说明原因者,学校可张榜公布,按自动退学除名。

第二十四条　学生假期或办理离校手续后发生意外事故的,学校不承担责任。

第二十五条　在校内正常生活及由学校在校外组织的活动中,由于不能避免的原因或自然灾害而发生的事故,由学校视具体情况处理。

第二十六条　有条件的高等学校可为学生办理人身保险。

第二十七条　凡经学校指定的专业医院确诊为精神病、癫痫病患者的学生,应予退学,由其监护人负责领回。学生及其监护人不得无理纠缠,扰乱学校教学、生活秩序。

第二十八条　因事故伤残的学生,经治疗后病情稳定,学校认为生活能自理,能坚持在校学习,可留校继续学习;不能坚持在校学习者,应予退学,由学校按其实际学习年限发给肄业证书,并根据事故性质和伤残程度一次性给予适当经济补助。退学学生回其监护人所在地,当地民政等有关部门应协助做好接收、落户等工作,由当地劳动部门按国家关于残疾人劳动就业有关规定安置。

第二十九条　学生因病死亡和责任不由学校承担的意外死亡,学校不承担丧葬费。如家庭确有困难者,学校可酌情予以一次性经济补助。

第三十条　因责任不在本人的意外死亡学生,由学校或有关单位参照国家关于事业职工死亡丧葬有关规定处理,负担丧葬费的全部,学校可一次性给予适当经济补助。

无论何种情况(事故)给予的经济补助,一般不超过国家规定的学生在校期间(以四年计)的平均奖学金数。

凡是事故责任由学校以外的其他单位、个人承担的,学校不再给予经济补助。

第三十一条　因保护国家财产和他人人身安全,见义勇为而残疾或英勇牺牲的学生,学校应报请所在省、自治区、直辖市人民政府授予荣誉称号,并给予相应的待遇。

第三十二条 对事故处理不服或持有异议者,可向学校或学校上一级部门申诉,或者依法向人民法院提起民事诉讼。

第五章 附　则

第三十三条 普通高等学校研究生事故处理,参照本办法执行。

第三十四条 本暂行规定结合《普通高等学校学生管理规定》《高等学校校园秩序管理若干规定》试行。

第三十五条 各省、自治区、直辖市教育行政部门和各高等学校可根据本暂行规定制定实施细则。

第三十六条 本暂行规定由国家教育委员会解释。

第三十七条 本暂行规定自发布之日起试行。

五、《学生伤害事故处理办法》

学生伤害事故处理办法
（中华人民共和国教育部令第12号）

第一章 总　则

第一条 为积极预防、妥善处理在校学生伤害事故,保护学生、学校的合法权益,根据《中华人民共和国教育法》《中华人民共和国未成年人保护法》和其他相关法律、行政法规及有关规定,制定本办法。

第二条 在学校实施的教育教学活动或者学校组织的校外活动中,以及在学校负有管理责任的校舍、场地、其他教育教学设施、生活设施内发生的,造成在校学生人身损害后果的事故的处理,适用本办法。

第三条 学生伤害事故应当遵循依法、客观公正、合理适当的原则,及时、妥善地处理。

第四条 学校的举办者应当提供符合安全标准的校舍、场地、其他教育教学设施和生活设施。

教育行政部门应当加强学校安全工作,指导学校落实预防学生伤害事故的措施,指导、协助学校妥善处理学生伤害事故,维护学校正常的教育教学秩序。

第五条 学校应当对在校学生进行必要的安全教育和自护自救教育;应当按照规定,建立健全安全制度,采取相应的管理措施,预防和消除教育教学环境中存在的安全隐患;当发生伤害事故时,应当及时采取措施救助受伤害学生。

学校对学生进行安全教育、管理和保护,应当针对学生年龄、认知能力和法律行为能力的不同,采用相应的内容和预防措施。

第六条 学生应当遵守学校的规章制度和纪律;在不同的受教育阶段,应当根据自身的年龄、认知能力和法律行为能力,避免和消除相应的危险。

第七条 未成年学生的父母或者其他监护人(以下称为监护人)应当依法履行监护职责,配合学校对学生进行安全教育、管理和保护工作。

学校对未成年学生不承担监护职责,但法律有规定的或者学校依法接受委托承担相应监护职责的情形除外。

第二章 事故与责任

第八条 学生伤害事故的责任,应当根据相关当事人的行为与损害后果之间的因果关系依法确定。

因学校、学生或者其他相关当事人的过错造成的学生伤害事故,相关当事人应当根据其行为过错程度的比例及其与损害后果之间的因果关系承担相应的责任。当事人的行为是损害后果发生的主要原因,应当承担主要责任;当事人的行为是损害后果发生的非主要原因,承担相应的责任。

第九条 因下列情形之一造成的学生伤害事故,学校应当依法承担相应的责任:

(一)学校的校舍、场地、其他公共设施,以及学校提供给学生使用的学具、教育教学和生活设施、设备不符合国家规定的标准,或者有明显不安全因素的;

(二)学校的安全保卫、消防、设施设备管理等安全管理制度有明显疏漏,或者管理混乱,存在重大安全隐患,而未及时采取措施的;

(三)学校向学生提供的药品、食品、饮用水等不符合国家或者行业的有关标准、要求的;

(四)学校组织学生参加教育教学活动或者校外活动,未对学生进行相应的安全教育,并未在可预见的范围内采取必要的安全措施的;

(五)学校知道教师或者其他工作人员患有不适宜担任教育教学工作的疾病,但未采取必要措施的;

(六)学校违反有关规定,组织或者安排未成年学生从事不宜未成年人参加的劳动、体育运动或者其他活动的;

(七)学生有特异体质或者特定疾病,不宜参加某种教育教学活动,学校知道或者应当知道,但未予以必要的注意的;

(八)学生在校期间突发疾病或者受到伤害,学校发现,但未根据实际情况及时采取相应措施,导致不良后果加重的;

(九)学校教师或者其他工作人员体罚或者变相体罚学生,或者在履行职责过程中违反工作要求、操作规程、职业道德或者其他有关规定的;

(十)学校教师或者其他工作人员在负有组织、管理未成年学生的职责期间,发现学生行为具有危险性,但未进行必要的管理、告诫或者制止的;

(十一)对未成年学生擅自离校等与学生人身安全直接相关的信息,学校发现或者知道,但未及时告知未成年学生的监护人,导致未成年学生因脱离监护人的保护而发生伤害的;

(十二)学校有未依法履行职责的其他情形的。

第十条 学生或者未成年学生监护人由于过错,有下列情形之一,造成学生伤害事故,应当依法承担相应的责任:

(一)学生违反法律法规的规定,违反社会公共行为准则、学校的规章制度或者纪律,实施按其年龄和认知能力应当知道具有危险或者可能危及他人的行为的;

(二)学生行为具有危险性,学校、教师已经告诫、纠正,但学生不听劝阻、拒不改正的;

(三)学生或者其监护人知道学生有特异体质,或者患有特定疾病,但未告知学校的;

(四)未成年学生的身体状况、行为、情绪等有异常情况,监护人知道或者已被学校告知,但未履行相应监护职责的;

（五）学生或者未成年学生监护人有其他过错的。

第十一条　学校安排学生参加活动，因提供场地、设备、交通工具、食品及其他消费与服务的经营者，或者学校以外的活动组织者的过错造成的学生伤害事故，有过错的当事人应当依法承担相应的责任。

第十二条　因下列情形之一造成的学生伤害事故，学校已履行了相应职责，行为并无不当的，无法律责任：

（一）地震、雷击、台风、洪水等不可抗的自然因素造成的；

（二）来自学校外部的突发性、偶发性侵害造成的；

（三）学生有特异体质、特定疾病或者异常心理状态，学校不知道或者难于知道的；

（四）学生自杀、自伤的；

（五）在对抗性或者具有风险性的体育竞赛活动中发生意外伤害的；

（六）其他意外因素造成的。

第十三条　下列情形下发生的造成学生人身损害后果的事故，学校行为并无不当的，不承担事故责任；事故责任应当按有关法律法规或者其他有关规定认定：

（一）在学生自行上学、放学、返校、离校途中发生的；

（二）在学生自行外出或者擅自离校期间发生的；

（三）在放学后、节假日或者假期等学校工作时间以外，学生自行滞留学校或者自行到校发生的；

（四）其他在学校管理职责范围外发生的。

第十四条　因学校教师或者其他工作人员与其职务无关的个人行为，或者因学生、教师及其他个人故意实施的违法犯罪行为，造成学生人身损害的，由致害人依法承担相应的责任。

第三章　事故处理程序

第十五条　发生学生伤害事故，学校应当及时救助受伤害学生，并应当及时告知未成年学生的监护人；有条件的，应当采取紧急救援等方式救助。

第十六条　发生学生伤害事故，情形严重的，学校应当及时向主管教育行政部门及有关部门报告；属于重大伤亡事故的，教育行政部门应当按照有关规定及时向同级人民政府和上一级教育行政部门报告。

第十七条　学校的主管教育行政部门应学校要求或者认为必要，可以指导、协助学校进行事故的处理工作，尽快恢复学校正常的教育教学秩序。

第十八条　发生学生伤害事故，学校与受伤害学生或者学生家长可以通过协商方式解决；双方自愿，可以书面请求主管教育行政部门进行调解。

成年学生或者未成年学生的监护人也可以依法直接提起诉讼。

第十九条　教育行政部门收到调解申请，认为必要的，可以指定专门人员进行调解，并应当在受理申请之日起60日内完成调解。

第二十条　经教育行政部门调解，双方就事故处理达成一致意见的，应当在调解人员的见证下签订调解协议，结束调解；在调解期限内，双方不能达成一致意见，或者调解过程中一方提起诉讼，人民法院已经受理的，应当终止调解。

调解结束或者终止，教育行政部门应当书面通知当事人。

第二十一条　对经调解达成的协议，一方当事人不履行或者反悔的，双方可以依法提起诉讼。

第二十二条 事故处理结束,学校应当将事故处理结果书面报告主管的教育行政部门;重大伤亡事故的处理结果,学校主管的教育行政部门应当向同级人民政府和上一级教育行政部门报告。

第四章 事故损害的赔偿

第二十三条 对发生学生伤害事故负有责任的组织或者个人,应当按照法律法规的有关规定,承担相应的损害赔偿责任。

第二十四条 学生伤害事故赔偿的范围与标准,按照有关行政法规、地方性法规或者最高人民法院司法解释中的有关规定确定。

教育行政部门进行调解时,认为学校有责任的,可以依照有关法律法规及国家有关规定,提出相应的调解方案。

第二十五条 对受伤害学生的伤残程度存在争议的,可以委托当地具有相应鉴定资格的医院或者有关机构,依据国家规定的人体伤残标准进行鉴定。

第二十六条 学校对学生伤害事故负有责任的,根据责任大小,适当予以经济赔偿,但不承担解决户口、住房、就业等与救助受伤害学生、赔偿相应经济损失无直接关系的其他事项。

学校无责任的,如果有条件,可以根据实际情况,本着自愿和可能的原则,对受伤害学生给予适当的帮助。

第二十七条 因学校教师或者其他工作人员在履行职务中的故意或者重大过失造成的学生伤害事故,学校予以赔偿后,可以向有关责任人员追偿。

第二十八条 未成年学生对学生伤害事故负有责任的,由其监护人依法承担相应的赔偿责任。

学生的行为侵害学校教师及其他工作人员以及其他组织、个人的合法权益,造成损失的,成年学生或者未成年学生的监护人应当依法予以赔偿。

第二十九条 根据双方达成的协议、经调解形成的协议或者人民法院的生效判决,应当由学校负担的赔偿金,学校应当负责筹措;学校无力完全筹措的,由学校的主管部门或者举办者协助筹措。

第三十条 县级以上人民政府教育行政部门或者学校举办者有条件的,可以通过设立学生伤害赔偿准备金等多种形式,依法筹措伤害赔偿金。

第三十一条 学校有条件的,应当依据保险法的有关规定,参加学校责任保险。

教育行政部门可以根据实际情况,鼓励中小学参加学校责任保险。

提倡学生自愿参加意外伤害保险。在尊重学生意愿的前提下,学校可以为学生参加意外伤害保险创造便利条件,但不得从中收取任何费用。

第五章 事故责任者的处理

第三十二条 发生学生伤害事故,学校负有责任且情节严重的,教育行政部门应当根据有关规定,对学校的直接负责的主管人员和其他直接责任人员,分别给予相应的行政处分;有关责任人的行为触犯刑律的,应当移送司法机关依法追究刑事责任。

第三十三条 学校管理混乱,存在重大安全隐患的,主管的教育行政部门或者其他有关部门应当责令其限期整顿;对情节严重或者拒不改正的,应当依据法律法规的有关规定,给予相应的行政处罚。

第三十四条　教育行政部门未履行相应职责,对学生伤害事故的发生负有责任的,由有关部门对直接负责的主管人员和其他直接责任人员分别给予相应的行政处分;有关责任人的行为触犯刑律的,应当移送司法机关依法追究刑事责任。

第三十五条　违反学校纪律,对造成学生伤害事故负有责任的学生,学校可以给予相应的处分;触犯刑律的,由司法机关依法追究刑事责任。

第三十六条　受伤害学生的监护人、亲属或者其他有关人员,在事故处理过程中无理取闹,扰乱学校正常教育教学秩序,或者侵犯学校、学校教师或者其他工作人员的合法权益的,学校应当报告公安机关依法处理;造成损失的,可以依法要求赔偿。

第六章　附　　则

第三十七条　本办法所称学校,是指国家或者社会力量举办的全日制的中小学(含特殊教育学校)、各类中等职业学校、高等学校。

本办法所称学生是指在上述学校中全日制就读的受教育者。

第三十八条　幼儿园发生的幼儿伤害事故,应当根据幼儿为完全无行为能力人的特点,参照本办法处理。

第三十九条　其他教育机构发生的学生伤害事故,参照本办法处理。

在学校注册的其他受教育者在学校管理范围内发生的伤害事故,参照本办法处理。

第四十条　本办法自2002年9月1日起实施,原国家教委、教育部颁布的与学生人身安全事故处理有关的规定,与本办法不符的,以本办法为准。

在本办法实施之前已处理完毕的学生伤害事故不再重新处理。

六、《安徽审计职业学院学生学籍管理办法》

安徽审计职业学院学生学籍管理办法
皖审院〔2017〕85号

为维护学院正常的教育教学秩序,保障学生合法权益,培养德、智、体、美等方面全面发展的社会主义建设者和接班人,以立德树人为根本,依据《中华人民共和国教育法》、《中华人民共和国高等教育法》、《普通高等学校学生管理规定》(教育部令第41号)、《安徽审计职业学院章程》等相关规定,结合学院实际情况,现对《安徽审计职业学院学生学籍管理办法》进行修订。

第一章　总　　则

第一条　学院建立完善的学籍学历管理分级责任制。院长是学院学生学籍学历管理工作第一责任人,对学生学籍学历管理工作负全面领导责任;分管学生学籍学历工作的副院长,是学院学生学籍学历管理工作的直接主管责任人,承担领导、协调和监管责任;教务处处长承担组织实施责任;系主要负责人是学生学籍学历管理工作的直接责任人;班主任(辅导员)是学籍学历管理工作的具体责任人。

第二章　入学与注册

第二条　按照国家招生规定录取到学院的新生,必须持录取通知书和学院要求的其他有关证件,在学院规定的期限内办理入学手续。因故不能按期报到者,必须事先向学院学生处请假,并于报到时出具医院、父母单位或社区、乡镇等相关证明。未经请假或请假逾期不报到者,除因不可抗力等正当事由外,视为放弃入学资格。请假一般不超过一个月,否则需办理保留入学资格手续。

第三条 新生报到时,各系对其入学资格进行初步审查,审查合格的办理入学手续,予以注册学籍;审查发现新生的录取通知、考生信息等身份证明材料,与本人实际情况不符,或者有其他违反国家招生考试规定情形的,取消入学资格并及时报学院招生管理部门。

学生入学后,学院成立由院领导负责,纪检监察、招生、学籍管理、学生工作以及各系等部门相关人员参加的新生入学资格复查工作领导小组,在3个月内按照国家招生规定进行复查。复查内容包括但不限于:

(一)录取手续及程序等是否合乎国家招生规定;

(二)所获得的录取资格是否真实、合乎相关规定;

(三)本人及身份证明与录取通知、考生档案等是否一致;

(四)身心健康状况是否符合报考专业或者专业类别体检要求,能否保证在校正常学习、生活;

(五)特殊类型录取学生的专业水平是否符合录取要求。

第四条 凡属弄虚作假、徇私舞弊取得学籍者,不论何时发现,一经查实,由系里提出意见,教务处审核,报院长办公会批准,取消入学资格或学籍。情节严重的,学院移交有关部门调查处理。

取消入学资格或取消学籍者,档案由学院退回其家庭所在地,户口按照国家相关规定迁回原户籍地或者家庭户籍所在地。

第五条 复查中发现学生身心状况不适宜在校学习,经学院指定的二级甲等以上医院(下同)诊断,需要在家休养治疗的,可由本人申请,所在系和教务处签署意见,经分管院长批准后准许保留入学资格1年;保留入学资格者不具有学籍;保留入学资格学生,应在15个工作日内办理相关手续并返家休养治疗,不办理手续者,取消保留入学资格;保留入学资格期间医疗费用等均由学生自理,不享受学院在籍学生待遇;在保留入学资格期内经治疗康复,可以向学院申请入学,由学院指定医院诊断,符合体检指标要求,经学院复查合格后,重新办理入学手续;如复查仍不符合学习条件者,由学院区别情况予以处理,直至取消入学资格。学生逾期不办理入学手续者,且未有因不可抗力延迟等正当理由的,视为放弃入学资格。

第六条 学生(新生)因创业事由可以申请保留入学资格,申请应附有家长意见、创业培训及创业证明材料,经所在系和学院审核批准后执行;保留入学资格时间最长1年,期间不具有学籍;学生保留入学资格期满前应向学院申请入学,经学院审查合格后,办理入学手续。审查不合格的,取消入学资格;事前不办理申请审批手续、逾期15个工作日不办理入学手续且未有因不可抗力延迟等正当理由的,视为放弃入学资格。

第七条 在校生必须遵照学院规定办理报到和注册手续后方可获得和存续学籍;注册条件、程序等事宜规定如下:

(一)在校生须在每学年开学前一周内,根据财务部门规定,缴纳学费、住宿费、教材代收代支费等规定费用;

(二)在校学生每学年、学期在规定期限内,持学生证在本人所在系办理报到和确认注册手续后方可存续学籍;

（三）因故不能如期注册者，必须履行暂缓注册手续。未履行暂缓注册手续逾期 15 个工作日不注册者，按自动退学处理；

（四）未按学院规定缴纳费用或者其他不符合注册条件的不予注册；未经学籍注册的学生不能上报毕业生电子注册数据；

（五）学籍注册完成后，组织学生做好信息查询确认工作。

家庭经济困难的学生可以申请助学贷款或其他形式资助，办理有关手续后注册。

第三章 考核与成绩记载

第八条 对学生思想品德的考核、鉴定，按照《安徽审计职业学院学生德育素质测评暂行办法》规定进行。

第九条 学生必须参加学院教育教学计划规定的课程和各种教育教学环节（以下统称课程）的考核（考试或考查）。考核成绩真实、完整地载入成绩册，并归入本人学籍档案。详见《安徽审计职业学院学生课程考核与成绩管理暂行办法》。

第十条 学院制定《安徽审计职业学院学生学业预警实施办法》，督促学生努力学习，顺利完成学业。

第四章 升级、试读与留级

第十一条 学生学完本学年教学计划规定的课程，经考核成绩及格，准予升级。

第十二条 学生考核不及格的课程，按下列条款处理：

（一）学生一学期内不及格的课程，在下学期开学第 2 周前后由教务处、各系具体组织，统一安排补考；

（二）每学年第一学期不及格课程经补考后仍达 4 门者，跟班试读。试读学生第二学期期末考试如仍有不及格课程，则不予补考，直接按留级处理；试读学生如第二学期期末考试全部课程及格，则第一学期不及格课程准予再补考一次。经补考后，不及格课程少于 2 门者，可以升级，其不及格课程毕业前再予补考；不及格课程仍达 4 门或以上者，应予留级。每学年第二学期不及格课程经补考后仍有 4 门（含 4 门）及以上课程不及格者，作留级处理（公共体育课不及格，不记入留级门数）；

（三）毕业班学生毕业前补考后，不及格课程仍有 4 门（含 4 门）以上者，作留级处理。

第十三条 留级学生已学过的课程考核成绩达到良好（80 分）以上者，可以申请不再重修（不含体育课）。

第十四条 学生在校期间只能留级一次。

第五章 转专业与转学

第十五条 学生在校期间一般不予转专业，确有特殊原因和困难的，可以申请转专业。详见《安徽审计职业学院学生转专业管理办法》。

第十六条 学生一般不予转学，因患病或者有特殊困难、特别需要，无法继续在学院学习或者不适应学院学习要求的，可以申请转学。详见《安徽审计职业学院学生转学实施办法》。

第六章 休学与复学

第十七条 学生申请休学或学院规定应当休学的，经学院批准，可予休学。学生休学一般以一年为期，在校期间只限休学一次。休学时间从学生不能坚持正常上课时算起。

学生有下列情况之一者，应予休学：

（一）由学院指定的医院诊断后，经校医院证明，因病须停课治疗休养占一学期总学时

1/3 以上者；

（二）根据考勤，一学期请病假、事假缺课累计超过本学期总学时的 1/3 以上者；

（三）因其他原因不能坚持正常学习，必须休学者；

（四）有特殊困难的学生或者修满 2 年的学生为增加专业社会实践经验，经本人联系接收单位，并有接收单位出具的证明，由本人申请、家长签字、学生处签署意见、教务处审核，分管院领导批示，报院长办公会批准，可以办理休学参加社会实践 1～2 年。

学生本人申请休学的，由学生书面申请（因病休学的需附医院诊断材料和校医院证明），家长签字，学生处签署意见后，教务处审核，经分管院领导批示后，报院长办公会批准。

第十八条　休学学生的有关问题，按下列规定办理：

（一）休学学生必须办理休学手续离校，其在校户口不予迁出，学院保留其学籍。

（二）学生休学期间，不享受在校生的待遇，不享受助学金、奖学金。

（三）因病休学学生，医疗费按国家及当地的有关规定处理。

第十九条　在教育部政策许可范围内，对于休学创业的在校学生，学院实行灵活的学习制度，其修业年限可延长至 6 年。详见《安徽审计职业学院激励创新创业学籍管理办法》。

第二十条　新生和在校生应征参加中国人民解放军（含中国人民武装警察部队），可保留入学资格或学籍至退役后 2 年。

第二十一条　学生参加学院组织的跨校联合培养项目，在联合培养学校学习期间，学院同时为其保留学籍。

第二十二条　休学学生复学按下列规定办理：

（一）学生休学期满，应于学期开学前一个月内向学院申请复学。持有关证明（病休学生须由学院指定二级甲等以上医院诊断，证明其恢复健康；所在地街道（乡）政府或接收单位开具的行为表现证明等）提出书面申请，经学生处审核并签署意见后，到教务处办理复学手续。逾期未向学院申请复学的学生，取消复学资格，按自动退学处理，注销学籍。

（二）学生在休学、保留学籍期间如有严重违法乱纪行为，学院将取消其复学资格。

第二十三条　学生在保留入学资格、休学、保留学籍期间，不得参加课程考试。学生如在保留入学资格、休学、保留学籍期间发生事故，责任自负。

第七章　退学

第二十四条　学生有下列情形之一，学院予以退学处理：

（一）留级一次后，经成绩考核仍应留级者；

（二）学生无特殊情况（如创业、应征入伍等）超过其学制年限一年者；

（三）休学、保留学籍期满，在学院规定期限内未办理复学手续或者申请复学经审查不合格者；

（四）经学院指定医院诊断，患有疾病或意外伤残无法继续在校学习者；

（五）超过学院规定期限未注册而又未履行暂缓注册手续者；

（六）未经批准连续 2 周未参加学院规定的教学活动者；

学生本人申请退学的，经学院审核同意后，办理退学手续。

对于退学的学生，学生处会同教务处提出处理意见，经分管院领导批示后，由院长办公会议研究决定。对已批准退学的学生，由学院出具退学通知书并送达本人，因特殊情况无法送达本人的，在校内公告，自发出公告之日起 7 日即视为送达，在学生申诉期满后正式生效。

第二十五条　学生退学的善后问题，按下列规定办理：

（一）退学或因其他各种原因处理离校的学生，必须在退学通知书（退学文件）送达或公告之日起一个月内办理离校手续。

（二）对学满一年以上退学的学生，颁发肄业证书；不满一年的出具写实性学习证明。

（三）每学年结束，进行一次学籍清理，凡逾期不办理离校手续，学院不再出具任何证明。

（四）退学学生的档案由学院退回其家庭所在地，户口按照国家相关规定迁回原户籍地或者家庭户籍所在地。

第二十六条 取消学籍、开除学籍、退学的学生，均不得申请复学。

第八章 毕业与结业

第二十七条 学院对毕业班学生进行全面鉴定和审核。鉴定和审核内容包括德、智、体等方面，其重点包括政治觉悟、思想意识、道德品质、学业成绩以及学习、劳动态度和健康状况等方面。

第二十八条 学生在学院规定学习年限内完成教学计划规定的全部课程，成绩合格，达到学院毕业要求的，准予毕业，并在学生离校前发给毕业证书。

第二十九条 对修业期满而未完成教学计划规定的全部课程但未达留级或延长学习期限条件的学生按下列办法处理：

（一）学生在校期间的必修课程（含独立设课的实践环节）经毕业前补考后仍有3门以下（含3门）不合格者，不能毕业，作结业处理。结业的学生允许在结业后2年内申请（结业必须满一年）一次课程补考或重修，合格达到毕业要求者，发给毕业证书，必须由学生本人提出书面申请，并附户籍所在地乡（镇）、街道或工作单位的操行证明，教务处、学生处审核。毕业证书中毕业时间，按发证日期填写。结业超过2年没有提出申请者，或者返校参加考试但成绩不合格者，不再发放毕业证书。

（二）在校学习基本时间为其学制年限。最长年限可较其学制延长一年。重修不单独占时间。

第三十条 学生毕业时如德育素质测评不合格的，不得毕业。在学生离校半年后，经本人申请，所在工作单位或居（村）委会出具"道德素质合格"证明后，准予毕业。

第九章 学业证书管理

第三十一条 学院严格按照招生时确定的办学类型和学习形式，以及学生招生录取时填报的个人信息，填写、颁发学历证书及其他学业证书。

学生在校期间变更姓名、出生日期等证书需填写的个人信息的，必须有合理、充分的理由，并提供具有法定效力的相应证明文件。学院对此进行审查。

第三十二条 学院执行高等教育学籍学历证书电子注册管理制度，每年将颁发的毕（结）业证书信息报安徽省教育厅注册备案。

第三十三条 对违反国家招生规定取得入学资格或者学籍的，学院取消其学籍，不得发给学历证书；已发的学历证书，学院依法予以撤销。对以作弊、剽窃、抄袭等学术不端行为或者其他不正当手段获得学历证书的，学院依法予以撤销。

被撤销的学历证书已注册的，学院依法予以注销并报安徽省教育厅宣布证书无效。

第三十四条 毕业、结业、肄业（在校修业一学年以上因故而退学）证书遗失或损坏不予补发。如学生本人申请，经学院审核后，出具相应的证明书。证明书与原证书具有同等效力。

第十章 附 则

第三十五条 本办法自2017年9月1日起执行。原《安徽审计职业学院学籍管理实施办法》(皖审院〔2015〕58号)同时废止。

第三十六条 本办法由教务处负责解释。

七、《安徽审计职业学院学生缴费与注册管理规定(试行)》

安徽审计职业学院学生缴费与注册管理规定(试行)
皖审院〔2006〕30号

为了加强我院普通全日制学生的学费收缴工作和注册工作管理,根据《中华人民共和国高等教育法》和《普通高等学校学生管理规定》及有关法律、法规,制定本规定。

第一条 学生注册按照"先缴费,后注册"的原则进行办理。

第二条 学生办理注册后,方可取得学籍。

第三条 各类学生每学年应向学院缴纳的规定费用,是经国家有关部门批准学院收取的学费及相关费用,学院的各项收费均严格按国家规定执行。

第四条 各类学生应在每学年第一学期规定的开学注册日期之前,缴清本学年的学费及相关费用后,方可予以注册。

第五条 根据教育部《普通高等学校学生管理规定》第三章第十条中"未按学校规定缴纳学费的不予注册"的规定,凡是未按规定缴清学费及相关费用的学生,一律不予注册。

第六条 学生的缴费应采用学院统一规定的方式,并在规定时间内完成:

(一)凡是在学院统一办理了银行缴费卡的学生,要求一律通过银行卡缴费方式完成缴费。此类学生应在学院规定的开学注册日期前10~15天,将应缴学费及相关费用足额(学院规定标准)存入或汇至本人银行缴费卡账户,学院财务处将在规定的开学注册日期前7天,委托授权银行通过批扣的方式收取。

(二)凡是学院未统一办理银行缴费卡的学生,应在开学注册日期前到学院财务处或指定收费地点缴费。

第七条 确因特殊原因无法按时足额缴清学费的学生,可申请缓缴部分学费。缓缴费用须经所在班级班主任审核、所在系签署意见、学生处研究同意、报学院审批后,方可办理暂缓注册手续。缓缴费用期限最长为3个月,学生在自己承诺的期限内须足额缴清应缴费用。费用缴清后办理注册手续,无故逾期的,不予注册。

第八条 因家庭经济困难而无法按时缴清学费及相关费用的全日制学生,可在开学注册前,持乡以上人民政府出具的家庭贫困证明,经所在系审核和学院助学贷款办公室批准后,凭学院助学贷款办公室出具的国家助学贷款受理证明,办理暂缓注册手续,待国家助学贷款到账后,再按规定办理正式注册手续。

第九条 财务处在每学年学院规定注册日期前,根据学生处提供的"学生学籍基本信息库"和当年学生实际缴费情况,编制"学年度学生缴费情况一览表",及时送达各系,作为各系办理学生注册的依据。

第十条 学生应在每学期开学后第一周内到所在系办理报到、注册手续。各系应指定专人负责学生注册工作,严格按照本规定和财务处提供的学生缴费信息,对已按规定缴齐费用的学生予以注册并登记。对于因特殊原因或家庭经济困难难以按时缴齐费用的学生,应根据本规定第六条、第七条指导学生办理暂缓注册手续。

第十一条　各系应在学院规定的学期开学注册时间结束后一周内,将本系"学生注册情况"报告相关的职能部门,以此作为学院各部门受理和安排学生学习和生活的基本依据。

第十二条　学生因故不能按期报到及注册的,必须在开学前书面向所在系请假(病假凭县级及其以上医院证明),并说明请假原因及时间。请假时间一般不得超过两周。因病、因事确需续假者,凭县级以上(含县级)医院或民政部门证明办理续假手续,否则,将不予注册。

第十三条　未经请假超过两周不报到者,按自动退学处理;虽报到,但无正当事由而超过两周未注册者,经院长办公会议研究批准后,予以退学。

第十四条　凡休学的学生,应在休学期满后开学第一周内提出复学申请,经批准后方可注册。逾期两周不提出复学申请、不办理复学手续者,不予注册,按退学处理。

第十五条　本办法自公布之日起施行,由学生处负责解释。

八、《安徽审计职业学院学生德育素质测评暂行办法》

安徽审计职业学院学生德育素质测评暂行办法
皖审院〔2015〕19号

为了建设优良的校风和学风,提高学生德育素质,引导学生全面发展,进一步促进学生教育管理工作的科学化、规范化,根据《中华人民共和国高等教育法》和《普通高等学校学生管理规定》,结合学院实际,制定本办法。

一、测评对象

在本院接受普通高等学历教育的高职专科学生。

二、测评内容和计分方法

德育素质测评是对学生政治思想、道德品质、文明礼貌、遵纪守法、集体观念、社会公德、思政课程学习等内容的考核。

德育素质测评成绩由德育基础分、德育奖励分、德育扣分三个部分组成,其中德育基础分满分为80分,德育奖励分满分为20分,德育扣分为0~100分。计分方法如下:

德育素质测评成绩＝德育基础分＋德育奖励分－德育扣分

1. 德育基础分

能以中国特色社会主义理论为指导,自觉遵守国家法律和校规校纪,学习目的明确,态度端正,积极参加社会实践和社会公益活动,有良好的道德修养和行为习惯。

符合上述标准的,德育基础分可得80分。

2. 德育奖励分

(1) 因某一方面表现突出,受到系表彰的,一次加1~3分;受到院级以上有关部门表彰者,一次加3~6分。同类同次表彰的以最高级别为准,表彰者需提供证书原件及复印件。

(2) 在寓管部门和系组织的宿舍评比中,获得"卫生寝室"称号的,每次其宿舍成员分别加1分。获得学院"文明寝室"称号的,其宿舍成员分别加4分。

(3) 积极承担社会工作或参加社会实践活动,圆满完成任务表现突出者,经系党团组织考核后酌情加 1~3 分,经学院党团组织考核后酌情加 2~6 分。

(4) 主动劝阻、反映他人违法违纪,被院系学生管理部门确认者加 3 分。

(5) 特殊情况,班主任可根据学生在德育方面的优秀表现,酌情加 1~5 分,须附相关材料进行说明。

3. 德育扣分

(1) 院、系、班级组织的各项活动,无故缺勤一次扣 2 分。

(2) 因某方面表现较差,影响极坏或违纪,受到学院通报批评一次扣 5 分,警告一次扣 10 分,严重警告一次扣 15 分,记过一次扣 20 分,留校察看扣 30 分。

(3) 在寓管部门和系组织的宿舍评比中,宿舍卫生检查不合格,每次每人扣 2 分;在宿舍使用违禁电器、私接电源、使用明火、乱扔乱倒乱泼垃圾或污水、从事经营活动、有赌博等行为的,每次扣当事人 5 分。

(4) 旷课一节扣 2 分;上课迟到、早退一次扣 1 分;顶撞教师、扰乱课堂秩序扣 10 分。

(5) 在公共场所或无烟区吸烟,一次扣 2 分;酗酒按处分等级扣 10~30 分。

(6) 在公共场所乱涂、乱画、乱张贴者,一次扣 5 分;故意损坏公物按所受处分等级扣分。

(7) 无故夜不归宿者,一次扣 10 分;未经批准,擅自留宿他人,一次扣 10 分。

(8) 对不文明行为者,如从寝室高空抛物、践踏草坪、携带食物进教室、乱扔纸屑、在课桌椅上乱涂乱画等行为,发现一次扣 1 分。

(9) 经查有违反四项基本原则言论和行为者,德育分扣完,按零分计算。

(10) 特殊情况,班主任可根据学生在德育方面的不良表现,酌情扣 1~5 分,须附相关材料进行说明。

三、等级评定

根据测评结果分为四个等级:90 分及以上为优秀、80~89 分为良好、60~79 分为合格、59 分及以下为不合格。

四、测评工作的组织及程序

(1) 测评工作由学生处组织具体实施,测评以班级为单位,每学期测评一次,一般在下一学期开学后的 4 周内完成。

(2) 各班级成立"德育素质测评小组",由辅导员(班主任)和班委会、团支部委员组成,"德育素质测评小组"要在学生个人自评的基础上,根据平时记录的考核资料,对全班学生在学期内的德育素质逐一进行测评,并将测评意见填入"安徽审计职业学院学生德育素质测评表"的相关栏目。

各系成立"学生德育素质测评领导小组"(以下简称为"领导小组")负责学生德育素质测评工作。"领导小组"在班级"德育素质测评小组"测评意见的基础上,根据平时掌握的考核资料,对德育素质测评结果进行审核评议,同时确定德育素质测评最终成绩。德育素质测评的结果要向学生公布,同时填入"安徽审计职业学院学生德育素质测评表"相关栏目。如学生对测评结果有异议,可以向学生处申请复议。

"安徽审计职业学院学生德育素质测评表"的最终结果,按班级汇总填写"安徽审计职业学院学生德育素质测评一览表"。"安徽审计职业学院学生德育素质测评表"及"安徽审计职业学院学生德育素质测评一览表"应当在规定的期限内报送学院学生处备案。

(3) 各班级德育素质测评结果应趋于正态分布。

五、测评结果

(1)"安徽审计职业学院学生德育素质测评表"每学期存入学生本人档案。

(2)德育素质测评结果作为学生评优评奖依据之一,低于 80 分的,原则上不得参与评优评奖,低于 75 分的,原则上不得申请国家助学金。

(3)学生毕业时如德育素质测评不合格,不得毕业,也不予以推荐就业。如因德育素质测评不合格没有毕业的,在学生离校半年后,经本人申请,所在工作单位或居(村)委会出具"道德素质合格"证明后,准予毕业。

六、本办法自发文之日起执行,如学院其他相关规定与本办法不一致的,以本办法为准。

七、本办法由学院学生处负责解释。

安徽审计职业学院学生德育素质测评表

姓名		班级		系别	
性别		出生年月		政治面貌	
民族		担任职务			
测评得分	学生自评					
	分数构成	评分缘由		分数	
	基础分					
	奖励分					
	扣分					
	总分					
	测评小组意见	评分缘由		总分及等级	
					总分	等级
		组长(辅导员)签字: 　　　　　　　　　　　　年　月　日			
系学生德育素质测评领导小组意见		负责人签字:　　　　　　(系盖章) 　　　　　　　　　　　　年　月　日			

安徽审计职业学院学生德育素质测评一览表

系别:　　　　　　班级:　　　　　　时间:　　年　月　日

学号	姓名	基础分	奖励分	扣分	总分	备注

辅导员(班主任)签字:　　　　　　　　　　　　系盖章:

九、《安徽审计职业学院学生违纪处分办法》

安徽审计职业学院学生违纪处分办法

皖审院〔2017〕83号

第一章 总 则

第一条 为加强院风学风建设,维护学院正常的教学和生活秩序,建设优良的学习、生活环境,促进学生的健康成长,根据《中华人民共和国教育法》《中华人民共和国高等教育法》《普通高等学校学生管理规定》(教育部令第41号)《高等学校学生行为准则》等有关法律法规,结合学院实际,特修订本办法。

第二条 本规定适用于在学院接受全日制普通高等学历教育的学生。

第三条 学生在校内有违纪行为的,以及在校外参加教学活动、社会实践等社会活动中有违纪行为的,依照本办法给予纪律处分。

第四条 对有违反法律法规、院纪院规的学生,学院要根据其情节轻重,给予批评教育、通报批评或纪律处分。纪律处分包括以下类型:

(一)警告;

(二)严重警告;

(三)记过;

(四)留校察看;

(五)开除学籍。

学生违反院纪院规情节轻微的,可由学生所在系给予批评教育或通报批评,进行违纪预警教育。如确须给纪律处分的,对照处分内容,按规定的程序处理。

第二章 处分内容

第五条 学生有下列情形之一者,可给予开除学籍处分:

(一)违反宪法,反对四项基本原则、破坏安定团结、扰乱社会秩序的;

(二)触犯国家法律,构成刑事犯罪的;

(三)受到治安处罚,情节严重、性质恶劣的;

(四)参加非法组织的;

(五)由他人代替考试、替他人参加考试、组织作弊、使用通讯设备作弊、向他人出售考试试题或答案牟取利益,以及其他严重作弊或扰乱考试秩序行为的;

(六)公开发表的研究成果存在抄袭、篡改、伪造等学术不端行为,情节严重的,或者代写论文、买卖论文的;

(七)违反学院有关规定,严重影响学院教育教学秩序、生活秩序或者公共场所管理秩序,以及侵害其他个人、组织合法权益,造成严重后果的;

(八)屡次违反学院规定受到纪律处分,经教育不改的。

第六条 学生不得有反对四项基本原则的言论和行为,不得从事非法的社会、政治、宗教等活动。有下列情形之一,给予警告直至开除学籍处分:

(一)违反《中华人民共和国游行示威法》或其他有关法律法规,组织、参加未经批准的集会、游行、示威活动或组织、策划或参与扰乱社会秩序的活动,情节较轻并有悔改表现者,给予记过处分;情节严重者,给予留校察看直至开除学籍处分。

(二)印制、出版非法刊物,张贴、散发违反法律、法规和有悖社会公德的大小字报,通过网络传播不良信息,情节较轻并有悔改表现者,给予记过处分;情节严重者,给予留校察看直至开除学籍处分。

(三)组织、加入非法社会团体或组织,从事非法活动,情节较轻并有悔改表现者,给予记过处分;情节严重者,给予留校察看直至开除学籍处分。

(四)组织、参与邪教和封建迷信等活动、泄漏国家秘密等,视情节轻重,给予留校察看直至开除学籍处分。

(五)违反国家网络管理有关规定,在网上散布攻击党和政府的谣言,给予开除学籍处分。

(六)在校园内进行宗教活动者,给予严重警告以上处分。

第七条 未经批准擅自成立学生团体开展活动或邀请校外人员举办讲座,或以合法学生团体的名义开展非法活动,或有其他违反学生团体管理规定者,情节较轻并有悔改表现者,给予记过处分;情节严重者,给予留校察看直至开除学籍处分。

第八条 学生有违反国家法律法规,受到司法或公安部门处罚者,给予警告直至开除学籍处分:

(一)被司法或公安部门处以警告、罚款者,给予警告或严重警告处分。

(二)被司法或公安部门处以行政拘留者,视情节轻重,给予记过直至开除学籍处分。

(三)被司法机关处以刑法或被公安机关决定劳动教养者,给予开除学籍处分。

第九条 对打架斗殴者,给予以下处分:

(一)引发事端或激化矛盾,造成不良后果者,给予警告以上处分;

(二)动手打人者,视其情节,给予严重警告以上处分;

(三)怂恿他人打架、斗殴,视其情节,给予记过以上处分;组织策划者给予记过处分,造成后果的,给予留校察看以上处分;

(四)以"劝架"为名,故意偏袒一方,促使事态发展并产生不良后果者,给予记过以上处分;

(五)为他人打架提供凶器,未造成伤害者,给予记过以上处分;造成伤害者,给予留校察看以上处分;

(六)聚众斗殴,未造成伤害者,视其情节,给予严重警告以上处分;造成后果的,视其情节,给予记过以上处分;邀约院外人员打架斗殴的,视其情节,给予留校察看以上处分;

(七)威吓、辱骂、围攻或殴打教育工作者,视其情节,给予记过以上处分;

(八)在调查处理打架事件过程中,故意提供伪证,妨碍调查处理工作正常进行者,给予严重警告以上处分;

(九)因打架斗殴导致人身伤害或财产损失者,除受到相应纪律处分外,还应向受害者赔偿经济损失。

第十条 参与传销或利用校园贷等方式,骗取他人钱财者,视其情节,给予警告以上处分。

第十一条 故意损坏或非法占有国家、集体或个人合法财物者,视其情节给予下列处分:

（一）盗窃公私财物，视作案价值和情节，给予以下处分：

1. 案值不满 500 元者，给予严重警告处分；
2. 案值在 500 元以上，不满 1000 元者，给予记过处分；
3. 案值 1000 元以上的，给予开除学籍处分；
4. 诈骗、抢夺、敲诈勒索公私财物者比照以上规定从重处理。

（二）偷窃公章、保密文件、档案等物品者，视其情节，给予记过以上处分；

（三）结伙偷窃、诈骗公私财物的为首者，给予留校察看以上处分；

（四）为作案者放哨，提供信息及作案工具，或有掩盖犯罪事实、窝藏赃款赃物行为者，比照作案者处理；

（五）伪造、涂改、非法转借证件或材料，或假冒身份实施欺骗行为者，视情节和后果给予警告以上处分；

（六）对打砸宿舍、教室、食堂等公共设施门窗、玻璃、桌椅板凳者给予记过以上处分；

（七）损坏公私财物价值较高，情节恶劣，后果特别严重者，给予留校察看处分。

第十二条　违反学院有关学生住宿管理规定，扰乱宿舍管理秩序者，视其情节，给予下列处分：

（一）扰乱宿舍管理秩序，对他人的正常学习生活造成影响，经批评教育不改者，视其情节给予警告以上处分；

（二）在异性宿舍留宿者及容留者，视其情节和后果，给予留校察看以上处分；

（三）私拉电线和私自使用违禁电器、酒精炉等违反宿舍消防、用电等相关规定，经批评教育不改者，给予警告以上处分；因以上行为造成后果者，除经济赔偿外，给予记过以上处分；

（四）私自动用、毁坏学生公寓内消防、供电器材、通信等设备者，视其情节，给予警告以上处分。

（五）乱倒污水、乱倒垃圾、乱扔酒瓶等杂物，破坏公共场所和校内环境卫生，经教育不改者，视其情节给予警告以上处分。

（六）未经批准，擅自租房外宿者，给予警告处分；经批评教育不改者，加重处分；因租房外宿引发事端者，责任自负，并视其情节给予记过以上处分。

（七）违反学生住宿管理有关规定的其他情形者，视情节给予警告以上处分。

第十三条　违反计算机网络有关管理规定构成违纪者，分别给予以下处分：

（一）利用计算机网络技术或其他方式，偷窃金钱、财产、服务及有价数据的，按偷窃公私财物论处；

（二）篡改、删除或破坏学院、他人计算机文件的，根据其造成的损失，以破坏公私财物论处；

（三）公开和传播商业秘密或他人隐私的，视情节给予警告以上处分；

（四）故意制造、传播和使用计算机病毒的，根据其造成的损失，给予记过以上处分；

（五）将带有欺诈性、政治破坏性的信息传入设备、计算机系统或网络的，视情节给予记过以上处分。

第十四条　违反公民道德和大学生行为准则者，给予下列处分：

（一）侮辱、诽谤或恐吓他人，或造谣、诬陷他人者，视其情节，给予警告以上处分；

（二）因学习成绩评定、就业、评奖、处分等原因，对有关人员寻衅报复者，视其情节，给予警告以上处分；

（三）拒绝、阻碍国家工作人员或学院管理人员依法或依院纪院规执行公务者，视其情节，给予警告以上处分；

（四）隐匿、毁弃或私拆、私看他人信件邮件，造成不良后果者，除赔偿经济损失外，视其情节，给予警告以上处分；

（五）冒用学院或他人名义，侵害学院或他人利益，给学院或他人造成不良影响或损失者，除赔偿经济损失外，视其情节，给予记过以上处分；

（六）收看淫秽书刊、杂志、录像者，视其情节，给予警告以上处分；涂写、书画淫秽文字、画像、制作、复制、出售、出租或传播淫秽物品者，视其情节，给予记过以上处分；

（七）接受或提供色情服务者，给予留校察看以上处分；

（八）有违反公民道德和大学生行为准则其他情形者，视其情节，给予警告以上处分。

第十五条 学生在院期间不得酗酒；因酗酒滋事者，给予严重警告以上处分。

第十六条 以各种方式参与赌博者，除没收其赌具和赌资外，视其情节，给予警告以上处分；组织赌博者，视其情节，给予严重警告以上处分。

第十七条 破坏环境卫生，扰乱学院公共场所正常秩序，视其情节，给予以下处分：

（一）损坏校园设施，破坏校园绿化的，除赔偿损失外，视其情节，给予警告以上处分；

（二）违反校园安全管理规定，扰乱教学、生活、工作秩序，破坏课堂、宿舍、会场、体育场地、浴池或其他公共场所秩序，情节较轻者，给予警告或严重警告处分；情节较重，影响较坏者，给予记过以上处分。

第十八条 对一学期内无故旷课者，累计达到或超过10学时的，分别给予下列处分：

（一）旷课10～19学时，给予警告处分；

（二）旷课20～29学时，给予严重警告处分；

（三）旷课30～39学时，给予记过处分；

（四）旷课40～49学时，给予留校察看处分；

（五）旷课50学时及以上，给予开除学籍处分；

（六）一学期无故迟到、早退累计3次，作旷课一学时计；

（七）对没有请假擅自离校者，视其情节，按每天6学时计旷课学时给予相应处分；无故不参加军训、实践教学、劳动等活动者，按每天6学时计旷课学时，给予相应处分。

（八）学生因旷课受到纪律处分后，又继续旷课者，应累计处分前的旷课时数，从严处理直至开除学籍。

第十九条 违反考试纪律者，视其情节，给予下列处分：

（一）未经允许，将与考试有关的书籍、笔记、小抄等带进考场或藏匿于试卷下、课桌内及其他地方；在课桌上或其他地方抄写与考试有关的内容等违反考试纪律的行为，给予警告处分；经提醒不改正者，给予记过处分；

（二）翻看或抄袭书本、笔记、资料、小抄；抄袭或协助他人抄袭试题答案；考试过程中交换试卷、答卷、草稿纸；互相传递纸条或以某种方式示意、核对答案；使用存储、记载有与考试内容相关资料的电子设备或物品者，给予留校察看处分；

（三）违反考试纪律达三次者；由他人代替考试或替他人参加考试者；组织作弊者；抢夺、窃取他人试卷、答卷者或者强迫他人为自己抄袭提供方便者，给予开除学籍处分；

（四）发现学生有其他作弊行为，可视情节参照上述条款给予相应处分。

第二十条 本办法没有列举到的其他违纪行为,又应当给予处分的,可参照本办法相类似的条款给予处分。

第二十一条 违反院纪者,有下列情节之一,应从重处分:

(一)在组织调查中串供或对有关人员打击报复、威胁恫吓的;

(二)有两种以上(含两种)违纪行为,或同时触犯本办法两条以上(含两条)规定的;

(三)勾结校外人员作案的;

(四)涉外活动违纪的;

(五)违纪群体的组织者、指挥者;

(六)屡教不改的。

第二十二条 给予学生警告、严重警告处分期限为 6 个月,记过为 8 个月,留校察看为 12 个月;若学生毕业离校时间短于处分期限,按距毕业离校的实际时间设置,一般处罚叠加时间不超过 18 月。

第二十三条 在处分期内,学生悔过表现较好,处分期满后学院将解除相应处分。在处分解除之前,学生不思悔改者或有新的违纪行为,可由所在系提出、经学院审查同意后延长处分期或重新作出加重处分的决定,延长处分时间一般不超过 3 个月。

第二十四条 解除违纪处分的程序:

(一)处分期满后,学生需申请解除处分,填写"安徽审计职业学院解除学生违纪处分申请表";

(二)辅导员或班主任填写学生受处分期间考察鉴定,学生所在系作出是否解除处分的意见后报学生处;

(三)学生处审核后,作出解除处分的决定;

(四)申请解除处分的学生在报批过程中又违纪的,取消申请解除处分的资格。

第二十五条 受处分的学生,在处分期内将取消参加学院组织的各种评优、评奖和表彰资格。处分解除后,其获得评优、评奖和表彰资格,不再受原处分的影响。

第三章 处分的审批及申诉

第二十六条 学院给予学生处分,坚持教育与惩戒相结合,做到证据充分、依据明确、定性准确、程序正当、处分适当。

第二十七条 处分审批程序及权限:

(一)给予学生警告、严重警告、记过处分,由学生所在系提出处分意见报学生处,由学生处审定,报分管院领导审批;

(二)给予学生留校察看或开除学籍处分,由学生处根据学生所在系处分意见,提出建议,报院长办公会议研究决定。

第二十八条 学生所在系对学生作出处分之前,应当听取学生或其代理人的陈述和申辩,进行必要的调查、取证,并告知学生:

(一)作出该处分意见的事实、理由、依据;

(二)学生享有的陈述与申辩的权利;

(三)申诉的途径和期限。

第二十九条 报送的违纪处分材料应包括:

(一)所在系的处理意见,须说明:学生的基本信息,作出处分的事实和证据,给予处分的种类、依据、期限,其他必要内容;

（二）学生本人对所犯错误的陈述或申辩材料；
（三）具有法律效力的相关旁证材料或有关部门提供的材料。

涉及违反学院教学管理制度的,由学生所在系或教学管理部门提供违纪事实调查材料；涉及违反学院校园秩序管理制度的,由保卫部门提供违纪事实调查材料；涉及其他违纪行为的,由相关管理服务部门提供调查材料。

第三十条　学院对学生作出处分决定,一律出具处分决定书。处分决定书包括下列内容：
（一）学生的基本信息；
（二）作出处分的事实和证据；
（三）处分的种类、依据、期限；
（四）学生申诉的途径和期限；
（五）其他必要内容。

处分决定书,由学生所在系直接送达学生本人签收。学生拒绝签收的,以留置方式送达；已离校的,采取邮寄方式送达；难于联系的,利用学院网站、新闻媒体等以公告方式送达。学生拒绝签收的各种处置方式及结果,由所在系记录备查。

第三十一条　处分决定及时公布,由学生所在系告知学生家长。对涉及国家机密或个人隐私等情况,可酌情处理。

第三十二条　处分决定书要在处分决定作出后的 5 个工作日内送达学生本人,并告知学生的申诉权利和申诉时限。

第三十三条　学生对处分决定有异议的学生,在接到学院处理决定书之日起 10 日内,允许本人或其代理人申诉。申诉程序按《安徽审计职业学院学生申诉管理办法》执行。

第三十四条　被开除学籍的学生,在接到处分决定书后 10 天内,可以向学院提出申诉,如没有提出申诉的,需办理离校手续。逾期不办,由所在系通知其家长来校协助办理,否则由学院保卫部门强行办理。

第三十五条　对学生的处分材料及解除处分决定应完整地归入学院文书档案和学生本人档案。开除学籍的处分决定书报安徽省教育厅备案。

第四章　附　则

第三十六条　本办法中的给予某一级别"以上"或"以下"均包含该级别。

第三十七条　本办法由学院学生处、教务处负责解释。

第三十八条　本办法自 2017 年 9 月 1 日起执行,原《安徽审计职业学生违纪处分办法（试行）》（皖审院〔2006〕8 号）同时废止。

十、《安徽审计职业学院学生申诉处理管理办法》

安徽审计职业学院学生申诉处理管理办法

皖审院〔2017〕84 号

第一章　总　则

第一条　为了规范学生申诉管理工作,保证学生处理行为的客观、公正、透明,保障学生的合法权益,根据《普通高等学校学生管理规定》(教育部41号令)、《安徽省普通高等学校学生申诉受理暂行办法》和有关法律法规,制定本办法。

第二条　本办法所称的申诉,是指学生对学院作出的涉及本人权益的处理或处分决定不服,采取书面形式,向学院学生申诉处理委员会提起申诉,请求学生申诉处理委员会复查的活动。

第三条　本办法适用于在学院接受普通高等学历教育的专科(高职)学生的管理。

第四条　学生应本着严肃、认真、诚实的态度提出申诉,学院对学生申诉的复查,坚持公开、公正、实事求是的原则,以法律法规和安徽审计职业学院校规校纪为依据。

第二章　申诉机构

第五条　学院成立"安徽审计职业学院学生申诉处理委员会"(以下简称为申诉处理委员会)。申诉处理委员会下设办公室,办公室设在学院纪检监察室。

第六条　申诉处理委员会由分管学生工作的院领导、学生处、办公室、教务处、系党总支、纪检监察室、团委、保卫部等部门负责人,教师代表(至少一名法律专业教师)、学生代表(一般为学院学生会主席)及学院法律顾问等人员组成。

学院学生申诉处理委员会办公室,为申诉处理委员会日常事务和学生申诉受理部门。

第七条　申诉处理委员会的职责主要有:

(一)受理学生对本人处理的申诉;

(二)对学院作出处理的事实、理由和依据进行复查;

(三)对申诉学生提出的申诉理由、证据等进行调查、核实;

(四)在规定的时间内,根据调查结果作出复查结论,并书面通知申诉学生本人;

(五)对学生提出改变处分决定的进行复查,作出复查决定或提出处理意见。

第八条　学生如对处分或处理决定有异议,在接到处分或处理决定书之日起10个工作日内,可以向学院学生申诉处理委员会提出书面申诉。学院学生申诉处理委员会对学生提出的申诉进行复查,并在接到书面申诉之日起15个工作日内,作出复查结论并告知申诉人。从处分决定或者复查决定送交之日起,学生在申诉期内未提出申诉的,学院不再受理其提出的申诉。

第三章　申诉的受理

第九条　学生对学院作出的涉及本人权益的下列处理决定有异议,须在收到决定或公告之日起10个工作日内向学院提出申诉。

(一)对学生本人作出的警告、严重警告、记过、留校察看、开除学籍等纪律处分;

(二)对学生本人作出的取消学籍、退学处理的决定;

(三)法律、法规规定可以提出申诉的其他处理决定。

第十条　学生提出申诉时必须递交书面申诉书,并附上原处理决定的复印件。申诉书应当载明下列内容:

(一)申诉人的姓名、班级、学号、联系方式及其他基本情况;

(二)申诉的事项、事件事实、申诉理由、依据及要求;

(三)提出申诉的日期。

需提供相关证明材料的,可以作为附件送交。

第十一条　对学生提出的申诉,申诉处理委员会应当在接到申诉书之日起3个工作日

内,区别不同情况作出如下处理:

（一）予以受理,同时告知申诉人;

（二）申诉材料不齐备,限期补正。逾期不补正的,视为放弃申诉,学院不再受理其提出的申诉;

（三）不属于申诉范围,不予受理,并告知申诉人。

第四章　申诉的处理程序

第十二条　对决定予以受理的申诉,申诉处理委员会应当在接到书面申诉后的3个工作日内,启动申诉处理程序,并在自接到申诉申请书后的15个工作日内作出复查结论并告知申诉人。

情况复杂或遇其他特殊情形的,不能在此规定限期内作出复查结论的,经学院院长批准,可延长15日。

第十三条　学生申诉处理委员会在决定受理申诉后,听取学生本人及有关部门的意见,按规定组织相关人员,负责处理该申诉,并根据复查结果作出复查决定或提出处理意见。

采取召开听证会、分别听取意见或书面方式进行调查等方式复查时,应提前通知相关人员,学生申诉处理委员会成员至少有2人参加。

第十四条　申诉处理委员会认为需要改变原处分决定或暂缓执行的,应向学院提出建议撤销或变更、暂缓执行的复查书面意见,做出处分的部门重新予以研究后,再由专门的会议或院长办公会作出复议决定。

第十五条　申诉处理委员会根据审查情况,分别作出下列处理,以区别不同情形:

（一）事实清楚、依据明确、定性准确、程序正当、处分适当的,应予以维持;

（二）事实认定不清楚,证据不足,或作出的决定与上位法相矛盾的,应予以撤销或重新作出决定;

（三）事实认定清楚,但情节认定有误、定性不准确,或适用依据不恰当的,应予以变更处分或重新作出决定;

（四）违反学院规定的程序和权限的,要求按规定程序予以重新作出决定。

第十六条　申诉处理委员会召开会议时,出席会议的委员人数应大于或等于应到会人数的三分之二。对于所作出的决定,赞成的人数大于应到会人数的二分之一。

第十七条　申诉处理委员会要将申诉处理决定书及时送达申诉人。送达方式可采取下列任何一种:由学生所在系直接送达学生本人签收。学生拒绝签收的,以留置方式送达;已离校的,采取邮寄方式送达;难于联系的,利用学院网站、新闻媒体等以公告方式送达。学生拒绝签收的各种处置方式及结果,由所在系记录备查。

第十八条　学生对复查复议决定有异议的,可在接到学院复查复议决定书之日起15日内,向安徽省教育厅提出书面申诉。

第十九条　在申诉期间,原处理决定仍然有效。

第二十条　在未作出申诉处理决定前,学生可以撤回申诉。要求撤回申诉的,必须由本人以书面形式提出。学生撤回申诉后,不得再次提出申诉。学生申诉处理委员会在接到关于撤回申诉的申请后,可以停止受理工作。

第五章　附　　则

第二十一条　本办法自2017年9月1日起执行,原《安徽审计职业学院学生申诉管理规定(试行)》同时废止。

第二十二条 本办法由申诉处理委员会办公室负责解释。

十一、《安徽审计职业学院考场规则和考试违纪处分办法》

安徽审计职业学院考场规则和考试违纪处分办法

为了加强考试管理,维护正常教学秩序,营造良好学风、考风,根据《中华人民共和国教育法》《中华人民共和国高等教育法》和教育部有关规定,结合学院实际,特制定本办法。

第一条 考生应于开考前10分钟进入考场。无正当理由迟到30分钟以上的考生不得入场,作"旷考"处理,并不得参加补考。一般考试进行30分钟后考生可以交卷离场。对有特殊要求的考试,以该考试的考场规则为准。

第二条 考生必须凭有效学生证和身份证进入考场。缺少证件的考生一律不得进入考场。进入考场后必须服从监考人员安排,在签到表上签到,不得代他人签到,按规定的座位就座,并将证件放在课桌的左上角,以备核查。

第三条 除开卷考试外,考试时考生一律不得将教材、参考资料、笔记本、作业本、纸张、书包、各种通信工具、电子辞典、带存储功能的计算器带入考场或未放在指定位置。

第四条 考生拿到试卷后,应首先检查试题是否有空白页、缺页,并将姓名、学号、班级名称、座位号清楚地填写在试卷指定的位置。如有疑问,应举手向监考人员报告,但只限于试题印刷错误或模糊不清,不得涉及试题内容以及要求解释题意或提示。

第五条 开考信号发出后才能开始答题。答题用黑色签字笔、钢笔或圆珠笔书写,除特殊规定外,一律不得用铅笔答卷;不得使用规定以外的笔和纸答题或在试卷上标记信息。考试结束信号发出后,考生必须立即停笔。

第六条 在考场内,不得擅自互借文具、计算器等物品。

第七条 考生在考场内必须保持安静,不准吸烟,不得喧哗,不准交头接耳、左顾右盼、打手势、作暗号,不准夹带、旁窥、抄袭或有意让他人抄袭,不准传抄答案或交换试卷、答题纸、草稿纸。

第八条 考试中不得以任何借口要求中途离开考场,特殊情况必须征得监考人员同意。

第九条 考生不得将试卷、答卷(答题纸、答题卡)、草稿纸等考试专用纸带离考场。草稿纸由考场统一提供。

第十条 提前交卷的考生应立即离开考场,不得在考场或禁止的范围内逗留、喧哗、讨论、吸烟或做其他影响考场秩序的行为。

第十一条 考生必须严格遵守考场纪律,服从监考人员安排,有下列行为之一者视为考试作弊:

1. 携带规定以外的物品进入考场或者未放在指定位置的;
2. 未在规定的座位参加考试的;
3. 开考信号发出前答题或考试结束信号发出后继续答题的;
4. 在考试过程中旁窥、交头接耳、互打暗号或者手势的;
5. 在考场或考点禁止范围内吸烟、喧哗或者实施其他影响考场秩序的行为的;
6. 未经考试工作人员同意在考试过程中擅自离开考场的;

7. 用规定以外的笔或者纸答题,或者在试卷规定以外的地方书写姓名、考号,或者以其他方式在答卷上标记信息的;

8. 携带与考试内容相关的文字材料或者存储有与考试内容相关的电子设备参加考试的;

9. 抄袭或者协助他人抄袭试题答案或者与考试内容相关的资料的;

10. 抢夺、窃取他人试卷、答卷或者强迫他人为自己抄袭提供方便的;

11. 在考试过程中使用通信设备的;

12. 由他人冒名代替参加考试的;

13. 故意销毁试卷、答卷或者考试材料的;

14. 在答卷上填写与本人身份不符的姓名、考号等信息的;

15. 传、接物品或者交换试卷、答卷、草稿纸的;

16. 拒绝、妨碍考试工作人员履行管理职责的;

17. 威胁、侮辱、诽谤、诬陷考试工作人员或其他考生;

18. 其他应认定为作弊的行为。

第十二条 考生应自觉服从监考人员管理,不得以任何理由妨碍监考人员进行正常工作。对扰乱考场秩序、恐吓、威胁监考教师的考生,按《安徽审计职业学院学生违纪处分实施办法》第十八条、《安徽审计职业学院学生学籍管理实施办法》第八条从重处理。

第十三条 考生必须严格遵守考场纪律,禁止任何形式的舞弊行为和违纪行为,如有违反,将按《安徽审计职业学院学生违纪处分实施办法》第十八条、《安徽审计职业学院学生学籍管理实施办法》第八条严肃处理。

第十四条 本办法由教务处解释,自 2010 年 12 月 7 日起执行。

十二、《安徽审计职业学院学生学业预警实施办法》

安徽审计职业学院学生学业预警实施办法
皖审院〔2017〕88 号

为了进一步加强学院的学风建设,不断提高教学管理质量和管理水平,强化和改进学生学籍管理工作,形成学院、学生、家庭间积极互动的良好教育局面,促进学生顺利完成学业,根据《普通高等学校学生管理规定》(教育部令第 41 号)精神,结合学院施行预警工作的具体效果和情况,特制定本办法。

第一条 学业预警的目的。

学生学业预警是指学院针对学生在学习过程中即将发生的问题和困难,分阶段采取适当方式,通过学校、学生和家长间的多方沟通与协作,及时提示或者预先告知学生本人和家长可能产生的不良后果,督促学生努力学习,保证学生顺利完成学业的一项信息沟通和管理制度。

通过学业预警可以加强管理部门、任课教师、辅导员(班主任)与家长、学生之间的沟通和交流,多方协作,适时引导和及时预警,有利于加强学籍管理,变"事后处理型"管理为"事前预防型"管理,督促学生按照专业培养目标、培养方案的要求,努力学习,顺利完成学业,努力缓解和减少社会、家庭的矛盾与冲突。

第二条 学业预警的类型。

学业预警分为期初预警和期中预警：

（一）期初预警。每学期开学2周内,对因上学期期末考试作弊造成该门考试成绩无效或学期总评成绩不及格课程达2门及以上的学生提出预警;

（二）期中预警。每学期的第11周对在校期间经补考或重修累计不及格课程达3门及以上的学生,以及未经请假离校连续一周未参加学院规定的教学活动的学生进行退学预警。

第三条 学业预警的具体实施办法

学生学业预警工作由教务处负责组织,各系部负责具体实施。

（一）期初预警。学生不及格课程门数达到学业预警标准,由各系教学秘书协同班级辅导员提出名单,并填写《安徽审计职业学院学生学业预警通知单》,经教务处审核盖章后,由系通知到学生。对期初预警的同学除了提出书面警示外,班级辅导员要根据警示情况,及时且有针对性地做好学生的帮扶工作,各系部要协调安排相关教师加强对被警示学生参加补考的辅导和沟通工作。

（二）期中预警。教务处根据各系部上报的期初补考成绩和第1周至第10周学生出勤统计结果,对符合学业预警标准的学生填写《安徽审计职业学院学生学业预警通知单》,经教务处审核后发给各系。各系应将《安徽审计职业学院学生学业预警通知单》（期中预警）送达学生本人并寄给学生家长进行警示,同时做好相应工作。

对期中预警的学生,其辅导员对预警学生应安排面谈并做好记录,并填写《安徽审计职业学院学业预警学生谈话记录表》,对其进行重点督促,适时安排教师或优秀学生进行辅导,以增强其自信心和学习主动性。另外,辅导员要联系家长配合学院督促学生认真对待学业。

第四条 本办法由教务处负责解释,自2017年9月1日起执行,《安徽审计职业学院学业预警暂行办法》同时废止。

十三、《安徽审计职业学院图书馆借阅管理办法》

安徽审计职业学院图书馆借阅管理办法

皖审院〔2014〕67号

第一章 总 则

第一条 高等学校图书馆是学校的文献信息中心,是为教学和科研服务的学术性机构,是学校教学和科研工作的重要组成部分。为了最大限度地满足读者的需要,保护大多数读者权益,根据教育部颁布的《普通高等学校图书馆规程》,制定本办法。

第二条 本办法适用于本院全体教职工及全日制在校学生。

第二章 读者入馆须知

第三条 读者一律凭本人借阅证入馆办理借阅手续。

第四条 读者入馆须衣着整洁、举止文明。

第五条 保持室内安静、整洁,不得高声谈笑,不得乱扔纸屑杂物,室内禁止吸烟、随地吐痰及其他不良行为。

第六条 爱护书刊及图书馆设备,不得污损、涂画、撕毁图书,严禁在阅览桌椅上涂画、踩踏等。

第三章 借阅证申办及管理规定

第七条 新办借阅证：

（一）新生入校报到后以班级为单位集中办理。

（二）学校正式教职工凭工作证或有关证明办理。

（三）学校聘用的非在编人员需办借阅证的，由组织人事处开具证明并由本人缴一定的押金（退证时返还）方可办理。

第八条 借阅证管理：

（一）借阅证是读者在图书馆借阅图书、查阅报刊资料的有效证件，只限本人使用，不得转借他人，一经发现非本人使用者，即扣押证件，并处以吊销一个月的处罚；有伪造、涂改者，没收证件，并交由学院有关部门处理。

（二）借阅证应妥善保管，如不慎丢失应立即到图书馆挂失，挂失时应出示有效证件（学生证、工作证）。挂失后借阅证又找到，由读者持借阅证及有效证件（学生证、工作证）到图书馆解除挂失，方可正常使用。

（三）师生员工离校时须还清所借全部文献并注销借阅证。

第九条 补办借阅证：

借阅证丢失后若需补办，可带本人有效证件及照片到图书馆办理补办手续，补办新的借阅证须缴纳补办工本费。

第四章 开架书库借阅规则

第十条 阅览规则：

（一）读者一律凭本人借阅证换取代书板后方可入室阅览。

（二）读者入库借阅不能携带书包。

（三）读者入库可自行选书，但必须保持架位整齐，取下书的地方应放入代书板，不借时应放回原处，以免图书乱架，影响他人借阅。

第十一条 外借规则：

（一）外借图书需按规定程序办理，凡不办理借书手续，采取不正当方式将书带出书库者，一经发现，按本办法第七章有关条款处理。

（二）办理借阅手续之前，须认真查看图书，发现有污损、圈画、缺页等情况及时向工作人员声明，由工作人员在图书上做好标记后方可借出。

（三）出入图书馆通道时，如遇监测器报警，有关人员应配合工作人员接受检查。

（四）借阅册数及期限：

读者类型	借阅册数	借阅期限
教职工	20	20周
学　生	4	6周

第十二条 休学、退学、毕业、调动、辞职、解聘者应将所借图书全部还清，由本馆盖章后方可到有关部门办理离校手续。

第五章 期刊阅览室规则

第十三条 期刊阅览室所藏文献为现刊，只供读者在室内阅览，一律不外借。如需复印，应经过管理人员允许，办理押证借出手续后，方可带出本室，复印完毕，当班归还。

第十四条　读者一律凭本人借阅证换取阅览牌后方可入室阅览。阅览室内各种期刊限取一本,借阅时须将阅览牌放在所取期刊的位置上,阅后将期刊归还原位,并取出阅览牌,出门时交还阅览牌换回借阅证。

第十五条　书籍、书包等不允许带入阅览室,笔记本带出时应主动向工作人员展示。

第六章　资料室(教师阅览室)规则

第十六条　资料室藏书为各类工具书及期刊合订本。

第十七条　资料室对本校教职工开放,凭借阅证入室阅览。

第十八条　资料室所藏工具书仅供读者在本室内查阅,一律不外借。资料室所藏期刊合订本按第十一条办理外借手续。

第七章　违规处理办法

第十九条　逾期处理:

为保证绝大多数读者的权益,读者必须按规定时间归还所借图书,超过借阅期限归还图书时须缴纳逾期费。

第二十条　污损图书的处理:

读者借阅图书时应当面检查所借图书是否有损毁、缺页、涂画等不正常现象,如有异常要及时请工作人员加盖"污损"章。若在还书时由工作人员检查出下述现象,均由借阅者本人负责赔偿:

(一)损毁情况较轻,经过修复,可继续借阅的书刊,赔偿1~5元。

(二)对撕毁、掉页、开窗,严重影响图书使用的,视作丢书处理。

(三)对撕毁、污损书中条形码,造成条形码不能使用的,视情节轻重罚款1~5元。

第二十一条　丢失图书的处理:

所借图书丢失者,可在借阅期限内自购同版本的图书赔偿。借阅期限内买不到同版图书应及时办理赔偿手续,如超过借阅期限购买到的图书仍要缴纳逾期罚款。图书赔偿按下列规定执行:

(一)一般中文图书根据出版年代按原价的3~5倍赔偿:

1. 1990年以前出版的图书按原价的5倍赔偿;

2. 1990~1999年出版的图书按原价的4倍赔偿;

3. 2000年以后出版的图书按原价的3倍赔偿。

(二)珍本、独本及不易补充的图书按原价的6倍赔偿。

(三)套书丢失其中的1册或数册,按全套价赔偿。

第二十二条　偷窃图书的处理:

读者离馆时,凡未办理借阅手续,私自携带书刊离开图书馆者(以图书馆防盗系统检测设备报警并经查实为准),或私自拆除外借图书中的磁性防盗材料者,一经发现,即被视为盗窃书刊,具体处理办法如下:

(一)收回原书刊。

(二)第一次私自携带书刊离开图书馆者,图书馆流通阅览部负责人对其进行严肃批评教育,责成其做出书面检查,停止其借阅权利30天。

(三)第二次再犯者,除本条第(一)款中所述处理办法外,将同时上报其所在系,并按《安徽审计职业学院学生违纪处分实施办法》处理,同时停止其借阅权利90天。

第二十三条　所有赔罚款一律交学院财务部门。

第八章 附 则

第二十四条 本办法自公布之日起实行,由图书馆负责解释。

十四、《安徽审计职业学院先进班集体评选和表彰办法》

安徽审计职业学院先进班集体评选和表彰办法
皖审院〔2019〕2号

为了进一步加强学生班集体建设,充分发挥学生班集体在教育和管理工作中的重要作用,进一步提升校风、学风和班风建设工作水平,根据《普通高等学校学生管理规定》,结合学院实际,制定本办法。

一、评选范围、名额和时间

(一)凡学院全日制普通专科二年级以上的班级均可以参加评选。

(二)评选院级"先进班集体",按学生班级数的15%比例确定名额。

(三)"先进班集体"的评选工作在每年的10～12月份进行。

二、评选条件

(一)组织建设。班委会、团支部健全;班级学生干部根据任职条件经民主选举产生、按期改选;班级学生干部能认真履行工作职责,热心为同学服务,起到模范带头作用。

(二)日常管理。根据学院有关规定,结合班级实际,制定班级考勤、寝室管理、班级活动经费管理等规章制度;按时召开班委会和班会,研究解决问题,上情下达,下情上达;按时按量完成各项常规工作,主动承担学院和系交给的各项任务;日常工作有计划、有记录、有总结;坚持"班日"制度,日志记录认真翔实,辅导员定期批阅;定期开展安全教育,对突发事件和事故苗头,能早发现、早汇报,处理及时恰当;班务公开、民主管理。

(三)党团工作。积极开展团的思想建设、组织建设和作风建设,团组织有较强的凝聚力、战斗力;团课教育、团组织活动开展有序、效果显著;"推优"、入党积极分子培养工作规范。

(四)思想教育活动。树立热爱集体、崇尚科学、反对迷信、朝气蓬勃、文明健康的良好班风;按学院、系学生管理工作计划,认真组织时事政治学习,开展班级主题教育活动(主题班会);积极组织学生参加社会实践活动;班级同学互助友爱,自觉学法守法,模范遵守校规校纪;积极进行自我调节,提高心理承受能力,做到自尊、自爱、自强、自立;班级同学道德素质测评分数在80分以上的学生高于90%。

(五)学风建设。弘扬"笃学、诚信、求实、创新"的优良校风;认真实施考试制度,严格遵守考试纪律,考风端正,无考试作弊现象;班级同学专业思想稳定,学习勤奋,课堂纪律严明,基本做到无迟到、早退和旷课现象,出勤率在95%以上;学习积极主动,按时、保质、保量地完成教师布置的作业,全班同学课程及格率达90%以上,优良率达35%以上;实用英语A、B级考试,国家英语四、六级试,安徽省计算机等级考试的通过率,在全院同年级、同层次班级中位于前列;积极参加职业技能比赛、相关职业资格考试,成绩较好。

(六)校园文化活动。积极参加学院系举办的校园文化活动,组织工作出色,活动效果良好;经常开展第二课堂活动,形式新颖,内容健康,富有教育意义;班级同学积极参加课外体育锻炼活动,班级经常开展各种体育活动,并积极参加各种体育比赛,成绩良好。

(七)精神文明创建。积极参与学院精神文明、平安校园创建活动,能够按照学院要求完成各项创建任务，扎实开展宣传教育和实践活动，班级学生文明程度及安全意识较高；班级同学网络素养较高，能够遵守《全国青少年网络文明公约》，做到守法上网、文明上网；班级同学爱护公共财物、公共设施，没有人为损坏教室和寝室等场所公共财物现象。

（八）公寓管理。模范遵守学院公寓管理规定；在院系检查评比中成绩良好，每学期至少获得一次院级"文明寝室"表彰；没有违反公寓管理规定的行为发生，班级同学没有使用违禁电器的现象。

（九）创新（特色）工作。结合班级实际和专业特点，创造性地开展具有科学性、针对性、实效性的工作，影响良好，产生一定的示范效应，并形成班级特色。

三、有下列情况之一的不能评为"先进班集体"

（一）班级同学有违反四项基本原则，参加非法组织（包括邪教），从事非法活动的；

（二）班级同学有打架斗殴、聚众酗酒、结伙赌博、考试作弊等违纪行为，并受到记过以上处分的；

（三）班级学生干部违反校规校纪，并受到警告以上处分的；

（四）班级不愿承担学院系布置工作任务的；

（五）在评比工作中弄虚作假、营私舞弊的；

（六）有私自在外住宿或班级寝室验收不合格的；

（七）班级同学在道德素质测评中有1名不合格的；

（八）其他经院系相关管理部门认定被取消评优资格的。

四、评选程序

（一）各系根据本办法结合系实际情况制定评分细则。班级对照评选条件和评分细则，对班级工作进行自评，并向所在系申报，参加系先进班集体的评选。

（二）系成立评审工作领导组，负责本系先进班集体的评审工作，并在系级先进班集体中推选院级先进班集体的参评班级，公示后填写《安徽审计职业学院先进班集体申报表》，附相关材料后上报学院审批。

（三）学生处进行审核后，提交院长办公会审批。

五、表彰办法

（一）学院召开表彰大会，对"先进班集体"予以命名表彰，颁发奖牌（或奖状）；

（二）学院奖励获得"先进班集体"的每个班级活动费1000元。

六、系先进班集体的评选

各系可参照院先进班级的评选办法，组织系先进班集体的评选，比例应控制在参评班级的20%以内，奖励活动费为每个班级500元。要求坚持评选条件，宁缺毋滥。

本办法由学生处负责解释，自发布之日起施行。

十五、《安徽审计职业学院学生先进个人评选表彰办法》

安徽审计职业学院学生先进个人评选表彰办法

皖审院〔2014〕18号

第一章 总　　则

第一条　为全面贯彻党和国家的教育方针，鼓励广大学生德、智、体、美全面发展，特制定本办法。

第二条　先进个人每学年评选表彰一次,评选遵循"民主、公开、公正、公平"的原则进行。

第三条　先进个人分为:

(一)"十佳"大学生。

(二)三好学生。

(三)优秀学生干部。

(四)品学兼优毕业生。

(五)各类积极分子,包括:学习(创新)积极分子、社会工作(实践)积极分子、文体活动积极分子、校园文明创建积极分子、"自立自强励志成才之星"。

第二章　评选条件

第四条　"十佳"大学生条件:

(一)热爱社会主义祖国,拥护中国共产党的领导,政治立场坚定,能认真学习马列主义、毛泽东思想、邓小平理论和"三个代表"重要思想,政治上积极要求进步。

(二)模范遵守法律法规和校纪校规,道德品质优良,诚实守信,作风正派,能够发挥表率作用。

(三)学习勤奋,成绩优秀,学年度每学期均获院二等奖学金以上。

(四)讲文明、讲礼貌、讲卫生,尊敬师长,团结同学,积极参加社会工作和社会实践活动,关心集体,热心为同学服务,学年度被评为院级三好学生或优秀学生干部。

(五)积极参加体育锻炼,身心健康。

第五条　三好学生条件:

(一)坚持正确的政治方向,热爱社会主义祖国,拥护中国共产党,积极要求进步,有优良的道德品质和文明的行为习惯,自觉遵守法律法规、学院规章制度。

(二)热爱所学专业,学习勤奋,成绩优秀,学年度考试成绩程班级排名前15%,学年度每学期均获奖学金;积极参加社会实践、科技创新及其他集体活动,善于思考,勇于创新。

(三)积极参加体育锻炼和文娱活动,有健康的身体、良好的卫生习惯及心理素质,符合《国家体育锻炼标准》相关规定。

第六条　优秀学生干部条件:

(一)政治立场坚定,热爱社会主义祖国,拥护中国共产党,积极要求进步,作风正派,道德品质优良。

(二)讲文明、讲礼貌、讲卫生,尊敬师长,友爱同学,积极参加社会工作和社会实践活动,在各项工作和集体活动中能起到骨干带头作用,坚持原则,敢于同不良现象作斗争,为广大同学所拥护和信任。

(三)学习勤奋,成绩优良,总评成绩在班级前30%。

(四)自觉遵守法律法规,认真执行高等学校学生行为准则和学院规章制度,学年度及评定期间无受处分记录。

(五)担任学院、系、班级学生干部一年以上,能积极主动、热心周到地为同学服务,积极协助班主任做好班级工作,认真完成各项工作任务,发挥模范带头作用,有较强的组织协调能力,工作成绩突出。

第七条　品学兼优毕业生条件(在应届毕业生中评选):

（一）政治立场坚定，拥护中国共产党领导，热爱社会主义祖国，拥护党的路线、方针和政策，认真学习马列主义、毛泽东思想、邓小平理论和"三个代表"重要思想和科学发展观，政治上积极要求进步。

（二）遵纪守法，品德高尚，诚实守信，艰苦朴素，作风正派，在同学中起表率作用。

（三）学习勤奋刻苦，成绩优良，在校期间多次获得学院奖学金或多次被评为先进个人。

（四）积极参加社会工作和社会实践活动，关心集体，热心为同学服务。

（五）服从国家需要，树立正确的就业、择业观，在就业过程中无不守信誉的违约行为。

在校期间获"三好学生""优秀学生干部"等荣誉称号和获奖学金次数多者，以及通过执业资格证书考试、职业技能鉴定者优先。

第八条 各类积极分子条件：

（一）基本条件：

1. 德育方面：热爱社会主义祖国、热爱中国共产党、热爱人民，政治上积极要求进步，道德品质优良，自觉遵守高等学校学生行为准则和学院各项规章制度，关心集体，团结同学。

2. 智育方面：热爱所学专业，学习勤奋，能较好地完成规定的各项学习任务，成绩良好。

3. 体育方面：坚持体育锻炼，积极参加学院、系、班级组织的各项体育活动，身心健康。

4. 美育方面：积极参加校园精神文明建设和校园文化建设等各项活动。

（二）具体要求：

1. 学习（创新）积极分子：勤奋学习，积极创新，态度端正，方法得当，在校内外各种竞赛中取得较好名次，学年度获得院级竞赛一等奖以上或院级二等以上奖学金，或荣获省级（及其以上）竞赛三等奖以上。

2. 社会工作（实践）积极分子：积极参加社会工作和社会实践活动，表现突出，取得一定成绩。

3. 文体活动积极分子：积极参加各项文体活动，在文体方面有一定的特长，在各项文体活动中取得较好成绩（以证书为准）。

4. 校园文明创建积极分子：道德品质优良，积极参加各项校园文明创建活动，为精神文明建设和美化净化校园环境作出较大贡献。

5. 自立自强励志成才之星：遵纪守法，积极进取，学习刻苦，成绩优良，勇于克服困难，在爱国奉献、道德弘扬、职业技能、自立自强、志愿服务等方面表现突出，在学生中起到榜样作用。

第三章 评选比例及办法

第九条 评选比例：

（一）"十佳"大学生每学年全校评定十名，学生在校期间只授予一次。

（二）三好学生比例不超过班级学生数的8%。

（三）优秀学生干部比例不超过班级学生干部（含学院、系）数的20%，原则上每班2名。

（四）省级品学兼优毕业生比例，按毕业生人数的2%评选；校级品学兼优毕业生的比例，按毕业生人数的6%评选。

（五）各类积极分子比例均控制在2%以内。

第十条 三好学生、优秀学生干部、品学兼优毕业生、各类积极分子评选由各系按照比例等额推荐，学生处进行审核、评定；"十佳"大学生由学生个人申请，填表并提供相应材料，各系审核推荐，学生处对各系提交的评选材料，从德、智、体等方面评分，按分数高低取前十名，报院长办公会批准（评分细则见附表）。

第四章 附 则

第十一条 本办法自公布之日起施行，由学生处负责解释。

安徽审计职业学院十佳大学生评分细则

考查内容	量化标准		得分	备注
A:思想表现	中共正式党员		1.0分	
	中共预备党员		0.5分	
	所在班级是所评年度校级先进班级		1.0分	两项均满足者以最高1分计
	所在宿舍是所评年度校级文明宿舍		0.5分	
B:社会工作	院学生会主席、副主席、团委委员、团总支副书记		1.5分	限任职6个月以上，兼职者不重复记分，以最高职务计分
	院学生会正副部长、系学生会正副主席、团总支委员		1.0分	
	系学生会正副部长、班长、团支部书记		0.5分	
	其他学生干部（含楼层长）		0.5分	
C:英语计算机水平	通过实用英语A、B级考试或英语达到四级及以上		1.0分	
	通过国家计算机二级及以上考试		1.0分	
D:职业能力	获执业资格证书或通过职业技能鉴定		1.0分	
E:校奖学金	学院一等奖学金		6.0分	
	学院二等奖学金		4.0分	
	学院三等奖学金		2.0分	
F:其他奖励	国家级奖励	一等	6.0分	限中央各部委表彰
		二等	5.0分	
		三等	4.0分	
	省级奖励	一等	5.0分	限省各厅部委表彰
		二等	4.0分	
		三等	3.0分	
	院级奖励	一等	2.0分	限中央各部委表彰
		二等	1.5分	
		三等	1.0分	
	院三好学生、优秀学生干部、优秀团干		3.0分	
	各类积极分子		0.5分	

说明：

1. 学院奖学金、国家助学奖学金不计分。
2. 在其他奖励中，同一年度所获奖励，以等级最高者计分。
3. 获奖均以证书复印件或相关证明为准，未提供复印件或证明者不记分。
4. 分值相同者以获奖等级高者为先。

十六、《安徽审计职业学院学生文明行为规范》

安徽审计职业学院学生文明行为规范
皖审院〔2019〕91号

为了践行社会主义核心价值观、传承中华优秀传统文化,弘扬民族精神和时代精神,提升学生思想觉悟、道德水准、文明素养,做到明大德、守公德、严私德,根据《新时代公民道德建设实施纲要》等相关规定,特制定本规范。

一、坚定信念
拥护中国共产党的领导,热爱祖国,坚定理想信念,坚定中国特色社会主义道路自信、理论自信、制度自信、文化自信,把共产主义远大理想与中国特色社会主义共同理想统一起来,把实现个人理想融入实现国家富强、民族振兴、人民幸福的伟大梦想之中。

二、遵纪守法
遵守国家法律,严守校纪校规,自觉维护教室、阅览室、会场、宿舍、餐厅等公共场所的正常秩序;不打架斗殴,不赌博,不吸毒,不参加非法组织;正确行使自己权利,敢于向违法违纪行为作斗争。

三、勤奋学习
刻苦钻研,严谨求实,掌握必须的专业知识和专业技能;遵守课堂纪律,不迟到、早退、旷课,不带食物进教室,上课不玩手机或睡觉。

四、诚实守信
自觉树立和践行社会主义核心价值观,履约践诺,言行一致,富有同情心、感恩心,知错就改,诚信考试、不作弊。若贷款助学,应按照约定时间还款。

五、爱护公物
爱护公共财物,不污损图书、桌椅、墙面,不损坏教室、寝室家具等物品。

六、礼貌待人
自尊自爱,尊敬师长,团结同学,谦恭礼让,待人以礼、处事有节,见到老师要主动问好,见到同学要主动打招呼。

七、文明举止
注意仪表,衣履整洁,朴素端庄,不穿拖鞋,不穿奇装异服,形象符合大学生的身份;男女交往言行得体、不做亲密动作,不讲粗话、脏话;不乱扔垃圾,不随地吐痰。

八、情趣高雅
参加文明健康活动,陶冶高雅情趣;积极参加体育锻炼,磨砺意志、心理品质,乐观自信、自强不息,养成良好的学习、劳动习惯和生活态度。

九、文明上网
遵守国家相关法规,不散布、传播谣言,不浏览、发布不良信息;不利用网络进行欺诈、赌博、在网络调查恶意投票、非法贷款等;不观看和传播黄色书刊或音像制品;不沉迷于网络游戏或不良小说。

十、保护环境

树立环保意识和责任意识,维护文明整洁的校园环境,不乱张贴海报、广告等;爱护花草树木,不攀折花木、践踏草地;不在校园内饲养宠物。

十一、生活健康

提倡健康文明的生活方式,搞好个人卫生和寝室卫生;不在宿舍内私接乱拉电线,不使用电炉、热得快、电水壶等违禁电器和易燃、易爆物品;不在公共场所抽烟(包括寝室、教室、运动场等);崇尚节俭,不浪费水电。

十二、热爱劳动

崇尚劳动、尊重劳动,积极参加校园内外公益劳动和勤工俭学劳动;在校学习期间,未经学院批准不得经商。

十七、《安徽审计职业学院学生文明上网公约》

安徽审计职业学院学生文明上网公约
皖审院〔2019〕91 号

网络已成为大学生日常学习生活的重要组成部分,为了弘扬网络正能量,引导学生守法、健康、文明上网,做遵德守法、文明互动、理性表达的好网民,依据《新时代公民道德建设实施纲要》《青少年网络文明公约》等相关规定,特制定本公约。

一、遵纪守法,严格要求

主动学习网络相关法律法规,加强网络伦理建设,遵纪守法,遵守社会公德;严格要求自己,对网上行为负责,不浏览和传播不健康文字、图片、视频、非法言论等不良信息,做到学法、知法、守法。

二、理性上网,明辨是非

理性认识网络,真实面对网络,科学使用网络;要坚定政治立场,增强政治敏感性,讲政治,讲正气,善于思考、辨别是非;摒弃不良信息,远离文化垃圾,讲诚信、守底线,不信谣、不传谣,远离网络诈骗、网络暴力、网络赌博、网络不良贷款,自觉做到"自我管理、自我服务、自我教育、自我监督"。

三、文明上网,传播正能量

积极弘扬社会主义核心价值观,传递正能量,宣传真善美,鞭笞假丑恶;坚持文明上网,自觉遵守网络文明公约,坚守网络道德,营造网络空间风清气正的良好环境。

四、科学用网,合理适度

网络具有获取信息、学习知识、沟通交流和了解社会等作用,要正确认识网络的利弊,扬长避短;增强网络自律、自我保护意识,利用好网络虚拟交流平台,自觉抵制网络诱惑,明确上网目的,合理控制上网时间,做到学娱结合、张弛有度,不沉迷于网络游戏或不良小说,从而成为网络的主人。

第二节 党团组织

把优秀青年学生吸收到党团组织,是学校一项经常性的重要工作,现将《安徽省普通高等学校发展党员工作实施细则》及安徽审计职业学院团员发展工作流程介绍如下,供大学生们认真学习。

一、《安徽省普通高等学校发展党员工作实施细则》

安徽省普通高等学校发展党员工作实施细则

第一章 总 则

第一条 为进一步规范安徽省普通高等学校(以下简称:学校)发展党员工作,保证新发展的党员质量,保持党的先进性和纯洁性,根据《中国共产党章程》《中国共产党发展党员工作细则》和党内有关规定,制定本实施细则。

第二条 学校各级党组织要把吸收具有马克思主义信仰、共产主义觉悟和中国特色社会主义信念,自觉践行社会主义核心价值观的先进分子入党,作为一项经常性的重要工作,重点做好在教学、科研一线的优秀中青年骨干教师、学科带头人和优秀大学生中发展党员工作。

第三条 学校发展党员工作应当贯彻党的基本理论、基本路线、基本纲领、基本经验、基本要求,按照控制总量、优化结构、提高质量、发挥作用的总要求,坚持党章规定的党员标准,始终把政治标准放在首位;坚持慎重发展、均衡发展,有领导、有计划地进行;坚持入党自愿原则和个别吸收原则,成熟一个,发展一个。

禁止突击发展,反对"关门主义"。

第二章 入党积极分子的确定、培养、教育、考察

第四条 学校各级党组织要通过宣传党的政治主张和开展深入细致的思想政治工作,提高师生员工对党的认识,从大学生入学、青年教师入职抓起,坚持早教育、早发现、早培养,不断扩大入党积极分子队伍。

第五条 年满十八岁,在校学习工作的师生员工中的先进分子,承认党的纲领和章程,愿意参加党的一个组织并在其中积极工作、执行党的决议和按期交纳党费的,可以申请加入中国共产党。

入党申请人应当向工作、学习所在学校的基层单位党支部提出入党申请。

第六条 党支部接到入党申请书后,要对申请人的资格进行初步审查,并在一个月内派支部委员会成员或正式党员同其谈话,了解基本情况。

新入学学生提交入党申请书较多时,谈话可在三个月内完成。

第七条 在入党申请人中确定入党积极分子,应当采取党员推荐、群团组织推优等方式产生人选,由支部委员会(不设支部委员会的由支部大会,下同)研究决定,并逐级上报,由学校党委备案。

第八条　党组织应指定1~2名正式党员作为入党积极分子的培养联系人,培养联系人的主要任务是:

(一)向入党积极分子介绍党的基本知识;

(二)了解入党积极分子的政治觉悟、道德品质、现实表现和家庭情况等,做好培养教育工作,引导入党积极分子端正入党动机;

(三)及时向党支部汇报入党积极分子情况;

(四)向党支部提出能否将入党积极分子列为发展对象的意见。

第九条　党组织应当采取吸收入党积极分子听党课、参加党内有关活动,给他们分配一定的社会工作以及集中培训等方法,对入党积极分子进行马克思列宁主义、毛泽东思想和中国特色社会主义理论体系教育,党的路线、方针、政策和党的基本知识教育,党的历史和优良传统、作风教育以及社会主义核心价值观教育,使他们懂得党的性质、纲领、宗旨、组织原则和纪律,懂得党员的义务和权利,帮助他们端正入党动机,确立为共产主义事业奋斗终生的信念。

第十条　入党积极分子至少每半年要向党组织递交一次书面思想汇报,内容主要包括:对党的理论、路线、方针、政策的认识,参加党组织活动的体会与收获,在学习、工作等方面取得的成绩,个人目前的思想状况和努力方向等。

第十一条　党支部每半年要对入党积极分子进行一次考察。学校院(系)级党组织每年对本单位入党积极分子队伍状况作一次分析,对存在的问题,采取改进措施,并书面报告学校党委,学校党委要做好督促、检查、指导工作。

第十二条　对工作调动、升学等原因转入的入党积极分子,学校党组织应当对有关材料进行认真审查,审查合格的,接续做好培养教育工作。培养教育时间可连续计算。对转出的入党积极分子,学校党组织应当及时将培养教育等有关材料转交接收单位党组织。

第三章　发展对象的确定、考察、培训

第十三条　对经过一年以上培养教育和考察、基本具备党员条件的入党积极分子,党支部在听取党小组、培养联系人意见,并召开座谈会征求党员和群众意见的基础上,支部委员会讨论同意并报院(系)级党组织和学校党委备案后,可列为发展对象。

对学生入党积极分子,征求意见座谈会参会人员应本着知情的原则,一般为团组织负责人、辅导员、班主任、任课教师以及同班、同级或同专业学生代表等。也可采取个别谈话的方式征求意见。

第十四条　确定发展对象,要始终把政治标准放在首位,着重看发展对象是否具有坚定的理想信念和良好的道德品行,是否自觉为党的纲领而努力奋斗。

对于教工发展对象,还要看其是否坚持教书育人、管理育人、服务育人,在教学、科研、管理、服务等方面业绩是否突出,是否具有较好的群众基础。要坚持把一贯表现和对重大问题的态度作为重要考察内容,注重对政治素质和道德品行的考察。

对于学生发展对象,还要看其是否在学习、工作和生活中发挥先锋模范作用。要坚持把综合素质作为发展学生党员的重要考察内容,注重把学生的一贯表现和关键时刻表现、自我评价和群众评议、学习情况和社会实践情况相结合,防止简单地把学习成绩作为发展党员的主要条件。

第十五条　发展对象应当有两名正式党员作入党介绍人。入党介绍人一般由培养联系人担任,也可由党组织指定。

受留党察看处分、尚未恢复党员权利的党员,不能作入党介绍人。

入党介绍人的主要任务是:

(一)向发展对象解释党的纲领、章程,说明党员的条件、义务和权利;

(二)认真了解发展对象的入党动机、政治觉悟、道德品质、工作与学习经历、现实表现等情况,如实向党组织汇报;

(三)指导发展对象填写"中国共产党入党志愿书",并认真填写自己的意见;

(四)向支部大会负责地介绍发展对象的情况;

(五)发展对象批准为预备党员后,继续对其进行教育帮助。

第十六条　党组织必须对发展对象进行政治审查。

政治审查的主要内容是:对党的理论和路线、方针、政策的态度;政治历史和在重大政治斗争中的表现;遵纪守法和遵守社会公德情况;直系亲属和与本人关系密切的主要社会关系的政治情况。

政治审查的基本方法是:同本人谈话、查阅有关档案材料、找有关单位和人员了解情况以及必要的函调或外调。对流动人员中的发展对象进行政治审查时,还应当征求其户籍所在地和居住地基层党组织的意见。

政治审查必须严肃认真、实事求是,注重本人的一贯表现。审查情况应当形成结论性材料。

凡是未经政治审查或政治审查不合格的,不能发展入党。

第十七条　学校院(系)级党组织或学校党委组织部门应当对发展对象进行短期集中培训。集中培训工作通常在学校党校或院(系)级单位分党校进行。培训时间一般不少于3天(或不少于24个学时)。培训时主要学习党章、《关于党内政治生活的若干准则》等文件。中央组织部组织编写的《入党教材》,可以作为学习辅导材料。培训考核合格的发展对象颁发培训合格证书。

培训考核不合格的,不能发展入党。

未经培训的,除个别特殊情况外,不能发展入党。

第四章　预备党员的接收

第十八条　接收预备党员应当严格按照党章规定的程序办理。

第十九条　支部委员会应当对发展对象进行严格审查,并在适当范围内对发展对象的基本情况进行公示,公示时间一般为5个工作日。对公示无异议的,经集体讨论认为合格的,或公示期间有异议,经党组织指定专人调查核实后集体研究认为不影响发展的,报具有审批权限的基层党委预审。

基层党委对发展对象的条件、培养教育情况等进行审查。对担任学校中层领导干部的发展对象,还要听取学校纪检监察部门的意见。审查结果以书面形式通知党支部,并向审查合格的发展对象发放"中国共产党入党志愿书"。

发展对象未来三个月内将离开工作、学习单位的,一般不办理接收预备党员的手续。

第二十条　支部委员会要对发展对象填写的"中国共产党入党志愿书"和有关材料进行严格审查,经集体讨论认为合格后,再提交支部大会讨论。

召开讨论接收预备党员的支部大会,有表决权的到会人数必须超过应到会有表决权人数的半数。

第二十一条　支部大会讨论接收预备党员的主要程序是:

（一）发展对象汇报对党的认识、入党动机、本人履历、家庭和主要社会关系情况，以及需向党组织说明的问题；

（二）入党介绍人介绍发展对象有关情况，并对其能否入党表明意见；

（三）支部委员会报告对发展对象的审查情况；

（四）与会党员对发展对象能否入党进行充分讨论，并采取无记名投票方式进行表决。赞成人数超过应到会有表决权的正式党员的半数，才能通过接收预备党员的决议。因故不能到会的有表决权的正式党员，在支部大会召开前正式向党支部提出书面意见的，应当统计在票数内。

支部大会讨论两个以上的发展对象入党时，必须逐个讨论和表决。

学校基层党支部应结合工作实际，探索和创新支部大会形式。发展对象可以采取图文演示的演讲式汇报，党员分散的党支部可以召开网络视频形式的支部大会，支部大会还可以邀请入党积极分子旁听接受教育，探索上级党组织派人列席发展党员支部大会制度等，不断丰富支部大会的形式。

第二十二条　党支部应当及时将支部大会决议写入"中国共产党入党志愿书"，连同本人入党申请书、政治审查材料、培养教育考察材料等，一并报上级党委审批。

支部大会决议主要包括：会议的时间地点和形式；发展对象的主要表现；应到会和实际到会有表决权的党员人数；表决结果；通过决议的日期；支部书记签名。

第二十三条　预备党员必须由党委审批。

设党委的院（系）级党组织可以审批党员；院（系）级党总支不能审批预备党员，但应当对支部大会通过接收的预备党员进行审议，报学校党委审批。

除另有规定外，临时党组织不能接收、审批预备党员。

第二十四条　院（系）级党委审批前，应当指派党委委员或组织员同发展对象谈话；学校党委审批的，应当指派学校党委委员、组织员或发展对象所在院（系）级党总支委员同发展对象谈话。作进一步的了解，并帮助发展对象提高对党的认识。谈话人应当将谈话情况和自己对发展对象能否入党的意见，如实填写在"中国共产党入党志愿书"上，并向党委汇报。

第二十五条　党委审批预备党员，必须集体讨论和表决。

党委主要审议发展对象是否具备党员条件、入党手续是否完备。发展对象符合党员条件、入党手续完备的，批准其为预备党员。党委审批意见写入"中国共产党入党志愿书"，注明预备期的起止时间，并通知报批的党支部。党支部应当及时通知本人并在党员大会上宣布。对未被批准入党的，应当通知党支部和本人，做好思想工作。

党委会审批两个以上的发展对象入党时，应当逐个审议和表决。

第二十六条　党委对党支部上报的接收预备党员的决议，应当在三个月内审批，并在学校党委组织部门备案。如遇特殊情况可适当延长审批时间，但不得超过六个月。

追认党员按中央有关规定执行。

第五章　预备党员的教育、考察和转正

第二十七条　党组织应当及时将上级党委批准的预备党员编入党支部和党小组，对预备党员继续进行教育和考察。

第二十八条　预备党员必须面向党旗进行入党宣誓。入党宣誓仪式，一般由基层党委或党支部（党总支）组织进行。

第二十九条　党组织应当通过党的组织生活、听取本人汇报、个别谈心、集中培训、实践

锻炼等方式,对预备党员进行教育和考察。

预备党员至少每半年要主动向党组织书面汇报思想、学习、工作等方面情况一次。党支部至少每半年应对预备党员的表现情况讨论一次,发现问题及时同本人谈话。

第三十条 预备党员的预备期为一年。预备期从支部大会通过其为预备党员之日算起。

预备党员预备期满,党支部应当及时讨论其能否转为正式党员。认真履行党员义务、具备党员条件的,应当按期转为正式党员;需要继续考察和教育的,可以延长一次预备期,延长时间不能少于半年,最长不超过一年;不履行党员义务、不具备党员条件的,应当取消其预备党员资格。

预备党员违犯党纪,情节较轻,尚可保留预备党员资格的,应当对其进行批评教育或延长预备期;情节较重的,应当取消其预备党员资格。

预备党员转为正式党员、延长预备期或取消预备党员资格,应当经支部大会讨论通过和有审批权限的上级党委批准。

第三十一条 预备党员转正的手续是:本人在预备期满半个月前向所在党支部提出书面转正申请;党小组提出意见;党支部征求党员和群众的意见;公示;支部委员会审查;支部大会讨论、票决通过;报上级党委审批。

转正前公示应在适当范围内进行,公示时间为五个工作日;对公示无异议的,或公示期间有异议,经党组织指定专人调查核实后集体研究不影响转正的,提交支部大会讨论。

讨论预备党员转正的支部大会,对会议形式、到会人数、赞成人数等要求与讨论接收预备党员的支部大会相同。

第三十二条 党委对党支部上报的预备党员转正的决议,应当在三个月内审批。审批结果应当及时通知党支部。党支部书记应当同本人谈话,并将审批结果在党员大会上宣布。

党员的党龄,从预备期满转为正式党员之日算起。

第三十三条 预备期未满的预备党员因工作、学习等原因转出学校的,学校党组织应当及时将对其培养教育和考察的情况,认真负责地介绍给接收预备党员的党组织。

第三十四条 对新转入学校的预备党员,学校党组织要严格审查,认真审核其"中国共产党入党志愿书"等材料,符合党员条件的继续进行教育和培养。发现不符合条件的,或入党手续不完备、入党材料不全或填写混乱的,应及时与其原单位党组织或上级党组织联系,辨别真伪,弄清原因。确属不熟悉有关规定或工作程序出现的失误,由原单位党组织按照发展党员工作的有关规定,补办手续和材料;确属弄虚作假,伪造手续进入党内的,经支部大会讨论通过,上级党组织同意,并报学校党委组织部门批准后不予承认。有关情况要及时通报原单位党组织。

基层党组织对转入的预备党员,在其预备期满时,如认为有必要,可推迟讨论其转正问题,推迟时间不超过6个月。转为正式党员的,其转正时间自预备期满之日算起。

第三十五条 预备党员转正后,党支部应当及时将其"中国共产党入党志愿书"、入党申请书、政治审查材料、转正申请书和培养教育考察材料,交党委存入本人人事档案。无人事档案的,建立党员档案,由所在院(系)级党委或学校党委组织部门保存。

第六章 发展党员工作的领导和纪律

第三十六条 学校党委及院(系)级党组织要把发展党员工作列入重要议事日程,纳入党建工作责任制,作为党建工作述职、评议、考核和党务公开的重要内容。

对发展党员工作的情况,院(系)级党组织要每半年检查一次,检查结果要及时上报学校党委组织部门,党委组织部门汇总全校情况后向学校党委汇报,并向下通报。

第三十七条　学校党委组织部门每年要向党委和上级组织部门报告发展党员工作情况和发展党员工作计划。要如实反映带有倾向性的问题和对违反党章规定现象的查处情况。

第三十八条　学校党委要重视基层党务工作者队伍建设。要重视党支部书记的选拔和配备,同时要配备足够数量的专兼职组织员,加强教育培训,为他们开展工作创造条件,充分发挥他们在发展党员工作中的作用。

第三十九条　学校各级党组织对发展党员工作中出现的违纪违规问题和不正之风,应当严肃查处。对不坚持标准、不履行程序、超过审批时限和培养考察失职、审查把关不严的党组织及其负责人、直接责任人应当进行批评教育,情节严重的给予纪律处分。典型案例应当及时通报,对违反规定吸收入党的,一律不予承认,并在支部大会上公布。

对采取弄虚作假或其他手段把不符合党员条件的人发展为党员,或为非党员出具党员身份证明的,应当依纪依法严肃处理。

第四十条　"中国共产党入党志愿书"由省委组织部门按照中央组织部制定的式样统一印制或授权翻印,由学校主管单位党委组织部门发放到学校。

第七章　附　则

第四十一条　学校应按照本细则的规定,制定统一规范的党员发展程序性材料和流程图。

第四十二条　本细则由中共安徽省委教育工委负责解释。

第四十三条　本细则自发布之日起施行。

二、安徽审计职业学院团员发展工作流程及有关说明

第一阶段:入团积极分子的确定

1. 学生向团支部递交入团申请书

(1)凡符合《团章》的规定、要求入团的同志,必须由本人自愿向所在单位团组织递交书面申请。

(2)接到申请人申请后,团支部或班主任应在一周内与本人谈话,给予鼓励并指出努力方向。

(3)因学习和工作变动在原单位已递交入团申请书的同志须重新向所在单位提出申请,但申请时间可从最早提出申请之日起算。

2. 经过一段时间的考察,对表现较优秀者,确定为入团积极分子

(1)入团积极分子的条件:通过一段时间的教育,申请人对团的基本知识有一定的了解,入团要求迫切,动机端正,信念坚定,工作积极认真,学习努力刻苦,各方面表现突出,能起模范带头作用。

(2)入团积极分子的确定:根据入团积极分子的条件,由支部会讨论决定,没有支委会的由支部大会根据上报情况进行讨论决定;确定入团积极分子工作每学期至少应进行一次,也可以根据情况随时进行。每次都要根据入团积极分子队伍状况和个人实际表现,经支委会或支部大会讨论进行调整,做到有进有出,有增有减。

3. 建立入团积极分子档案,将其入团申请书等材料归档

确定为入团积极分子后,应及时建立入团积极分子档案,将其入团申请书等材料归档。申请人或入团积极分子调动时,调出单位团组织应及时将申请材料、培养考察材料转给调入单位团组织。

4. 填写"入团积极分子考察表",按时填写考察意见

培养考察情况的内容:
(1) 培养考察对象对团史、团的理论、基本知识学习和认识情况;
(2) 缺点及不足的改进情况;
(3) 目前的表现和存在问题及解决措施;
(4) 是否达到团员的要求和条件。

培养人要按时认真填写培养考察情况,注明材料形成时间并签名,力戒突击编写。

第二阶段:入团积极分子的培养和考察

5. 团支部为培养对象安排 1~2 位团员作为入团培养联系人

团支部要选派两名对入团积极分子比较了解、思想政治觉悟较高的团员作为培养人。一般要求团支部书记作为联系人,做好入团积极分子的培养、教育。培养联系人职责:了解入团积极分子对团的认识等情况,负责对其进行经常性的帮助教育;经常向学院团总支、团支部汇报培养、教育和考察的情况。

培养联系人要经常找入团积极分子谈话进行考察,并将考察情况按"入团积极分子考察表"的要求进行填写。

第三阶段:发展对象的确定

6. 团支部将比较成熟的入团积极分子通过组织程序确定为发展对象

确定为发展对象的条件:
(1) 经过近 3~6 个月的培养、教育,基本达到了团员的要求和条件。
(2) 参加了团校学习并获得结业证书。
(3) 入团积极分子学习刻苦努力,积极完成各项任务,在学习、工作、生活及其他社会活动中起模范带头作用。

确定发展对象的程序:对符合条件的入团积极分子在听取团小组、培养联系人和团内外群众意见的基础上,经支委会或支部大会讨论同意,可确定为发展对象。

7. 团支部为发展对象明确 2 名团员作为入团介绍人

团支部要明确两名正式团员作为其入团介绍人,入团介绍人一般由培养联系人担任,也可由发展对象自己约请,入团介绍人的职责:向被介绍人解释团的纲领、章程,说明团员的条件、义务和权利;指导被介绍人填写"入团志愿书",并在"入团志愿书"上填写自己的意见;认真了解被介绍人的入团动机、政治觉悟、思想品质、本职工作表现、经历等情况,向支部大会如实、负责地介绍被介绍人的情况。

第四阶段:团员的接收

8. 填写"入团志愿书"

填写"入团志愿书"时应注意以下几点:

(1) 贴志愿人近期的一寸照片。

(2) 入团志愿的内容：① 开头直接填写"我志愿加入中国共青团"；② 联系个人思想实际和成长过程谈对团的认识、入团动机、为争取入团所做的努力、主要优缺点、努力方向和决心。

(3) 对团还有哪些需要说明的问题：主要填写需补充说明及其他重要问题。

(4) 无内容可填的项目，应注明"无"。

9. 召开团支部大会讨论接收团员

在召开支部团员大会讨论接收预备团员之前，要做好充分的准备工作：① 认真审阅"入团志愿书"及有关材料；② 设支委会的团支部要召开支委会集体讨论，形成审查意见，由支部书记起草支部大会决议草案；③ 确定支部团员大会参加人员、列席人员和时间地点，发出会议通知；④ 团支部所有团员都应参加。如果到会有表决权的正式团员不超过本支部有表决权的正式团员总数的一半，支部团员大会应改期举行。

团支部书记会后将团员大会的决议，填入"入团志愿书"，签名盖章，报上级党组织审批。

10. 将完整的材料送上级团组织审查

团支部要及时将入团申请书、入团志愿书、政审材料、培养教育和考察的材料，报上级团组织审查。

11. 报团委审批

学院团委在充分听取情况汇报的基础上，应在半个月内及时审批预备团员，特殊情况下不得超过一个月，并将决议填入"入团志愿书"。

12. 团委批准成为正式团员

团支部接到通知后，负责人要及时与新团员谈话，介绍支部情况，并将其编入团支部、团小组。通过团的组织生活和实际工作锻炼，对他们继续进行教育和考察。

预备团员预备期为一年，预备期从支部大会通过其为预备团员之日算起。预备团员从支部大会通过其为预备团员之月起缴纳团费。

13. 入团宣誓

(1) 举行入团宣誓，是对预备团员进行团的教育的一种仪式。宣誓原则上由团委组织部在每年"五四"左右统一举行。

(2) 入团宣誓大会程序：① 奏《国际歌》；② 团组织负责人致词，宣布宣誓人姓名及入团时间；③ 进行宣誓；④ 团组织负责人讲话；⑤ 新团员代表作表态发言；⑥ 团员、入团积极分子代表发言。

三、《安徽审计职业学院学生干部管理规定》

安徽审计职业学院学生干部管理规定

皖审院〔2019〕91 号

第一章 总 则

为了加强对我院学生干部的教育和管理，规范我院学生干部的选拔、培养、任用工作，提高学生干部的综合素质，更好地发挥学生干部在"自我教育、自我管理、自我服务、自我监督"

中的表率作用,接受广大同学监督,促进校风、学风建设,特制定本规定。

第一条 学生干部是大学生中的骨干,在各级党、团组织的领导和指导下,发挥着桥梁纽带作用,应积极开展工作,组织、带领广大学生学习贯彻执行党的路线、方针和政策,为促进广大学生德、智、体、美、劳全面发展,积极工作、热心服务。

第二条 本规定适用范围是我院各级学生组织和学生干部。

第二章 任职条件

第三条 任职必须满足以下条件:

(一)取得安徽审计职业学院学籍。

(二)坚持四项基本原则,拥护党的路线、方针和政策;思想政治上积极要求进步,自觉遵守国家法律和校规校纪。

(三)有大局意识,自觉维护集体荣誉和社会公德,个人道德修养良好,无违纪处分和不良行为记录。

(四)具有强烈的工作责任心和较强的工作能力,能积极主动地组织和参与各类学生教育管理服务工作,积极发挥学生干部的桥梁纽带作用。

(五)有团队精神,善于合作,勇于竞争;有创新精神,勤于思考,勇于开拓;有奉献精神,全心全意为同学服务,工作踏实,不计较个人得失;在学生中有一定威信,能起到模范带头作用。

(六)学习目的明确,态度认真,勤奋刻苦,成绩较好。

(七)积极参加体育锻炼和各项课外文体活动,身心健康,能够履行学生干部职责。

第三章 选拔与任用

第四条 学生干部的选拔产生条件:

(一)学生干部的选拔任用坚持民主、公开、公平、公正的原则。

(二)学生干部候选人的初步人选通过召开学生代表大会产生。

第五条 学生干部的任期:学生干部实行任期制,任期时间一般为一年。

第六条 如遇现任学生干部名额空缺,团委(团总支)可以采取任命、选聘等方式予以补足。

第七条 学生干部的职责要求:

(一)以身作则,模范遵纪守规。

(二)积极关心和维护集体利益、国家利益。

(三)密切联系同学,发挥桥梁和纽带作用。

(四)积极组织开展各项有益活动,充分发挥自我教育、自我管理、自我服务、自我监督的作用。

(五)及时反映学生意见、建议,及时发现各类问题,及时妥善化解矛盾、纠纷。

(六)自觉接受教师和同学监督。

(七)积极参加学生干部培训,正确处理学习与工作的关系。

(八)完成组织安排的其他工作。

第八条 学生干部考核的具体要求参照《安徽审计职业学院学生(社团)干部考核》办法执行。考核不称职的学生干部在本次考核的能力测评相应项目内不予加分,并取消其参加一切学生干部评优的资格。学生干部无故不参加考核或考核成绩不称职的,应免去所担任的学生干部职务。

第四章 奖 惩

第九条 根据《高等学院学生行为准则》及学院相关规定,每学年组织一次"优秀学生干部""优秀社团干部""优秀团干""优秀团员"等评选工作,时间安排在每年的年底进行,由学生处、团委组织并予以表彰奖励。其评选结果作为推荐学生入党的依据之一。

第十条 对不称职学生干部的处理分为:劝诫、劝退、免职或撤职,由相应主管组织具体实施处理。

(一)有下列行为之一者,予以劝诫:
1. 学生出现不良行为,学生干部在场未及时制止而引发后果的。
2. 不服从管理,情节较轻的。
3. 工作态度、工作作风不端正,情节较轻的。
4. 学生群众基础薄弱,群众有意见的。
5. 宿舍卫生情况较差的。
6. 没有发挥学生干部带头作用、工作执行力度欠缺的。

(二)有下列行为之一者,予以劝退:
1. 学生发生违纪行为,学生干部在场未制止或知情不报的。
2. 不服从管理,情节较重的。
3. 工作不积极主动,不能完成工作任务的。
4. 学生群众基础差,群众意见较大的。
5. 个人宿舍卫生脏乱差的。
6. 不能正确处理学习与工作关系的。

(三)有下列行为之一者,予以免职或撤职:
1. 不能严格遵守学院纪律,受到学院处分的。
2. 无故不参加考核或考核结果不称职的。
3. 个人行为对集体造成严重负面影响的。
4. 没有学生群众基础,群众意见较大的。
5. 工作中徇私舞弊的,造成不良影响的。
6. 学习成绩较差,专业课有挂科的。

第十一条 凡受免职或撤职的学生干部,一年内不得在学院任何学生组织中任职。

第五章 附 则

第十二条 各系在学生干部管理中,应严格执行本规定,并依据本规定结合实际情况制定实施细则。

第十三条 各系学生干部的选拔、考核及任免等工作由所在系具体负责。

第十四条 院级学生会、院级社团学生干部的选拔、考核及任免工作由学院团委负责。

第十五条 学生干部的培训工作按照学院学生干部培训要求执行。

第十六条 本规定自印发之日起执行,由学生处、团委负责解释。

第三节 公寓管理

学生公寓是大学生日常生活和学习的重要场所,也是实现大学生"自我管理、自我教育、自我服务"的载体。《安徽审计职业学院学生公寓管理办法》对公寓管理作出了具体规定和要求,希望同学们认真学习和遵守。

安徽审计职业学院学生公寓管理暂行办法

皖审院〔2015〕18号

第一章 总 则

第一条 学生公寓是学生日常生活与学习的重要场所。为加强学生公寓管理,保证学生在公寓内人身和财物安全,促进学生身心健康发展,创造管理有序、卫生整洁、和谐温馨的学习和生活环境,根据教育部制定的《高等学校学生管理规定》《高等学校学生行为准则》,结合学院实际,特制定本办法。

第二章 住宿管理

第二条 学校统一安排学生住宿,编制寝室床位序号和桌位序号,学生须在指定的寝室、床位住宿,并使用与床位序号相同的桌位。不得移动床桌摆放位置;不得私自调换寝室、床位、桌位,不得更换门锁。值日表、课程表及寝室成员信息表,须张贴在门锁一侧的内墙上。

第三条 寝室用电实行定额补贴。补贴标准为:每人每月4度。超额用电须按规定自己付费购电。空调用电费用由本寝室人员共同承担。

第四条 自觉遵守学校作息制度,宿舍楼大门22:30关门,寝室每天23:00熄灯(5:30送电),学生应在晚上关门前返回寝室,超过关门时间返回的须出示证件、登记后方可进入寝室;上课期间不得在寝室睡觉(病假学生除外)。

第五条 未经院系领导批准,不得夜不归宿,违者一经查实,将按相关规定给予警告以上纪律处分。学生在24:00仍未归宿的,按夜不归宿处理。

第六条 不得私自留外人住宿。如确系直系亲属需要留宿的,需到寝室管理员值班室办理登记批准手续后方可留住,未经批准擅自留宿他人的,给予警告以上纪律处分。

第七条 禁止异性人员进入学生寝室。异性和校外人员来学生寝室找人,必须通过寝室管理员传呼,在值班室接待。本校教职工进入异性学生寝室,须由宿管员或楼长陪同。

第八条 学生因病事假等原因不能回寝室住宿的,须将请假凭据留在寝室备查,合肥市(含所属市县)的学生周末回家可办理"本市学生周末统一请假单"。办理程序为:本人申请—家长同意(签字)—班主任签字后—到各系办理。

第九条 学生原则上不得在校外租房居住,合肥市等具备走读条件的学生,在办理走读手续后可回家住宿。

第十条 入住时,寝室管理员进行寝室物品和设施登记,毕业时进行验收。自然损坏设施应及时到公寓管理员处填单登记,免费维修。人为损坏设施,照价赔偿。故意损坏加倍赔偿并视情节给予相应的校纪处分。

第三章 行为规范

第十一条 保持寝室环境卫生。不得向窗外抛扔物品、泼倒茶水,不乱丢纸屑和废物,不乱倒脏水、剩饭菜,不随地吐痰,大小便入池。保持寝室走廊、楼梯通畅整洁,不得将拖把、扫把等物品放置在走道、楼梯等公共通道上。

第十二条 服从寝室管理员的管理,宿舍楼关门后,禁止外出。自觉接受教师、管理人员和值班学生干部的检查,认真回答有关管理、安全问题,不准刁难检查人员。

第十三条 自觉遵守寝室安全管理规定,妥善保管自己的行李物品;发现陌生人进入寝室需询问并向宿管员报告,以防物品被盗;注意防火,不乱拉乱接电线,严禁使用热得快、电饭锅、电炒锅、电热毯、煤油炉、酒精炉、床头灯等违禁器具;不在室内使用蜡烛、蚊香等明火用具,严禁焚烧各类物品;离开寝室要关窗锁门。

第十四条 在寝室内不聚餐、不吸烟、不赌博,严禁传看淫秽书刊、网页、录像、光碟等,违者将按有关规定予以纪律处分。

第十五条 爱护公共财物。不在墙上乱涂乱画,不损坏公共设施。

第十六条 学生在寝室楼内不得进行影响他人学习、生活和休息的活动,如使用高分贝音响,在寝室区内饲养猫狗等宠物,熄灯后在走道打扑克、聊天、拍球等;不得在学生寝室内从事经营活动。

第十七条 珍惜资源,提倡节约水电,做到人离关灯、关水,杜绝长明灯、长流水现象。

第十八条 寝室内禁止推销及张贴广告,学生如发现推销人员、可疑人员、偷盗窃贼应及时报告。

第四章 卫生规范与考核

第十九条 室内布置整洁大方,无异味,地面、墙面、门窗洁净,阳台干净无杂物;床面干净平整,被褥折叠整齐,床底鞋物摆放整齐;橱柜、桌面干净,椅凳物品摆放整齐。

第二十条 寝室每天须安排值日生,负责本寝室的公共卫生的清理和个人卫生的监督管理,寝室值日生安排表须张贴在门锁一侧的墙上;床桌物品等个人卫生部分由寝室成员负责清理。

第二十一条 宿管员负责对学生寝室卫生的管理、检查与考核,每天检查考核评分(简称为日查),寝室辅导员和学生干部负责每周一次的寝室卫生大检查(简称为周查),院系每月组织一次抽查(简称为月查)。

第二十二条 考核实行百分制,床桌物品等个人卫生部分占84分(每位成员14分),公共卫生10分,整体效果6分。

第二十三条 宿舍卫生检查不合格的,每人每次扣减德育分1分,同时扣减值日生德育分1分。

第二十四条 违反上述规定者,扣减德育分,并取消其学院所有评优资格;经教育不改者,根据学院相关规定给予相应的处理、处罚。

第五章 寝室评比

第二十五条 寓管部门每两周组织一次"卫生寝室"评比,每学期在期末组织"文明寝室"评比。未评上"卫生寝室"的寝室,不能参加"文明寝室"的评比。评比按照《安徽审计职业学院文明寝室评比办法》进行。

第二十六条 获得"卫生寝室"称号的,每次其宿舍成员分别增加1分德育分;获得学院"文明寝室"称号的,全院进行通报表扬,同时按照200元的标准奖励该寝室,其宿舍成员分别增加4分德育分。

第二十七条 本办法自印发之日起执行,由学生处负责解释。

第四章 学 习 篇

第一节 自 主 学 习

知识经济时代的一个重要特征就是知识的更新比以往任何时候都要来得迅速,新的知识不断地产生,旧的知识不断地被替换。知识经济时代的竞争,不仅是知识的竞争,还是能力和综合素质的竞争。不论是综合素质的提高,还是综合能力的培养,都是从学习知识开始的。掌握正确的学习方法,建构适应社会发展的知识和能力,是现代大学生面临的重要课题。青年大学生只有不断提高自己的知识水平,才能适应知识经济时代的发展,铺就成功之路。学会自主学习,才能具备良好的适应性,当今时代不会自主学习的大学生不能算是合格的大学生。

一、大学到底学什么

学习是人类生活的永恒主题,它贯穿于人的生命的全过程。大学校园是学生成长、成才的沃土与摇篮。大学生的校园生活是丰富多彩的,有独立的生活环境、深广的学习内容、浓厚的学术氛围、纷繁的校园文化、自由的课余时间、丰富的闲暇活动等,但学习仍是大学生校园生活的基本内容。大学生在学习的过程中,不仅掌握知识、技能和发展智力,而且还将形成世界观、道德品质和行为习惯。

学院人才培养

大学教育的根本是基础知识的灌输和人文精神的培养,大学时期的学习已完全不同于中学时期。迈入大学校园,面临的是一个全新的学习和生活环境,学习任务十分艰巨,既要学专业知识,也要学专业外的知识;既要学习科学研究方法,也要学习实验、技术操作;既要学做事,也要学做人。

在这里,学习的概念不仅仅指课堂里的内容、教科书里的内容,还包括其他方面,如进图书馆学习,做实验,参加丰富多彩的课外活动及各类竞赛,参与各种集体和社团活动,聆听各类讲座,搞社会调查等。更可以和同学、师长广泛交往,互相切磋,古人云:"三人行,必有吾师。"学习的内容变得这么宽广,学习方式是如此有趣,同学们尽可在知识的海洋里畅快遨游。大学,是一片神奇的土地,在这块土地上辛勤耕作,自会"种瓜得瓜,种豆得豆"。

二、大学生自主学习的方向

国际 21 世纪教育委员会在向联合国教科文组织提交的经典报告《学习——内在的财富》中指出:21 世纪的教育应围绕四种学习加以安排,即学会求知——掌握认识世界的工具;学会做事——学会在一定的环境中工作;学会共处——培养在人类活动中的参与和合作精神;学会做人——以适应和改变自己所处的环境。

1. 学会学习

大学生应把"学会学习",也就是前述"学会求知"作为成才道路上的重要一环。学会学习有两个方面含义:一方面,善于将老师传授的知识融会贯通,高效率地掌握知识;另一方面,具备主动和独立吸收知识、获取信息的能力,或者说是自主学习的能力。未来的文盲不是不识字,而是不会学习、获取新知识能力差的人。在知识经济时代,知识和技术的更新速度越来越快,每个人都会有落伍的危险。因此,当代大学生必须确立终身学习的观念。

研究表明,一个科技人员应用的知识总量大约只有20%是在传统的学校学习中获得的,其余的80%是在工作和学习中为适应工作和学习的需要而获得的。如果不经常处于学习状态,人们的知识结构很快就会落后于实践的要求。因此,时代要求大学生树立终身学习的观念,使自己能紧跟知识和技术发展的步伐。

2. 投身社会实践

现在大学毕业生的自荐书几乎千篇一律,大多数人都有这样或那样的荣誉证书,用人单位很难据此判断应聘者的能力。许多大学生精心制作的厚达十几页甚至几十页的自荐书,招聘单位大多只是一翻而过。相对于大学生的荣誉证书,他们更偏爱有实际能力的人。某设计公司前后接待了两名应聘的大学生,前者拿了许多荣誉证书复印件,而后者递交了十几份已被采用的广告平面设计作品,招聘人员在简单询问后很快就与后面那位同学确定了用人意向。该公司负责人说:"我觉得几件作品远比厚厚的几沓证书更能证明学生的能力。"

3. 学以致用

学以致用是一项非常重要的教育思想。学习到的知识如果不能运用于实践,在实践中发挥作用,那就是读死书、死读书,这样的大学生在当今的知识经济背景下是没有什么前途和出路的。外企招聘人员对应聘者外语水平的要求一向很高。由于外企有不少外国专家,如果口语不行肯定会影响工作,可尽管不少应聘学生都有外语四、六级证书,但让他们流畅地说出英语却很难。

4. 提高人文素质

所谓人文素质,是指学生经过学习人文社会科学知识而形成的内在素养和品质,主要指文化素养和艺术修养。当代大学生普遍缺乏人文知识。据报道,浙江某工科院校在校内推行汉语水平测试,主要考查语言运用能力和对文学基本常识的掌握情况,测试内容比较简单,可是首次测试结果却出人意料,参加测试的700多名学生,实际通过率仅为36%。有的学生不知道《四书》是哪四本儒家典籍;有的写一份简单的请柬,在格式、用语上也会出错。不难推测,人文知识严重缺乏、人文素质较差的大学生绝对不在少数。

就人文知识而言,它可以内化为做人处世的能力,可以积淀为内在的文化素养。作为一名大学生,如果没有一定的文化素养和为人处世的能力是很难在社会上站住脚的,更不要说有大的发展了。

5. 学会创新

创新是一种精神状态,更是一种科学方法。创新素质的培养一定要强调科学方法。有了科学方法,才有能力创造。

变不可能为可能,是创新型人才的必备潜质。莫扎特还是海顿的学生时,曾经和老师打过一个赌。莫扎特说,他能写一段曲子,老师准弹奏不了。世界上竟会有这种怪事?在音乐殿堂奋斗了多年、早已功成名就的海顿对此岂能轻易相信。莫扎特将曲谱交给了老师,海顿来不及细看便满不在乎地坐在钢琴前弹奏起来。仅一会儿的工夫,海顿就惊呼起来:"我两只手分别弹响钢琴两端时,怎么会有一个音符出现在键盘的中间位置呢?"接下来海顿以他那精湛的技巧又试弹了几次,还是不成,最后无奈地说:"真是活见鬼了,看样子任何人也弹奏不了这样的曲子了。"显然,海顿这里讲的"任何人"也包括莫扎特。只见莫扎特接过曲谱,微笑着坐在琴凳上,胸有成竹地弹奏起来,当遇到那个特别的音符时,他不慌不忙地向前弯下身子,用鼻子点弹而就。海顿禁不住对自己的高徒赞叹不已。"世界上没有不能弹奏的曲子。"这是创新学推崇的一条座右铭。

学会创新是获取成功的通行证。对于大学生来说,创新素质的重要性至少可以从近期和远期两方面论述。就近期而言,具有创新素质的大学生在就业市场上具有更强的竞争力。微软公司认为他们最需要的人才是具有潜力的人才,潜力包括聪明才智,更包括创造力和创新素质。微软公司有一套自己的方法,比如给你"3、3、8、8"四个数字,看你能不能在最短时间内通过加减乘除得出 24。还有一些问题,更是"刁钻古怪",比如会问你"上海有多少个加油站?""上海的出租车产业占上海经济的比重是多少?"这些问题当然不是考查你的记忆力和常识,事实上也没有什么标准答案。关键是考察你分析问题的能力,看你如何找到一个恰当的切入点。

6. 学会做人

学会做人是一笔终身财富。真正学会"做人",你将具有高度的责任感、社会公德意识,这是你的珍贵资源。

美国哈佛大学文理研究生院和翰林教育基金会曾联合举办了"21 世纪的高等教育"研讨会。与会的不少国家在高等教育发展理论探讨中都表示感受到强烈的危机,有人称之为"高教危机说"。那么危机来自哪里呢?危机主要来自于高等教育没能有效地提高大学生的道德水平,即高等教育没有教会大学生怎样"做人"。

曾任微软公司全球副总裁的李开复在 CCTV《对话》中说了一番发人深省的话:"管理经验和沟通能力是可以在日后的工作中学习的,而一颗正直的心是不可改变的。"他曾经面试过的一位求职者,在技术、管理、经验等方面相当出色,公司对他非常满意。但是,在谈话之余,他向公司表示,如果录取他,他可以把在原来公司做的一项发明带过来。稍后,他又补充了一句:"这是我在业余时间做的,公司不知道。"李开复说:"不论这个人的能力和工作水平怎样优秀,都不能录取他。原因是他缺乏最基本的处世原则和最起码的职业道德——诚信。如果雇佣这样一个人,谁能保证他不会在这里工作一段时间后,把这里的成果变成向其他公司献媚的'贡品'呢?"李开复强调,在微软的企业文化中最重要的就是员工的道德素质。

中国有句谚语:一两重的真诚等于一吨重的聪明。一个人品不完善的人不可能成为一个真正有所作为的人。没有做人的成功,就没有真正的成功。做人与做事是完美结合的。有人这样描述两者的紧密关系:"一切彻底的成功都是做人的成功,一切彻底的失败都是做人的失败。"

三、大学生自主学习的途径

课堂教学虽然仍是大学生主要的学习途径,但已不像中学时那样几乎是唯一的途径。大学生的学习活动已广泛地延伸到课堂之外。

1. 努力转变学习方式

"大一的时候,不知道自己不知道什么;大二的时候,不知道自己知道什么;大三的时候,知道自己不知道什么;大四的时候,知道自己知道什么。"这段在大学校园里广泛流传的话概括了大学期间的学习过程。大学的教学方式、教学理念及手段完全不同于以往,进入大学,必须以最快的速度适应大学的学习方式。

大学的学习不再是老师追着学生学,而是学生主动求教老师;大量的时间需要自己安排,而不再是被老师占用;同时要学会研究性学习,善于发现和提出问题。对此,许多"前辈"的经验是:学会主动。学习并非仅仅是听课和读教科书,与老师、同学讨论问题,阅读参考书,听学术讲座,这些都是学习,关键是你能否充分利用这些资源,并将学到的知识很好地整合。

一些考生因为各种原因没能进入自己理想的专业,面对自己不熟悉甚至不喜欢的领域,如何学习?一些高年级学生的经验是,除非你有特别明确的目标,一般情况下,不要转专业。大学的自我管理体制决定了学习以兴趣为主导,但兴趣是靠培养的。因此,首先要了解自己所学的专业。

了解学校、尽快适应大学生活的最好途径就是多向学长们请教。许多高年级学生都说,一定要记下入学时负责接待你的那位学长的联系方式,学长是很好的老师,不懂的问题随时咨询。向他讨教学习方法,了解哪些课程该重点学,哪些课程该选修,怎样评选奖学金,考试时如何整理复习资料,你一定会受益匪浅。

大学课多,所学的东西也多,有的大课几百人一起上,师生互动少,听课功夫其实在课外,一定要提前预习,尤其是理工科;不能仅靠上课听讲,下课后还应认真整理笔记,再好好消化;学习关键靠自觉,老师布置的书目、论文,课下一定要下功夫认真读;另外,也应该把老师的板书记成笔记。

2. 利用互联网

最新的统计资料表明,中国的网民已超过6亿人。大学生作为上网比例最高的群体,上网已成为其生活的重要组成部分。我们都听说过"互联网+",但对大学生而言,一定要知道自己应"+"什么。在纷繁复杂的信息网络世界里,我们要学会筛选有用的信息,让网络为我所用。另外,要用理智的眼光正视网络的负面作用,提高自身抵制污染的能力。自觉养成良好的上网习惯,在时间上限制自己,不沉溺于脱离现实的虚拟世界,使自己不仅成为计算机网络的使用者,更是网络的建设者和受益者,不能因沉缅网络而影响学习,危害健康。任何事物都有两重性,网络是一把双刃剑,关键是看我们如何认识、如何利用。把它用于学习和求知,那它就是可爱的天使,而用于消遣和寻求刺激,那它就是可恶的魔鬼,害人害己。当我们能对它有一个正确的认识时,就能很好地驾驭它,让它服务于我们的学习和生活。同时,大学生要具备一定的网络道德,以自觉的态度进行自我监督、自我调节、自我反省、自我批评,使自己与网络和谐发展。

3. 充分利用图书馆

教师队伍、实验设备和图书馆被称为高校的"三驾马车"。可见大学图书馆在高校中所占的重要地位。大学期间是集中、系统地学习知识的宝贵时期,大学生应该抓住这个难得的机遇,努力成为一个"知识贵族"。要想在本专业、本领域有所发展,必须开采图书馆这座知识财富的金矿。图书馆对大学生的专业学习、课外自学和健康成长都有至关重要的意义。经常听到即将毕业的大学生发出的感慨:"大学生活离不开图书馆。"因为他已经充分了解到图书馆在大学生活中的重要地位,认识到自己要学什么以及图书馆可以提供什么。要是大学生能牺牲一些玩网络游戏和网上聊天的时间,到图书馆多看一些书,做好读书笔记,日积月累,你的知识储备和文字表达能力就会有较大程度的提高。

4. 认真聆听专家讲座

没有讲座的高校是不可思议的。讲座是大学生获取知识的一个重要途径。学术讲座已成为大学生关注学科前沿、透视社会热点的重要窗口,不可以不听。高质量的学术讲座增强了高校的知识"辐射"功能,可以让大学生聆听大师级人物讲解某一方面的学术前沿问题。讲座最吸引大学生的地方,就是大学生们能直接感受专家、学者们的"思想火花"。

5. 参加学校和社会组织的实践活动

参加丰富多彩的社团活动,参加科研课题研究,参加暑期社会实践活动等都是很好的课外学习途径。只学习专业知识的大学生犹如"走钢丝"。在当今多元化的社会中,大学生如果仅仅局限于专业知识的学习,只能算是拥有未来人才竞争的入场券而已,不能成为合格的人才。

大学生应参与学校和社会的各种活动,注意发挥自己的特长,注重锤炼自己的品质,主动把自己培养成全面发展的优秀人才。

第二节 "双证"提升

"双证书"制度,即学历证书和职业资格证书并重制度,是指高等院校推行的"学历证书+职业资格证书"的新学习形式。学历证书主要反映学生学习的经历,是文化理论知识水平的证明。而职业资格证书是学生具备某种职业所需要的特定技能、专门知识和工作经验的证明,与学历文凭证书相比较,职业资格证书能更直接、更准确地反映职业实际工作标准和操作规范要求,反映从业人员从事这种职业所应达到的实际能力水平。

一、"双证书"制度在我国的发展

国家先后在许多法规和政策性文件中都提出了实行"双证书"制度的要求。1993年党的十四届三中全会《关于建立社会主义市场经济体制若干问题的决定》首次明确提出,我国要实行学历文凭和职业资格两种证书并重的制度。1996年颁布的《中华人民共和国职业教育法》也明确规定,实施职业教育应根据实际需要,同国家制定的职业分类和职业资格证书制度等级标准相适应,实行学历证书、培训证书和职业资格证书制度。1999年6月,中共中央、国务院发布的《深化教育改革,全面推进素质教育的决定》,再次重申了这一规定。近几年国务院关于发展职业教育的系列规定也多次强调"双证书"制度在职业教育中的重要性。所有这些法规和政策,为高等职业教育实施"双证书"教育提供了法律依据和政策保证。"双证书"制度把教育、培训、就业和企业制度等联系在了一起,越来越得到社会的认可。

二、"双证书"制度与高等职业教育的联系

资格证书

高等职业教育的培养目标、人才培养模式特点决定了高等职业教育与职业资格认证工作有着天然的、紧密的联系。高等职业教育的培养目标是培养适应生产、建设、管理、服务一线需要的高等技术应用型人才。我国职业资格制度建设的指导原则是"以职业活动为导向,以职业能力为核心"。因此,实行"双证书"制度是高等职业教育自身特性和实现培养目标的要求。高等职业教育按照社会人才需求(职业岗位群)设置专业,按照岗位(群)对人才知识、能力、素质的要求进行培养。通过职业资格认证,学生可对自己是否具备从事某类岗位所要求的能力做出判断,并及时调整自己的学习。学生获得相应的职业资格证书后,到相应的岗位工作,实现"双证书"就业。

推行"双证书"制度,实现从学历证书制度转向学历证书和职业资格证的双证制,是实现职业能力培养的保证,是当代高等职业教育发展的必然要求。高职教育应加快职业技能培养与职业资格证书制度的接轨工作,把实行"双证书"制度作为生存与发展的重大战略,积极推动高职教育教学改革,为经济建设培养优秀的高等技术应用型人才。

三、"双证书"制度对高等职业教育发展的促进作用

随着高等职业教育在我国的迅速发展,"双证书"制度的作用日益凸显,其对高职教育办学定位、人才培养模式及教学内容改革、师资培养、实训条件建设、提高学生的职业技能和就业率等方面均起到了很大的促进作用。

1. "双证书"制度有利于高等职业教育人才培养的正确定位

因为高等职业教育培养的是面向基层生产、建设、管理和服务第一线的高级实用型、应用型人才,所以高职教育必须坚持"以服务为宗旨、以就业为导向"的办学方针,与经济社会发展紧密联系,积极推进教育教学与生产实践、技术推广和社会服务等紧密结合,面向社会、面向市场办学。我国的职业技能鉴定采用了职业导向的内容体系,与职业教育改革的方向一致。高职教育要使培养的人才适销对路,就必须按照国家职业能力标准和职业资格制度的要求改革人才培养模式,使高职教育、劳动就业、职业资格认证三者紧密结合。所以"双证书"制度的实施对高等职业教育人才培养的定位具有正确的引导作用。

2. "双证书"制度有利于高职院校教育教学改革

高等职业教育实行"双证书"制度,必须构建符合"双证书"教育要求的人才培养模式。职业资格证书不能游离于教学之外,要把职业资格证书认证内容渗透到课程教学中,充实、完善原来的教学体系:以职业能力培养为中心确定课程设置和教学内容;教学内容突出实用性、针对性;实践性教学贯穿于技能型人才培养的全过程,重视学生操作技能、应用能力的培养。根据市场和社会需要,不断更新教学内容,改进教学方法,合理调整专业结构,大力发展

面向新兴产业和现代服务业的专业,促进高等职业教育教学改革的不断深入。

3. "双证书"制度有利于高职院校"双师型"教师的培养

"双师型"教师是保证高等职业教育教学质量的关键。当前高职院校普遍存在专业理论教师不能指导实训教学,实训教师不能进行理论教学的现象。专业理论教师与实训教师相分离影响了教学质量的提高和合格人才的培养。同时,"双师型"师资又是实施"双证书"教育的关键条件。所以实行"双证书"制度在一定程度上促进了高职教育师资队伍建设,有利于形成结构合理的"双师型"师资队伍。

4. "双证书"制度有利于高职院校实训基地、实验室建设

"双证书"制度的实施对高职院校实训基地、实验室建设提出了新的要求。学生实践能力和职业技能的培养必须借助于真实的或仿真的实训、实习环境。高职院校必须加强实训基地、实验室建设,以提高学生的技能水平为核心,加强实践环节教学,使学生技术应用能力达到职业资格认证的要求。为此,各高职院校应将"产学合作"作为高职教育发展的重要途径,根据行业的发展和教学改革的需要,将教学、科研和生产实践紧密地结合,建立一系列校内外实训基地、实验中心。一方面为学生获取职业资格证书提供实训条件,另一方面充实、完善高职院校的实践教学资源。

5. "双证书"制度有利于学生的就业

"双证书"是应用型人才知识、能力和素质的体现和证明。尤其是职业资格证书,是进入某一行业的入门凭证,是用人单位聘用的重要依据。国家实行"双证书"就业制度,要求每位求职者必须拥有职业资格证书。当前许多企业在招聘人才时,也将拥有职业资格证书作为前提条件。在目前人才供大于求、大学生就业压力大的情况下,有了文凭证书,再考取一个职业资格证书,对学生求职就业将大为有利。这就要求高职院校的毕业生在校期间就要完成上岗前的职业训练,具有独立从事某种职业岗位工作的职业能力。"双证书"制度正是为此目的而探索的一种教育模式。职业资格证书是高职毕业生职业能力的证明,谁持有的职业资格证书多,谁的就业选择性就大,就业机会就多。例如,安徽审计职业学院从2007年开始实施双证教育,所培养的学生专业能力更强、综合素质更高、实践经验更丰富,更符合企业用人标准,更具就业竞争优势,发展前景更为广阔。

四、积极参加技能大赛,提升专业素质

1. 参加技能大赛的重要性

(1) 职业技能大赛可提升学生专业知识和技能

学生获得专业知识和技能的方式是在校学习。除了课堂教学以外,技能大赛是提升学生专业技能的重要途径。技能大赛不仅提升了本专业学生的学习兴趣,也提升了学生在专业领域的综合水平。

(2) 职业技能大赛有利于学生团队意识的培养

在职业技能大赛中对"生生合作"的要求,体现在职业领域中就是对职业技术人员团队合作的要求。所以职业院校除了要培养学生的专业知识技能外,还要提升学生的职业素养,这其中就包括爱岗敬业、团体协作。

职业技能大赛通过单项看综合,越过个人看整体,透过做事看做人,是一次从个体到集

体、从单一技能到综合素质、从学的过程到教的过程、从学校到企业的全方位检阅。每位学生在专业技能、个人素质上都各有所长、各有所短,通过技能大赛这个平台,能让学生之间互补,增强整个团队的综合能力。技能大赛培养了学生的沟通能力,也增强了他们的组织团队意识;其不仅展示了参赛选手个人的形象和风采,更展示了一个团队协作互助的精神面貌。

(3) 职业技能大赛能锻炼学生的心理素质

竞赛比的不仅是技能,也是心理素质。良好的心理素质是参赛成功的重要条件,有些同学在平时操作时水平很高,可一到比赛时就怯场了,所以在平时练习中也要注重心理素质的训练。平时的高强度训练可以历练一个人的性格。比赛中工作量大、难度高,往往比的就是速度、精度及效率。比赛中拥有过硬的心理素质,沉着应战,避免在慌乱中出错是制胜的关键。技能大赛既提高了学生的技术水平,也提高了学生的心理素质。

(4) 获奖选手参加专升本考试可以免笔试

2014 年起,为积极构建职业教育立交桥,打通技能型人才培养渠道,在安徽省普通专升本招生考试中,制定了针对职业院校技能大赛获奖选手的奖励政策。获得省职业院校技能大赛一等奖或全国职业院校技能大赛三等奖及以上的高职(专科)应届毕业生,报考相应专业,经本科院校面试通过,可直接录取。

2. 技能大赛主要项目

教育部、安徽省教育厅、行业协会及职业院校组织的比赛项目主要是:建筑手工制图设计、会计与审计实务、审计法律法规知识、会计技能、沙盘模拟、财务决策、会计信息化技能、税务信息化技能、斯维尔 BIM 软件建模、手工制图、电子商务技能、市场营销技能、金融专业技能。

3. 近几年我院学生代表参加技能大赛取得的成绩

(1) 2018 年 3 月 31 日,商学系 2016 级电子商务专业何鸿林、费伟莲、朱衍、黄子龙 4 位同学组成代表队,参加安徽省职业院校电子商务技能大赛,获得二等奖。

(2) 2018 年 5 月 1 日,学生组队参加 2018IDSA 世界体育舞蹈总会(中国)分站赛暨安徽省第四届舞蹈交流锦标赛、公开赛,以最高分成绩获得两项一等奖,同时摘取最具大学生青春活力奖桂冠。

(3) 2018 年 5 月 27 日,第九届全国高等院校学生"斯维尔杯"建筑信息模型(BIM)应用技能大赛总决赛在同济大学(南方赛区)、北京建筑大学(北方赛区)同步举行。工程管理系"筑梦空间"代表队和审计系"明日之星"代表队分别取得专科团体总分第 8 名和第 11 名的好成绩,其中"筑梦空间"代表队获得全能一等奖,"明日之星"代表队获得全能二等奖。两支队伍共获得 3 个单项一等奖、2 个单项二等奖和 2 个单项三等奖。

(4) 2018 年 6 月 1 日,审计系学生张晨钰在"书香江淮"安徽省高校第四届"品读经典 对话信仰 弘扬社会主义核心价值观"朗诵总决赛中,以全省第二名的好成绩荣获全省"二等奖"。

(5) 2017 级审计专业(5)班吴滟滟同学在 2018 年全国大学生英语竞赛(高职组)总决赛中荣获特等奖。

(6) 2018 年 6 月 9 日,2016 级电子商务专业周楠楠、程晨、桂静、刘明丽 4 位同学组成的代表队,在第八届全国大学生电子商务"创新、创意及创业"挑战赛安徽赛区总决赛中荣获一等奖。

(7) 2018 年 6 月 11~13 日,在"挑战杯·彩虹人生"安徽省职业学校创新创效创业大赛中,毕福玲、程晓、侯海亭同学的作品《基于 RFID 技术的全周期养殖综合解决方案》荣获二等奖,周楠楠、桂静、张倩同学的作品《智能化精准医疗综合解决方案》荣获三等奖。

(8) 2018 年 8 月,在安徽省第二届校园读书创作活动中,我院推选的学生参赛作品从全省上万件参赛作品中脱颖而出,2016 级基建审计专业(1)班刘黎明同学的作品《一叶自渡》荣获一等奖;2016 级物流管理专业(1)班汪丽同学的作品《走,去读书》荣获二等奖;2017 级会计信息管理专业(1)班罗四维同学的作品《成功源于坚持》荣获二等奖。

(9) 2018 年 10 月,在安徽省第 14 届运动会最后一项赛事——高校部竞技健美操比赛项目中,我院代表队(由 2017 级空中乘务和邮轮乘务两个专业张梦露、张建洋、李梦庆、朱纪儒、岳明阳、范厚平、马铭、郑玮雯、章婷伟 9 名学生组成)荣获女单一等奖、男三二等奖、男五二等奖、男单三等奖。这是我院建院以来首次荣获 A 类赛事一等奖。

(10) 2018 年 11 月,在第三届全国工商企业管理技能大赛(高职组)中,会计系丁帅帅、阮兆琪等同学组成的代表队喜获一等奖。

(11) 2018 年 11 月,在第四届全国高等院校工程造价技能及创新竞赛(高职组)中,工程管理系工程造价专业毛京京、刘曼曼、余丽 3 位同学组成的代表队与来自全国的 86 个代表队同场竞技,获得了工程计量软件应用土建和安装项目一等奖。

(12) 2018 年 10 月,在第十四届中国大学生健康活力大赛暨中国大学生健美操、校园健身操舞锦标赛中,商学系由 2017、2018 级空中乘务专业和国际邮轮乘务专业张梦露、陈安琪、李梦庆、张建洋、岳明阳、朱纪儒、范厚平、丁文祥、汤财、张新闻、徐德月、张君、蔡敏、张梦怡、袁瑞婕、王宝翠 16 名学生组成的节奏体语代表队,荣获"铃铛游戏"和"速度与激情"两个项目第一名。

(13) 2019 年 3 月,在安徽省职业院校技能大赛(高职组)"会计技能"比赛中,会计系谢周萍、杜宁宁、戴鸿利、汪月菊 4 名学生组团参赛,荣获二等奖。

(14) 2019 年 3 月,在安徽省职业院校技能大赛(高职组)中,我院派出由田丹林、王欣、孙静、常元芳、刘婉侠和李丽霞 6 名同学组成的两支代表队参加软件测试比赛,获得了三等奖,为学院在该项赛事中取得突破,为学院争得了荣誉。

(15) 2019 年 3 月,在安徽省职业院校技能大赛(高职组)中,商学系组队参赛,在智慧物流作业方案设计与实施、银行业务综合技能、电子商务技能、网络营销技能、市场营销技能等 5 个赛项的比赛中,累计斩获二等奖 2 项、三等奖 3 项,竞赛成绩较上年显著提升。

(16) 2019 年 3 月,在安徽省高校首届国际标准舞(体育舞蹈)比赛中,参赛代表队获得乙组摩登队列舞一等奖(第一名)和女子六人组摩登舞三等奖(第三名)的成绩。

(17) 2019 年 3 月,在安徽省职业院校技能大赛(高职组)智慧物流作业方案设计与实施、银行业务综合技能、电子商务技能、网络营销技能、市场营销技能等 5 个赛项的比赛中,商学系选派的 6 支代表队斩获二等奖 2 项、三等奖 3 项。

(18) 2019 年 4 月,在安徽省职业院校技能大赛中,工程管理系组织学生参加建筑工程识图、建筑装饰技术应用、园林景观设计与施工、工程测量等 4 项比赛,共荣获 4 个二等奖和 4 个三等奖。

(19) 2019 年 6 月,在第五届"书香江淮"读书征文大赛中,商学系 2017 级市场营销专业孙艳同学以"对话信仰,坚守方向——读《你要相信,没有到不了的明天》有感"在一万多篇投稿中脱颖而出,荣获二等奖。

(20) 2019 年 6 月,在安徽省高等学校图书情报工作委员会、安徽省高等学校数字图书馆主办的第二届超星杯"新时代·微文学"创作大赛决赛中,审计系学生寿润男的作品《用力活着》荣获二等奖,赵康的作品《从前生活慢》获优秀奖。

(21) 2019年6月,在全国大学生电子商务"创新创意创业"挑战赛安徽赛区总决赛中,商学系参赛团队的"U车位"荣获二等奖。

(22) 2019年7月,我院共有944人参加2019年安徽省普通高校专升本考试,有377人被本科院校录取,录取率为40%。其中,审计系被录取116人,会计系被录取146人,工程管理系被录取44人,商学系被录取71人。2016级建筑工程管理专业(2)班杜雨涛以294分取得巢湖学院数学与应用数学专业第一名;2016级财务会计专业(4)班沈寒琴以291.5分取得铜陵学院会计专业第一名。更值得一提的是,2016级会计专业(5)班、(6)班2个分类招生班级,40人报考专升本,21人被录取;2016级电子商务专业(2)班F607寝室5名同学全部考上专升本;"身残志坚、百折不挠"的学院十佳大学生许浩以专业第三名的优良成绩被新华学院录取。

(23) 2019年10月26日,由中国高等教育学会高等财经教育分会指导,中国商业会计学会主办,安徽审计职业学院承办,厦门网中网软件有限公司协办的第三届"网中网杯"全国高职院校"审计技能竞赛"在我院成功举办。安徽审计职业学院代表队荣获团体一等奖。

(24) 由安徽省教育厅、安徽省人力资源和社会保障厅、共青团安徽省委共同主办的第十四届安徽省大学生职业规划设计大赛暨大学生创业大赛于2019年10月27日圆满落幕。由我院创业组选手审计系学生王成明带领的安徽军诚团队获"安徽省大学创客之星金奖",职业组选手审计系学生陆洁玉荣获"安徽省大学生职业规划之星银奖"。

(25) 2019年10月19日,2019年安徽省大学生企业管理技能大赛(高职及本科组)总决赛在安徽财经大学隆重举行。我院两支代表队均以将近100分的大比分优势领先对手,双双获得本次大赛高职组一等奖。

(26) 2020年3月,在安徽省第三届校园读书创作活动中,2018级审计(6)班王敏同学的作品《致初心与坚守——读余华〈活着〉有感》获大学生组一等奖。

(27) 2020年11月,在第四届全国高职院校"网中网杯"审计技能竞赛中,审计系李凌燕、李子豪、王佳妮、王银双4名同学组成的代表队荣获一等奖。

(28) 2020年11月,在2020年安徽省ERP大赛(本科组)中,黄思文、陈雪、钱洛洛、高帅、邹悦5名同学组成的代表队荣获二等奖。

(29) 2020年11月29日,在安徽省教育厅主办的"2020年安徽省大学生财会技能创新大赛"中,审计学专业学生孙颖、谢玉妹、张文莹、刘雯组成的本科组一队和陈静茹、王莹、赵娴、吴琪乾组成的本科组二队,双双荣获二等奖。

(30) 2020年12月20日,在第五届(2020)全国工商企业管理技能大赛中,会计系吴倩、余心如、杜青青、江梦灵、梁玟、饶鑫等6名同学获得2个特等奖。

(31) 2021年5月,在全国高校商业精英挑战赛国际贸易赛中,会计系丁照辉、马明蕊、华莲齐、周瑶、赵越等5位同学组成的"灵感"队获得一等奖。

(32) 2021年6月,在第九届"挑战杯·中国联通"安徽省大学生课外学术科技作品竞赛中,商学系汤要领、孙思奇、汤培欣、付雪的作品《关于大学生对诱发抑郁症因素认识的调查——以合肥市为例》荣获二等奖。

(33) 2021年7月,在第13届全国大学生广告艺术大赛(安徽赛区)中,商学系2020级市场营销(3)班郭齐天、赵梦博的作品《营养每一餐,健康每一天》和2020级金融管理(2)班刘馨、唐娟的作品《美丽无痕》分别获得动画类和文案类二等奖。

第三节 阅 读 图 书

阅读的好处很多,对大学生的健康成长非常重要。阅读虽说不能改变我们的命运,却可以改变我们的性格;阅读不能改变人生的起点,但它却可以改变人生的终点,它可以提高我们对生活的认识,丰富我们的精神世界,可使我们更加理性地看待现实问题。阅读也能改变我们的思维习惯,促进个人进步,净化心灵,消除寂寞,修身养性,休闲娱乐。同时,阅读是丰富人生阅历的良好伴侣,通过阅读我们可以借鉴他人的生活经历来使自己的人生变长、变宽。

一、大学生的阅读兴趣

阅读兴趣是促进个人和谐发展的有效途径,是激发大学生成才创业的重要动力。在校大学生图书阅读兴趣的产生和发展是以其文化的内在和外在需要为基础的,大学生阅读兴趣的选择也是其个性特点的需要和社会人才需求的反映。大学生的阅读兴趣具有阅读的多样性、广泛性、时代性、休闲型以及实用性等特点,符合当前社会文化需求的发展现实,这也是社会对人才文化需求的重要体现。

学院电子图书馆

1. 阅读的多样性

据统计,目前在校大学生最喜欢阅读的课外书籍按其兴趣大小程度依次排列为:文学类、社会政治法制类、历史人物类、英语及计算机类、经济类、专业辅导类、生活类、科技类、军事类以及其他。由此可以看出,在校大学生阅读所涉及的种类繁多。其中,大学生对文学类读物比较偏爱,但这并不能掩盖阅读的多样化倾向。大学生多样化阅读特点根源于大学生多元化价值目标的存在。这种多元化的价值目标,一方面使大学生的思想活跃,有益于大学生充分发挥个人的聪明才智和创造能力,但另一方面也可能导致大学生受不良阅读倾向的影响,出现一些消极的状况。

2. 阅读的广泛性

大学生阅读图书的种类丰富多彩,范围广泛。从天文地理到科技历史,从文学艺术到休闲娱乐,当代大学生的阅读的广泛性达到了前所未有的程度。文学类图书依然是当代大学生课外阅读中最主要的读物,这与文学自身的特色与优势有关。随着电脑及网络技术的应用和普及,对计算机类图书的阅读体现了大学生阅读的时代性特点。大学生对网页设计、网页制作、网络安全以及反映最新技术的IT类图书喜爱有加。由于社会对经济、管理类人才的需求越来越大,此类专业招生人数猛增,这就使得在校大学生对各种经济理论、管理理论、财务会计等图书的阅读兴趣日渐浓厚。

3. 阅读的时代性

随着新知识和新技术的不断涌现,大学生阅读的时代性特点越来越凸显。他们密切关注各种事物的变化,获取各种新的信息,努力跟上时代前进的步伐。大学生对计算机新技术的关注和学习以及对网络阅读兴趣的日趋浓厚是他们阅读时代性特点的重要体现。此外,随着我国对外开放力度的加大,特别是在加入 WTO 后,外语阅读变得越来越热,使得我国与世界各国的联系更加密切和广泛。因此,外语阅读,特别是内容新颖丰富的外国文学备受大学生的欢迎。越来越便捷的网络技术方便了在校大学生从网络上下载外国文学进行阅读,进一步满足了他们的阅读需求。

4. 阅读的休闲性

在校大学生阅读的休闲性是大学生个性和谐发展和自身社会化不可或缺的重要标志之一。大学生对文学类读物的兴趣,满足了他们认识社会、认识人生、认识生活的需求,并借以抒发和寄托自己的生活理想及表达自己对生活的美好意愿和情感,满足了他们强烈的探索人生、探索生活的需要。由于当代大学生的阅读存在很大程度上的休闲娱乐倾向,加之网络阅读鱼目混珠,部分大学生的辨别能力和自控能力很弱,这就使得大学生阅读出现了两面性:健康有益的消遣性阅读可以增长知识、陶冶情操,无聊消极的消遣性阅读往往给人以不良的影响。因此,我们应提高辨别能力,积极阅读具有正能量的读物。

5. 阅读的实用性

从目前大学生的阅读倾向来看,当前大学生对图书的选择具有很强的实用性特点。大学生越来越倾向于选择拓展知识、指导实践类的图书进行阅读。这说明了随着时代的进步,大学生阅读的功利意识并不是太强,并不是单纯地为了拿到学分、应付考试,而是上升到一个高度,即为了自身的长足发展,提高自己的综合素质,全面发展自己,培养自己的人格,也是为了指导自己的行为,使自己的行为更加合理化和科学化。图书阅读已经成为大学生提高自我修养不可或缺的一部分,已经成为大学生全面发展自己的最重要的方式。

二、大学生阅读的意义

图书馆推荐好书

第一,阅读可以增强民族凝聚力。增强民族凝聚力只靠政策不行,还要靠我们祖先留下的精神财富。通过阅读,能使我们了解中华民族生存及发展的基础,从而产生共鸣,进而增强民族凝聚力。

第二,阅读可以促进社会进步,保证社会的稳定与和谐。读书可以增加人的精神财富,使人更加理性,能够多角度地看清问题和解决问题。

第三,中国要走可持续发展的道路必须全民阅读。实现可持续发展除了环境、资源、人口等社会因素之外,很重要的一点就是创新。创新需要有胆略,需要具有联想和想象能力,这些都不是理工科的专业课程所能给予的,而是需要文化,特别是民族文化予以熏陶和启迪。

第四,阅读可以培养人的健康情趣,养成高尚的情操。事实上,有什么样的情趣,就有什么样的情操,少见情趣高尚的人情操失守。情操是要"守"的,这里是指守望与呵护。因此情操也称"操守"。情理未顺,情志未坚,情趣未正,其结果当然是情操失守。不同时代都有与那个时代相吻合的情趣观,同时也演绎出不同的对情志、情理与情操的看法。

我们要努力达到"生活正派,情趣健康,讲操守,重品行"的理想情操境界,这是新时期人品的标杆、情趣的路标。读书将积淀智慧,是一种精神寄托,应该成为我们生活中不可或缺的一部分,这是我们实现中华民族伟大复兴的重要战略,也是提高个体文化素养的重要举措。

第五章 生 活 篇

第一节 劳 动 教 育

习近平总书记在党的十九大报告中提出"培养担当民族复兴大任的时代新人"的教育任务,在全国教育大会上提出"构建德智体美劳全面培养的教育体系"的工作要求。2020年3月20日,中共中央、国务院印发《关于全面加强新时代大中小学劳动教育的意见》(以下简称《意见》),对构建德智体美劳全面培养的教育体系进行系统设计和全面部署。

一、开启新时代劳动教育新篇章

《意见》为教育领域切实推进新时代劳动教育提供了重要指导。《意见》指出,劳动教育是中国特色社会主义教育制度的重要内容,直接决定社会主义建设者和接班人的劳动精神面貌、劳动价值取向和劳动技能水平。近年来,一些青少年中出现了不珍惜劳动成果、不想劳动、不会劳动的现象,劳动的独特育人价值在一定程度上被忽视,劳动教育正被淡化、弱化。对此,全党全社会必须高度重视。

《意见》要求,要以习近平新时代中国特色社会主义思想为指导,全面贯彻党的教育方针,把劳动教育纳入人才培养全过程,贯通大中小学各学段,贯穿家庭、学校、社会各方面,与德育、智育、体育、美育相融合,实现知行合一,促进学生形成正确的世界观、人生观、价值观。

《意见》提出,要全面构建体现时代特征的劳动教育体系,把握劳动教育基本内涵,明确劳动教育总体目标,牢固树立劳动最光荣、劳动最崇高、劳动最伟大、劳动最美丽的观念。要设置劳动教育课程,在大中小学设立劳动教育必修课程。

没有劳动教育的教育,是不全面、不完整、不成功的。虽然我国在劳动教育方面积累了许多有益的经验,但以前劳动教育主要作为德育、智育的一个途径,不具有与其他"四育"并行的独立地位,"在学校中被弱化、在家庭中被软化、在社会中被淡化"的状况仍未得到根本性扭转。从家庭来看,个别家长较少让孩子做家务事,间接导致个别孩子轻视劳动。从社会来看,个别人的劳动观念出现偏差,"重学历、轻技能"。从学校来看,有的学校追求分数至上,劳动教育被边缘化,往往是"说起来重要,做起来不要"。以中共中央、国务院名义印发《意见》切中时弊、意义重大,充分体现了党中央、国务院对劳动教育的高度重视和殷切期望,凸显了全面加强新时代大中小学劳动教育的重要性和紧迫性,从而把劳动教育上升到前所未有的政治高度,必将开启新时代劳动教育新篇章。

总而言之,劳动教育的核心价值是以"劳"促全。培养时代新人,必须把劳动教育摆在更加突出的位置,建立完善体现时代特征的劳动教育体系,以劳促进德、智、体、美全面发展、协同育人,这既是对马克思主义教育思想的继承和发展,也是对新时代中国特色社会主义教育制度的坚持和完善。我们要以贯彻落实《意见》为契机,全面加强新时代大中小学劳动教育,系统构建德智体美劳全面培养的教育体系,使劳动成为青少年全面发展最鲜亮的底色,努力培养更多能够担当民族复兴大任的时代新人。

二、实施劳动教育的指导思想

以习近平新时代中国特色社会主义思想为指导,全面贯彻党的教育方针,落实全国教育大会精神,坚持立德树人,坚持培育和践行社会主义核心价值观,把劳动教育纳入人才培养全过程,贯通大中小学各学段,贯穿家庭、学校、社会各方面,与德育、智育、体育、美育相融合,紧密结合经济社会发展变化和学生生活实际,积极探索具有中国特色的劳动教育模式,创新体制和机制,注重教育实效,实现知行合一,促进学生形成正确的世界观、人生观、价值观。

三、劳动教育的主要内容

高等学校要注重围绕创新创业,结合学科和专业积极开展实习实训、专业服务、社会实践、勤工助学等,重视新知识、新技术、新工艺、新方法应用,创造性地解决实际问题,使学生增强诚实劳动意识,积累职业经验,提升就业创业能力,树立正确择业观,具有到艰苦地区和行业工作的奋斗精神,懂得空谈误国、实干兴邦的深刻道理;注重培育公共服务意识,使学生在面对重大疫情、灾害等危机时具有主动作为的奉献精神。

职业院校以实习实训课为主要载体开展劳动教育,其中劳动精神、劳模精神、工匠精神专题教育不少于16学时。除劳动教育必修课程外,其他课程结合学科、专业特点,有机融入劳动教育内容。大、中、小学每学年设立劳动周,可在学年内或寒暑假自主安排,以集体劳动为主。高等学校也可安排劳动月,集中落实各学年劳动周要求。

四、向当代劳模工匠致敬,开展新时代劳动教育

把握育人导向,向当代劳模工匠致敬。"劳动是财富的源泉,也是幸福的源泉。人世间的美好梦想,只有通过诚实劳动才能实现;发展中的各种难题,只有通过诚实劳动才能破解;生命里的一切辉煌,只有通过诚实劳动才能铸就。"劳动教育是中国特色社会主义教育制度的重要内容,直接决定社会主义建设者和接班人的精神面貌、价值取向和技能水平。

充分发挥劳模工匠的思想引领作用,将有助于学校开展劳动思想教育,有助于端正学生的思想认识,理解和形成马克思主义劳动观,培养正确的劳动价值取向,引导学生牢固树立劳动最光荣、劳动最崇高、劳动最伟大、劳动最美丽的观念。

劳模工匠"用新的态度对待新的劳动",以积极的劳动姿态、卓越的劳动创新、丰富的劳动创造、果敢的劳动担当和无私的劳动奉献,汇聚成推动时代前进的强大精神动力,也激励着千千万万普通劳动者坚守信念、立足岗位、开拓创新、建功立业。无论是革命战争年代的赵占魁、吴运铎、甄荣典,社会主义建设时期的王进喜、邓稼先、蒋筑英、时传祥,还是改革开放历史新时期的袁隆平、包起帆、樊锦诗、郭明义、巨晓林、高凤林,这些先进模范都让我们深

刻体会到了什么叫"劳动是财富的源泉,也是幸福的源泉",什么叫"劳动没有高低贵贱之分,任何一份职业都很光荣"。

劳模工匠也是干一行、爱一行、专一行、精一行的典型代表,是广大学生学习劳动技能、培养劳动习惯的实践导师。由具有较强技术能力、业务能力、创新能力和管理能力的劳模工匠人才领衔组成的劳模工匠工作室,是以技术创新、管理创新、服务创新和制度创新为主要内容,以解决工作现场难题、推动所在单位创新发展为目标的群众性创新活动平台。这些既具有较大数量又具备较高质量、既具有系统性又具有规范性的劳模工匠工作室,是实施劳动教育的重要实践基地,是学生感知、体验、学习、实践生产劳动和服务性劳动的重要实践场所,是学生获取新知识、新技术、新工艺、新方法的重要实践渠道,是强化学生劳动体验、亲历劳动过程、提升育人实效性的重要实践平台。让大学生在劳动中深刻体会劳动创造财富、劳动改变命运、劳动缔造幸福以及劳动开创未来的充实与快乐。

第二节　理 性 消 费

大学生消费理财观

我国高校在校生的数量逐年递增,使得"高校商圈"的消费潜力迅速膨胀。有关调查表明,平均每增加一个高校学生,每年将增加 8 000 元左右的消费。大学生是一个比较特殊的中间群体:与社会人士相比他们显然不够成熟,与中学生相比他们摆脱了某些幼稚思想。一方面,他们有着旺盛的消费需求;另一方面,尚未获得经济上的独立,消费受到很大的制约。其消费的方式、特点,在某种程度上折射出大学生的生活状态和价值取向。因此,深入分析大学生的消费状况及与之相适应的消费理念,将有助于大学新生从经济角度了解大学生活。

一、大学生消费的基本状况

根据家庭经济状况的不同,大学生的消费来源可分为大富之家、小康之家、工薪阶层、困难生、特困生,呈现枣核状,虽然位于两端的人数不多,但如果足够"锋利",完全可以将人"扎伤"。在大学校园中,月消费额超过数千元的大学生屡见不鲜,其姑且称之为"白领消费群"。据调查,现在大学校园中,这样的高消费现象屡见不鲜。虽然其所占比例不大,但因为大学在校生不断增加,其绝对数并不算小。

大学生的消费,主要分为四大部分:基本生活消费(衣、食、住、行消费)、学习消费(学费、书杂费、考试费用、电脑消费等)、休闲消费(旅游、通信等消费)、人际交往消费(人情消费、恋爱消费)。

1. 大学生的基本生活消费

大学生的基本生活消费在静态上可以划分为高、中、低三个档次,在动态上呈逐年递增的趋势,而且由于不同的高校所在城市经济发展程度不同,消费水平有差异,基本生活费的具体数额略有不同。合肥高校的大学生普遍认为,每月 800 元就可以满足生活需要。

对于许多大学生来说,就餐消费已超越了填饱肚子的范畴。一位大学生认为,与同学一起在外就餐,重要的不是吃什么,而是关注于彼此交流的气氛。有数据显示,大多数学生在食堂吃饭的费用一般为每月400元左右,约占总支出的50%,对于某些学生而言这仅占其生活费的20%。

2. 大学生的学习消费

学习消费主要包括学费、书费、考试费用、电脑消费等。

学费——因学校所处地域、类别、专业等的不同有所区别。收费标准也不尽相同。学费一般在3 000~6 000元。

书杂费——大学生除了购买基本的专业教材外,其他的学习消费主要集中在购买教学参考书、各种应试书籍上。如学好英语的关键就是听、说能力的培养,必须要购买英汉大词典及各种英语报刊等。

考试费用——随着就业竞争的日益激烈,"考证热"在各个高校悄然兴起。大学生忙于参加各种考试,如计算机等级考试、注册会计师考试、国家司法考试等,名目繁多。上辅导班的费用和买参考书的费用,加起来已经是一个不小的数目了。

电脑消费——在针对大学生"有一定的积蓄后,你最想购买的物品"的调查中,电脑以超过50%的绝对优势胜出。显然,大学生是网络产品最忠诚的消费群体。上网费用已成为大学生日常消费的一部分,每月上网费平均为50~60元,最高的超过200元。

3. 大学生的休闲消费

(1) 旅游消费。随着家庭生活水平的提高和公共假期的增多,大学生纷纷渴望出去走走,旅游理所当然地成为"见世面"的好方式。外出旅游虽然好,但其费用并不是所有的学生都能够承受的。大学生的旅游花费一般每次在100元至1 000元不等。因费用较高,平均每人每年以一次左右为宜。

(2) 通信消费。电话拉近了学生之间的距离,也不知不觉地增加了学生的开支。手机给学生打电话提供了方便,但同时也不知不觉地增加了学生们的生活费用。

(3) 娱乐消费。大学生的娱乐消费数额也相当可观。看电影、滑旱冰、去练歌房、开"派对"……另外,大学生不同程度的追星热潮也增加了他们的娱乐消费。

4. 大学生的人情消费

(1) 人情消费。名目繁多的"人情往来"是很多大学生日常消费迈不过去的坎。现在高校流行请客吃饭,大家轮流坐庄。聚餐的理由五花八门:老同学来访、当选学生干部、拿奖学金、入党、过生日甚至说笑打赌随便找个借口,都要请大家聚餐。

(2) 恋爱消费。谈恋爱在大学校园里已经不算新鲜事,似乎成为了一种大众行为,比比皆是。然而情侣们在卿卿我我寻求浪漫的同时,为此付出的爱情消费账单也在节节攀升。每逢情人节、圣诞节、生日等,都必不可少地送对方一些礼物。另外,平时还要逛街、吃零食等,每次少则几十元,多则几百元。

二、大学生消费的特点

大学生消费呈现出如下特点:

1. 实用

当代大学生的价值取向趋于实用化。在实用化价值观念主导下的大学生消费自然显示出一个共同特征,就是大学生的基本消费带有浓厚的实用主义色彩。

日前,部分高校开展了主题为"大学生,今天你在读什么?"的网上问卷调查。结果显示,求实用、讲时效的应试书籍最为流行。

大学生对两种知识渴求迫切:一是能扩充知识面,提高自身竞争力的专业知识;二是帮助自己合理规划人生、培养自身综合素质的人文知识。

在这份网上问卷调查中,有69%的大学生读者把票投给了"比较实用有效的考试用书"。

更为引人注目的是,在人才招聘现场,大学生人人备有求职三件套:精美的个人简历、价值不菲的手机、高贵典雅的文件包,平均花费在2 000~3 000元。

2. 个性

染发、穿印有歌星图案的T恤、持时尚手机、看英文原版影片、听眼下极为火爆的歌曲、参加户外登山运动……所有这些,都是安徽某高校女生张川生活中不可或缺的内容。"这叫个性化消费!"21岁的她坦然地说。

大学生消费的个性化,是新型青年文化运动的显著特点。这种个性化也可以理解为时尚化和风格化,而不仅仅是传统的青年文化对个性和自我的刻意追求和表现。新知识的爆炸式增长、新技术的迅速推广应用和新的信息传播媒介对日常生活的深入影响,使时尚的形成和流行更快捷,同时具有更鲜明的主题和更人性化的表现形式,因而成为大学生日常生活和社会活动中具有象征性和大众化的色彩和基调,即成为一种风格化的东西。其所反映的是青年大学生的这样一种观念:没有什么东西是不能改变的,没有什么系统是完全封闭的,没有什么事物或道理是不能用形象来表达的。

大学生个性化消费增多是一种必然趋势,当前中国社会、经济飞速发展,各种新的消费品不断增多,流行文化与时尚极速变化,足踏校园与社会两端的大学生耳濡目染,深受影响。目前,相当一部分大学生在完成学业的同时,通过当家教、帮人设计软件、到公司兼职等方式,赚些"外快",以此来贴补家中汇款的不足。

3. 攀比

大学生群体对先进的消费文化非常敏感,很容易受流行文化的影响,而且大学生与社会人士消费的横向比较必然导致消费观念的转变,其中不乏攀比消费和炫耀消费。

"花明天的钱,做今天的事"是当今有职业、有稳定经济来源群体的流行生活方式。贷款买房、买车将现代人张扬而新锐的消费理念体现得纤毫毕现。然而,有些没有固定收入来源的现代大学生也潮流般地加入到了"负翁"一族。一些大学生在消费上濒临失控。攀比消费、负债消费的"示范效应"不容忽视,当一部分学生都做同一件事情或处于某种状态时,就会产生一种群体压力,其他学生感受到这种压力后就会模仿他们。否则,就会感觉到自己被排斥于群体之外,产生不协调感。因此,越来越多的大学生接受负债消费的生活方式。

大学生敏锐的时尚触角决定了其消费的特殊性:依赖型的经济来源和追求潮流的对抗性。其"羞涩"的钱包决定了他们的引领潮流必然是以负债消费为前提。对此,我们应明确:大学生需要竞争意识,但并不是所有的事物我们都需要去争、去抢,生活上次于别人并不可耻,没有必要抬不起头来。

西方人崇尚"再富不能富孩子",孩子16岁后父母就不再是他们经济的主要来源,需要自食其力,父母仅仅提供帮助,18岁后就完全自立。如果贷款,要连本带息偿还;如果要继续住在家里,房租和生活费要定期支付。这种做法看似残酷、没有人情味,实则大有裨益,对青年学生的独立成长能够产生积极作用。

美国大财阀、著名企业家洛克菲勒认为,没有尝过赚钱的辛苦,却轻易享受金钱带来的满足感,不利于孩子将来独自面对生活。因此,他十分注重培养子女正确的金钱观念,通常只给孩子很少的零用钱,并鼓励孩子自己去打工挣钱,从而让孩子明白:金钱的获得并不是轻而易举的;有价值的财富要靠自身的努力去积累,积累财富的过程或许比财富本身更有价值。

4. 时尚

随着校园生活的丰富多彩和受社会时尚的影响,大学生们不再满足于传统的吃饱穿暖等要求,而是追求更流行、更时尚的事物。他们站在时代前沿,追新求异,惟恐落后于时代潮流。尽管他们不一定拥有,但却能对许多知名品牌如数家珍。

有关大学生消费的调查显示,大学生们的饮食和穿戴费用已占到总支出的60%。"朴素的大一,绚丽的大二,流行的大三,时尚的大四。"从近几年大学生对衣装的购买情况来看,讲究品牌和时尚已是一种趋势。至于名牌产品,当问到"如果经济许可,是否购买名牌产品"时,80%的同学表示肯定。名牌、高品位已成为大学生消费的共同追求。

昔日"风声雨声读书声"的大学校园如今夹杂着"手机声声"。走在校园里,常常可以听到手机的悦耳铃声。有的大学生拥有几部手机,分别用来和不同的人联系。手机话费已成为大学生日常消费的"大头",一般都近百元。这样的消费水平甚至已经超出了一般的上班族。

一些大学生崇尚"只买贵的,不买对的","是否流行"已经成为大学生是否购买的重要因素。为了追求时尚,一些学生舍弃自己的学习时间,通过做家教、到公司兼职等赚外快。由此可见,当代大学生更注重个人形象,更急于跟上时代的步伐。

5. 差异

一次对山东省五所高校3 000名在校大学生的有关大学生消费的调查显示,大学生消费差距越来越大,学生中的最高月消费额(2 800元)是最低月消费额(280元)的10倍。在关于平均消费情况的调查中,有20%的学生每月生活费仅300元左右,月消费额低于300元的贫困生的比例占到了15.9%,这说明随着社会收入分配差距的加大,家庭经济困难学生的比例有继续增加的可能,这是最令人担忧的。

在手机、电脑等高消费品的拥有率上,家庭经济困难学生与非贫困学生差距更为明显。在所调查的家庭经济困难学生中拥有手机的仅为42.8%,非贫困学生的手机拥有率则达到了98.9%;家庭经济困难学生的电脑拥有率(包括和别人共有)仅为20.5%,而非贫困学生的电脑拥有率为60.8%。

在时下的大学校园,每一所学校都有这样一个特殊群体,他们平时要紧张地学习,课余还得为学费、生计奔波。走进校园,他们是大学生,迈出校园,他们是打工族,他们身上有一般人所不知的酸甜苦辣。为节约伙食费,有很多特困生一天只吃两顿或饥一顿饱一顿。与此同时,每一所学校也都活跃着这样一个特殊群体,他们的家庭情况一般比较好,喜欢花明天的钱过今天的生活,被称为"超前一族"。

三、不容忽视的潜在问题

随着社会的发展,大学生消费已经成为备受社会关注的一个热点问题。大学生作为特殊的消费群体,其消费呈现出非理性特点,对于大学生来说,非理性消费就是由于缺乏理性的消费观而产生的大大超出大学生基本的生活费用、学习费用和必要的文化娱乐费用以外的消费行为。大学生非理性消费主要表现为以下几种形式:

1. 消费不合理,重享受性消费

人的消费主要分为生存性消费、发展性消费和享受性消费。而从当代大学生的消费结构上看,除了吃饭、购买生活用品等最基本的生存性消费,购买学习用品与资料、参加各种辅导班等发展性消费以外,用于旅游、休闲、娱乐等方面的享受性消费已经成为一个较大的支出项目。大学生的消费呈现出注重享受性消费、提前消费的趋势。这种趋势势必使大学生将主要精力从学习、自我发展上面转移到享乐上面,对于他们的自我设计、自我发展极为不利。

2. 消费无计划,盲目性攀比消费

很多大学生第一次远离父母,独立地支配自己的各种费用。他们的消费往往没有目标、没有计划,而且具有明显的模仿性、攀比性的特征。特别是有些大学生自我认识能力差,自信心较弱,自尊心与虚荣心较强,他们在消费过程中往往表现出明显的盲目攀比。校园中掀起"生日热""旅游热""追星热""情人节热",等等,无不与这种消费中的模仿心态有关。这种趋向在一定程度上也由消费攀比产生,特别是从众心理,即"人有我亦有"的心理。比如在对待是否购买手机、电脑的问题上,很多大学生发现身边越来越多的同学都拥有这些物品时,他们也急切地想要拥有属于自己的手机或者电脑,否则就感到是一件很没有面子的事情,而不考虑这些物品是否是自己生活的必需品,或者自己的经济状况是否能够承担。

3. 为了获得认同,进行炫耀性消费

炫耀消费指"通过消费让他人明了消费者的金钱力量、权利和身份(消费者的社会经济地位),从而使消费者获得荣誉、获得自我满足的消费行为。即消费的意义已经不仅仅是个人为了满足生理需要而对消费品的耗费,而是包括了个人为了获得社会认可,所进行的非生产性支付"。有的同学高中时期成绩优秀,而到了大学以后表现平平,由万众瞩目变得默默无闻。他们觉得自己变成群体以外的人,不被大家注意,往往体验到一种强烈的失落感,为了体现自我价值,得到心理上的慰藉,他们就通过购买名牌服饰及高档娱乐、休闲用品等方式进行炫耀,希望从大家的羡慕中得到一种心理上的补偿。

4. 人际交往过度消费

现今一些社会上的不良风气已经蔓延到高校当中,存在人情消费,如同学过生日、获得奖学金、当选学生干部等,都要请客。另外,还有一种特殊形式的人际交往即大学生谈恋爱,这方面的消费支出也与日俱增。

在追求时尚的大学生消费群体中,存在着无计划、盲目攀比、奢侈浪费等一系列问题。当问及一学期结束后经济情况如何时,大部分同学都坦然承认自己的消费已经超出了计划,甚至有些同学还需要向别人借回家的路费。

毋庸讳言,大学生的经济来源主要依靠父母,自己兼职挣钱的并不多,许多大学生花钱还是十分谨慎的,力求"花得值",他们会尽量购买那些价廉物美的商品。

当然,更应看到,许多家庭经济困难的大学生并没有被生活的困难吓倒,他们在许多方面表现出了对未来生活的美好憧憬。在学习、择业和面对事业的竞争上表现出了比非贫困学生更强的信心,他们大都相信凭借自己的努力,前途是可以改变的,这源于家庭经济困难的学生比非贫困学生有更为强烈的自尊心。

第三节　奖助保险

一、学生资助政策

1. 安徽省学生资助政策

(1)《安徽省学生资助资金管理实施办法》：

安徽省学生资助资金管理实施办法（节选）
皖财教〔2019〕914号

第一章　总　则

第二条　本办法所称学生资助资金是指中央、省级和市以下财政安排的用于落实高等教育（含本专科生和研究生教育）、中等职业教育、普通高中教育等国家资助政策的资金，包括国家奖学金、国家励志奖学金、学业奖学金、国家助学金、服兵役高等学校学生国家教育资助资金、艰苦边远地区基层单位就业学费补偿资金、免学（杂）费补助资金、国家助学贷款奖补资金等。

第三条　本办法所称普通高校是指根据国家有关规定批准设立、实施全日制高等学历教育的普通本科学校、高等职业学校、高等专科学校；中等职业学校是指根据国家有关规定批准设立，实施全日制中等学历教育的各类职业学校（含技工学校）；普通高中是指根据国家有关规定批准设立的普通高中学校（含完全中学和十二年一贯制学校的高中部）。

以上各类学校包括民办普通高校（含独立学院）、民办中等职业学校和民办普通高中。

第二章　资助范围和标准

第五条　普通高校资助范围及标准：

（一）本专科生国家奖学金。奖励特别优秀的全日制本专科生，每生每年8 000元。我省具体名额由财政部、教育部确定。

（二）本专科生国家励志奖学金。奖励资助品学兼优家庭经济困难的全日制本专科生。资助面约为普通高校全日制本专科在校生总数的3%。从2019年起，高职在校生资助面由3%提高到3.3%，每生每年5 000元。

（三）本专科生国家助学金。资助家庭经济困难的全日制本专科生（含预科生），资助面约为普通高校全日制本专科（含预科）在校生总数的20%，其中：从2019年春季学期起，高职在校生资助面提高10%。平均资助标准为每生每年3 300元，具体标准由高校在每生每年2 000～4 000元内自主确定，可以分为2～3档。

（四）服兵役高等学校学生国家教育资助。对应征入伍服义务兵役、招收为士官、退役后复学或入学的高等学校学生实行学费补偿、国家助学贷款代偿、学费减免。学费补偿或国家助学贷款代偿金额，按学生实际缴纳的学费或获得的国家助学贷款（包括本金及其全部偿还之前产生的利息，下同）两者金额较高者执行；复学或新生入学后学费减免金额，按高等学校实际收取学费金额执行。

学费补偿、国家助学贷款代偿以及学费减免的标准,本专科生每生每年最高不超过8 000元,研究生每生每年最高不超过12 000元。超出标准部分不予补偿、代偿或减免。

(五)艰苦边远地区基层单位就业学费补偿。高校应届毕业生2016年及以后年度到我省艰苦边远地区基层单位就业,服务期满3年(含3年),其在校期间缴纳的学费由财政实行补偿。学费补偿标准,本专科生每生每年最高不超过8 000元,研究生每生每年最高不超过12 000元。学费补偿金额,按学生实际缴纳的学费补偿。毕业生在校学习期间每年实际缴纳的学费低于最高补偿标准的,按照实际缴纳的学费金额实行补偿。毕业生在校学习期间每年实际缴纳的学费高于最高补偿标准的,按照标准实行补偿。

第六条 国家助学贷款奖补资金。中央财政对国家助学贷款等资助工作开展较好、工作努力程度高且财政压力较大的地区给予奖补。国家助学贷款奖补资金全部用于我省全日制普通高校学生的资助。

第三章 资金分担和预算安排

第十条 学生资助资金采用因素分配法分配,根据学生人数、相关标准等进行测算。

第十一条 普通高校国家奖学金、国家励志奖学金、服兵役高等学校学生国家教育资助、国家助学贷款奖补资金由中央财政承担;学业奖学金、艰苦边远地区基层单位就业学费补偿资金由我省财政承担。国家助学金所需资金由中央、省级与市以下财政按比例分担。其中,中央与我省按6∶4比例分担。我省承担40%的部分,根据财政供给渠道实行分级承担,即省级财政供给的高校由省级财政承担,市级财政供给的高校由市级财政承担,民办普通高校(含独立学院)由省级财政承担。

第十二条 国家助学贷款奖补资金分配因素包括国家助学贷款规模,权重为25%;获贷情况,权重为25%;奖补资金使用情况,权重为15%;学生资助工作管理情况,权重35%。我省将根据财政部、教育部规定适时对相关因素和权重进行完善。

第十五条 省级财政会同有关部门在收到转移支付预算(含提前下达预计数)后,按规定合理分配,将省级应负担的资金同时下达,并抄送财政部驻安徽监督局。市以下财政部门会同有关部门按有关规定及时足额拨付应负担的资金。省属高校和中等职业学校所需资金按照部门预算管理要求下达。各级财政部门应加强预算管理,提高资金使用效益。

第十六条 服兵役高等学校学生国家教育资助采取"当年先行预拨,次年据实结算"的办法,省财政每年对省属高校和市属高校上一年度实际支出进行清算,并以上一年度实际支出金额为基数提前下拨各高校当年预算资金。

第十七条 艰苦边远地区基层单位就业学费补偿资金由县级教育部门会同同级财政部门审核汇总上报,省教育厅审核后省财政将补偿资金按预算管理规定下达有关县(区)。

第二十二条 各地、各校要结合实际,通过勤工助学、"三助"岗位、"绿色通道"、校内资助、社会资助等方式完善学生资助体系。公办普通高校、普通高中要从事业收入中分别足额提取4%~6%、3%~5%的经费用于资助学生,中等职业学校应从事业收入中提取一定比例的资金用于资助学生。民办学校应从学费收入中提取不少于5%的资金,用于奖励和资助学生。

第二十六条 各项学生资助政策涉及的申请、评审、发放、管理等工作按照《学生资助资金管理实施细则》(见附件)执行。

(2)《安徽省本专科生国家助学金实施细则》：

安徽省本专科生国家助学金实施细则

第一条　本专科生国家助学金（以下简称国家助学金），用于资助本专科生中家庭经济困难学生，帮助其顺利完成学业。

第二条　本细则所称本专科生是指纳入全国招生计划内的高校全日制本专科（含预科、高职、第二学士学位，下同）在校生。

第三条　国家助学金的基本申请条件：

（一）具有中华人民共和国国籍。

（二）热爱社会主义祖国，拥护中国共产党的领导。

（三）遵守宪法和法律，遵守学校规章制度。

（四）诚实守信，道德品质优良。

（五）勤奋学习，积极上进。

（六）家庭经济困难，生活俭朴。

第四条　每年9月30日前，学生根据本细则规定的国家助学金的基本申请条件及其他有关规定，向学校提出申请，并递交《安徽省本专科生国家助学金申请表》（表5.1）。

在同一学年内，申请并获得国家助学金的学生，可同时申请并获得国家奖学金或国家励志奖学金。

第五条　省财政厅、省教育厅根据财政部、教育部下达的国家助学金名额，以及高校数量、类别、办学层次、办学质量、在校本专科生人数和生源结构等因素，确定高校国家助学金名额。

第六条　在分配国家助学金名额时，对民族院校、以农林水地矿油核等学科专业为主的高校予以适当倾斜。

第七条　本专科生国家助学金平均资助标准为每生每年3 300元。我省实行分档资助，分档标准为2 000元、3 000元、4 000元，各高校可结合实际分为2~3档。

第八条　国家助学金按学年申请和评审，评定工作坚持公开、公平、公正的原则。

第九条　国家助学金申请与评审工作由高校组织实施。高校要根据本细则的规定，制定具体评审细则，并抄送省级教育部门。高校在开展国家助学金评审工作中，要对农林水地矿油核等学科专业学生予以适当倾斜。

第十条　高校学生资助管理机构结合本校家庭经济困难学生等级认定情况，组织评审，提出享受国家助学金资助初步名单及资助档次，报学校领导集体研究通过后，于每年11月15日前，将本校当年国家助学金政策的落实情况报送省级教育部门。

第十一条　高校原则上按月将国家助学金发放到受助学生银行卡中。

第十二条　高校应切实加强管理，认真做好国家助学金的评审和发放工作，确保国家助学金用于资助家庭经济困难的学生。

表 5.1　安徽省本专科生国家助学金申请表

本人情况	姓名		性别		出生年月		照片
	民族		政治面貌		入学时间		
	学号				所在年级		
	身份证号码				联系电话		
	大学　　　　学院（系）　　　　专业　　　　班						
家庭经济情况	家庭人口总数						
	家庭月总收入		人均月收入		收入来源		
	家庭住址				邮政编码		
家庭成员情况	姓名	年龄		与本人关系		工作或学习单位	

(3)《安徽省服兵役高等学校学生国家教育资助实施细则》：

安徽省服兵役高等学校学生国家教育资助实施细则

第一条　为推进国防和军队现代化建设，鼓励高等学校学生积极应征入伍服兵役，提高兵员征集质量，支持退役士兵接受系统的高等教育，提高退役士兵就业能力，国家对应征入伍服兵役高等学校学生实行国家教育资助。

第二条　本细则所称高等学校学生是指高校全日制普通专科（含高职）、本科、研究生、第二学士学位的毕业生、在校生和入学新生，以及成人高校招收的全日制普通专科（含高职）、本科的毕业生、在校生和入学新生（以下简称高校学生）。

第三条　应征入伍服兵役高校学生国家教育资助（以下简称入伍资助），是指国家对应征入伍服义务兵役、招收为士官的高校学生，在入伍时对其在校期间缴纳的学费实行一次性补偿或获得的国家助学贷款实行代偿；对应征入伍服义务兵役前正在高等学校就读的学生（含按国家招生规定录取的高校新生），服役期间按国家有关规定保留学籍或入学资格、退役后自愿复学或入学的，实行学费减免；对退役一年以上，自主就业，通过全国统一高考或高职单招考入高等学校并到校报到的入学新生，实行学费减免。

第四条　下列高校学生不享受以上国家资助：

（一）在校期间已通过其他方式免除全部学费的学生。

（二）定向生（定向培养士官除外）、委培生和国防生。

（三）其他不属于服义务兵役或招收士官到部队入伍的学生。

第五条　获学费补偿学生在校期间获得国家助学贷款的，补偿资金应当首先用于偿还国家助学贷款。

第六条　获得国家助学贷款的高校在校生应征入伍后，国家助学贷款停止发放。

第七条　入伍资助期限为全日制普通高等学历教育一个学制期。对复学或入学后攻读更高层次学历的不在学费减免范围之内。

入伍资助年限按照国家对专科(含高职)、本科、研究生、第二学士学位规定的基本修业年限据实计算。以入伍时间为准,入伍前已完成规定的修业年限,即为学费补偿或国家助学贷款代偿的年限;退役复学后接续完成规定的剩余修业年限,即为学费减免的年限;退役后考入高校的新生,规定的基本修业年限,即为学费减免的年限。

对专升本、本硕连读学制学生,在专科或本科学习阶段应征入伍的,以专科或本科规定的学习时间实行入伍资助,在本科或硕士学习阶段应征入伍的,以本科或硕士规定的学习时间实行入伍资助。中职高职连读学生入伍资助,以高职阶段学习时间计算。专升本、本硕连读、中职高职连读、第二学士学位毕业生学费补偿或国家助学贷款代偿的年限,分别按照完成本科、硕士、高职和第二学士学位阶段学习任务规定的学习时间计算。

第八条　学费补偿或国家助学贷款代偿应遵循以下程序:

(一)应征报名的高校学生登录全国征兵网,按要求在线填写、打印《应征入伍服兵役高等学校学生国家教育资助申请表Ⅰ》(以下简称《申请表Ⅰ》,一式两份,表5.2)并提交高校学生资助管理部门。在校期间获得国家助学贷款的学生,需同时提供《国家助学贷款借款合同》复印件和本人签字的一次性偿还贷款计划书。

(二)高校相关部门对《申请表Ⅰ》中学生的资助资格、标准、金额等相关信息审核无误后,在《申请表Ⅰ》上加盖公章,一份留存,一份返还学生。

(三)学生在征兵报名时将《申请表Ⅰ》交至入伍所在地县级人民政府征兵办公室(以下简称县级征兵办)。学生被批准入伍后,县级征兵办对《申请表Ⅰ》加盖公章并返还学生。

(四)学生将《申请表Ⅰ》原件和《入伍通知书》复印件,寄送至原就读高校学生资助管理部门。

(五)高校学生资助管理部门在收到学生寄送的《申请表Ⅰ》原件和《入伍通知书》复印件后,对各项内容进行复核,符合条件的,及时向学生进行学费补偿或国家助学贷款代偿。

对于办理高校国家助学贷款的学生,由高校按照还款计划,一次性向银行偿还学生高校国家助学贷款本息,并将银行开具的偿还贷款票据交寄学生本人或其家长。偿还全部贷款后如有剩余资金,汇至学生指定的地址或账户。

对于在户籍所在县(市、区)办理了生源地信用助学贷款的学生,由高校根据学生签字的还款计划,将代偿资金一次性汇至学生指定的地址或账户。

第九条　退役后自愿回校复学或入学的学生和退役后考入高校的入学新生,到高校报到后向高校一次性提出学费减免申请,填报《应征入伍服兵役高等学校学生国家教育资助申请表Ⅱ》(表5.3)并提交退役证书复印件。高校学生资助管理部门在收到申请材料后,及时对学生申请资格进行审核。符合条件的,及时办理学费减免手续。

第十条　入伍资助资金不足以偿还国家助学贷款的,学生应与经办银行重新签订还款计划,偿还剩余部分国家助学贷款。

第十一条　应征入伍服兵役的往届毕业生,申请国家助学贷款代偿的,应由学生本人继续按原还款协议自行偿还贷款,学生本人凭贷款合同和已偿还的贷款本息银行凭证向学校申请代偿资金。

第十二条　每年10月31日前,高校应将本年度入伍资助经费使用等情况,报省学生资助管理中心;省学生资助管理中心审核无误后,于每年11月15日前,报全国学生资助管理中心。

第十三条 因故意隐瞒病史或弄虚作假、违法犯罪等行为造成退兵的学生，以及因拒服兵役被部队除名的学生，高校应取消其受助资格。省人民政府征兵办公室应在接收退兵后及时将被退回学生的姓名、就读高校、退兵原因等情况逐级上报至国防部征兵办公室，并通报省教育厅。

第十四条 被部队退回或除名并被取消资助资格的学生，如学生返回其原户籍所在地，已补偿的学费或代偿的国家助学贷款资金由学生户籍所在地县级教育部门会同同级人民政府征兵办公室收回；如学生返回其原就读高校，已补偿的学费或代偿的国家助学贷款资金由学生原就读高校会同退役安置地县级征兵办收回。各县级教育部门和各高校应在收回资金后，及时逐级汇总上缴至全国学生资助管理中心。

第十五条 因部队编制员额缩减、国家建设需要、因战因公负伤致残、因病不适宜在部队继续服役、家庭发生重大变故需要退役等原因，经组织批准提前退役的学生，仍具备受助资格。其他非正常退役学生的资助资格认定，由省人民政府征兵办公室会同省教育厅确定。

第十六条 高校要严格按照规定要求，对入伍资助学生的申请进行认真审核，及时办理补偿代偿和学费减免；各级兵役机关要做好申请学费资助学生的入伍和退役的相关认证工作，第一时间发放《入伍通知书》；各级退役军人事务部门要做好自主就业退役士兵的身份认证等工作。

表5.2 应征入伍服兵役高等学校学生国家教育资助申请表Ⅰ

个人基本信息（学生本人填写）					
姓名		性别		出生年月	
就读高校		高校隶属关系	□中央 □地方	政治面貌	照片
学历		专业		学制	
年级		院系班级		学号	
入学时间			身份证号		
学校资助部门地址及邮编					
入学前户籍所在县（市、区）	省（区/市）		市（地/州/盟）		县（市/区/旗）
现家庭地址及邮编					
本人联系电话			本人其他联系方式		
父亲姓名及联系方式					
母亲姓名及联系方式					
其他亲属姓名及联系方式					
申请补偿或代偿（学生本人填写，只可选择一项）			□学费补偿		□国家助学贷款代偿

续表

在校期间缴纳学费情况(学生本人填写)			
应缴纳学费金额（元）		实际缴纳学费金额（元）	
在校期间获得国家助学贷款情况(学生向经办银行或经办地县级资助机构确认后填写)			
高校国家助学贷款		生源地信用助学贷款	
贷款本金(元)		贷款本金(元)	
贷款利息(元)		贷款利息(元)	
贷款银行名称		贷款银行名称	
还款账户账号		还款账户账号	
还款账户户名		还款账户户名	
还款账户开户行地址		还款账户开户行地址	
学生银行账户信息			
开户银行名称：			
开户银行账号：			
开户人户名：			
开户银行地区： 省(区/市) 市(地/州/盟)			
本人已阅读并了解关于"服兵役高等学校学生国家教育资助实施细则"的有关内容，承诺上述提供的资料真实、有效。 　　　　　　　　　　　申请人签字：　　　　　　　　年　月　日			
※※※※※※以下由学校和征兵部门填写※※※※※※			
高校审核情况			
学校财务部门审核意见	经审核，该同学应缴纳学费＿＿＿＿＿＿元。实际缴纳学费＿＿＿＿＿＿元，实际获得国家助学贷款＿＿＿＿＿＿元。 　　签字：　　　　　　　单位公章　　　　　　　年　月　日		
学校学生资助管理部门审查意见	经审查，情况属实。该同学批准入伍服兵役后，同意补偿学费＿＿＿＿＿＿元。 　　签字：　　　　　　　单位公章　　　　　　　年　月　日		
	经审查，情况属实。该同学批准入伍服兵役后，同意代偿国家助学贷款本金＿＿＿＿＿＿元，利息＿＿＿＿＿＿元(利息起止时间：＿＿＿＿＿＿)。 　　签字：　　　　　　　单位公章　　　　　　　年　月　日		
批准入伍地县级人民政府征兵办公室意见			

续表

＿＿＿＿同志积极报名应征,经我办体检、政审合格,批准入伍服兵役(□士兵□士官),入伍批准书号为:＿＿＿＿,入伍通知书号为:＿＿＿＿。 签字:　　　　单位公章　　　联系电话:　　　　年　月　日
学校复核意见
上述审查意见属实。 　　　　单位公章　　　　　　　　　　　　　年　月　日

说明:1. 申请学生通过全国征兵网在线填写、打印本表(手填或复印无效)。
　　　2. 此表一式两份,一份由高校留存备查,另一份供学生履行相应审批程序时使用。

表5.3　应征入伍服兵役高等学校学生国家教育资助申请表Ⅱ

个人基本信息(学生本人填写)							
姓名		性别		政治面貌		出生年月	
申请类型 (二选一)	□退役复学 □退役入学	就读高校		高校隶属关系	□中央 □地方	学号	照片
院系		专业		班级		联系电话	
身份证号				现住址			
就学和服役情况(学生本人填写)							
考入本校年月		参加何种考试考入本校		服役前获得的最高学历		现阶段就读学历层次	
入伍时间		退役时间		复学时间 (退役入学不填)		考入本校以前是否享受过本政策资助□是□否	
申请学费减免情况(学生向学校确认后填写)							
学制年限		剩余就读年限 (退役入学不填)		申请学费减免总计(元)		第一学年学费(元)	
第二学年学费(元)		第三学年学费(元)		第四学年学费(元)		第五学年学费(元)	备注
※※※※※※以下由学校、征兵和退役军人事务部门填写※※※※※※							
退役安置地县级人民政府征兵办公室意见							
经确认,＿＿＿＿同志＿＿＿＿年＿＿＿＿月入伍服兵役,＿＿＿＿年＿＿＿＿月退出现役。退役证书号为:＿＿＿＿。 签字:　　　　单位公章　　　联系电话:　　　　年　月　日							
退役安置地退役军人事务部门意见(仅退役入学学生填写)							

续表

经确认，_____同志_____年_____月退出现役，属于自主就业。		
签字： 单位公章 联系电话： 年 月 日		
高校审核情况		
财务部门 审核意见	经审核，该生复学（入学）后应缴纳学费_____元/每年，根据规定给予学费减免_____年，总计_____元。	
	签字： 部门公章 年 月 日	
资助部门 审查意见	经审查，情况属实。根据规定，同意学费减免_____年，总计_____元。	
	签字： 部门公章 年 月 日	
学校复核意见	上述审查意见属实。 单位公章 年 月 日	

说明：1. 申请学生通过全国征兵网在线填写、打印本表（手填及复印无效）。

2. 退役复学是指已先取得高校学籍（或已被高校录取）后再服兵役，退役后返校继续学习。

3. 退役入学是指学生先服兵役，退役后考入高校学习。

2. 学校学生资助政策

（1）勤工助学：是指家庭经济困难学生在学校的组织下利用课余时间，通过自己的劳动取得合法报酬，改善学习和生活条件的社会实践活动。学生本人申请，经所在系审核，由学生资助管理办公室公开考核录用。报酬按小时计算，每小时 16 元。

（2）减免学费：每学年第一学期 9 月上旬统一组织，家庭经济特别困难的孤儿和残疾学生、家庭被政府列为重点优抚对象的学生（烈士家庭、伤残军人家庭、因公牺牲家庭的学生）、家庭遭受重大变故或家庭所在地遭受特大自然灾害导致经济特别困难的学生，可以申请减免本学年的学费。

（3）特殊困难补助：学生本人或直系亲属遭遇重大疾病或家庭变故导致经济特别困难的，可以申请特殊困难补助。视具体情况，每生每学期资助标准为 500～1 500 元。

（4）绿色通道：无经济能力缴纳学费的家庭经济困难新生，可通过"绿色通道"先办理入学手续，然后再根据核实后的具体情况，分别采取不同办法予以资助。

二、国家奖助学金评审工作流程

国家奖助学金评审工作如下图所示：

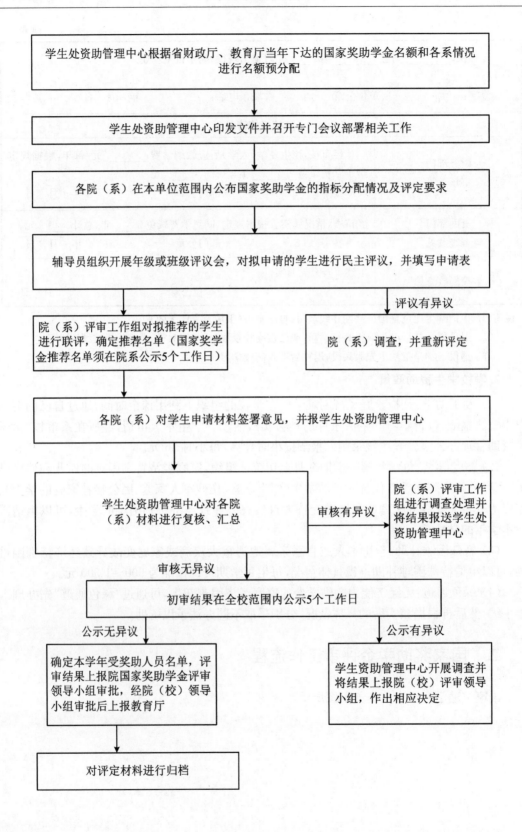

三、《安徽审计职业学院优秀学生奖学金评选办法》

安徽审计职业学院优秀学生奖学金评选办法

第一章 总 则

第一条 为全面贯彻国家教育方针,充分发挥学生奖励机制的育人导向作用,引导广大学生刻苦学习和提升综合素质,促进学生的个性化和多元化发展,根据教育部《普通高等学校学生管理规定》(教育部令41号)及相关文件精神,结合学院实际,修订本办法。

第二条 学院优秀学生奖学金(以下简称为"奖学金")评选对象为我院全日制学历教育的高职专科学生。

第三条 奖学金的评审由学院国家奖助学金评审领导小组负责组织。

第二章 申请条件

第四条 申请奖学金的基本条件:
1. 热爱社会主义祖国,拥护中国共产党的领导。
2. 遵守宪法和法律,遵守学校规章制度,无违纪违法行为。
3. 诚实守信,道德品质优良,道德素质测评结果为良好及以上等级。
4. 严谨求实,勇于创新,积极进取,勤奋学习,学业考试成绩优秀,成绩名次在班级同学中排名名列前茅(如出现排名靠前未被推荐的,须由系附专题报告予以说明情况),无不及格、补考课程,其中一等奖申请人考试课程平均成绩不低于80分;二等奖申请人考试课程平均成绩不低于70分。
5. 积极参加体育锻炼,达到《国家学生体质健康测试标准》。

第五条 有下列情况之一者不得参评奖学金:
1. 无故不参加集体安排、组织的各项活动或公益劳动的。
2. 一学期旷课3次(迟到或早退3次按旷课1次计)及以上的。
3. 违反宿舍管理规定,如扰乱正常秩序,使用违禁电器的。

第三章 奖励标准和比例

第六条 奖学金奖励金额。奖学金分为一等、二等和三等3个等级。一等奖学金每人每学期奖励800元,二等奖学金每人每学期奖励500元,三等奖学金每人每学期奖励300元。

第七条 奖学金比例。一等奖学金获奖人数占班级学生人数的2%,二等奖学金获奖人数占班级学生人数的6%,三等奖学金获奖人数占班级学生人数的12%。

第四章 申请和评审程序

第八条 奖学金的申请和评审程序:
1. 本人申请。由学生本人按要求如实填写《安徽审计职业学院奖学金申请表》。
2. 班级评议。由辅导员(班主任)召开班级评议小组会议,根据评审条件对申请人的申请材料进行评议,推荐班级拟获奖人并在班级公示,由班委会汇总班级评议意见并经辅导员(班主任)审核后报送所在系审议。
3. 系推荐。系在审核、遴选拟获奖学生过程中,要认真审核学生申报材料,广泛听取师生意见,由系党政联席会集体研究、确定推荐拟获奖人选,形成推荐意见,并在系网站和教学楼宣传栏公示5个工作日,无异议后报学院评审领导小组办公室。

4. 学院评审。院评审领导小组办公室对各系的推荐人选进行汇总,组织相关人员对各系推荐的拟获奖人选材料进行审核,在调查核实无误后将拟获奖人名单报学院评审领导小组审核确定,领导小组确定的拟获奖人名单在院内公示5个工作日,无异议后报院长办公会审定。

第五章 评选原则和要求

第九条 奖学金每学期评选一次,评选坚持公开、公平、公正、择优的原则,做到程序合法、手续完备、资料真实和完整。

第十条 毕业班最后一个学期或学年,如学生学业已经完成或不便于评选奖学金,原则上不再评选。

第十一条 严肃评审纪律。申请学生需如实申报,并对材料的真实性负责;辅导员(班主任)按照规定组织班级评议,认真审核学生的申报材料,并对班级评议结果负责;各系需组织专门人员,认真审核各班级的申报材料、组织评审,并对评审结果负责;院评审领导小组办公室组织再审核,并对审核结果负责。如发现在评审过程中弄虚作假、徇私舞弊者,一经核实,取消获奖人本次评选资格,并按学院有关规定对相关责任人追究责任。

第六章 表彰和奖金发放

第十二条 学院为奖学金获得者颁发奖学金证书,并记入获奖学生本人学籍档案。

第十三条 奖学金发放由学生处制表,经院领导审批后,由财务部门发放至学生银行卡。

第十四条 本办法自印发之日起执行,由院学生处负责解释,原《安徽审计职业学院优秀学生奖学金评选办法》同时作废。

四、大学生医疗保险政策及办理指南

1.《关于做好2021年大学生参加城乡居民基本医疗保险工作的通知》

关于做好2021年大学生参加城乡居民基本医疗保险工作的通知

合医保发〔2021〕10号

各县(市)区医疗保障局、税务局、教育局、财政局,各开发区社会事业(发展)局,各在肥大中专院校:

为切实做好2021年度在肥大中专院校学生(以下简称大学生)参加城乡居民医保工作,根据《国家医保局 财政部 国家税务总局关于加强和改进基本医疗保险参保工作的指导意见》(医保发〔2020〕33号)、《国家医保局 财政部 国家税务总局关于做好2021年城乡居民基本医疗保障工作的通知》(医保发〔2021〕32号)等文件精神,结合我市实际,现就有关事项通知如下:

一、提高政治站位,合力推进大学生参保工作

大学生参加居民医保是实现基本医保制度全面覆盖、推进落实全民参保计划和依法参保要求的重要内容。做好大学生参保工作关系到大学生的切身利益和健康福祉,在维护高校学生健康权益、降低疾病带来的风险等方面具有积极的意义,体现了党和政府对大学生的关心关怀。各有关单位、各高校要进一步提高政治站位,增强大学生参保工作重要性的认识,认真按照各自职责分工,切实担负起大学生参保工作责任,主动做好大学生参保服务工作。医保部门负责做好居民医保政策宣传和相关组织服务工作;教育部门负责做好高校大学生参保督促工作;财政部门负责医保基金管理和监督;税务部门负责做好居民医保参保费用的征收管理工作;各在肥高校负责大学生参保登记、代收代缴参保费用等工作。

二、落实学籍地参保政策,确保大学生应保尽保

全面落实国家关于大学生在学籍地参加居民医保的要求,按照属地管理原则,在肥高校大中专学生均应在合肥市参加居民医保。各在肥高校要认真组织、合理安排大学生参保工作,为避免出现在原籍地和学籍地重复参保的情况,由各高校集中统一负责代收代缴参保费用。对已入学的老生,在2021年7月1日前,将在校大学生花名册(不含本年度毕业生)报医保经办机构;对2021年度入学的新生,相关参保宣传和动员工作应随同录取工作同步安排,并在入学一个月内将新生花名册及参保学生名单报医保经办机构;在集中参保期开始后,各高校通过集中代收代缴方式收集的费款,应前往税务部门汇缴,其中:注册地在合肥市区的高校前往所属地的区级主管税务局汇缴,注册地在四县一市的高校前往蜀山区税务局汇缴。

三、加强政策宣传,切实保障大学生医保待遇

各高校要安排专人负责在校学生参保相关工作,全面掌握参保情况,认真细致地做好大学生思想工作,增强其参保意识和积极性,切实做到应保尽保,避免出现因未参保导致无法享受居民医保待遇的情况。在居民医保集中参保期,市医保局将会同市教育局等部门适时对高校大学生参保情况开展督导,对参保工作组织不力、参保进度慢的高校进行通报并将结果反馈其主管部门。各单位要充分利用微信公众号、网络平台、宣传海报等全面宣传在校大学生医保政策内容、参保和就医结算程序、典型案例及实施成效等,积极引导在校大学生参保续保,进一步提高大学生医保知晓度和满意度。

合肥市医疗保障局　合肥市教育局　合肥市财政局　国家税务总局合肥市税务局
2021年6月9日

2. 门诊医疗保险及意外保险

学院将合肥市医保办返还的参保学生每人50元门诊包干费用,作为补充医保参加商业保险,解决学生门诊报销和意外保险两个问题。保险项目、保险金额及赔付比例见表5.4。

表5.4　保险项目、保险金额及赔付比例

保险项目		保险金额及赔付比例
校内外普通门诊医疗保险	年理赔额(元)	15 000元
	就医赔付比例(含校内)	100%
	免赔额(元)	0元
意外门诊医疗保险	每次理赔额(元)	6 000元
	赔付比例	100%
	免赔额(元)	0元

续表

保险项目		保险金额及赔付比例
住院医疗(二次)保险	年理赔额(元)	13 000 元
	免赔额(元)	0 元
	赔付比例	100%
意外身故保险	理赔额(元)	35 000 元
疾病身故保险	理赔额(元)	35 000 元
意外致残保险	理赔额(元)	35 000 元(详见《人身保险残疾程度与保险金给付比例表》)

3. 合肥市城镇居民定点医疗机构

合肥市城镇居民定点医疗机构如下表所示。

序号	服务机构名称	等级	所在区	地　址
1	安徽省立医院	三级	庐阳区	庐江路 17 号
2	安徽医科大学第一附属医院	三级	蜀山区	绩溪路 218 号
3	安徽医科大学第二附属医院	三级	蜀山区	芙蓉路 678 号
4	安徽中医药大学第一附属医院	三级	蜀山区	梅山路 117 号
5	中国人民解放军第一〇五医院	三级	蜀山区	长江西路 424 号
6	武警安徽总队医院	三级	庐阳区	长丰路 78 号
7	合肥市第一人民医院	三级	庐阳区	淮河路 390 号
8	合肥市滨湖医院	三级	滨湖区	徽州大道和紫云路交口
9	安徽中医药大学第二附属医院	三级	庐阳区	六安路 205 号
10	合肥市第二人民医院	三级	瑶海区	和平路 246 号
11	安徽省儿童医院	三级	包河区	望江东路 39 号
12	安徽医科大学第四附属医院	二级	包河区	屯溪路 372 号
13	安徽医学高等专科学校附属医院	二级	包河区	黄山路 199 号
14	安徽省胸科医院	二级	蜀山区	绩溪路 397 号
15	安徽省肿瘤医院	三级	蜀山区	环湖东路 107 号
16	安徽省立友谊医院(车站街道社区卫生服务中心)	二级	新站区	砀山路 1866 号(临淮路 1 号)
17	包河区望江中路社区卫生服务中心(中铁四局集团中心医院)	二级	包河区	望江东路 96 号

续表

序号	服务机构名称	等级	所在区	地址
18	合肥市第三人民医院	三级	包河区	望江东路 204 号
19	合肥市第四人民医院	二级	蜀山区	黄山路 316 号
20	合肥市妇幼保健院	三级	庐阳区	益民街 15 号
21	合肥市传染病医院	二级	包河区	宿松路 218 号
22	合肥市口腔医院	二级	庐阳区	长江中路 265 号
23	和平路街道社区卫生服务中心	二级	瑶海区	和平路 174 号
24	逍遥津街道社区卫生服务中心	二级	庐阳区	寿春路 33 号
25	合肥市第一人民医院蜀山分院	二级	蜀山区	长江西路 974 号
26	合肥市第五人民医院	二级	瑶海区	合裕路中段
27	七里站街道社区卫生服务中心（合肥市中医肛肠医院）	二级	瑶海区	长江东路 441 号
28	合肥中铁精神病医院	二级	瑶海区	张洼路 90 号
29	安徽中医学院中西医结合医院	二级	蜀山区	青阳路 1 号
30	井岗镇科学岛社区卫生服务中心（中国科学院合肥物质科学研究院肿瘤医院）	一级	蜀山区	蜀山湖路 350 号（井岗路 218 号）
31	中铁四局集团第一医院	一级	庐阳区	阜阳北路 369 号
32	合肥市瑶海区胜利路街道社区卫生服务中心	一级	瑶海区	滁州路 288 号
33	庐阳区亳州路街道社区卫生服务中心	一级	庐阳区	亳州路 205 号
34	合肥市包河区包公街道社区卫生服务中心	一级	包河区	宁国路 124 号
35	瑶海区红光街道社区卫生服务中心	一级	瑶海区	合裕路幸福路交口
36	庐阳区杏花街道社区卫生服务中心	一级	庐阳区	砀山路 288 号
37	江淮汽车集团医院	一级	包河区	东流路 176 号
38	庐阳区双岗街道社区卫生服务中心	一级	庐阳区	阜阳北路 308 号
39	合肥市包河区芜湖路街道社区卫生服务中心	一级	包河区	芜湖路 329 号
40	合肥市包河区淝河镇社区卫生服务中心	一级	包河区	包河花园小区北商业街
41	合肥市包河区望湖街道社区卫生服务中心	一级	包河区	望湖西路与合巢路交叉口

续表

序号	服务机构名称	等级	所在区	地　址
42	合肥市包河区骆岗镇街道社区卫生服务中心	一级	包河区	包河苑北大门
43	合肥市瑶海区大兴镇社区卫生服务中心	一级	瑶海区	合裕路276号
44	合肥市瑶海区城东街道社区卫生服务中心	一级	瑶海区	合裕路1093号
45	庐阳区杏林街道社区卫生服务中心	一级	庐阳区	阜阳北路520号
46	合肥新站区七里塘街道社区卫生服务中心	一级	新站区	物流大道与武里山路交口兴华苑2期
47	蜀山区稻香村街道社区卫生服务中心	一级	包河区	望江西路9号
48	合肥安凯医院	一级	包河区	葛涧路97号
49	合肥市瑶海区三里街街道社区卫生服务中心	一级	瑶海区	长江东路855号（轮胎厂内）
50	合肥高新区江河社区卫生服务中心	一级	高新区	玉兰大道3号
51	蜀山区西园街道社区卫生服务中心	一级	蜀山区	合作化南路77号
52	瑶海区铜陵路街道社区卫生服务中心	一级	瑶海区	长江东路721号
53	合肥市包河区义城街道社区卫生服务中心	一级	包河区	姥山路78号
54	庐阳区海棠街道社区卫生服务中心	一级	庐阳区	义井路元一滨水城3号楼
55	新站区方庙街道社区卫生服务中心	一级	新站区	龙门岭路瑶东小区
56	合肥金谷医院（小儿脑瘫门诊定点）	一级	庐阳区	亳州路372号晨欣园商办楼
57	合肥经济技术开发区临湖社区卫生服务中心	一级	经开区	临湖社区
58	合肥经济开发区锦绣社区卫生服务中心	一级	经开区	紫云路200号
59	合肥市包河区烟墩社区卫生服务中心	一级	包河区	滨湖家园西区
60	合肥市蜀山区南岗镇卫生院	一级	蜀山区	南岗镇街道
61	庐阳区大杨镇社区卫生服务中心	一级	庐阳区	四里河路与合淮路交口
62	合肥市庐阳区三十岗卫生院	一级	庐阳区	古城路130号
63	包河区大圩社区卫生服务中心	一级	包河区	南淝河路8号
64	蜀山区三里庵社区卫生服务中心	一级	蜀山区	合作化南路114号
65	合肥市瑶海区龙岗医院	一级	瑶海区	龙岗开发区

续表

序号	服务机构名称	等级	所在区	地　址
66	合肥市包河区常青街道社区卫生服务中心	一级	包河区	祁门路10号
67	安徽医科大学大学附属口腔医院	二级	蜀山区	梅山路69号
68	庐阳区杏花街道第二社区卫生服务中心	一级	庐阳区	阜阳北路荣风苑28栋
69	合肥市公安局安康医院	二级	庐阳区	双凤工业区金梅路5号
70	肥西县中医院(限在校大学生)	二级	肥西县	肥西县上派镇巢湖路
71	肥西县人民医院(限在校大学生)	二级	肥西县	肥西县上派镇中街6号
72	合肥工业大学医院(限在校大学生)	一级	包河区	屯溪路193号
73	中国科学技术大学医院(限在校大学生)	二级	包河区	金寨路96号
74	肥西县精神病医院(精神科)	一级	肥西县	合肥桃花工业园合派路42号
75	合肥市蜀山区小庙镇中心卫生院	一级	蜀山区	蜀山区小庙镇卫星路131号
76	合肥市蜀山区小庙镇中心卫生院大柏分院	一级	蜀山区	蜀山区小庙镇大柏社区街道
77	肥西县高刘镇中心卫生院	一级	蜀山区	肥西县高刘镇街道北街79号
78	肥西县高刘镇中心卫生院长岗分院	一级	蜀山区	高刘镇长岗街道
79	巢湖市第一人民医院(限在校大学生)	三级	巢湖市	巢湖市巢湖北路64号
80	巢湖市骨科医院(限在校大学生)	二级	巢湖市	巢湖市巢湖北路58号
81	巢湖市中医院(限在校大学生)	二级	巢湖市	巢湖市东风西路554号
82	巢湖市第二人民医院(限在校大学生)	二级	巢湖市	巢湖市人民路319号

五、参保大学生住院报销流程

参保大学生住院报销流程如下图所示。

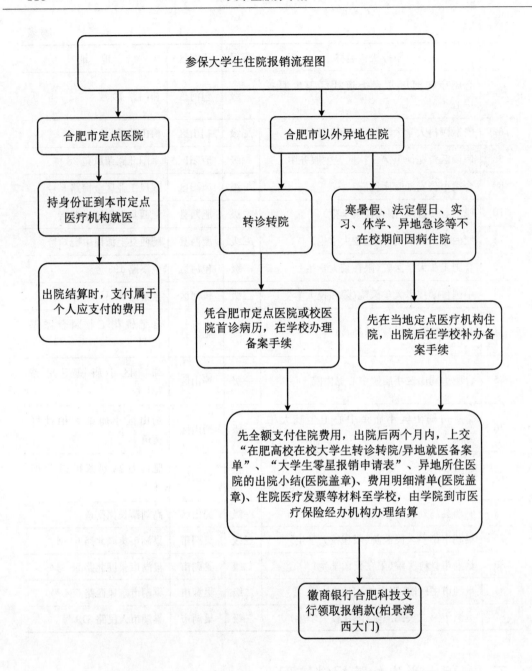

第四节 社团组织

现将安徽审计职业学院学生团体管理办法介绍如下，希望大学生们认真学习，了解相关管理制度。

安徽审计职业学院学生社团管理办法

皖审院党〔2018〕68号

第一章 总 则

第一条 为深化学生社团的育人功能,实施"第二课堂成绩单"制度,规范安徽审计职业学院学生社团管理,积极促进学生社团的健康发展和有序运行,依照《高校学生社团管理暂行办法》(共青团中央、教育部、全国学联2016年1月联合印发)、《普通高等学校学生管理规定》(教育部令第41号)等规定,特制定本办法。

第二条 安徽审计职业学院学生社团(以下简称"学生社团")是指由安徽审计职业学院在校学生依据兴趣爱好自愿组成,为实现成员共同意愿,依照其章程自主开展活动的群众性学生组织。

第三条 学生社团的基本任务是:贯彻执行党的教育方针,坚持立德树人,团结和凝聚广大青年学生,按照自愿、自主、自发原则,采用多种新技术和新媒体,开展主题鲜明、健康有益、丰富多彩的课外活动,繁荣校园文化,培养大学生的社会责任感、创新精神和实践能力,提高大学生的人文素质、道德修养,树立公民意识,促进大学生成长成才。

第四条 学生社团须遵守宪法、法律、法规和党的路线方针政策,以及各级教育部门、共青团组织、学联组织和安徽审计职业学院的有关规定,践行和弘扬社会主义核心价值观。

第二章 管理机构

第五条 加强和改进学生社团工作,是学院贯彻党的教育方针、推进素质教育的重要组成部分,是培育合格建设者和可靠接班人的有力抓手。学院党委统一领导本院学生社团工作。

第六条 学院团委负责学生社团工作的管理工作,下设安徽审计职业学院团委学生社团联合会,切实承担学生社团的成立、年审、注销、组织建设、活动管理、经费管理和工作保障等具体工作。

第七条 学生社团联合会在院内学生组织中发挥枢纽型作用,配合院团委加强对学生社团的管理、服务、引导与监督。学生社团联合会主席由院学生会副主席担任。

第三章 成立、年审和注销

第八条 学生社团分为思想政治、学术科技、专业实践、社会服务、文化艺术、体育运动、志愿公益、自律互助八类。群众性学生组织须按学生社团登记注册。申请成立新社团须在每学期期初,按照一定类别向学生社团联合会递交成立申请,且必须具备以下条件:

1. 由10名及以上的学生联合发起,发起人须是本校具有正式学籍的学生,未受到过校纪校规处分,具有开展该社团活动所具备的基本素质。
2. 有规范的名称和相应的组织架构。
3. 有固定的社团挂靠单位。
4. 有至少1名社团指导教师。
5. 有规范的社团章程,社团章程须明确:社团名称、类别、宗旨、负责人资料、组织管理制度、财务制度相关事项。

学生社团联合会负责审核申请材料,并择期举行新社团成立答辩,通过答辩的社团进入试运行阶段,试运行时间一般为一个学期,期间学生社团联合会将对新社团进行监督、指导、考核,通过考核的,经院团委审核,报分管院领导审批,正式登记注册。

第九条 学生社团联合会在每学年末对各院级社团实行年审再注册制度,每个院级社团应如实填写年审表并按照清单提供相关的资料及证明,学生社团联合会将对社团章程、学年内所开展的活动及其他相关工作进行审核并公示社团年审情况。社团年审的要求包括:

1. 年审内容:
(1) 社团章程:社团章程是否完备,是否能够与时俱进。
(2) 社团规模及成员构成:核心成员 10 人以上,正式成员 20 人以上。
(3) 社团负责人考核:社团成员对社团主要负责人的民主评议。
(4) 活动清单:一学年至少举办 1 次面向全院的较大型活动,至少举办 2 次及以上社团中小型活动。
(5) 财务收支状况:完善的财务报表且财务收支无问题。
(6) 有无违纪违规情况。
(7) 指导教师意见。
(8) 挂靠单位意见。

2. 对年审不合格但未达到注销标准的学生社团,必须进行整改,整改期内不得开展任何活动。

3. 年审不合格且达到注销标准的学生社团,则予以注销。

第十条 学生社团的登记事项、备案事项需要变更的,须向学生社团联合会提交变更申请,得到批准后方可变更。

第十一条 学生社团有下列情形之一的,院团委将直接予以注销:

1. 社团工作或活动违背宪法、法律法规和党的路线方针政策,背离社会主义核心价值观,违反安徽审计职业学院校纪校规。
2. 以社团名义进行纯商业活动,违反社团章程,影响恶劣。
3. 有严重财务违纪违规问题。
4. 年审不合格,停止活动予以整改后未见好转。
5. 冒用挂靠单位或其他组织名义开展活动。
6. 宣传材料未经学生社团联合会审批即自行公开,造成不良影响。
7. 一学年内未开展任何活动。
8. 未召开会员大会选举产生负责人。
9. 未经学院批准,邀请校外组织人员到校举办讲座等活动。
10. 在社团自办新媒体平台发布不良信息并造成恶劣影响。
11. 学生社团自行申请解散。

第四章 组 织 建 设

第十二条 学生社团隶属于院团委,每个社团一般设会长 1 名,副会长 1~3 名,对应校级学生组织中的部长和副部长级学生干部进行管理、考核和指导。如果因工作需要,对岗位、职能和部门的设置进行调整,须报备院团委同意后进行变更。

第十三条 学生社团的成员应当是本院具有正式学籍的学生。社团成员有权了解所在社团的章程、组织机构和财务收支情况,有权对社团的管理和活动提出建议和质询,有权按照章程自由加入或退出该社团;社团成员应当定期注册,按章程缴纳会费,积极参加社团的各项活动。

第十四条 学生社团会员大会是学生社团的最高权力机构,依照本社团的章程行使权力。学生社团负责人应通过会员大会民主选举产生。

第十五条 每个社团的指导教师至少有 1 位是本院在职教职工,聘请校外人员担任指导教师,须经院团委审批同意。指导教师应具备较强的思想政治素质、组织管理能力和与社团发展相关的专业知识,指导教师指导社团活动应遵守国家相关法律及学院相关制度要求。

第五章 活动管理

第十六条 学院鼓励支持学生社团开展有益于身心健康、积极向上,满足学生成长成才需求的学术、科技、文化、体育、公益等活动。

第十七条 学生社团活动的管理责任由挂靠单位(指学院职能部门、系部)承担,严格按照"谁主办、谁负责、谁审批、谁监督"的原则,挂靠单位对场地、人员、内容等各个环节严格把关,要做到事前有审批、事中有监督、事后有反馈。

第十八条 学生社团举办活动须遵守安徽审计职业学院相关规章制度,并按照相应的审批程序进行。社团活动不得影响学院正常的教育教学秩序和生活秩序,不得在学生中散布违背宪法、法律、法规和党的路线方针政策的错误观点和言论,不得从事宗教相关活动,不得开展与其宗旨不符的活动。对于读书会、学术沙龙、讲座等活动,须经学院批准后方可举办。

第十九条 学生社团邀请校外人士出席活动,须向院团委递交申请及校外人士的相关证明;邀请外籍人士参加活动或开展涉外合作、涉外活动,须经院团委审核,报院党委外事、宣传部门批准,并在学院相关部门和院团委的指导下进行。

第二十条 对参与人数较多或在校外举办的社团活动,须经院团委审批备案,原则上应由社团指导教师或院团委教师带队,要有具体的活动流程方案、经费管理和安全预案,确保活动安全、有序地进行。

第二十一条 原则上企业、社会机构不得在学院建立特定冠名的学生社团。对于与企业、社会机构联系紧密的社团,确需冠名,须经院团委批准。

第二十二条 各学生社团要切实加强自办新媒体平台的网络安全管理,自办新媒体平台发布的信息,须经社团联合会审批同意,各学生社团要自觉抵制、打击网络谣言。

第六章 经费管理

第二十三条 学生社团活动经费主要来自学院拨款、社会赞助和会员会费等合法渠道,社团经费必须用于社团集体活动,任何单位和个人严禁侵占、私分或挪用。

第二十四条 学生社团收取会费,应写入社团章程,须根据实际情况明确收费标准,经社团内部民主决策,报院团委审核后进行公示。

第二十五条 学生社团应制定严格的经费管理制度,每学期向全体会员公布经费使用情况。学生社团联合会负责社团经费来源、经费使用情况的监督指导工作,对学生社团接受校外资金进行审查和管理。

第七章 工作保障

第二十六条 学院将学生参与社团活动、担任社团负责人等情况,纳入学生"第二课堂成绩单"记录,使学生社团成为学生成长成才的重要平台。

第二十七条 学院根据实际情况,通过院团委向学生社团提供一定的经费支持,院团委应在指导教师、对外交流、活动场地、活动工具和设备等方面为学生社团提供支持,以提升社团活力和工作水平,保证学院学生社团的健康蓬勃发展。

第二十八条　院团委通过调研交流、业务培训、评比表彰等方式,指导、支持和鼓励学生社团发展。

第八章　附　则

第二十九条　本办法自发布之日起执行,在本办法执行前已经成立的学生社团,须在下次年审前依照本办法修改、完善社团相关制度及信息。

第三十条　本办法适用于安徽审计职业学院所有院级学生社团,由中国共产主义青年团安徽审计职业学院委员会负责解释。

学院社团风采

二、安徽审计职业学院社团

序号	名　称	成立时间	活动内容及任务
1	思想政治理论课学习实践协会	2010年6月	自我学习和互助学习;承办思政课第二课堂教学活动
2	绿屋文学社	2004年10月	组织文学培训,征集文学作品,开展文学艺术活动
3	青年志愿者协会	2002年10月	为大型社会活动、公益事业及需要帮助的社会成员提供志愿服务
4	动漫书画协会	2008年4月	普及动漫知识,开展动画摄影,制作广播剧,COSPLAY表演及制作等
5	自考协会	2009年9月	开展各种形式的自考政策和知识宣传、普及活动并提供相关服务
6	武术协会	2008年9月	开展武术训练活动,筹办院内各类武术比赛,组织会员参加各类比赛
7	纵横棋社	2007年10月	开展各种形式的棋艺培训,普及棋类知识,开展棋类活动
8	舞蹈协会	2008年9月	普及舞蹈艺术知识,开展舞蹈艺术活动
9	演辩学会	2000年10月	开展各种形式的辩论活动及文学作品征集和写作指导
10	篮球协会	2008年9月	普及篮球知识,组织篮球联赛
11	读书协会	2010年6月	开展各种形式的读书交流、知识竞赛及读书沙龙等活动
12	心理健康协会	2008年6月	普及心理健康知识,组织心理健康活动
13	就业创业协会	2010年7月	开展各种形式的就业培训活动及创业指导
14	求实协会	2003年7月	坚持以科学的理论为指导,与时俱进,实事求是,开拓创新,锐意进取,进行理论探索与实践
15	记者团	2001年9月	致力于学校主流媒体之一《稚美报》的管理及开展征文比赛等
16	英语协会	2014年9月	营造学习英语的氛围,培养学生学习英语兴趣和能力
17	ERP沙盘协会	2015年2月	以企业经营暨沙盘模拟为主要活动内容,让在校大学生领悟运营理念,培养团队精神
18	院广播台	1989年10月	在全国高校联盟中了解新闻事件,与其他高校沟通信息;同时负责学校日常新闻的播报及院内一些大型晚会的组织工作
19	学生公寓管理协会	2017年5月	配合学院职能部门维持公寓秩序、管理宿舍内务和纪律、加强宿舍文化建设,发挥学生自我教育、自我管理、自我服务、自我监督的作用

续表

序号	名称	成立时间	活动内容及任务
20	大学生艺术团	2017年11月	以各类文艺演出与联谊活动展示青春风采,增强文化自信,营造浓厚的校园文化氛围
21	会计协会	2017年6月	负责日常会计专业和相关比赛知识的培训、会计技能大赛及相关赛事的选拔
22	足球协会	2014年9月	组织友谊赛、各种足球趣味运动和足球问答知识等活动
23	BIM协会	2015年1月	学习、了解并应用BIM,举办有关工程的技能大赛
24	商道企业模拟竞技协会	2017年10月	为各种企业模拟大赛培养精英,提高同学们的商业才能
25	体育协会	2016年9月	负责学校大型文体活动、志愿体育活动,提升当代大学生身体素质

第六章 交 际 篇

社会中的人总是处于一定的社会关系之中,大学生同样离不开与他人交往。和谐的人际关系既是大学生心理健康不可缺少的条件,也是大学生获得心理健康的重要途径。

对大学生的成长影响最大的人际关系,主要是在学习、生活的基础上建立起来的与教师、同学之间的关系。

第一节 师 生 关 系

一、大学师生关系一般没有中学时期密切

教师与大学生是大学校园里两大基本群体。教师是大学生人际交往的重要对象,师生关系是大学生人际交往的重要内容。

一般说来,人际交往的亲密程度同交往水平成正比。由于大学教学的特点,大学师生关系一般没有中学时期密切,双方交往不多。一般而言,学生只有遇到与学习有关的功课问题、学业问题,才会主动寻求老师帮助;至于其他个人问题,如情感问题、家庭问题等就很少有人求教于老师。同时,由于大学生的独立性更强,他们对老师的信赖程度也逐渐减弱。在一项"你最信任的人是你的什么人"的调查中,老师只占大学生最信赖者的8.2%。

尽管如此,师生关系仍在大学生人际交往中占重要地位。因为,师生关系的基础是教学过程,师生间的主要交往集中在"教"和"学"这两个既相互渗透又相互独立的过程中。在教学过程中,教师的知识视野及对相关问题的掌握处于优势地位,学生则在思维创新方面更胜一筹。

二、教师的主导地位,直接影响大学师生关系

师生关系的一个显著特点,就是以知识的传授和接受为媒介。教师传授知识和技能,需要学生很好地掌握。而学生接受知识的效果如何,与教师的"传道、授业、解惑"水平密切相关。这一特点决定了在师生关系中,教师占主导地位。教师的这种主导地位,直接影响着大学中的师生关系。

1. 教师的学识

"学高为师",学生对那些知识渊博的老师更信任、更敬佩,也更愿意接近。在其他条件基本相同的情况下,知识丰富、学识渊博的老师更容易与学生建立良好的人际关系。

2. 教师的教学艺术

教师的教学艺术是"综合艺术",是教师的修养、社会阅历、专业知识等的综合反映。因为学生首先是通过教师的授课来了解教师,那些教学艺术高、授课水平高的教师是最受学生欢迎的。在这种情况下,这些老师就比较容易与学生建立良好的人际关系。

3. 教师的人品

"身正为范""桃李不言,下自成蹊",学生不仅从老师那儿学到知识,而且也从老师那儿学到做人的道理。教师的人格魅力对学生潜移默化的影响往往能使学生永远铭记。

三、良好的师生关系只有在师生双方的友好互动中才能形成

虽然教师在大学师生关系中占主导地位,但并不是说学生对这种关系的建立是消极被动、无所作为的。学生的学习态度、学生对老师的理解程度和信任程度等都会对师生关系产生影响。良好的师生关系只有在师生双方的友好互动中才能形成。

在大学生成长的道路上,每逢关键时刻,听从名师的指导、点化,是寻求成功的重要途径。在人才成长史上,这种"名师出高徒"的现象随处可见。

美国有一项统计发现,一半以上的诺贝尔奖获得者,都曾经跟随名师学习过,而且跟随名师学习的人比跟随一般老师学习的人提前7年获奖。著名科学家汤姆逊在《麦克斯韦》一书中说:"要逐步地跟随一个伟大的研究家,沿着不仅由他自己发现的,也沿着由他引起别人发现的道路走下去,那就容易多了。"生物化学家汉斯·克雷布斯在获得诺贝尔奖之后也回忆道:"如果扪心自问,我怎么会有朝一日来到斯德哥尔摩,我毫不怀疑我之所以有这个幸运的机会得归功于我在科学生涯的关键阶段里有过一位杰出的老师——奥托·沃伯格,他树立了一个获得第一流研究方法和质量的榜样。如果没有他的话,我可以肯定,我永远不会达到诺贝尔奖评审委员会所确定的标准。"

求教于老师,重点是学习老师的治学之道、思维方式,特别是其解决问题的方法、角度。这种学习,并非死守教条、墨守成规,更不是丝毫不差、绝无二致,而是要在继承的前提下走创新之路,做到"青出于蓝而胜于蓝"。

微软前副总裁李开复博士在卡内基-梅隆大学追随他的导师罗杰·瑞迪研究语音识别系统的时候,虽然非常敬佩和信任自己的导师,但是他仍然对导师的研究方法产生了怀疑。他打算使用统计学的方法另辟新路。于是,一个享誉世界的大师和一个尚未毕业的学生之间出现分歧。导师的反应让学生一辈子都不会忘记。罗杰·瑞迪说:"我不同意你的看法,但我可以支持你用统计的方法,你如果有信心,就坚持做下去。"如果没有罗杰·瑞迪不遗余力地支持,李开复就不可能取得巨大的成功。"我在自己的道路上历经无数起伏跌宕,唯有1984年和导师的那场对话始终不能忘怀。"每忆起老师,李开复无不动情地说。

第二节 同学关系

同学是大学生人际交往的主要对象,同学关系是大学生人际交往的主要内容。在大学

校园里,常常可以看到三三两两的大学生结伴而行,有的女同学之间还手挽着手,显得十分亲热。几个同学一起逛街、吃饭、娱乐更是经常的事。大学校园里的同学关系总的来说是和谐的、友好的,即在日常学习、生活中能够营造出一种亲人般的和谐、稳定关系。

一、了解大学校园里的学生交往圈

在今天的大学校园里,大学生根据各自的兴趣、爱好,结成一个个或松或紧的交往圈。这种交往圈,大概可以分为学习型、娱乐型、社团型、老乡型等几种类型。

1. 学习圈

这个圈子的同学是"学习派"。每天奔波于教室与自习室之间,全身心投入学习,积极参加各种考试,如英语等级考试、计算机等级考试、国家司法考试、注册会计师考试或其他实用的获取热门证书的考试,以增强自身的"含金量"。

2. 娱乐圈

这个圈子的大学生,都爱好某种娱乐活动,如体育、文艺等。喜欢体育运动的学生,课余时间经常在一起活动,不仅内部"操练",还经常主动"出击",找别的班级打对抗赛,力求把活动搞得有声有色。

3. 社团圈

学生社团是大学校园里一道亮丽的风景线,是校园文化的重要载体。社团有理论类,如邓小平理论研究会;有实践类,如公关协会、广告协会等,涉及各个方面。许多大学生充分利用各种机会参加社团活动,培养能力,增长才干,为进入社会做准备。

4. 老乡圈

中国人非常注重"乡土"观念,"老乡见老乡,两眼泪汪汪"是这种心态的真实写照,对于初次离开家门的大学生来说,这种心态更为强烈。大学校园里"老乡会"具有三大特点:一是以地域上的"同乡"为基础,由来自同一地区的学生组成,大的以省为界,小的以地、市为界,可视规模、人数作灵活的调整;二是具有封闭性,以老乡的感情维持,对内是一种比较亲密的人际关系,对外则具有封闭性和排他性,非本地区者谢绝加入;三是"老乡会"的活动时间相对比较集中,一般集中在9、10月份新生入校期间和5、6月份毕业生离校期间。

二、熟悉大学生间交往的基本特点

1. 交往范围

从交往范围看,大学生的交往不局限于同班同学,已发展到同级、同系甚至是同校可以认识的所有同学。大学与中学阶段不同,不仅同性之间经常进行交往,异性交往也很普遍、频繁。大学生的人际交往虽然比较广泛,但在人际交往中普遍存在"广泛交友,谨慎交心"的现象,交往有广度而没有深度,"点头之交"的朋友很多,真心好友却难寻觅。同时,由于现在大学生多是独生子女,自我保护意识较强,同学间交往通常都小心翼翼。

2. 交往方式

从交往方式看,大学生交往以寝室为中心,在社团工作中交往和网络社交占主导。大学生虽然追求广泛的人际交往,但由于生活环境、经济条件等方面的限制,交往的主要场所仍然在校园内,学生的寝室是交往中心。微信和 QQ 等新兴社交方式正逐渐被大学生接受并渗入到他们的生活中。

3. 平等互助

平等互助是大学生交往的主要特点。平等是指大学生之间的各种交往是在人格平等的基础上进行的;互助是指学习和生活上的互相帮助是交往的主旋律。学习是同学关系的基础。很多同学就是在共同的学习中加深了对彼此的了解,结下了深厚的友谊。大学四年,同学们不仅学到了知识,还学会了生活。生活中最宝贵的就是沉甸甸的同学友谊。

4. 浓郁的感情色彩

大学生结交朋友的愿望十分强烈,十分看重同窗友谊。即使个别同学之间出现了矛盾,大家也能够"着眼长远、面向未来",有意去弥补。大学生之间的交往很少受到社会等级、阶层的影响,品格、能力等因素是能否深入交往的关键。俗话说,"物以类聚,人以群分",了解一个人最重要、最有效的办法是:了解一个人的心理,看他的眼神;了解一个人的身价,看他的竞争对手;了解一个人的底牌,看他的身边好友。

三、大学生应把握的人际交往艺术

大学新生渴望能够在校园中建立起良好的人际关系,这不仅是一种求得他人认可的心理诉求,而且也在某种程度上决定着其大学生活的质量。

因此,加强人际关系课程的建设,引导大学生进行健康的人际交往,已成为一个必须予以更多关注的课题。如果你在平时的人际交往中注意以下一些方法、技巧,你将会有意想不到的收获。

1. 学会包容别人

很多同学没有住校经历,上大学之前一个人生活得自由自在,突然要和几个人共用一个寝室,就必须包容别人的生活方式。如果别人的生活方式有碍于你的生活,就需要委婉地提出意见,并适当地进行自我调整(如调整作息时间)。

2. 学会主动交往

要想处理好同学之间的关系,需要做到宽以待人、严以律己,切忌以自我为中心,平时要主动与同学打招呼,主动和同学讲话,主动帮助别人。此外,要主动去做些公共事务,以增加同学们对你的好感。

3. 讲究交往技巧

在与同学相处时应坦诚相待,但在给同学提意见时,必须动脑筋,讲究方法和技巧。

(1) 平易近人。不要给人一种你很难相处的感觉,要尽可能表现得自然大方,也不要让对方有紧张感,要尽量去做一个平易近人、有亲和力的人。

(2) 保守秘密。只要是朋友私下和你说的话,或者是涉及个人隐私的话,不论对方有没有让你保密的表示,你都应该守口如瓶。

(3) 善解人意。能主动地为别人着想,做到换位思考,站在别人的角度考虑问题,不让与你相处的人觉得有任何难以接受的情况。

（4）合理倾诉。不把朋友当做"垃圾桶",把你所有的烦恼都抛给朋友,虽然朋友之间是需要互相分担烦恼的,但这并不是指全部,不能让你的朋友因你的倾诉受影响。

（5）不卑不亢。无论是对待地位或身份比自己高还是比自己低的人,都应表现出落落大方的态度,不要因为对方身份过高而放弃自我应有的人格。

（6）尊重对方。朋友之间相处,要做到尊重对方,时刻注意对方的感受,体谅对方的心情。

（7）适当赞美。不夸张地、适当地赞美对方,让对方感受到你的心情,了解到你对他的好感,才能得到同样的回应。

（8）自我克制。尽可能地避免和朋友发生冲突,不要因为争执破坏朋友之间的感情,要学会自我克制。

（9）保持联系。不以任何借口和朋友失去联系,用各种方法保持联系,当然最好的办法还是多见面,这样才能更好地保持联系。

（10）留有空间。给别人空间,也要给自己留空间,不要把自己的时间都分给朋友,适当留一些给自己,这样也可给对方一个喘息的机会。

4. 走出以下交往误区

（1）言语不慎。总想着对方是自己的朋友,了解自己,说话就肆无忌惮,完全不在乎对方的感受,也许你已伤害到朋友而你自己还不知道。

（2）违背约定。轻易地把答应为别人保密的事情说出去,不遵守事先的约定,会让朋友觉得你不值得信任,将产生无形的隔阂。

（3）过于散漫。不拘小节没什么错,但不要过分,即使是在朋友面前也要注意言谈举止,不要太过散漫,让人觉得你不值得信赖。

（4）强人所难。过于依赖朋友,明知道是对方做不到的事情,还用朋友的身份强迫对方,让别人为难,他将无法与你继续交往。

（5）喧宾夺主。在公共场合或者在别人家做客的时候不合时宜地显示自己,毫不顾及主人的感受,过分地占用主人的时间。

（6）用语尖刻。为了炫耀自己,不惜贬低别人,说话虽然没有脏字,却字字句句像刀子一样伤害别人,让对方后悔与你相识。

（7）斤斤计较。过分计较得失,不肯吃一点亏。

（8）一意孤行。认为自己很聪明,完全不顾朋友的情分,或者非让朋友按照自己的思路去做事,过于专横武断。

（9）泛泛而交。朋友有很多,在需要的时候却根本找不到能够帮忙的,朋友圈子虽然大,知心的却没有几个。

（10）不顾场合。当着众人的面给别人提意见,使对方难堪、丢面子。

5. 改善人际关系的方法

（1）客观思考。从客观角度分析你交友的原因,是为了纯粹地交朋友,或是为了拓展人脉,还是为了建立"关系网",因为交友目的将决定你的交友态度。

（2）有效沟通。沟通要有技巧,要做到有意义的沟通交往,在表达方面须注意清楚、准确地表达,不要引起不必要的误会。

（3）换位思考。能站在别人的角度考虑问题,把自己假想成对方,设身处地为别人着想,才有可能真正地与人沟通。

(4) 理性信任。信任朋友,但不盲目地相信对方,要理性地分析,不要因为是朋友就盲目地信任。

(5) 创造新意。朋友之间,不论是一般朋友,还是情侣之间都要创造一点新意,要不断注入新的活力才不会让朋友之间的关系变得乏味。

(6) 认真负责。朋友之间要有责任感,认真负责地处事对自己、对他人都有好处,能给人以安全感,让人觉得你值得信赖。

(7) 独立处事。不要太过于依赖别人,要学会独立,事事依赖别人将失去朋友。

(8) 善于沟通。把与人沟通当作一门艺术,既能提高自己的修养,又能得到更多志同道合的朋友。

四、班级交往中要注意的问题

"学霸"宿舍

大学班级不像中小学的班级,没有固定的教室。上课就像"打游击",上完一门课换一个教室。班内同学来自全国各省市,不再像中学时大家都是同乡或近邻。班主任不会跟前跟后,如果他没有担任你的科任老师,你很难看到他的踪影。

结合大学班级的特点,在班级交往过程中你要努力做到:

(1) 重视新生见面会。对于同学们的自我介绍要用心听,记住每位同学的样子和名字。

(2) 积极参加活动。班级旅行、野外郊游、节日聚餐、联谊晚会……班级活动的目的是让大家尽快相互熟悉,形成一个团结紧密的班集体。

(3) 各司其职。如果你有幸成为班委中的一员,一定要与其他班干部共同配合做好班级的建设工作。

(4) 找准自己的位置。非班委的同学要积极配合班委的工作,做老师、院系和同学之间的传话筒,主动协助管理班级日常学习生活中的各项杂事,组织开展班级活动。

(5) 尽心尽力。当需要你为班级出力的时候,一定要挺身而出。如校运动会、班级文艺演出等,千万不要因为怕苦怕累,甚至是不想"抛头露面"而拒绝,作为班级的一员,对班级要有一种责任感。

五、处理好宿舍人际关系

作为大学新生,对宿舍生活既不要有太多幻想,也不必有任何恐慌,当你适应之时,也是成长、收获之时。

现在大多数学生都是独生子女,多数人上大学之前没有住过校,没有与很多人共居一室交往的经验。宿舍生活中不可避免会产生一些矛盾,但只要我们把宿舍当作家,慢慢就会与舍友建立起像兄弟姐妹一样的关系。

1. 学会换位思考

心理上的角色互换是消除猜疑、嫉妒心理的最好方法。大学生宿舍成员之间种种心理矛盾的产生,实际上多半是因为别人没有满足自己的需要,或觉得别人需要的满足超过了自己而引起的。如果能换个角度,为他人想一想,那么宿舍成员之间的各种偏见和误解都会因此而"烟消云散"。

2. 摒弃自我中心主义

自我中心主义是集体生活的大忌,必须坚决摒弃。相信有不少新生都是独生子女,在家爷爷、奶奶宠着,爸爸、妈妈呵护着,人人都视你为掌上明珠,事事都以你为中心。但你要想到,你是你家里的宝,宿舍同学又何尝不是,所以你不能要求别人事事迁就你,要学会尊重、宽容、忍让、关心他人,这是你成长必经的一课。

3. 了解大学宿舍交往要经历的三个时期

(1)初识期。几个人刚刚组合到一起,彼此的陌生感会让人行为谨慎,自觉收敛起坏习惯,意在给舍友留下好的第一印象。急于被新集体认同和接纳的渴望令大家都表现得十分友善。初入校园,社交网络还未打开,宿舍关系是唯一的社交关系,舍友是自己最重要的伙伴,会有相互依靠的心理需要,这段时间常常是宿舍集体行动,是"蜜月期"。

(2)相熟期。俗话说"日久见人心",随着时间的推移和宿舍成员交往的深入,最初的陌生感渐渐消失,一个个都慢慢"现出原形"。A同学总喜欢顺手拿别人的东西来用,却不事先征得别人同意;B同学每天都玩得很晚才回来,本来大家都睡着了又被他吵醒……很多问题都会浮出水面,矛盾重重,一不小心就会爆发矛盾。经过前一段时间的相处,每个人都在自己心中给其他舍友打出了分数,不少宿舍开始出现分化,形成两人或三人的小团体,小团体内会互诉心事、互通有无,而对待小团体之外的宿舍成员的态度就明显冷淡。另外,随着班级、社团、院系等各项学习、工作的开展,大家的社交活动不再仅限于一室之内,会结识很多宿舍以外的同学、朋友,开始有各自的社交圈子,宿舍集体行动变得越来越少。相熟期是一个真正的"坦诚相见"的过程,部分宿舍会出现关系紧张的情况,这些都很正常,其实也算一个适应调整期。

(3)平稳期。宿舍内的"冷战"和"暗战",或最后不了了之,或升级为"明战"爆发,个别人会选择另觅宿舍,无论如何,一切最终都会归于平寂。而此时当年的新生已经变成师弟、师妹口中的师兄、师姐,经过生活的洗礼,每个人都在成长和成熟,慢慢地悟出相处之道,不再那么事事较真。况且经过那么长时间的相处,可以说彼此都知根知底,习惯并接受了对方。宿舍此时就进入到平稳期,大家真正懂得尊重和忍让,气氛有点像最初相识之时。另一个原因是越到后面越感觉时间飞逝,随着离别越来越近,大家会变得珍惜身边的人和事,宿舍关系即为其中之一。宿舍聚餐、卧谈会等集体活动又将重现,只是大家谈话的内容会更感性,加入比如回忆、祝福之类的内容。

不难看出,宿舍关系是一个先热后冷,最后再回暖的变化过程。新生不要觉得不耐烦甚至恐惧,要知道很快你就要走入社会,那时才将要面对真正复杂的人际关系,体会艰深的相处之道,如果你连宿舍关系都处理不好,将来要怎么办呢?

4. 掌握宿舍人际交往技巧

(1)与舍友共定作息制度。宿舍的全体成员应当尽量统一起居时间,减小作息差距。早起或者晚睡的成员也应尽量减少声响和灯光对舍友们的影响。

(2)不搞"小团体"。在宿舍,应当以平等的态度对待每一个人,不要厚此薄彼,和一部分人打得火热,而对另一部分人疏远不理。须有互相包容的心态,即要多看对方的优点和长处,多肯定他人,少求全责备,从而和睦共处、相互尊重、相互理解,达到博采众长、提高自己的目的。

(3) 不触碰舍友的隐私。对于舍友的隐私,我们不要想方设法去探求。尤其需要注意的是,未经舍友同意切不可擅自乱翻其物品,不要以为是熟人就忽略了交往中的细节。即便有时偶然知道舍友的某些隐私,也要守口如瓶。

(4) 积极参加集体活动。宿舍活动不仅仅是一个活动,更是舍友之间联络感情的重要形式,应该积极参与配合。集体活动不仅是感情投资,也是不可缺少的人生经历。倘若你老是不参加宿舍活动,多多少少会显得你不合群。

(5) 给予别人关心,别人有难要帮,自己有事也要学会请求帮助。良好的人际关系是以互相帮助为前提的,哪怕只是些小事。当舍友遇到困难,我们应当主动伸出援助之手,哪怕是一个笑脸、一个体贴的眼神,也会使他人感到温暖,感到安慰。宿舍成员之间互相帮助对于建立起良好的宿舍人际关系具有重要的作用。

(6) 不拒绝零食和宴请。不要以为吃别人的难为情而拒绝,因为互酬不仅仅体现在物质上,它更体现在心理上。你接受别人的邀请,从某种意义上说,也是给别人"面子"。倘若不论零食或宴请,你都一概拒绝,时日一久,别人难免会认为你清高傲慢,就对你"敬而远之"了。

(7) 不逞一时口快。在嘴巴上占便宜的人实际上非常愚蠢,给人感觉太好胜,难以合作。你不尊重别人,别人也不会尊重你。你夸夸其谈,想处处表现得比别人聪明,最后只会引起别人反感,没人会说你好。

(8) 维护共同的生活环境,做该做的杂务。宿舍是公共生活的场所,每个人都有自己相应的生活空间,同时也必须遵守大家共同制定的生活规则。许多宿舍都有轮流值日制度,这样每个人都能为共同的卫生环境尽义务,诸如打水、扫地、倒垃圾。这些既是为别人做也是为自己做。没有哪一个集体会欢迎一个自私、懒惰和邋遢的人。

(9) 学会赞美,不吝啬对别人的夸奖。每个人都有长处和短处,生活久了总会发现别人的可爱之处,所以在宿舍生活中不要吝啬对别人的表扬,只要你的夸奖是真诚的。

(10) 以合理方式解决日常矛盾。宿舍中发生争吵是难免的。纠纷产生后,谁都不愿意承认自己的过错也很常见,这正是考验一个人的诚实态度与勇气的时候。如果因为一点小事变为仇人,见面不说话,心生嫉恨,这不仅有碍宿舍的和谐关系,也会对当事人心理健康不利。因此主动与对方表示和好与原谅对方是最通情达理的做法。在宿舍中形成良好的人文氛围,对于建立和谐的宿舍人际关系起到至关重要的作用。

第三节 校 园 恋 情

挥手告别单纯的中学时代,大学生满怀着对理想的追求和对未来的憧憬,来到了菁菁大学校园。这里有幽静的校园小道、葱郁的树木、艳丽的花草,一切都是那么清新、美丽和自由。

伴随着青春的脚步和心灵的成长,对爱情的渴望与追求便悄悄地在大学生们的心田萌发。爱情,成为校园民谣中一个永恒的歌唱主题。

曾经有一位哲人说过:爱情是现实生活和文艺作品的永恒主题。对于文化水平较高、情感体验较为丰富的青年大学生来说,爱情是大学生活中不可缺少的重要内容。漫步大学校园,出双入对的大学生是一道亮丽、动人的风景线。因此,校园恋情很自然地成为大学生关注的热点话题。

一、关于大学生恋爱的话题

在中国大学生校园爱情的变迁中,国家主管部门对大学生恋爱问题的态度,经历了由明文禁止,到"不提倡,不反对"的转折,这是认识大学生恋爱现象演变的重要背景。现在谈恋爱逐渐成为高校人人皆知的公开秘密。高校在政策上也做了相应的调整,对恋爱问题采取了较过去更多元、更客观的宽容态度,既不支持,也不反对。

目前,社会关注的焦点不在于大学生恋爱本身,而在于如何引导大学生处理恋爱与学业的关系。

第一,学习是主业,处于首要地位,恋爱必须服从于学业。学习和恋爱都需要精力,但人的精力总是有限的。恋爱用的精力多,学习用的精力自然就少,这是不争的事实。

第二,绝大多数大学生在主观上想把学业放在首要位置,但这只是大学生的美好愿望而已。实践表明,真正在客观行为上正确处理好学业与爱情关系的大学生为数不多。更多的是在不知不觉中变得"儿女情长,英雄气短",爱情逐渐成为生活的唯一追求。有些谈恋爱的大学生决心学习紧张时抓紧时间学习,学习较轻松时谈恋爱,但实际上往往事与愿违,涉足爱河后,就把学业抛到脑后,尤其是在感情出现波折时,更是心猿意马,无法集中精力学习。

二、大学校园爱情的特点

随着人们的社会观念和生活方式的变化,恋爱问题已渗透到大学生的学习、生活等各个方面。青年期性功能的成熟与性意识的觉醒,引起了大学生心理上的微妙变化,在大学这个主要由18~23岁的青年人聚集的小社会中,大学生恋爱现象已由过去的"犹抱琵琶半遮面"转化为公开地出双入对。

大学生谈恋爱,受到学生身份的限制,因而许多人认为此时的恋爱应该保守一些,但也有人认为,大学生已经是成年人,可以自由选择恋爱方式。有关调查表明,当代大学生的性观念已经日趋开放。

在关于恋爱行为尺度的调查中列举了5种恋爱行为让被调查者按认同度的大小排列顺序,分别是拉手、接吻、爱抚、性行为、同居。半数以上男生认同"同居"这一项,而女生普遍认为接吻或爱抚都是很正常的行为。

同时,在另一项"恋爱是否以结婚为前提"的调查中,几乎所有的学生均选择了"不确定",学生们表示在恋爱中很少考虑结婚的问题,但并不影响他们谈恋爱。

由此可见,大学生目前对婚姻、恋爱和性问题的价值观念,深受西方文化思想的影响和冲击。与过去相比,当代大学生对感情更执着、热情、开放、现代和前卫,但缺乏责任感,令人担忧。

2003年10月1日,新《婚姻登记条例》施行之后,一些地区出现达到法定婚龄的大学生结婚的事例。社会各界担心,大学校园会不会就此结婚风气盛行呢?根据复旦大学团委调研部就此进行的调查来看,这种情况在高校不大可能发生。调查结果显示虽然有96.9%的被访学生对新条例的出台持肯定态度,但高达99%的被访学生仍明确表示在校期间"不考虑结婚";另有62.5%的学生认为,虽然在理论上可能出现大学生结婚的现象,但目前的大学生一般不会这样做。

三、常见的校园恋爱误区

大学生在恋爱方面存在以下误区:

1. 误区之一:重现在,轻将来

大学生在如何看待恋爱的问题上,存在着"重现在,轻将来"的心理误区,"不求天长地久,只求曾经拥有"是其合适的注解。与社会青年的恋爱相比,大学生的恋爱往往更注重感觉:"因为有感觉,所以恋爱。""爱一个人需要理由吗?"因此,校园爱情特别浪漫,特别纯洁;另一方面,"因为没有坚实的土壤,所以没有成熟的果实",常有人说:"校园恋情,相爱容易,相伴难。"

大学生毕业后的就业去向问题存在着极大的未知性和不确定性,是影响大学生恋情发展的主要因素,即使相爱,毕业后很可能天各一方。"只求曾经拥有"并不是大学生所愿的,但最终也只能接受"无可奈何花落去,劳燕分飞泣无声"的事实。因此,很多大学生认为,能投入地爱一次,在情感上有所体验,能使他们对人生的理解更为深刻,是除学业之外的最大收获,至于结果要看缘分。但究其实质却反映了某些青年大学生"及时行乐"的功利主义人生观、价值观以及"只享受权利,不承担责任"的逃避思想。

应该着重指出,恋爱的最终目的是组建家庭,携手共度人生。而这种只重过程、不重结果的爱情游戏带给双方当事人的只能是极大的伤害和悔恨。"爱上一个人,只需要一瞬间的功夫;忘记一个人,却需要一生的时间。"一段感情的发生不可能像炉中火说燃就燃,说熄就熄;不可能像一缕轻烟在心灵深处不留下一点痕迹,对今后的生活不产生一丁点影响。大学生们在作出是"将爱情进行到底",还是"让爱随风"的决定时,一定要慎重。

2. 误区之二:择偶标准的现实化

在大学校园里,恋爱之风盛行的一个非常重要的原因就是大学生们往往容易被对方漂亮的容貌、迷人的风度等外在因素吸引而产生爱慕之心,因此大学生的恋爱非常容易出现"一见钟情"。

首先,由于大学生年纪轻、阅历浅,容易受小说、文艺作品的影响。在他们所接触的古今中外文学和艺术经典中,不乏"一见钟情"的故事。正所谓"众里寻他千百度,蓦然回首,那人却在灯火阑珊处"。一旦现实生活中出现了类似心目中理想爱人的目标,就会不知不觉地把脑海中的影像投射出去,采取实际行动。

其次,大学的文化氛围有较多理想主义的色彩,"一见钟情"正表现了年轻人对生活意义和浪漫主义的深层体验,是对理性主义、功利主义的反叛,符合大学的总体文化氛围。同时,与社会上的生存竞争压力相比,校园环境比较轻松,不需要做太多的现实考虑。

一份调查资料显示:在当前的大学生中,一部分人将"有钱"当做择偶的必备条件,"找个有钱人""干得好不如嫁得好"这样的口号越来越多,越来越响亮。一时间,"富翁""富婆""大款"成了改变大学生们命运的一大筹码。这种恋爱观往往会埋下祸患的种子。无数事实证明,这种缺乏爱情的物质主义、功利主义的婚姻实质上是一个美丽的陷阱。建立在这种基础上的爱情,是经不起风浪的,必定要付出代价,而这种代价实际上要远远大于暂时得到的实惠。

3. 误区之三：重表现，轻修养

大学校园的许多角落都已被校园恋人们开辟为谈情说爱的阵地。从僻静的花园到人来人往的林荫道，牵手徐行或相拥而行的"二人组合"随处可见。马克思曾说过："在我看来，真正的爱情是表现在恋人对他的偶像采取含蓄、谦恭甚至羞涩的态度，而绝不是表现在随意流露热情，过早地亲昵。真正的爱情不是以如此外显的行为向别人证明两人爱情的忠贞与长久。只有尊重对方，尊重自己，才能真正体会到爱情的真谛。"

现在校园恋人们的"势力范围"有逐渐蔓延的趋势。餐厅里"你喂我一口，我喂你一口"的就餐方式似乎成为固定曲目。有的学校甚至出台了"校园文明行为规定"之类的硬性措施，制定了一些类似在公开场合不准搂抱、接吻等强制性规定，否则就给予严厉处分。

恋爱本是一件美好的事情，其中一个重要原因就是它包括许多只有恋人间才能明白和分享的内容。如果把一些只应该存在于两人世界的浪漫亲昵举动展现在公共场合，无论出于什么原因，有意或者无心，美好的感觉都会大打折扣。向往纯情、真爱的大学生，不该让"禁止××"等字样来提醒自己过于张扬的行为。

4. 误区之四：重爱情，轻友情

从广义上说，恋爱只是异性交往的一个特殊形式，异性交往还应包括异性之间的非恋爱交往，即异性间的友谊。但由于各方面因素的影响，大学生们的异性交往常常只局限于谈情说爱，缺乏友谊互动。确立了恋爱关系的大学生往往会自觉地关闭异性交往的大门，交往的异性只限于恋人。

爱是一炉因为有空间才得以蓬勃的火，得不到空气流通的火，燃得再旺也会很快熄灭。取暖的人需要保持适当的距离，靠得太近，只会灼伤自己。爱情亦如此理。相爱的双方应记住：要保持爱情的空气流通。如果你爱一个人，那么就给他自由吧，如果他还能够回到你的身边，他就是属于你的；如果他一去不复返，那么你永远得不到他。

在绝大多数大学生的观念中存在着"异性交往就是谈恋爱""重爱情，轻友情"的错误思想。在校大学生既要认清自己内心的真实感受，又要摒弃那些旧观念的束缚，不为人言所影响，应该意识到在两性之间存在着比爱情更广阔、更美好的感情——友谊。

四、树立正确的恋爱观

恋爱是以爱情为核心的。能否以对爱情的清楚认识为基础来端正恋爱观不但决定着恋爱的成败，甚至决定着一生的爱情生活能否美满幸福。爱情的悲剧其实是恋爱观的悲剧，一次恋爱失败不会一生失败，但一旦恋爱观失败，一生的恋爱都会失败。

那么什么是恋爱观呢？恋爱观是指人们在恋爱婚姻问题上所持的根本观点和看法，这是社会经济制度、婚姻制度和伦理道德观念在恋爱婚姻问题上的折射和反映。男女双方在共同培育美好爱情的过程中必须遵守一定的道德规范，以此来调节和制约恋爱中的行为和各种关系。

1. 大学生恋爱观的主流

改革开放 40 多年，人们的观念发生了很大变化，大学生的观念更加前卫、开放，对爱情、婚姻都有自己独立的见解。爱上对方并主动表白时，男生并不希望女生"立刻就答应"，更希望对方"考虑一下再说",甚至"态度傲慢一点";女生就不一样了,因为女孩如果要主动向对方表白爱情,要么是经过了深思熟虑,要么是陷入情网。无论出于哪种原因,女孩主动迈出这一步需要有极大的勇气以冲破自己的矜持和羞怯,所以,她们希望对方接受的心理更为迫切。也就是说,当代大学生的恋爱态度在主流上还是传统型的。

尽管大学生的恋爱态度主流上仍以传统型居多,但大学生的恋爱观日益坚强、自立。

2. 树立正确的恋爱观

第一,应把心灵美好、情操高尚作为恋爱的第一标准。爱情的特质是纯洁而高尚的,不是可交易或利用的砝码。对爱情的亵渎,就是对命运的捉弄,如果让爱情沦为功利的婢女,在爱情上投机取巧,到头来只会"聪明反被聪明误"。

第二,恋爱态度要严肃认真,双方更要志同道合。爱情是神圣的,具有特有的责任和义务,只能存在于恋爱者两人之间,不容许第三者介入,具有专一性和排他性。这就需要双方严肃认真、真诚相待,实事求是地对待自己,也实事求是地对待对方。

人生之路有平坦大道,也会有崎岖山路,只有志同道合才能使爱情不受客观条件左右而长保坚贞与幸福。

纯净真实的爱情应该是两个人彼此欣赏、相互倾慕,是心有灵犀一点通的默契,是一日不见如隔三秋的思念,是秋风乍起时"多穿衣服"的叮咛和嘱托,是对方患病时的嘘寒问暖,是对恋人大错不犯小错不断的一笑而过,是为能够长期厮守并肩拼搏的努力。

第三,要正确处理爱情、学业之间的关系。莎士比亚说:"爱和炭相同,燃起来,得设法让它冷却。若是让炭任意燃下去,就要把一颗心烧焦。"爱情是美好的,但如果把爱情放在学业之上,则是错误的,爱情是生活的重要组成部分,但它绝不是生活的全部,将自己毫无保留地交付出去,不但自己交付不起,对方也担负不起。大学生应该把学业放在首位,处理好爱情与学业的关系,不能把宝贵的时间都用于谈情说爱而放松了学习。

当大学生把爱情视为生命的唯一时,爱情就是一株温室中的花朵,娇弱美丽却经不起任何风雨的打击。当爱情成为一个人唯一的存在价值时,他就会失去人格的独立和魅力,也很容易失去被爱的理由。

大学生在恋爱中,应把主要精力放在学业上,把爱情转变为学业成功的动力和加油站。应切记"两情若是久长时,又岂在朝朝暮暮"。

第四,培养爱的能力与责任。巴尔扎克指出:"爱是一种艺术,更是一种能力。为了有能力爱别人,我们首先要塑造自己,培养迎接爱的能力、拒绝爱的能力、发展爱的能力,然后我们才有能力给人以爱,有资格被人所爱。"

迎接爱的能力包括施爱的能力和接受爱的能力。一个人心中有了爱,在理智分析之后,要敢于表达、善于表达,这是一种爱的能力。一个没有爱心的人是个自私自利的人。一个人面对别人的施爱,能及时准确地对爱作出判断,并作出接受、谢绝或再观察的选择,这也是一种爱的能力。缺乏这种能力的人,或是匆忙行事,或是无从把握。大学生要具有迎接爱的能力,就应懂得爱是什么,有健康的恋爱价值观,知道自己喜欢什么、需要什么、适合什么;就应对自己、对他人、对万事保持敏感和热情;就应主动关心他人,热爱他人;当别人向你表达爱意时,能及时准确地对爱的信息作出判断,坦然地作出选择,能承受求爱拒绝或拒绝求爱所引起的心理扰乱。

拒绝爱的能力。面对自己不愿或不值得接受的爱时应有勇气加以拒绝。拒绝爱要注意两个方面:一是在并不希望得到的爱情到来时,要果断、勇敢地说"不",因为爱情来不得半点勉强和将就。如果优柔寡断或屈服于对方的穷追不舍，发展下去对双方都是不利的；二是要掌握恰当的拒绝方式，虽然每个人都有拒绝爱的权力，但是珍重每一份真挚的感情是对他人的尊重，也是一种自珍，同时是对一个人道德情操的检验。不顾情面，处理方法简单轻率，甚至恶语相加，结果使对方的感情和自尊心受到伤害，这些做法是很不妥当的。

发展爱的能力，培养爱的责任。发展爱的能力，并不是非要具体到对某一异性的爱，可以是更广泛意义上的爱。我们的亲人、同学、朋友，都值得我们去热爱。发展爱的能力，就是要培养无私的品格和奉献精神，要培养善于处理矛盾的能力，能有效地化解、消除恋爱中的矛盾纠纷，对恋人负责，对社会负责。

五、大学生网恋

谈恋爱不仅存在于现实中，在网络虚幻的世界中也同样存在，这种通过上网结识异性朋友导致发生恋情就是网络恋爱，简称"网恋"。

网络改变了人们的生活，提供了新的交友方式和途径，通过网络结识朋友，本无可非议。但是，网络并不是爱情的生存空间，它只是提供了建立爱情关系的一种交流手段和可选择的机会，有的大学生对此表现出过分的痴迷，就值得注意了。

通常，人们在网络上的表现与日常表现是不一样的。网络上通常会有以下三种人：第一种人会在网络上突出他的"次要"性格；第二种人会在网络上变成他希望成为的那种人；第三种人会在网络上变成他不可能成为的那种人。

心理专家指出，大学生网恋一般很容易上瘾，而一旦上瘾就会沉湎其中不能自拔，把网上爱情视为生活中的唯一追求，不仅严重影响学习，而且容易使他们减少与师生、同学之间的交流，不愿参加集体活动，性格变得孤僻，甚至造成人格分裂。网恋的欺骗性导致的严重后果对一些大学生更是一个沉重打击。一些受到打击的学生，由于得不到及时的引导，甚至断送了一生的前程。

亲爱的大学生，你在陷入网恋之前，请问一下自己：爱情真的可以下载吗？

六、大学生恋爱的心理问题调适

1. 单恋

单恋俗称单相思，又称暗恋或爱情错觉。单恋是一场感情误会，误认为别人爱上了自己或明知别人不爱或不可能爱自己，但却深深地让自己陷入爱河。其原因主要是受异性言谈举止、外貌、衣着打扮或自身各种主观体验的影响而错误地陷入虚幻的爱河。这种爱的情感越深，它所带来的情感体验就越苦涩。

"爱情错觉"导致一厢情愿式的单恋。单相思有两种情况：一种是毫无理由的"单相思"，对方毫无表示，甚至对方还不认识自己，而自己执着地爱对方，追求对方，这种恋爱是纯粹的"单向"；另一种是自认为有"理由"的单相思，错误认为对方对自己有情，于是"落花无意"变成"落花有意"，这是假"双向"，真"单向"。

大学生由于心理尚未完全成熟，单恋的现象比较常见。一些大学生处在单相思的情形下，既不能勇敢地向对方表白，又无法停止对对方的爱恋，真是"为伊消得人憔悴"，似乎很难从痛苦中摆脱出来，然而只要真正明白自己当前的处境，问题也是不难解决的。

(1) 冷静地面对自己的感情。当你无缘无故地爱上对方时,请先冷静思考一下,你正处在青春萌动期,这种情形是自己把潜意识中的理想恋爱对象的映像投射到现实中具体某个人身上的结果,实际上自己爱上的是潜意识中的那个虚幻对象,并不是现实中的对方,这时爱情是不存在的。

(2) 主动避免恋爱错觉。学会准确地观察和分析对方的言行,用心明辨。如某位男生经常帮助一位女生,但这位男生是副热心肠,对谁都乐于帮助,那么这位女生大可不必胡思乱想,当然如果这位男生只对这位女生特殊照顾,那这位女生就必须留意了。或者对方只是偶尔帮助你一两次,你就更没有必要去"自作多情"。如果你已经产生了恋爱错觉,那就必须客观地正视自己的问题,才可能成功地转移自己的感情。

(3) 扩大人际交往圈。明知对方不爱自己,但依然深深地爱着对方而不能自拔时,这就要求自己用理性来对自己的感情加以调整,扩大人际交往圈,用更加精彩的生活来冲淡相思之情。

(4) 勇敢地用心灵去撞击。当单相思出现时,自己需要拿出十足的勇气,不能犹豫不决、顾虑重重,勇敢地用心灵去撞击对方的心灵,如果真是"流水有意",那么爱的欢乐就会来临;如果是"流水无情",那么就应挥动"慧剑"斩断情丝,要用理智克制自己的情感。应认识到爱情一定是两情相悦的,强扭的瓜不甜,这种理性、客观、冷静的考虑也是自身未来幸福快乐的源泉。

2. 失恋

"哪个少女不怀春,哪个男子不钟情",尤其是青年,由于生理、心理的逐步成熟,都会萌动春心,涉入爱河。浪漫热情之恋是青年男女内心的美好憧憬,它似一杯甘醇芳馨的美酒,令人如痴如醉。然而,有恋爱就有失恋,这是个辩证的自然法则。所谓失恋是指恋爱受挫失败。失恋引起的主要情绪反应是痛苦和烦恼。大多数失恋者能正确对待和处理好这种恋爱受挫现象,愉快地走向新生活。然而,也有一些失恋者不能及时排解这种强烈的情绪,导致心理失落,性格反常。具体到不同的个体,常常出现以下几种消极心态:

(1) "从此无心爱良夜,任他明月下西楼"。有的失恋者羞愧难当,陷入自卑和迷惘,心灰意冷,走向怯懦封闭,甚至绝望、轻生,成为爱情的殉葬品。因为失恋而自杀的人认定的是:连我最爱的人都抛弃了我,这个世界对我还有什么意义?事实上,如果反向思维,既然爱情不在,应该感谢爱情给予你自我成长的机会,正是爱情给予你人生的启发:恋爱是双方相互了解,为将来共度人生做准备的过程,如果在交往过程中发现彼此不合适,中止恋爱是最明智的人生选择。

(2) "不见去年人,泪湿春衫袖"。失恋者对抛弃自己的人一往情深,对爱情生活充满了美好的回忆和幻想,自欺欺人,否认失恋的存在,从而陷入单相思的泥潭。也有人会出现一个特殊的感情矛盾——既爱又恨,不能自拔。这类人首先从心理上拒绝、否认失恋,继而更加思念对方,认为所失去的是人生最美好的东西,陷入单相思之中难以自拔。

(3) "阁道曲直,似我回肠恨怎平"。失恋者或因失恋而绝望、暴怒,进而产生报复心理,从而造成毁坏性的结局;或从此愤世嫉俗,怀疑一切,看着什么都不顺眼,爱发牢骚;或从此玩世不恭,得过且过;或追求刺激,以发泄心中不满。典型的心理反应是:我不幸福,你也别想幸福! 这是一种扭曲的心理,因为个体在人生中都有选择的权利。

当然,如果你在交往中发现对方不适合你时,向对方提出中止恋爱关系,一定要注意方式方法,有的人因为担心对方受伤害而忍受内心的痛苦,误使对方以为你还爱他;有的人不告知对方为何中止恋爱关系,或者只用含糊不清的理由,比如性格不合。当你告诉对方终止恋爱的理由时,一定要具体而且令对方接受。

失恋的种种不良心态会严重影响大学生的身心健康,甚至会导致一系列社会问题。所以,必须学会自我调整、自我拯救。

(1) 培养对失恋的耐挫力。失恋是人生中一个很大的挫折,考验的是人的耐受挫折的能力。失恋使人产生痛苦的感觉是很自然的事,每个人都会有,只是程度上有差别。失去爱会使人感到一种重要关系的丧失,一种身份的丧失,需要一定的时间去面对和适应。我们应该从以下几方面正确认识失恋:

① 失恋只是一种选择的结果。一个人不选择自己不等于自我全面失败,一无是处。每个人在爱的关系中心理需要不同,看重的关键点不同。每个人都有可爱的一面,只是他人欣赏的角度不同。

② 在失恋中学习,把失恋作为一种人生财富。也许失恋给人带来的强烈的内心冲击是其他事件无法弥补的,这个过程中所体会到的情感、挣扎与痛苦,实为一笔人生财富,使人有了更多的人生体验,人会在失恋中变得更加成熟。

③ 失恋给人再恋爱的机会。一次失恋不等于整个爱情生命的结束,人还会再恋爱,再体验美好的爱情。

(2) 寻找摆脱痛苦的方法。失恋者精神遭受打击,被悔恨、遗憾、愤怒、惆怅、失望、孤独等不良情绪困扰,解铃还需系铃人,要学会以下摆脱痛苦的方法:

① 倾诉。主动找朋友倾诉,释放心理负荷。可以用口头语言,把自己的烦恼和苦闷向知心朋友毫无保留地倾诉出来,并听听他们的劝慰和评说,这样心理会平静一些。也可以用书面文字,如写日记或书信把自己的苦闷记录下来,或给自己看,或寄给朋友看,这样便能释放自己的苦恼,并寻得心理安慰和寄托。

② 移情。及时、适当地把情感转移到失恋对象以外的他人、事或物上。如发展密切的朋友关系,交流思想,倾吐苦闷,陶冶性情;投身到大自然的博大胸怀中,从而得到抚慰。当然密切自己与其他异性的交往,也不失为一个合适的途径。

③ 疏通。指的是借助理智来获得解脱,由理智的"我"来提醒、暗示和战胜感情的"我"。爱情是以互爱为前提的,不可因一厢情愿而强求,应该尊重对方选择爱人的权利。也可以进行反向思维,多想对方的不足点,分析自己的优势,鼓足勇气,迎接新的生活。还可以这样设想,失恋固然是失去了一次机会,然而却让你进入了另一个充满机会的世界。正如海伦凯勒所言:"一扇幸福之门对你关闭的同时,另一扇幸福之门却在你面前洞开了。"

④ 立志。失恋者积极的态度会使"自我"得到更新和升华,全身心地投入到工作中去,许多失恋者因此而创造出了辉煌的成就。像歌德、贝多芬、罗曼·罗兰、诺贝尔、居里夫人、牛顿等历史名人都曾饱受失恋的痛苦,他们是用奋斗的办法更新"自我",积极转移失恋痛苦的楷模。

⑤ 寻觅。不是你不优秀,而是你所爱的人还没有出现。切忌走极端、自暴自弃、寻死寻活或去伤害别人,甚至做违法的事,害人害己。你要做到想得开,走出来,看得清,放得下。

第七章 安 全 篇

第一节 安 全 意 识

我们讲的安全主要包括财物安全和人身安全。一年有 365 天,一天有 24 小时,天天都要讲安全,时时都要注意安全,安全方面无小事。不要认为危险离我们很远,如果心存侥幸,危险将随时来到你的身边。希望同学们一定要注意人身安全,防止盗窃、抢劫、受骗等事件的发生,以免发生意外。

一、防范人为之险

1. 防盗

对于大学生来说,防盗最重要的是做好以下几点:
(1) 贵重物品要放在带锁的抽屉、橱柜等安全保险的地方,不用时应予以寄存。
(2) 平时要养成随手锁门关窗的习惯,晚上睡觉不要将贵重物品和衣物放于窗前或窗台。
(3) 存折及银行卡要加密,平时卡内不要存钱太多,不要与证件放在一起,丢失后要立即挂失。
(4) 遵守宿舍管理规定,不留宿外来人员。
(5) 保管好钥匙,不轻易借人。
(6) 在公共场所,保管好随身携带的物品。
(7) 发现可疑人员时要提高警惕,加以询问,必要时拨打 110 报警。

2. 防骗

高校诈骗作案的主要手段有:收集学生资料以行骗家长;以招聘为名设置骗局;以求助为名骗取信任;套取学生存折及银行卡密码以偷梁换柱;假冒身份借钱行骗;冒充学生推销诈骗。

大学生要做好对校园诈骗的预防就必须提高防范意识,学会自我保护;交友要谨慎,避免以感情代替理智;同学之间要相互沟通,相互帮助;服从校园管理,自觉遵守校纪校规。

3. 防抢劫

大学生要注意做好抢劫(抢夺)防范:
(1) 夜间不要单独到昏暗偏僻的地方行走,若非去不可,应结伴而行。
(2) 遇到抢劫时交出财物,使作案人放松警惕,看准时机向有人、有光的地方跑。

（3）与犯罪分子对话，麻痹作案人，看准时机进行反抗或逃脱其控制。

（4）利用有利地形和身边的砖头、木棒等与犯罪分子对峙或进行攻击，使犯罪分子无法近身。

（5）注意观察，准确记住作案人的体态、衣着等特征，并尽可能留下记号，记住其逃跑方向后及时报警。

（6）大声呼救，或故意高声说话，引起周围人注意。

4. 防流氓滋扰

流氓滋扰主要是指对校园秩序的破坏扰乱，对大学生无端挑衅、侵害乃至伤害的行为。大学生应注意做好以下几点：

（1）讲究策略和方法，正面对其劝告，避免纠缠，防止事态扩大，遭到伤害。

（2）坚持以说理为主，不要轻易动手，同时还要注意留心观察、掌握证据。

（3）对公开侮辱、殴打同学等的恶性事件，要敢于见义勇为，挺身而出，积极地加以揭露和制止，并及时报警。

（4）将与他人的矛盾及时告知家长、老师和同学，请求帮助和支援。

（5）增强法律保护意识。

5. 防范不良网络贷款

警方梳理并公布了"套路贷"的五个常见"套路"，提醒广大市民注意识破迷局。"套路贷"常见的有五个作案特征：

一是制造民间借贷假象。犯罪嫌疑人对外以小额贷款公司名义招揽生意，但实质均无金融资质，并以个人名义与被害人签订借款合同，制造个人民间借贷假象"违约金""保证金""行业规矩"等各种名目骗取被害人签订"阴阳合同""虚高借款合同"以及"房产抵押借款合同""房产买卖委托书""房屋租赁合同"等显然不利于被害人的各类合同，有的还要求借款人办理上述合同的公证手续。

二是制造银行流水痕迹。犯罪嫌疑人将虚高的借款金额转入借款人银行账户后，要求借款人在银行柜面，将上述款项提现，形成"银行流水与借款合同一致"的证据，但犯罪嫌疑人要求借款人只得保留实际借款金额，其余虚高款额交还犯罪嫌疑人。

三是单方面肆意认定违约。在签订借款合同，并制作银行走账流水后，通过"变相拒收还款""借款人还背负其他高利贷"等方式和无理借口故意造成或单方面宣称借款人违约，并要求全额偿还虚增债务，虚增债务往往大于本金数倍甚至数十倍。

四是恶意垒高借款金额。在借款人无力偿还情况下犯罪嫌疑人介绍其他假冒的"小额贷款公司"与借款人签订新的更高数额的"虚高借款合同"予以"平账"，进一步垒高借款金额。

五是软硬兼施"索债"。犯罪团伙成员自行实施或雇佣社会闲散人员采取各种手段侵害借款人合法权益，滋扰借款人及其近亲属的正常生活秩序，以此向借款人及其近亲属施压或利用虚假材料提起民事诉讼向法院主张所谓的合法债权，通过胜诉判决实现侵占借款人及其近亲属财产的目的。

警方提醒，一旦发生贷款等经济纠纷或深陷"套路贷"陷阱时，停止还款并通过法律途径进行维权，如果对方采取暴力催收等手段请保留其犯罪证据；市民在办理贷款业务时应到正规金融机构，不要轻信无金融资质的个人、公司；日常生活中，对各种无抵押免息贷款的广告信息,应保持清醒认识;珍惜个人信用,树立正确理财、消费意识,防止因不良信用记录给自己造成不便。

二、防范意外之险

1. 交通事故的防范

心肺复苏方法

(1) 提高交通安全意识。无论是在校内还是在校外,发生交通事故最主要的原因是思想麻痹、安全意识淡薄。作为一名在校大学生,遵守交通法规是最起码的要求,若没有交通安全意识很容易带来生命之忧。

(2) 自觉遵守交通法规:

① 在道路上行走,应走人行道,无人行道时靠右边行走。走路时要"眼观六路,耳听八方";不与机动车抢道,不违规横穿马路、翻越护栏,过街走人行横道;不闯红灯,不进入标有"禁止行人通行""危险"等标志的地方。

② 乘坐交通工具。乘坐市内公共交通汽车时应等车停稳后,依次上车,不挤不抢。车辆行驶中不得把身体伸出窗外;乘坐长途客车、中巴车时不能贪图便宜,乘坐车况不好的车,不要乘坐"黑巴""摩的",因为这些车辆安全没有保障。乘坐火车、轮船、飞机时必须遵守车站、码头和机场的各项安全管理规定。

(3) 发生交通事故的处理办法:

① 及时报案。无论在校外还是在校内,一旦发生交通事故后,首先应想到的是及时报案,这有利于事故的公正处理,千万不能与肇事者"私了"。若在校外发生交通事故除及时报案外,还应该及时与学校取得联系,由学校出面处理有关事宜。

② 保护现场。事故现场的勘查结论是划分事故责任的依据之一,若现场没有保护好会给交通事故的处理带来困难,造成"有理说不清"的情况。切记,发生交通事故后要保护好事故现场。

③ 控制肇事者。若肇事者想逃脱一定要设法控制,自己不能控制可以发动周围的人帮忙控制,若实在无法控制也要记住肇事者的特征及肇事车辆的牌号等信息。

2. 旅游活动中的安全防范

旅游中的安全事故可分为两类,即人身安全事故和财产安全事故。人身安全事故又包括生病、伤亡事故、交通事故、治安事故、火灾事故等。这里着重介绍旅游中的人身伤亡事故,概括起来主要有以下几种常见的情况:

(1) 攀登失足。旅游名山都以雄、险、奇著称,如华山、黄山、庐山等。虽说"无限风光在险峰",但如果不顾危险追求无限风光,极易发生人身伤害事故。某高校十余名大学生相邀攀登学校附近的一座山峰,一位姓刘的同学自感体力超人,又有登山的经验,在前面为大家开路。爬到一半时因山势实在太陡,其他同学就劝刘某别爬了,太危险,他不顾同学的劝告继续往山上爬。可不久,后面的同学们发现山上已没有动静,估计可能出了事,立即向学校报告,学校随后组织当地村民在山林中展开搜索,直到第二天才在一个落差达十几米的悬崖下找到了刘某的尸体。

(2) 林中迷路。在原始森林内探险已成为一种旅游时尚,游人若不听指挥擅自行动,在山间小道、原始森林中迷路,造成人身伤亡的可能性很大。一位在中国留学的外国学生,到湖北著名的神农架原始森林旅游,在一处叫板壁岩的景点游览时,因为好奇没有按规定的路线走,独自一人进入森林,结果在林中迷路,当地警民在山里搜了三天也没找到他的踪迹。

(3) 溺水伤亡。在海滩戏水玩耍或搏击风浪是一件非常愉快的事情,也是大学生十分向往的旅游项目,但如果不识水性、麻痹大意很容易酿成惨剧。

(4) 旅游中发生安全事故的处理办法:

① 自救。一旦发生事故不能惊慌失措,等了解清楚自己所处的环境和伤情后立足自救,一定要相信自己能够战胜困难,摆脱困境。

② 求救。有时依靠自己的力量实在无法摆脱困境,或因伤势太重不能活动时,只能耐心等待救援。在等待救援时要注意保持体力、坚定信念,还要不时发出求救信号。可以利用携带的通信工具、电筒、打火机的光线,也可以利用石头敲击发出声音,挥动色彩鲜艳的衣物等办法与外界联系。

3. 防溺水安全知识

(1) 预防溺水。池边不可奔跑或追逐,以免滑倒受伤。池边不可推人下水,以免撞到他人或撞到池边受伤。池边严禁跳水,常因水浅,造成颈椎受伤而终生瘫痪。戏水时,不可将他人压入水中不放,以免因呛水而窒息。在水中活动,感到有寒意,或可能抽筋时,应登岸休息。若发现有人溺水时,应立即呼救或打"110"请求支援,如果自己没有学过水上救生,不可贸然下水施救。若在水中发现自己体力不足,无法游回池边时,应立即举手求救,或大声喊叫"救命"等待救援。

(2) 下水施救的常识。溺水者往往张皇失措,会死命抓住一切能够得到的东西,包括施救者。因此,只要有其他方法将溺水者拉倒岸上,就不要下水去施救。当然,在万不得已的情况下,且施救者有能力施救,施救者可下水施救。没有受过救生训练的施救者下水之前应该有思想准备,此时的溺水者的本能反应可能使施救者力不从心,最终救人不成反而赔上自己性命。

下水施救一定要注意以下事项:下水前应准备一块结实且足够长的长条布或毛巾以及救生圈。如果决定下水救人,尽量不要让溺水者抓住不放。如在游向溺水者时,若与溺水者正面相遇,应立刻采用仰泳姿势迅速后退;在溺水者抓不及处,将布、毛巾或救生圈递过去,让溺水者抓住一头,自己抓住另一头拖着溺水者上岸;切记,勿让溺水者抓住你的身体或四肢,若溺水者试图向你靠近,应立刻松手游开;如必须用手去救,且溺水者十分张皇失措,则应从背后接近溺水者,从背后把溺水者牢牢抓住,抓住溺水者的下巴,使溺水者仰面,使其头靠近自己的头,并用力用肘夹住溺水者的肩膀;安慰溺水者,尽量让溺水者情绪稳定;采取仰泳的方式将溺水者拖回岸。

(3) 溺水救护。当发生溺水时,若不熟悉水性可采取自救法:除呼救外,取仰卧位,头部向后,使鼻部可露出水面呼吸。呼气要浅,吸气要深。因为深吸气时,人体比重降到0.967,比水略轻,可浮出水面(呼气时人体比重为1.057,比水略重),此时千万不要慌张,不要将手臂上举乱扑动,这样会使身体下沉更快。

会游泳者,如果发生小腿抽筋,要保持镇静,采取仰泳位,用手将抽筋的腿的脚趾向背侧弯曲,可使痉挛松解,然后慢慢游向岸边。

救护溺水者,应迅速游到溺水者附近,观察清楚位置,从其后方出手救援。或投入木板、救生圈、长杆等,让落水者攀扶上岸。

出水后的救护:首先清理溺水者口鼻内污泥、痰涕,然后进行控水处理——救护人员单腿屈膝,将溺水者俯卧于救护者的大腿上,借体位使溺水者体内的水由气管口腔中排出。如果溺水者呼吸心跳已停止,立即进行口对口人工呼吸,同时进行胸外心脏按压。

4. 防范意外之险

(1) 外出须在人行道内行走,没有人行道的靠路边行走,不要几个人并排走,不要在道路上扒车、追车、强行拦车或抛物击车。

(2) 穿越马路要走人行横道线、天桥和地下通道,集中注意力,看清来往车辆,不要边走边接打手机或随意招呼出租车。

(3) 不坐超载或无证经营的车辆,不催司机开快车。

(4) 不携带易燃、易爆等危险物品乘坐公共汽车、出租车和长途汽车。

(5) 骑自行车不要载人,超车时注意前后车辆,不要互相追逐或曲折竞驶。

(6) 参加体育锻炼和体力劳动或做教学实验时要提高安全意识,严格规范动作,有特殊体质和特殊疾病要告知学校和老师。

(7) 不违反校规,私自外出游泳、登山。

第二节 校园安全

一、网络安全

网络对大学生造成的直接伤害主要是使其产生精神和心理上的依赖,而非身体上的伤害,目前最为普遍的是网络成瘾综合征。网络成瘾综合征的主要症状为情绪低落、头昏眼花、双手颤抖、疲乏无力、缺乏食欲等,因此而退学的大学生屡见不鲜。

1. 常见的几种网络安全问题

(1) 陷入网络游戏中欲罢不能,玩了第一级,就想玩到第二级、第三级……玩游戏者在游戏过程中为了获得荣誉、自尊,不惜出卖友谊、信誉,欺骗、讹诈同伴甚至对其施暴。

(2) 玩游戏不仅耗费大学生的业余时间,而且一旦上瘾就很难控制自己甚至不想上学,经常旷课、逃学,成绩下降,导致退学。

(3) 网络还隐藏着其他陷阱。网上聊天交友深受大学生喜爱,但在虚拟环境下结交网友比在现实生活中要更加警惕,以防上当受骗。

(4) 过度使用互联网,将使自身的社会功能、工作、学习和生活等方面受到严重的影响和伤害。长时间地上网会造成不愿与外界交往,将使人行为孤僻,丧失正常的人际关系。

2. 警惕网络陷阱及诈骗

不可否认,互联网确实开拓了我们的视野,丰富了我们的生活,但是互联网上也存在着大量的陷阱。如果不能认识到这些陷阱的危害并预防它们,那么,互联网带给我们的将是财物的浪费、秘密的泄露,更有甚者会危及到人身的安全。

"网络陷阱"到底有几种,如何破解?根据近年来网络陷阱的表现大致可以将其分成四大类:病毒陷阱、色情陷阱、感情陷阱及金钱陷阱。

（1）病毒陷阱。病毒陷阱是网上最常见的一种陷阱。电脑病毒是一种经过恶意设计，能隐蔽运行和自我复制、具有破坏力和不良表现欲的计算机软件，它们在用户不注意的时候侵入计算机系统，破坏用户文件，窃取用户隐私，强迫用户浏览不良站点。因特网的广泛应用，使得病毒的制造和传播空前活跃，带有黑客性质的病毒和嵌入网页的恶意代码大量涌现。由于个人计算机系统的天生脆弱性与互联网的开放性，我们将不得不与病毒长期共存。

应对措施：对付病毒陷阱的最有效方法就是选择一个合适的在线杀毒软件，并随时升级它的防毒代码，对可能带有恶意代码的不良网站保持警惕，在没有通过病毒检测前不要轻易打开来路不明的文件。

（2）色情陷阱。色情陷阱是互联网的一大毒害。

应对措施：对付这类陷阱的最根本方法就是不去浏览色情网页，转移自己的注意力，如听音乐、打球等，使自己的兴趣逐渐转移到健康的活动上去。

（3）感情陷阱。不少人热衷于去聊天室找异性聊天，沉迷于精神恋爱之中，这不仅耗时劳神，而且还有一定的风险。有人想把网上恋情向现实生活中扩展，大多不能如意。更有心理变态者专门扮作异性去谈情说爱，还有人通过网络搞爱情骗局，险象环生。

应对措施：对付这种陷阱，关键是要有定力，端正自己的上网观，不做有悖于道德和为人准则的事情。

（4）电信诈骗。电信网络诈骗作案手段现已多达数十种，主要是利用人们的心理弱点，通过固定电话、手机、互联网等，发布、传递虚假信息进行诈骗犯罪活动。针对大学生群体诈骗方式主要有以下几种：兼职刷单诈骗，冒充熟人作案，货款诈骗，网络购物诈骗。请你谨记"十个凡是和六个一律"，便可以有效防范电信网络诈骗。

1）十个凡是：
① 凡是让你刷单兼职赚钱的都是诈骗。
② 凡是"高富帅"与你热心交友让你投资理财的(俗称"杀猪盘")的都是诈骗。
③ 凡是自称"公检法"让你汇款或汇款到"安全账户"的都是诈骗。
④ 凡是贷款、招工要你先付款的都是诈骗。
⑤ 凡是通知中奖、退税、领取补贴要你先交钱的都是诈骗。
⑥ 凡是在电话或陌生网站索要个人和银行卡信息的都是诈骗。
⑦ 凡是要你开通网银接受检查的都是诈骗。
⑧ 凡是叫你登录网站查看通缉令的都是诈骗。
⑨ 凡是自称领导(老板)要求汇款的都是诈骗。
⑩ 凡是通知你有"紧急情况"要你先汇款的都是诈骗。

2）六个一律：
① 只要一谈到银行卡，一律挂掉电话。
② 只要一谈到中奖了，一律挂掉电话。
③ 只要一谈到是"公检法税务"或领导干部的，一律挂掉电话。
④ 所有短信，但凡让点击链接的，一律删掉。
⑤ 微信上不认识的人发来的链接，一律不点。
⑥ 所有170开头的电话，一律不接。

3. 上网应遵守的道德准则和规范

（1）讲究社会公德和 IT 职业道德，用掌握的计算机知识和技术服务社会，造福社会，自觉维护国家安全和社会公共利益,保护个人、法人和其他组织的合法权益,不以任何方式、目的危害计算机信息系统安全。

(2) 珍惜网络匿名权,做文明的网民。

(3) 尊重公民的隐私权,不进行任何"电子骚扰"。

(4) 尊重他人的知识产权,不侵占他人的网络资源。

(5) 尊重他人的通信自由权利,不进行侵权活动。

(6) 诚实守信,不制作、不传播虚假信息。

(7) 远离罪恶、色情信息,不查阅、不复制、不制作或不传播有害信息。

(8) 遵守"全国青少年网络文明公约":

要善于网上学习,不浏览不良信息;

要诚实友好交流,不侮辱欺诈他人;

要增强自护意识,不随意约会网友;

要维护网络安全,不破坏网络秩序;

要有益身心健康,不沉溺虚拟时空。

二、宿舍防火

要防止火灾发生,关键是要做好预防工作。

消防法

1. 大学生应注意的事项

(1) 离开宿舍时将室内所有电器插头拔掉,关好门窗,以确保室内财产安全。

(2) 不要在宿舍内使用电炉、热得快、电热杯、酒精炉等器具,不要乱插充电设备,更不要私接电线。

(3) 不要在宿舍内存储易燃、易爆物品,更不要在清理宿舍时焚烧书信、报纸等杂物,以免引起火灾事故。

(4) 要爱护消防设施和灭火器材,不随意移动或挪作他用。

(5) 自觉遵守宿舍安全管理规定,发现安全隐患及时向管理人员或有关部门报告。

(6) 在教室、实验室、研究室学习和工作时,要严格遵守各项安全管理规定、操作规程和有关制度。

(7) 使用易燃易爆危险品时,一定要注意防火安全规定,按照规定一丝不苟地进行操作。

(8) 不在蚊帐内点蜡烛看书,不在寝室吸烟,不乱扔烟头。

(9) 在宿舍内嗅到电线胶皮糊味,要及时报告,采取措施。

(10) 台灯不要靠近枕头和被褥。

2. 发现火灾时的处理办法

在发现火灾时第一件事是拨打火警电话。火警电话是专用紧急电话,现在全国统一规定使用的火警电话号码是"119"。当有火警时应注意:第一,打电话时要沉着冷静,第一时间拨打"119",而后向学校的保卫部门报告。第二,讲清着火的对象、类型和范围。第三,要注意对方的提问,并把自己所用的电话号码告诉对方,以便联系。第四,当消防队来时,应立即派人在校门口和必经的交叉路口等候,引导消防车迅速到达火场。

3. 灭火的基本方法

(1) 隔离法:将着火的地方或物体与其周围的可燃物隔离或移开,燃烧就会因为缺少可燃物而停止。如关闭电源及可燃气、液体管道阀门,拆除与燃烧物毗邻的易燃建筑物等。

(2) 窒息法:阻止空气流入燃烧区或用不能燃烧的物质覆盖燃烧物,使燃烧物得不到足够的氧气而熄灭。

(3) 冷却法:将灭火剂直接喷射到燃烧物上,以降低燃烧物的温度。当燃烧物的温度降低到该物的燃点以下时,燃烧就停止了。主要用水和二氧化碳来冷却降温,此方法不宜用于电器失火。

(4) 抑制法:这种方法是用含氟、溴的化学灭火剂(如灭火器)喷向火焰,让灭火剂参与到燃烧反应中去,使燃烧链反应中断,达到灭火的目的。

以上方法可根据实际情况,使用一种方法或多种方法并用,以达到迅速灭火的目的。

4. 在火灾现场要学会逃生

若遇火灾时切记不要慌乱,应注意以下几点:

(1) 火灾来时要迅速逃生,不要贪恋财物。

(2) 平时就要了解和掌握火灾逃生的基本方法,熟悉几条逃生路线。

(3) 受到火势威胁时,要当机立断披上浸湿的衣物、被褥等从安全出口方向冲出去。

(4) 穿过浓烟逃生时,要尽量使身体贴近地面,并用湿毛巾捂住口鼻。

(5) 身上着火,千万不要奔跑,可就地打滚或用厚重衣物压灭火苗。

(6) 遇火灾不可乘坐电梯,要向安全出口方向逃生。

(7) 室外着火,门已发烫时,千万不要开门,以防大火窜入室内。要用浸湿的被褥、衣物等堵塞门窗,并泼水降温。

(8) 若所有逃生路线被大火封锁,要立即退回室内,用打手电筒、挥舞衣物、呼叫等方式向窗外发送求救信号,等待救援。

(9) 不要盲目跳楼,可利用疏散楼梯、阳台、排水管等逃生,或把床单、被套撕成条状连成绳索,紧拴在窗框、铁栏杆等固定物上,顺绳滑下,或下到未着火的楼层脱离险境。

三、严禁打架斗殴

打架斗殴是校园内的一大公害,是在校大学生违法违纪行为的主要表现之一。打架斗殴易危及人身安全,酿成治安、刑事案件,甚至葬送自己的美好前程,也会妨碍同学团结,不利于优良校风和学风的建设,破坏大学生成才的优良环境,损害个人和集体的良好形象,影响学校声誉。青年人有较强的好强心理,尤其是男性大学生往往通过打架斗殴、辱骂他人来获得一种快感和成功感。打架斗殴、辱骂他人会对是非辨别能力不强的大学生产生极大的诱惑性,进而发展成为一个小群体。通过这个群体,每一个成员自以为有一种"安全感"。同时,他们又会依靠这个小团体大胆地实施其他的不良行为。这种欲望的膨胀,往往使他们走上违法犯罪的道路。

《民法》第一百一十九条规定,侵害公民身体造成伤害的,应当赔偿医疗费、因误工减少的收入、残废者生活补助费等费用;造成死亡的,并应当支付丧葬费、死者生前扶养的人必要的生活费等费用。《刑法》第二百三十四条规定,故意伤害他人身体的,处三年以下有期徒刑、拘役或者管制。

《治安处罚法》第九条规定,对于因民间纠纷引起的打架斗殴或者损毁他人财物等违反治安管理行为,情节较轻的,公安机关可以调解处理。经公安机关调解,当事人达成协议的,不予处罚。经调解未达成协议或者达成协议后不履行的,公安机关应当依照本法的规定对违反治安管理行为人给予处罚,并告知当事人可以就民事争议依法向人民法院提起民事诉讼。

四、女大学生在宿舍中应注意的安全问题

(1) 经常检查门窗。如发现门窗损坏,及时报告有关部门修理。

(2) 就寝前,要关好门窗,天热时也不能例外,特别是住在一楼的女生,就寝时一定要关好门窗,拉好窗帘,防止他人偷看和进入宿舍作案。

(3) 假期在校外租房居住的女生应尽量保证两人以上结伴,随时关门,不要让陌生人进入室内。

(4) 女生宿舍内不要留宿异性,尽量避免单独和男子在宿舍会面。

(5) 住集体宿舍的女生,夜间上厕所,要格外小心。如厕所照明设备已坏,应带上手电筒,上厕所前先仔细查看一下。有的犯罪嫌疑人事先躲藏在厕所里,利用女生上厕所时伺机偷窥,甚至猥亵或强奸。

(6) 如有人敲门,要问清是谁再开门。如发现有人想撬门砸窗进来,一方面积极寻求救助,另一方面准备可供搏斗的工具,作好反抗的准备。

(7) 节假日期间,其他同学回家时,最好不要独自一人住宿。回宿舍就寝时,要留心门窗是否已敞开,防止有犯罪分子潜伏伺机作案。如遇异常情况,可请一两位同学同时进去,以确保安全。

(8) 无论一人或多人在宿舍,当遭遇犯罪分子侵害时,都要保持冷静,做到临危不惧,遇事而不乱。一方面求救,另一方面与犯罪分子作坚决斗争。

五、女大学生出行应注意的安全问题

(1) 夜间行走要保持警惕,要走灯光明亮、往来行人较多的大道。对于路边黑暗处要有戒备,最好结伴而行,不要单独行走。

(2) 女大学生外出时,最好结伴而行,遇有陌生男子问路,不要带路;向陌生男子问路,不要让其带路。

(3) 不要穿过分暴露的衣衫和裙子,防止产生性诱惑。短裙要过膝,上衣要包肩、不低胸、不露腰,不要穿行动不便的高跟鞋。

(4) 不要搭乘陌生人的机动车、人力车或自行车,防止落入坏人圈套。

(5) 遇到不怀好意的男子挑逗,要及时斥责,表现出自己应有的自信与刚强;如果碰到坏人,首先要高声呼救,假使四周无人,切莫慌张,要保持冷静,利用随身携带的物品,或就地取材进行自卫反抗,还可采取周旋、拖延时间的办法等待救援。

六、预防毒品侵害

毒品作为全球性的公害,是人类共同的敌人,它严重威胁人类的健康和社会安全。如果把毒品比作猛虎,那么它最容易下口的就是青少年;如果把毒品比作瘟疫,那么最容易感染的也是青少年。现实中,青少年吸毒已成为一个严重的问题。我国记录在册的 50 多万名吸毒者中,80% 为青少年。在吸毒者中,由于无知、好奇、被他人引诱而吸毒的比例极高。一项对吸毒者的调查表明,由于好奇而吸毒的占 84.4%,被他人引诱而吸毒的占 10.8%。因为青少年正处于生理、心理发育时期,心理防线薄弱,好奇心强,判断是非能力差,不易抵制毒品的诱惑,加之对毒品的危害性和吸毒的违法性缺乏认识,因此,青少年便成为易受毒品侵袭的人群。就程度而言,毒品对青少年造成的危害甚于成人,对社会的危害则更为严重。

在校大学生正处在生长发育的关键时期,一旦染上毒瘾,会对身心健康造成不可弥补的损害。不同的毒品进入体内,都会产生毒副反应及戒断症状,对健康构成直接的严重损害,甚至导致死亡。此外,由于滥用毒品会导致体内重要系统及器官受损,一些疾病也会乘虚而入,如急慢性肝炎、肺炎、败血症、心脏及肾脏功能衰竭、各种皮肤病、脑损害、中毒性精神病、性病及艾滋病等。

毒品不仅对人身体有极大的损害,而且还使人在精神上越来越堕落,成为毒品的奴隶。学习、生活对于他们而言已是明日黄花,不再有兴趣。支撑他们空空躯壳的唯一目的便是设法获得毒品。他们"吸进去的是金钱,吐出来的却是自己的生命"。

同学们,我们的生命是父母给的,从小到大,父母及社会都为我们的成长付出了许多辛勤的劳动,我们应该充满感激。然而,对于那些关爱过我们的人来说,我们健康的身体就是他们最大的希望和满足。可是,毒品这个魔头已经悄悄地来到我们身边了,它正在找机会伤害我们,所以,我们要时刻注意保护自己,珍爱自己的生命,使自己健康地成长。

1. 毒品对身体的危害

(1)毒品进入人体后作用于人的神经系统,使吸毒者出现一种渴求用药的强烈欲望,驱使吸毒者不顾一切地寻求和使用毒品。一旦出现精神依赖后,即使经过脱毒治疗,在急性期戒断反应基本控制后,要完全康复原有生理机能往往需要数月甚至数年的时间。

(2)精神障碍与变态:吸毒所致最突出的精神障碍是幻觉和思维障碍。他们的行为特点围绕毒品转,甚至为吸毒而丧失人性。

(3)感染性疾病。静脉注射毒品给滥用者带来感染性合并症,最常见的有化脓性感染、乙型肝炎及令人担忧的艾滋病问题。此外,还损害神经系统、免疫系统,易感染各种疾病。

2. 防毒品常识

(1)什么是毒品。《中华人民共和国刑法》第三百五十七条规定:毒品是指鸦片、海洛因、甲基苯丙胺(冰毒)、吗啡、大麻、可卡因以及国家规定管制的其他能够使人形成瘾癖的麻醉药品和精神药品。

(2)毒品的分类:

① 麻醉药品。鸦片类,包括天然来源的鸦片以及其中所含的有效成分,如吗啡、可待因,也包括半合成或人工合成的化合物,如海洛因、杜冷丁、美沙酮、芬太尼及盐酸二氢埃托啡等。古柯类,如柯卡因、古柯叶和古柯糊。大麻类,如大麻、大麻脂、大麻成品等。

② 精神药品。镇静催眠药和抗焦虑药,如巴比妥类、苯二氮䓬类。中枢兴奋剂,如苯丙胺、亚甲二氧甲基苯丙胺(MDMA)。致幻剂,如麦角酰二乙胺、北美仙人球碱、苯环利啶(PCP)。

(3) 常见毒品的属性及其危害性:

① 鸦片。也称阿片,俗称大烟。鸦片取自罂粟花落之后结出的果。割开罂粟果,从中流出的白色浆液在空气中氧化风干,变成棕褐色的黏稠状物,就是鸦片。鸦片中含有20多种生物碱,其中吗啡的含量约10%。

吸食鸦片,严重危害人的身心健康和生命安全,并可造成吸食者在心理、生理上对鸦片产生很强的依赖性。长期吸食鸦片,导致人体各器官功能消退,尤其会破坏人体胃功能和肝功能及生育功能,可引起新生儿先天畸形,死亡率高。超剂量吸食鸦片会致人死亡。

吸食鸦片者消瘦不堪,面无血色,目光发直,瞳孔缩小,失眠,对什么事都无所谓。当吸食者中止吸食鸦片,就会出现戒断综合征,表现为流汗、发抖、发热、高血压、肌肉疼痛、痉挛等。

② 海洛因。学名二乙酰吗啡,俗称白粉。它是鸦片的衍生物,是吗啡与其他化学物品混合加热合成的。成品为粉末或颗粒状。颜色因制作程序和方法不同而异,一般呈白色或淡灰色,有的呈棕黄色、淡棕黄色、灰褐色或淡灰褐色等。纯品海洛因为白色柱状结晶或结晶性粉末。

吸食、注射海洛因极易成瘾,对人体的危害很大,会引起昏迷、呼吸减弱、体温降低、心跳缓慢、血压降低而导致死亡。海洛因使人产生极大的生理和心理依赖,中止吸食、注射海洛因后会产生戒断综合征,表现为流汗、发抖、发热、高血压、肌肉疼痛、痉挛等症状。

长期吸食、注射海洛因,会使人身体消瘦,瞳孔缩小,免疫功能下降,易患病毒性肝炎、肺胀肿、艾滋病等症,剂量过大可致死。

③ 冰毒。学名是去氧麻黄碱或甲基安非他明,属安非他明类兴奋剂的一种。它是无臭、带苦味的半透明晶体,因形状像碎冰而得名。

冰毒对人的中枢神经有极强的兴奋作用,它能使吸食者产生精力无穷、不易受伤的幻觉,同时也会减低其自我抑制能力,导致失去对危机的警觉性。冰毒会令人产生极强的依赖性。

吸食冰毒能使人呼吸脉搏急促、判断力失准、重复怪异行为、情绪不稳、产生幻觉及突如其来的恐慌或被害妄想。主要症状如下:情绪严重不稳、过度活跃、狂乱、恐慌、容易激动、脑血管爆裂、引发急性心脏衰竭、睡眠失调、体重不正常下降、皮肤受到损害、昏迷,并同时出现精神紊乱、幻觉、幻听、怪异思想及被害妄想的精神病状态。吸食者常出现狂燥症、自杀及自毁行为、暴力倾向。

④ 摇头丸。学名二亚甲基双氧苯丙胺,属安非他明类兴奋剂的一种。摇头丸具有强烈的中枢神经兴奋作用,服用后表现为:活动过度、情感冲动、性欲亢进、嗜舞、偏执、妄想、自我约束力下降以及产生幻觉和暴力倾向。

摇头丸有很强的精神依赖性,使用数次后即可成瘾,过量使用会产生急性中毒。轻者出现头昏、头痛、心悸、恶心、话多、易激动、无力、失明、震颤、腱反射亢进等症状。重者出现呕吐、腹疼、腹泻、精神混乱、惊恐不安、心律不齐、心绞痛、血压升高或降低,严重时可产生惊厥、脑出血、循环性虚脱、昏迷、死亡。慢性中毒可造成服用者体重减轻、乏力、倦怠、头晕等。有的出现精神异常,表现出安他非明精神病症状,经常处于幻觉、妄想状态,酷似偏执型精神分裂症。同时,也会发生其他滥用药物感染合并综合征,包括肝炎、细菌性心内膜炎、败血症、性病和艾滋病等。

⑤ 大麻。属大麻科,为一年生草本植物,生长于北非、北美、中东、印度、西印度群岛及中亚部分地区。大麻雌雄异株,花叶含有丰富的大麻脂,人吸食后能产生致幻作用。其主要毒性成分为四氢大麻酚。吸食大麻会对人体产生严重的危害。吸食大麻会导致精神与行为障碍,引发支气管炎、结膜炎、内分泌紊乱等疾病,并导致举止失常、判断力失准、注意力减弱、记忆力受损、平衡力失衡、精神混乱等,表现为冷漠、呆滞、做事乏味、懒散、情感枯燥、易怒、失眠、焦虑、对人极度怀疑、紧张、激动。经常吸食大麻的人会对大麻产生强烈的精神依赖性,在事业上丧失进取心,丧失工作、生活和学习能力,并诱发精神错乱、偏执狂和妄想型精神分裂症等中毒性精神病,常常会做出危害社会的犯罪或攻击行为。

⑥ 咖啡因。又称咖啡碱,系质轻、柔韧、有光泽的针状结晶,无臭、味苦。具有兴奋中枢神经系统、心脏和骨骼肌,舒张血管,松弛平滑肌和利尿等作用。咖啡因在医疗上用作中枢神经兴奋药。但滥用就会成瘾,成为毒品,严重危害人体健康和生命安全。1988年12月27日,国务院第24号令发布《精神药品管理办法》,将咖啡因列入第一类精神药品进行严格管理。

⑦ 安钠咖。又名苯甲酸钠咖啡因,为白色结晶性粉末。在医疗上用作中枢神经兴奋药,为针、粉、片剂,主要用于对抗中枢性抑制和调节大脑皮质活动等。但滥用就会成瘾,成为毒品,严重危害人体健康和生命安全。超剂量使用可致人死亡。1988年12月27日,国务院第24号令发布《精神药品管理办法》,将安钠咖列入第一类精神药品进行严格管理。

⑧ 杜冷丁。又称盐酸哌替啶。它是根据吗啡的化学结构衍生出来的一种合成麻醉药品。为白色结晶性粉末,无臭或几乎无臭。主要作用于中枢神经系统,对心血管、平滑肌亦有一定影响。其作用与吗啡基相同,为目前常用的镇痛药之一。医疗用多为针剂和片剂,但滥用就会成瘾,成为毒品,严重危害人体健康和生命安全。杜冷丁连续使用可成瘾,一旦停药后则会产生相似于吗啡戒断后的戒断综合征。1987年11月28日,国务院发布《麻醉药品管理办法》,对杜冷丁进行严格管理。

3. 如何预防毒品侵害

"一年吸毒,十年戒毒,一辈子想毒。"这是有过吸毒经历的人的共识。毒品不但不会使人解脱烦恼,而且会给人套上沉重的身体和精神枷锁。让我们每个人携起手来,向毒品说"不"。

(1) 三个牢记:

牢记吸毒极易成瘾,并极难戒断。我们要终生记住这句话,当你的周围有人吸毒的时候,当有人拿出毒品告诉你吸它的感觉如何奇妙、如何快乐、如何好玩的时候,你一定要让这句话像警钟一样在你耳边响起。

牢记毒品害己、害人、害家、害国。不要忘记那些陷入毒海难以自拔的人们的悔恨,毒品让他们家破人亡。一辈子不沾毒品应该是做人的一条底线。

牢记吸毒是违法,贩毒是犯罪。时时记住走私、贩卖、运输、制造毒品都是犯罪。自己滥用是违法行为,违法犯罪难逃国法的制裁。

(2) 永远不尝第一口:

要远离毒品必须培养良好的心理素质。毒品的危害降临到某个人身上,往往与这个人的心理状况有密切关系。事实证明很多人吸食毒品是心理堤防坍塌的结果。

好奇和冒险往往是引发毒品危害的主要原因,求新、好奇是人的天性,但是把握不好则可能带来灾难。因此要提高自己的自控能力,千万不要去尝试吸毒的滋味,千万不要相信"吸一口没事""吸一次不会上瘾",要记住"吸了第一口,就没有最后一口"。吸毒就如打开地狱之门,任何人踏进去都如同坠入灾难的深渊。为了终生远离毒品,不论出于什么动机,不论出现什么情况,我们都要坚定地把握住自己,永远不要去尝试第一口。

此外,幼稚的崇拜心理也容易造成失足,从众心理也是造成人在毒品面前失防的原因之一。这种情况尤其容易在未成年人中出现,而贪图享乐的心理也为毒品乘虚而入提供了机会。

(3) 正确面对挫折:

调查显示,女性戒毒人员中有89%的人因为婚姻不美满和失恋而步入服食摇头丸的行列,可见培养良好的心理素质对远离毒品十分重要。

月有阴晴圆缺,人有悲欢离合。人生不可能一帆风顺。遇到困难和挫折,不要闷在心里、独自扛着,去找爱你的父母,去找爱你的老师,去找你那些坚定正直的亲朋好友,向他们倾诉,寻求他们的帮助。记住,千万不要借毒解痛、借毒消愁,要保持健康向上的生活方式。寻求刺激、追求时髦是一部分人走上吸毒道路的原因,为此我们应该树立正确的三观,在生活中建立和寻求人生的乐趣。远离金钱至上、享乐至上的人生观,也就在一定程度上远离了毒品。

(4) 慎重交友:

俗语说:"近朱者赤近墨者黑。"调查显示大多数吸毒人员是在"朋友"的作用下坠入毒品深渊的。为此想要终生免受毒品侵害,重要的一条就是要慎重交友,并且时时提高警惕。

毒品是全球性的灾难,也是全人类共同的敌人。我们应当充分认识毒品,正确面对自己的好奇心,正确面对挫折和困难,建立良好的生活习惯,确立健康生活的心态。珍爱生命,远离毒品。向毒品说"不"!

第三节 应急演练

应急演练分为室内演练(组织指挥演练)和现场演练,包括单项演练、多项演练和综合演练。学院在进行演练时,应让熟悉设施的作业人员参加应急计划的演习和操练;与设施无关的人员,如高级应急官员、政府监察员,也应作为观察员监督整个演练过程。每一次演练后,应核对该计划是否被全面执行,并发现不足和缺陷。事故应急救援预案应随着条件的变化而调整,以适应新情况的要求。

一、应急演练的目的

(1) 检验预案。通过开展应急演练,查找应急预案中存在的问题,进而完善应急预案,提高应急预案的实用性和可操作性。

(2) 充分准备。通过开展应急演练,检查应对突发事件所需应急队伍、物资、装备、技术等方面的准备情况,发现不足及时予以调整补充,做好应急准备工作。

（3）锻炼队伍。通过开展应急演练，增强演练组织单位、参与单位和人员等对应急预案的熟悉程度，提高其应急处置能力。

（4）磨合机制。通过开展应急演练，进一步明确相关单位和人员的职责任务，理顺工作关系，完善应急机制。

（5）科普宣教。通过开展应急演练，普及应急知识，提高公众风险防范意识和自救互救等灾害应对能力。

二、应急演练的原则

（1）结合实际、合理定位。
（2）着眼实战、讲求实效。
（3）精心组织、确保安全。
（4）统筹规划、厉行节约。

三、应急演练的类型

1. 按组织方式分类

（1）桌面演练。桌面演练是一种圆桌讨论或演习活动。其目的是使各级应急部门、组织和个人在较轻松的环境下，明确和熟悉应急预案中所规定的职责和程序，提高协调配合及解决问题的能力。桌面演练的情景和问题通常以口头或书面叙述的方式呈现，也可以使用地图、沙盘、计算机模拟、视频会议等辅助手段，有时被分别称为网上演练、沙盘演练、计算机模拟演练、视频会议演练等。

（2）实战演练。实战演练是以现场实战操作的形式开展的演练活动。参演人员在贴近实际状况和高度紧张的环境下，根据演练情景的要求，通过实际操作完成应急响应任务，以检验和提高相关应急人员的组织指挥、应急处置以及后勤保障等综合应急能力。

2. 按演练内容分类

（1）单项演练。单项演练是指只涉及应急预案中特定应急响应功能或现场处置方案中一系列应急响应功能的演练活动。注重针对一个或少数几个参与单位（岗位）的特定环节和功能进行检验。

（2）综合演练。综合演练是指涉及应急预案中多项或全部应急响应功能的演练活动。注重对多个环节和功能进行检验，特别是对不同单位之间应急机制和联合应对能力的检验。

3. 按演练目的和作用分类

（1）检验性演练。主要是指为了检验应急预案的可行性及应急准备的充分性而组织的演练。

（2）示范性演练。主要是指为了向参观、学习人员提供示范，为普及宣传应急知识而组织的观摩性演练。

（3）研究型演练。主要是为了研究突发事件应急处置的有效方法，试验应急技术、设施和设备，探索存在问题的解决方案等而组织的演练。不同演练组织形式、内容及目的的交叉组合，可以形成多种多样的演练方式，如单项桌面演练、综合桌面演练、单项实战演练、综合实战演练、单项示范演练、综合示范演练。

四、应急演练的组织与实施

一次完整的应急演练活动应包括五个阶段：计划、准备、实施、评估总结、改进。

（1）计划阶段的主要任务：明确演练需求，提出演练的基本构想和初步安排。

（2）准备阶段的主要任务：完成演练策划，编制演练总体方案及其附件，进行必要的培训和预演，做好各项保障工作安排。

（3）实施阶段的主要任务：按照演练总体方案完成各项演练活动，为演练评估总结收集信息。

（4）评估总结阶段的主要任务：评估总结演练参与单位在应急准备方面存在的问题和不足，明确改进的重点，提出改进计划。

（5）改进阶段的主要任务：按照改进计划，由相关单位实施落实，并对改进效果进行监督检查。

第四节　应　急　逃　生

一、地震如何逃生

（1）地震具有突发性，使人措手不及，地震开始时，如果正在屋内，切勿试图冲出房屋，这样被砸死的可能性极大。权宜之计是躲在坚固的床或桌下，倘若没有坚实的家具，应站在门口，门框多少有些保护作用。应远离窗户，因为窗户玻璃可能会被震碎。

（2）如在室外，不要靠近楼房、树木、电线杆或其他任何可能倒塌的高大建筑物。尽可能远离高大建筑物，跑到空旷的地方。为避免地震时失去平衡，应躺在地上。倘若附近没有空地，应该暂时在门口躲避。

（3）切勿躲在地窖、隧道或地下通道内，因为地震产生的碎石瓦砾会填满或堵塞出口。除非它们十分坚固，否则地道等本身也会被震塌陷。

（4）地震时，木质结构的房子容易倾斜而导致房门打不开，这时就会危及生命。所以，不管出不出门，首先打开房门是明智之举。

（5）发生大地震时，搁板上的东西及书架上的书等可能会往下掉。这时，保护头部是极其重要的。在紧急情况下可利用身边的棉坐垫、毛毯、枕头等物盖住头部，以免被砸伤。

（6）即便在盛夏，发生地震时，裸体逃出房间也是不雅的，而且赤裸的身体容易被四处飞溅的火星、玻璃及金属碎片伤害。因此，外出避难时要穿上尽可能厚的棉衣和棉制的鞋袜，并且要避免穿易着火的化纤制品。

（7）如在医院住院时碰到地震，钻进床下是最好的策略。这样，可防止被从天窗或头顶掉下的物品砸伤。

（8）地震时，不要在道路上奔跑，因为这时所到之处都是飞溅的招牌、门窗等的大小碎片。因此,此时到危险场合最好戴上安全帽。

(9)地震时,大桥也会被震塌而坠落河中,此时停车于桥上或躲避于桥下均是十分危险的。因此,如在桥上遇到地震,应迅速离开桥身。

(10)大地震有时发生在海底,这时会出现海啸。海啸所引发的海浪较大,身处靠近岸边的小船就十分危险。此时,最好迅速离开沙滩,远离浪高的海面,这样才能保证安全。

(11)在公共场所遇到地震时,场所内的人会因惊恐而导致拥挤,这是由于惊恐的人们找不到逃生出口的缘故。这时需要的是镇静,定下心来寻找出口,不要乱跑乱窜。

二、火场如何逃生

(1)熟悉环境,临危不乱。每个人平日对自己工作、学习或居住所在的建筑物的结构及逃生路径要做到了然于胸;而当身处陌生环境,如入住酒店、在商场购物、进入娱乐场所时,为了自身安全,务必留心疏散通道、安全出口以及楼梯方位等,以便在关键时刻尽快逃离火场。

(2)保持镇静,明辨方向,迅速撤离。突遇火灾时,首先要强令自己保持冷静,千万不要盲目地随人流走动或相互拥挤、乱冲乱撞。撤离时要注意朝明亮处或外部空旷地方跑,要尽量往楼下跑,若通道已被烟火封阻,则应背向烟火方向离开,通过阳台、窗台等通往室外的出口逃生。

(3)不入险地,不贪钱财。人的生命最重要,不要因害羞或顾及贵重物品,而把宝贵的逃生时间浪费在穿衣或寻找、搬运贵重物品上。已逃离火场的人,千万不要重返险地。

(4)简易防护,掩鼻匍匐。火场逃生时,经过充满烟雾的路段,可采用毛巾、口罩蒙住口鼻,匍匐逃离,以防止烟雾中毒和窒息。另外,也可以向头部、身上浇冷水或用湿毛巾、湿棉被、湿毯子等将头、身裹好后,再冲出去。

(5)善用通道,莫入电梯。规范、标准的建筑物,都会有两条以上的逃生楼梯通道或安全出口。发生火灾时,要根据情况选择进入相对较为安全的楼梯、通道。除可利用楼梯外,还可利用建筑物的阳台、窗台、屋顶等攀爬到周围的安全地带;也可以沿着下水管、避雷线等建筑物上的凸出物滑下楼脱险。千万记住,高层楼宇着火时,千万不要乘坐普通电梯。

(6)避难场所,固守待援。假如用手摸房门已感到烫手,此时门一旦打开,火焰与浓烟势必迎面扑来。此时,首先应关紧迎火的门窗,打开背火的门窗,用湿毛巾、湿布等塞住门缝,或用水浸湿棉被,蒙上门窗,然后不停用水喷洒房间,防止烟火渗入,固守房间,等待救援人员到达。

(7)传送信号,寻求救助。被烟火围困时,应尽量呆在阳台、窗台等易于被人发现和能避免烟火近身的地方。在白天可向窗外晃动鲜艳颜色的衣物等;在晚上,可用手电筒不停地在窗口闪动或敲击东西,及时发出有效求救信号。在因烟气窒息失去自救能力时,应努力滚到墙边或门边,既便于消防人员寻找、营救,也可以防止房屋塌落时砸伤自己。

(8)火已及身,切勿惊跑。如果发现身上着了火,惊慌和用手拍打只会形成风势,加速氧气补充,促旺火势。正确的做法是赶紧设法脱掉身上衣服或就地打滚,压灭火苗。能及时跳进水中或让人向身上浇水更有效。

(9)缓降逃生,滑绳自救。高层、多层建筑发生火灾后,可迅速利用身边的绳索或床单、窗帘、衣服等自制简易救生绳,并用水打湿后,从窗台或阳台沿绳滑到下面的楼层或地面逃生。在万不得已的情况下,在消防队员准备好救生气垫或处在三层楼层以下才可以考虑采取跳楼的方式求生,还要注意选择向有水池、软雨篷、草地等的地方跳。如有可能,要尽量抱些棉被、沙发垫等软物品或打开雨伞跳下。跳楼虽可求生,但会对身体造成一定的伤害,所以要慎之又慎。

第八章 就 业 篇

第一节 就 业 政 策

一、《国务院关于进一步做好新形势下就业创业工作的意见》

国务院关于进一步做好新形势下就业创业工作的意见

(国发〔2015〕23号)

各省、自治区、直辖市人民政府,国务院各部委、各直属机构:

就业事关经济发展和民生改善大局。党中央、国务院高度重视,坚持把稳定和扩大就业作为宏观调控的重要目标,大力实施就业优先战略,积极深化行政审批制度和商事制度改革,推动大众创业、万众创新,创业带动就业倍增效应进一步释放,就业局势总体稳定。但也要看到,随着我国经济发展进入新常态,就业总量压力依然存在,结构性矛盾更加凸显。大众创业、万众创新是富民之道、强国之举,有利于产业、企业、分配等多方面结构优化。面对就业压力加大形势,必须着力培育大众创业、万众创新的新引擎,实施更加积极的就业政策,把创业和就业结合起来,以创业创新带动就业,催生经济社会发展新动力,为促进民生改善、经济结构调整和社会和谐稳定提供新动能。现就进一步做好就业创业工作提出以下意见:

一、深入实施就业优先战略

(一)坚持扩大就业发展战略。把稳定和扩大就业作为经济运行合理区间的下限,将城镇新增就业、调查失业率作为宏观调控重要指标,纳入国民经济和社会发展规划及年度计划。合理确定经济增长速度和发展模式,科学把握宏观调控的方向和力度,以稳增长促就业,以鼓励创业就业带动经济增长。加强财税、金融、产业、贸易等经济政策与就业政策的配套衔接,建立宏观经济政策对就业影响评价机制。建立公共投资和重大项目建设带动就业评估机制,同等条件下对创造就业岗位多、岗位质量好的项目优先安排。

(二)发展吸纳就业能力强的产业。创新服务业发展模式和业态,支持发展商业特许经营、连锁经营,大力发展金融租赁、节能环保、电子商务、现代物流等生产性服务业和旅游休闲、健康养老、家庭服务、社会工作、文化体育等生活性服务业,打造新的经济增长点,提高服务业就业比重。加快创新驱动发展,推进产业转型升级,培育战略性新兴产业和先进制造业,提高劳动密集型产业附加值;结合实施区域发展总体战略,引导具有成本优势的资源加工型、劳动密集型产业和具有市场需求的资本密集型、技术密集型产业向中西部地区转移,挖掘第二产业就业潜力。推进农业现代化,加快转变农业发展方式,培养新型职业农民,鼓励有文化、有技术、有市场经济观念的各类城乡劳动者根据市场需求到农村就业创业。

（三）发挥小微企业就业主渠道作用。引导银行业金融机构针对小微企业经营特点和融资需求特征,创新产品和服务。发展政府支持的融资性担保机构和再担保机构,完善风险分担机制,为小微企业提供融资支持。落实支持小微企业发展的税收政策,加强市场监管执法和知识产权保护,对小微企业亟需获得授权的核心专利申请优先审查。发挥新型载体聚集发展的优势,引入竞争机制,开展小微企业创业创新基地城市示范,中央财政给予综合奖励。创新政府采购支持方式,消除中小企业享受相关优惠政策面临的条件认定、企业资质等不合理限制门槛。指导企业改善用工管理,对小微企业新招用劳动者,符合相关条件的,按规定给予就业创业支持,不断提高小微企业带动就业能力。

（四）积极预防和有效调控失业风险。落实调整失业保险费率政策,减轻企业和个人负担,稳定就业岗位。将失业保险基金支持企业稳岗政策实施范围由兼并重组企业、化解产能过剩企业、淘汰落后产能企业等三类企业扩大到所有符合条件的企业。生产经营困难企业可通过与职工进行集体协商,采取在岗培训、轮班工作、弹性工时、协商薪酬等办法不裁员或少裁员。对确实要裁员的,应制定人员安置方案,实施专项就业帮扶行动,妥善处理劳动关系和社会保险接续,促进失业人员尽快再就业。淘汰落后产能奖励资金、依据兼并重组政策规定支付给企业的土地补偿费要优先用于职工安置。完善失业监测预警机制,建立应对失业风险的就业应急预案。

二、积极推进创业带动就业

（五）营造宽松便捷的准入环境。深化商事制度改革,进一步落实注册资本登记制度改革,坚决推行工商营业执照、组织机构代码证、税务登记证"三证合一",年内出台推进"三证合一"登记制度改革意见和统一社会信用代码方案,实现"一照一码"。继续优化登记方式,放松经营范围登记管制,支持各地结合实际放宽新注册企业场所登记条件限制,推动"一址多照"、集群注册等住所登记改革,分行业、分业态释放住所资源。运用大数据加强对市场主体的服务和监管。依托企业信用信息公示系统,实现政策集中公示、扶持申请导航、享受扶持信息公示。建立小微企业目录,对小微企业发展状况开展抽样统计。推动修订与商事制度改革不衔接、不配套的法律、法规和政策性文件。全面完成清理非行政许可审批事项,再取消下放一批制约经济发展、束缚企业活力等含金量高的行政许可事项,全面清理中央设定、地方实施的行政审批事项,大幅减少投资项目前置审批。对保留的审批事项,规范审批行为,明确标准,缩短流程,限时办结,推广"一个窗口"受理、网上并联审批等方式。

（六）培育创业创新公共平台。抓住新技术革命和产业变革的重要机遇,适应创业创新主体大众化趋势,大力发展技术转移转化、科技金融、认证认可、检验检测等科技服务业,总结推广创客空间、创业咖啡、创新工场等新型孵化模式,加快发展市场化、专业化、集成化、网络化的众创空间,实现创新与创业、线上与线下、孵化与投资相结合,为创业者提供低成本、便利化、全要素、开放式的综合服务平台和发展空间。落实科技企业孵化器、大学科技园的税收优惠政策,对符合条件的众创空间等新型孵化机构适用科技企业孵化器税收优惠政策。有条件的地方可对众创空间的房租、宽带网络、公共软件等给予适当补贴,或通过盘活商业用房、闲置厂房等资源提供成本较低的场所。可在符合土地利用总体规划和城乡规划前提下,或利用原有经批准的各类园区,建设创业基地,为创业者提供服务,打造一批创业示范基地。鼓励企业由传统的管控型组织转型为新型创业平台,让员工成为平台上的创业者,形成市场主导、风投参与、企业孵化的创业生态系统。

(七)拓宽创业投融资渠道。运用财税政策,支持风险投资、创业投资、天使投资等发展。运用市场机制,引导社会资金和金融资本支持创业活动,壮大创业投资规模。按照政府引导、市场化运作、专业化管理的原则,加快设立国家中小企业发展基金和国家新兴产业创业投资引导基金,带动社会资本共同加大对中小企业创业创新的投入,促进初创期科技型中小企业成长,支持新兴产业领域早中期、初创期企业发展。鼓励地方设立创业投资引导等基金。发挥多层次资本市场作用,加快创业板等资本市场改革,强化全国中小企业股份转让系统融资、交易等功能,规范发展服务小微企业的区域性股权市场。开展股权众筹融资试点,推动多渠道股权融资,积极探索和规范发展互联网金融,发展新型金融机构和融资服务机构,促进大众创业。

(八)支持创业担保贷款发展。将小额担保贷款调整为创业担保贷款,针对有创业要求、具备一定创业条件但缺乏创业资金的就业重点群体和困难人员,提高其金融服务可获得性,明确支持对象、标准和条件,贷款最高额度由针对不同群体的5万元、8万元、10万元不等统一调整为10万元。鼓励金融机构参照贷款基础利率,结合风险分担情况,合理确定贷款利率水平,对个人发放的创业担保贷款,在贷款基础利率基础上上浮3个百分点以内的,由财政给予贴息。简化程序,细化措施,健全贷款发放考核办法和财政贴息资金规范管理约束机制,提高代偿效率,完善担保基金呆坏账核销办法。

(九)加大减税降费力度。实施更加积极的促进就业创业税收优惠政策,将企业吸纳就业税收优惠的人员范围由失业一年以上人员调整为失业半年以上人员。高校毕业生、登记失业人员等重点群体创办个体工商户、个人独资企业的,可依法享受税收减免政策。抓紧推广中关村国家自主创新示范区税收试点政策,将职工教育经费税前扣除试点政策、企业转增股本分期缴纳个人所得税试点政策、股权奖励分期缴纳个人所得税试点政策推广至全国范围。全面清理涉企行政事业性收费、政府性基金、具有强制垄断性的经营服务性收费、行业协会商会涉企收费,落实涉企收费清单管理制度和创业负担举报反馈机制。

(十)调动科研人员创业积极性。探索高校、科研院所等事业单位专业技术人员在职创业、离岗创业有关政策。对于离岗创业的,经原单位同意,可在3年内保留人事关系,与原单位其他在岗人员同等享有参加职称评聘、岗位等级晋升和社会保险等方面的权利。原单位应当根据专业技术人员创业的实际情况,与其签订或变更聘用合同,明确权利义务。加快推进中央级事业单位科技成果使用、处置和收益管理改革试点政策推广。鼓励利用财政性资金设立的科研机构、普通高校、职业院校,通过合作实施、转让、许可和投资等方式,向高校毕业生创设的小微企业优先转移科技成果。完善科技人员创业股权激励政策,放宽股权奖励、股权出售的企业设立年限和盈利水平限制。

(十一)鼓励农村劳动力创业。支持农民工返乡创业,发展农民合作社、家庭农场等新型农业经营主体,落实定向减税和普遍性降费政策。依托现有各类园区等存量资源,整合创建一批农民工返乡创业园,强化财政扶持和金融服务。将农民创业与发展县域经济结合起来,大力发展农产品加工、休闲农业、乡村旅游、农村服务业等劳动密集型产业项目,促进农村第一、二、三产业融合。依托基层就业和社会保障服务设施等公共平台,提供创业指导和服务。鼓励各类企业和社会机构利用现有资源,搭建一批农业创业创新示范基地和见习基地,培训一批农民创业创新辅导员。支持农民网上创业,大力发展"互联网+"和电子商务,积极组织创新创业农民与企业、小康村、市场和园区对接,推进农村青年创业富民行动。

(十二)营造大众创业良好氛围。支持举办创业训练营、创业创新大赛、创新成果和创业项目展示推介等活动,搭建创业者交流平台,培育创业文化,营造鼓励创业、宽容失败的良好社会氛围,让大众创业、万众创新蔚然成风。对劳动者创办社会组织、从事网络创业符合条件的,给予相应创业扶持政策。推进创业型城市创建,对政策落实好、创业环境优、工作成效显著的,按规定予以表彰。

三、统筹推进高校毕业生等重点群体就业

(十三)鼓励高校毕业生多渠道就业。把高校毕业生就业摆在就业工作首位。完善工资待遇进一步向基层倾斜的办法,健全高校毕业生到基层工作的服务保障机制,鼓励毕业生到乡镇特别是困难乡镇机关事业单位工作。对高校毕业生到中西部地区、艰苦边远地区和老工业基地县以下基层单位就业、履行一定服务期限的,按规定给予学费补偿和国家助学贷款代偿。结合政府购买服务工作的推进,在基层特别是街道(乡镇)、社区(村)购买一批公共管理和社会服务岗位,优先用于吸纳高校毕业生就业。对小微企业新招用毕业年度高校毕业生,签订1年以上劳动合同并缴纳社会保险费的,给予1年社会保险补贴。落实完善见习补贴政策,对见习期满留用率达到50%以上的见习单位,适当提高见习补贴标准。将求职补贴调整为求职创业补贴,对象范围扩展到已获得国家助学贷款的毕业年度高校毕业生。深入实施大学生创业引领计划、离校未就业高校毕业生就业促进计划,整合发展高校毕业生就业创业基金,完善管理体制和市场化运行机制,实现基金滚动使用,为高校毕业生就业创业提供支持。积极支持和鼓励高校毕业生投身现代农业建设。对高校毕业生申报从事灵活就业的,按规定纳入各项社会保险,各级公共就业人才服务机构要提供人事、劳动保障代理服务。技师学院高级工班、预备技师班和特殊教育院校职业教育类毕业生可参照高校毕业生享受相关就业补贴政策。

(十四)加强对困难人员的就业援助。合理确定就业困难人员范围,规范认定程序,加强实名制动态管理和分类帮扶。坚持市场导向,鼓励其到企业就业、自主创业或灵活就业。对用人单位招用就业困难人员,签订劳动合同并缴纳社会保险费的,在一定期限内给予社会保险补贴。对就业困难人员灵活就业并缴纳社会保险费的,给予一定比例的社会保险补贴。对通过市场渠道确实难以实现就业的,可通过公益性岗位予以托底安置,并给予社会保险补贴及适当岗位补贴。社会保险补贴和岗位补贴期限最长不超过3年,对初次核定享受补贴政策时距退休年龄不足5年的人员,可延长至退休。规范公益性岗位开发和管理,科学设定公益性岗位总量,适度控制岗位规模,制定岗位申报评估办法,严格按照法律规定安排就业困难人员,不得用于安排非就业困难人员。加强对就业困难人员在岗情况的管理和工作考核,建立定期核查机制,完善就业困难人员享受扶持政策期满退出办法,做好退出后的政策衔接和就业服务。依法大力推进残疾人按比例就业,加大对用人单位安置残疾人的补贴和奖励力度,建立用人单位按比例安排残疾人就业公示制度。加快完善残疾人集中就业单位扶持政策,推进残疾人辅助性就业和灵活就业。加大对困难人员就业援助力度,确保零就业家庭、最低生活保障家庭等困难家庭至少有一人就业。对就业困难人员较集中的地区,上级政府要强化帮扶责任,加大产业、项目、资金、人才等支持力度。

(十五)推进农村劳动力转移就业。结合新型城镇化建设和户籍制度改革,建立健全城乡劳动者平等就业制度,进一步清理针对农民工就业的歧视性规定。完善职业培训、就业服

务、劳动维权"三位一体"的工作机制,加强农民工输出输入地劳务对接,特别是对劳动力资源较为丰富的老少边穷地区,充分发挥各类公共就业服务机构和人力资源服务机构作用,积极开展有组织的劳务输出,加强对转移就业农民工的跟踪服务,有针对性地帮助其解决实际困难,推进农村富余劳动力有序外出就业和就地就近转移就业。做好被征地农民就业工作,在制定征地补偿安置方案时,要明确促进被征地农民就业的具体措施。

（十六）促进退役军人就业。扶持自主择业军转干部、自主就业退役士兵就业创业,落实各项优惠政策,组织实施教育培训,加强就业指导和服务,搭建就业创业服务平台。对符合政府安排工作条件的退役士官、义务兵,要确保岗位落实,细化完善公务员招录和事业单位招聘时同等条件优先录用(聘用),以及国有、国有控股和国有资本占主导地位企业按比例预留岗位择优招录的措施。退役士兵报考公务员、应聘事业单位职位的,在军队服现役经历视为基层工作经历,服现役年限计算为工作年限。调整完善促进军转干部及随军家属就业税收政策。

四、加强就业创业服务和职业培训

（十七）强化公共就业创业服务。健全覆盖城乡的公共就业创业服务体系,提高服务均等化、标准化和专业化水平。完善公共就业服务体系的创业服务功能,充分发挥公共就业服务、中小企业服务、高校毕业生就业指导等机构的作用,为创业者提供项目开发、开业指导、融资服务、跟踪扶持等服务,创新服务内容和方式。健全公共就业创业服务经费保障机制,切实将县级以上公共就业创业服务机构和县级以下(不含县级)基层公共就业创业服务平台经费纳入同级财政预算。将职业介绍补贴和扶持公共就业服务补助合并调整为就业创业服务补贴,支持各地按照精准发力、绩效管理的原则,加强公共就业创业服务能力建设,向社会力量购买基本就业创业服务成果。创新就业创业服务供给模式,形成多元参与、公平竞争格局,提高服务质量和效率。

（十八）加快公共就业服务信息化。按照统一建设、省级集中、业务协同、资源共享的原则,逐步建成以省级为基础、全国一体化的就业信息化格局。建立省级集中的就业信息资源库,加强信息系统应用,实现就业管理和就业服务工作全程信息化。推进公共就业信息服务平台建设,实现各类就业信息统一发布,健全全国就业信息监测平台。推进就业信息共享开放,支持社会服务机构利用政府数据开展专业化就业服务,推动政府、社会协同提升公共就业服务水平。

（十九）加强人力资源市场建设。加快建立统一规范灵活的人力资源市场,消除城乡、行业、身份、性别、残疾等影响平等就业的制度障碍和就业歧视,形成有利于公平就业的制度环境。健全统一的市场监管体系,推进人力资源市场诚信体系建设和标准化建设。加强对企业招聘行为、职业中介活动的规范,及时纠正招聘过程中的歧视、限制及欺诈等行为。建立国有企事业单位公开招聘制度,推动实现招聘信息公开、过程公开和结果公开。加快发展人力资源服务业,规范发展人事代理、人才推荐、人员培训、劳务派遣等人力资源服务,提升服务供给能力和水平。完善党政机关、企事业单位、社会各方面人才顺畅流动的制度体系。

（二十）加强职业培训和创业培训。顺应产业结构迈向中高端水平、缓解就业结构性矛盾的需求,优化高校学科专业结构,加快发展现代职业教育,大规模开展职业培训,加大创业培训力度。利用各类创业培训资源,开发针对不同创业群体、创业活动不同阶段特点的创业培训项目,把创新创业课程纳入国民教育体系。重点实施农民工职业技能提升和失业人员转业转岗培训,增强其就业创业和职业转换能力。尊重劳动者培训意愿,引导劳动者自主选择培训项目、培训方式和培训机构。发挥企业主体作用,支持企业以新招用青年劳动者和新转岗人员为重点开展新型学徒制培训。强化基础能力建设,创新培训模式,建立高水平、专兼职的创业培训师资队伍,提升培训质量,落实职业培训补贴政策,合理确定补贴标准。推进职业资格管理改革,完善有利于劳动者成长成才的培养、评价和激励机制,畅通技能人才职业上升通道,推动形成劳动、技能等要素按贡献参与分配的机制,使技能劳动者获得与其能力业绩相适应的工资待遇。

（二十一）建立健全失业保险、社会救助与就业的联动机制。进一步完善失业保险制度,充分发挥失业保险保生活、防失业、促就业的作用,鼓励领取失业保险金人员尽快实现就业或自主创业。对实现就业或自主创业的最低生活保障对象,在核算家庭收入时,可以扣减必要的就业成本。

（二十二）完善失业登记办法。在法定劳动年龄内、有劳动能力和就业要求、处于无业状态的城镇常住人员,可以到常住地的公共就业服务机构进行失业登记。各地公共就业服务机构要为登记失业的各类人员提供均等化的政策咨询、职业指导、职业介绍等公共就业服务和普惠性就业政策,并逐步使外来劳动者与当地户籍人口享有同等的就业扶持政策。将《就业失业登记证》调整为《就业创业证》,免费发放,作为劳动者享受公共就业服务及就业扶持政策的凭证。有条件的地方可积极推动社会保障卡在就业领域的应用。

五、强化组织领导

（二十三）健全协调机制。县级以上人民政府要加强对就业创业工作的领导,把促进就业创业摆上重要议程,健全政府负责人牵头的就业创业工作协调机制,加强就业形势分析研判,落实完善就业创业政策,协调解决重点难点问题,确保各项就业目标完成和就业局势稳定。有关部门要增强全局意识,密切配合,尽职履责。进一步发挥各人民团体以及其他社会组织的作用,充分调动社会各方促进就业创业积极性。

（二十四）落实目标责任制。将就业创业工作纳入政绩考核,细化目标任务、政策落实、就业创业服务、资金投入、群众满意度等指标,提高权重,并层层分解,督促落实。对在就业创业工作中取得显著成绩的单位和个人,按国家有关规定予以表彰奖励。有关地区不履行促进就业职责,造成恶劣社会影响的,对当地人民政府有关负责人及具体责任人实行问责。

（二十五）保障资金投入。各级人民政府要根据就业状况和就业工作目标,在财政预算中合理安排就业相关资金。按照系统规范、精简效能的原则,明确政府间促进就业政策的功能定位,严格支出责任划分。进一步规范就业专项资金管理,强化资金预算执行和监督,开展资金使用绩效评价,着力提高就业专项资金使用效益。

（二十六）建立健全就业创业统计监测体系。健全就业统计指标,完善统计口径和统计调查方法,逐步将性别等指标纳入统计监测范围,探索建立创业工作统计指标。进一步加强和完善全国劳动力调查制度建设,扩大调查范围,增加调查内容。强化统计调查的质量控制。加大就业统计调查人员、经费和软硬件等保障力度,推进就业统计调查信息化建设。依托行业组织,建立健全行业人力资源需求预测和就业状况定期发布制度。

（二十七）注重舆论引导。坚持正确导向,加强政策解读,及时回应社会关切,大力宣传促进就业创业工作的经验做法,宣传劳动者自主就业、自主创业和用人单位促进就业的典型事迹,引导全社会共同关心和支持就业创业工作,引导高校毕业生等各类劳动者转变观念,树立正确的就业观,大力营造劳动光荣、技能宝贵、创造伟大的时代风尚。

各地区、各部门要认真落实本意见提出的各项任务,结合本地区、本部门实际,创造性地开展工作,制定具体方案和配套政策,同时要切实转变职能,简化办事流程,提高服务效率,确保各项就业创业政策措施落实到位,以稳就业惠民生促进经济社会平稳健康发展。

国务院
二〇一五年四月二十七日

二、《教育部关于做好2021届全国普通高校毕业生就业创业工作的通知》

教育部关于做好2021届全国普通高校毕业生就业创业工作的通知
教学〔2020〕5号

各省、自治区、直辖市教育厅(教委),新疆生产建设兵团教育局,有关省、自治区人力资源社会保障厅,部属各高等学校、部省合建各高等学校:

党的十九届五中全会强调,强化就业优先政策,千方百计稳定和扩大就业,完善重点群体就业支持体系。促进高校毕业生就业是就业工作的重中之重。2021届高校毕业生就业形势复杂严峻,就业工作任务艰巨。为贯彻落实党中央、国务院"稳就业""保就业"决策部署,教育部决定实施"2021届全国普通高校毕业生就业创业促进行动",进一步完善高校毕业生就业支持体系,全力促进高校毕业生更加充分更高质量就业,服务加快构建以国内大循环为主体、国内国际双循环相互促进的新发展格局。现就有关事项通知如下。

一、积极拓展政策性岗位

1. 用足用好稳就业政策。各地教育部门要配合和会同相关部门,推动稳就业政策向高校毕业生重点倾斜,落实好党政机关、事业单位、国有企业等今明两年空缺岗位主要招聘应届高校毕业生等政策,统筹协调好招录工作安排,力争在2021年6月底以前完成全部政策性岗位招录工作。

2. 积极拓宽基层就业渠道。各地各高校要会同有关部门,围绕实施乡村振兴战略、服务乡村建设行动,做好"特岗计划""大学生村官""三支一扶""西部计划"等基层项目组织招录工作,落实好学费补偿代偿、升学优惠等政策。各地教育部门要协调相关部门,尽可能扩大地方性基层就业项目规模。鼓励采用市场化社会化办法,给予更多政策支持,引导毕业生围绕城乡基层社区各类服务需求就业创业。

3. 深入推进大学生征兵工作。各地各高校要配合兵役机关落实"两征两退"改革新要求,实施一年两次大学生征集工作,分别安排在2—3月、8—9月,预征工作提前2个月进行,第一批重点动员征集高校毕业生。强化军地协同,按照新的时间节点,制定本地本校大学生征兵工作方案。实施更大力度激励政策,2021年起"退役大学生士兵"专项硕士研究生招生规模由目前5000人逐步扩大至8000人,2022年起普通专升本可免试招录退役的普通高等职业院校(专科)毕业生。加强征兵动员,重点宣传新激励政策和新体检标准,提高大学生征集规模特别是毕业生征集比例。

4. 扩大科研助理招录规模。各地各高校要落实科技部、教育部等部门相关文件要求,把开发科研助理岗位作为深化科技管理体制改革的重要举措。增强科研助理岗位吸引力，落实社会保险、户口档案等相关政策，合理确定薪酬标准。各高校要对院系及科研团队招录科研助理给予经费、政策等支持。科研助理岗位及实聘人数作为"双一流"建设监测指标，纳入安排推荐免试攻读研究生名额的重要参考因素。

5. 促进各类升学与就业工作有序衔接。各地各高校要统筹安排好各类升学考试时间，硕士研究生招录工作在2021年5月底前完成，普通专升本和第二学士学位招录工作在2021年6月底前完成。高校招生、教务部门要共同组织实施好第二学士学位政策宣传、招录计划、考试录取等工作。

6. 树立正确用人导向。抓好中共中央、国务院《深化新时代教育评价改革总体方案》落实落地工作，各省级教育部门要协调和配合有关部门，推动党政机关、事业单位、国有企业带头扭转"唯名校""唯学历"的用人导向，在招聘公告和实际操作中不得将毕业院校、国(境)外学习经历、学习方式(全日制和非全日制)作为限制性条件，建立以品德和能力为导向、以岗位需求为目标的人才使用机制，改变人才"高消费"状况，形成不拘一格降人才的用人氛围。各地各高校要建立用人单位招聘黑名单制度，将经认定存在就业歧视、欺诈等问题的用人单位纳入黑名单，定期向毕业生发布警示提醒信息。

二、积极拓展市场化岗位

7. 建立就业岗位拓展新机制。成立高校毕业生就业创业指导委员会，广泛汇聚市场化社会化就业创业资源。组织举办重点省份、重点城市、重点行业、中小微企业等就业创业供需对接系列活动。各地各高校要主动联系用人单位和招聘机构，多种方式拓宽岗位信息来源。鼓励举办区域性、行业性、联盟性招聘活动。

8. 拓展新兴领域就业空间。各地各高校要挖掘平台经济、共享经济中的就业机会，引导毕业生发挥智力优势，到战略性新兴产业就业创业。鼓励毕业生到先进制造业、现代农业、现代服务业等领域多元化多渠道就业。配合有关部门完善社会保障和灵活就业支持政策。

9. 持续推进创业带动就业。加大"双创"支持力度，会同有关部门落实大学生创业优惠政策。继续举办中国国际"互联网+"大学生创新创业大赛。组织开展"高校毕业生创业服务专项活动"，发挥创业孵化基地作用，推动各类创新创业大赛获奖项目成长发展、落地见效，带动更多毕业生实现就业。

10. 推进就业实习见习。建立全国高校毕业生就业实习信息平台，汇集发布高校毕业生就业实习岗位信息。各地各高校要将实习作为促就业的重要渠道，加快完善就业实习管理制度，深化校企校地合作，建设大学生就业实习基地，开发更多就业实习岗位，推动更多毕业生通过实习实现就业。配合有关部门实施好"三年百万青年见习计划"，提供不断线就业服务，推动离校未就业毕业生参与就业见习。

三、进一步提升就业指导服务水平

11. 强化就业育人实效。各地各高校要把毕业生就业作为立德树人的重要环节，作为"三全育人"的重要内容，不断健全"就业思政"工作体系。开展以"成才观、职业观、就业观"为核心的就业主题教育活动，通过政策形势讲座、榜样示范引领等形式，引导毕业生把个人理想追求融入现代化国家建设新征程，主动投身国家重大工程、重大项目、重要领域就业。

12. 加强职业发展教育和就业指导。加强大学生职业发展教育，组织开展"全国大学生职业发展教育活动月"等活动。举办"互联网＋就业指导"公益直播课,建立"全国大学生就业创业指导专家库",打造大学生就业创业指导"名师金课"。各地各高校要针对不同年级开展学生职业发展和就业指导活动,提供职业发展咨询和就业心理咨询服务,引导学生树立健康、积极、理性的就业心态。

13. 建设高质量就业服务平台。加强就业服务信息化水平,优化完善"24365校园网络招聘服务",建设"24365高校毕业生智慧就业平台",构建部、省、校联通共享的高质量就业服务体系,组织高校就业工作人员、毕业班辅导员和毕业生注册使用。各地各高校要共同参与实施"24365岗位精选计划",精确采集岗位要求和求职意向,向高校毕业生精准推送岗位信息。优化完善本地本校网上就业服务,提升人岗匹配精准度和实效性。

14. 加强重点群体就业帮扶援助。实施低收入家庭毕业生、少数民族、残疾等重点群体毕业生就业创业能力提升行动,开展重点群体毕业生就业创业能力培训。各地各高校要建立低收入家庭毕业生就业帮扶工作台账,按照"一人一档""一人一策"要求重点帮扶,帮助有就业意愿的贫困生尽快就业。继续实施全国高校与湖北高校毕业生就业创业"一帮一"行动,拓展合作内涵,推进"一帮一"行动纵深发展。

四、完善就业统计评价

15. 健全毕业生就业统计机制。推广使用"全国高校毕业生网上签约与毕业去向登记平台",实现部、省、校三级就业数据实时同步共享。有条件的地方和高校可探索推行毕业生本人直接填报、学校逐级审核、省级核查的就业统计方式。完善签约进展情况周报和就业情况月报机制。继续开展毕业生就业状况布点监测工作。委托国家统计局开展毕业生就业状况抽样调查。从2020年起,在各类督查、考核等工作中,由各省级教育行政部门统一提供本地区高校初次就业率数据。

16. 健全就业统计核查机制。严格执行就业工作"四不准"规定,不准以任何方式强迫毕业生签订就业协议和劳动合同,不准将毕业证书、学位证书发放与毕业生签约挂钩,不准以户档托管为由劝说毕业生签订虚假就业协议,不准将毕业生顶岗实习、见习证明材料作为就业证明材料,确保就业统计数据真实准确。建立就业数据倒查机制,委托第三方机构开展就业数据抽查。建立部、省两级就业统计举报机制,统一公布举报电话和邮箱,凡实名举报者,须在5个工作日内进行调查并回复当事人。

17. 推进就业工作综合评价。各地各高校要改革就业评价机制,建立分层分类就业评价指标体系。将推送毕业生到西部、基层、艰苦边远地区和重点领域就业情况作为高校就业工作评价考核的重要内容。健全高校毕业生就业质量报告制度,更好发挥高校毕业生就业状况对高校招生、学科专业设置、人才培养的反馈作用。持续推进高校毕业生就业状况大规模跟踪调查。

五、加强领导和组织保障

18. 落实就业工作"一把手工程"。各地各高校要将就业工作列入各级领导班子重要议事日程。各高校要成立就业工作领导小组,主要负责同志任组长,分管负责同志任副组长,相关部门和教职员工共同参与,形成全员抓就业、促就业的工作格局。推动建立教育部门、高校与人力资源社会保障部门共同做好毕业生就业服务的机制,促进公共就业政策和服务资源更多惠及高校毕业生。

19. 强化就业工作督促检查。建立重点督查机制,教育部把毕业生就业工作纳入党中央重大教育决策部署督察、省级人民政府履行教育职责评价、学科专业评估、高校领导班子年度考核等重要内容。适时对各地各高校毕业生就业进展情况进行督促检查。各地各高校要建立健全就业工作督查、通报、约谈、问责机制。

20. 加强就业工作队伍建设。各地各高校要进一步加强高校毕业生就业工作保障，严格落实就业机构、人员、场地、经费"四到位"要求，按照有关规定配齐配强校级专职就业工作人员。定期开展业务技能培训，提升专业化素质。鼓励高校院系专设就业辅导员，建立健全全员参与就业工作长效机制。各地要将高校落实"四到位"要求及就业工作队伍建设情况纳入就业进展情况督查重要内容。

21. 选树推广就业创业工作典型。发挥就业创业工作典型的示范引领作用，注重发掘毕业生就业创业工作中涌现出的优秀典型，开展全国普通高校毕业生就业创业典型案例征集活动，并以多种形式总结推广先进经验。鼓励各地各高校结合本地本校实际，培育选树促就业创业典型经验，组织遴选一批优秀案例和优秀成果。

22. 积极开展疫情防控常态化下就业服务工作。各地各高校要根据本地新冠肺炎疫情防控形势，制订就业工作应对疫情预案，做到科学有效防控、安全有序招聘。各高校要根据当地疫情防控要求，创造条件支持毕业生参加实习、面试和用人单位进校开展宣讲、招聘活动。

23. 做好就业总结宣传工作。完善就业宣传引导机制，开展"普通高校毕业生就业创业政策宣传月""全国大学生就业创业榜样短视频展播"等系列活动，大力宣传国家和各地支持高校毕业生就业创业的政策措施，营造全社会支持就业的良好舆论氛围。各地各高校要用好各类媒体渠道，宣传推广促就业的好做法好经验。

各地各高校要按照本通知要求，结合实际深入开展就业创业促进行动，专门制定工作方案，及时总结进展情况。各地2021届普通高校毕业生就业创业工作计划和工作总结，请分别于2020年12月10日前、2021年8月31日前报教育部。

联系人：胡智林 唐小平

电话及邮箱：010－66097835，XSSJYC@MOE.EDU.CN

教育部
2020年11月20日

第二节 就业渠道

一、自主择业

自主择业是指劳动者进入劳动力市场，通过各种渠道自谋职业。我国大学生就业政策的变迁分为三个阶段，即计划经济下的统包统分时期（新中国成立至20世纪80年代中期）、供需见面向双向选择的过渡时期（20世纪80年代中期至20世纪90年代中后期）、市场下的自主择业时期（20世纪90年代中后期至今）。当前国家关于高校毕业生的就业政策是"市场导向、政府调控、学校推荐、学生与用人单位双向选择"。

二、专升本

专升本考试是大学专科层次学生进入本科层次阶段学习的选拔考试的简称,是中国教育体制大专层次学生升入本科院校的考试制度。

专升本有两大类型:第一类是普通高等教育专升本,选拔当年各省全日制普通高校(统招入学)的专科应届毕业生;第二类是成人高等教育专升本。

我们这里主要是指统招专升本,指在普通高等学校专科应届毕业生中选拔优秀学生升入普通高等学校本科层次进行两年制的深造学习,修完所需学分,毕业时授予普通高等教育本科学历证书,符合条件的颁发学位证书,并核发本科就业报到证。

2016年7月,安徽审计职业学院与南京审计大学开展战略合作,成为南京审计大学"战略合作院校",同时也是南京审计大学"继续教育生源地"。目前,安徽审计职业学院已与南京审计大学合作开展多种形式的本科学历教育,为审计等相关专业打通专科衔接本科学历教育和定向委培就业通道。安徽审计职业学院第一届全日制助学自考本科班已于2016年9月在南京审计大学开学。2017年6月,安徽审计职业学院与南京审计大学设立数字化信息中心,开展成人本科教育。

经安徽省教育厅批准,自2020年9月开始,安徽审计职业学院与安徽财经大学合作办学,联合招收专升本学生。

三、义务兵

大学生征兵是指部队每年从应届大学毕业生中招收义务兵,从2013年起征兵工作由冬季征兵改为夏秋季征兵,即每年4月份开始征兵。

全国征兵公益宣传片

1. 应征流程

(1)报名:凡符合条件的全日制高等学校在校大学生,均可自愿在所在学校武装部和学校户籍所在地武装部报名应征。

(2)体检:在校大学生参加征兵办统一组织的体检,体检时验"两证一表一照",即身份证、学生证、预征对象登记表和学生本人照片。

(3)政审:主要由就读学校所在地县(市、区)公安部门负责,学校保卫部门具体承办。入学前和就读返乡期间的政治审查工作,由原籍所在地县(市、区)公安部门负责。

2. 相关政策

(1)入伍前的"优先征集"政策。征兵时,各级兵役机关将为各级各类高校征集对象提供"绿色通道":实行优先报名应征、优先体检政审、优先审批定兵,简化办事程序。报名由县级兵役机关直接办理。征兵体检前五天,县级兵役机关要逐一通知预征对象体检时间、地点、注意事项等。优先批准体检、政审合格的应届毕业生入伍。

(2)服役期间的有关就学政策。① 妥善安排学业。对已经修完规定课程或已修满规定学分、符合毕业条件的,学校可准予毕业,发给其毕业证书。在校大学生入伍后,有条件参加原学校组织的函授或自学专业课程的,经部队团级单位批准可以参加学校组织的考试。

② 适当减免学费。在校大学生被批准入伍后,已交学杂费的剩余部分,根据本人自愿,由学校退还本人,或由学校负责管理。退出现役后复学,其家庭经济困难的,由学校酌情减免学费;入伍前享受优秀学生奖学金的,复学后提高一个奖学金等级(不含一等奖学金);对荣立一次三等功奖励的,复学后按不低于50%的标准减免学费;荣立两次三等功或荣立二等功、被授予荣誉称号的,复学后免交全部学费。③ 退役后复学。学生入伍后,原就读学校保留学籍,退伍后准其复学。对原就读学校撤销的,由省(自治区、直辖市)教育行政部门安排转入同等学力相关专业高等学校复学;原所学专业撤销的,由学校安排转入其他专业复学;个别学习有困难的,可以申请延长学习时间;对专科升本科、本科报考研究生的,在同等条件下应优先录取。在部队荣立三等功以上奖励的,原是本科生的可申请转到该校其他专业学习,原是专科生的可以免试进入该校同专业或相近专业的本科学习,属独立设置的专科学校的专科生,由学校报所在省教育行政部门负责安排;荣立二等功以上奖励的,所学本科专业毕业后,可免试保送所学专业研究生。

四、公务员、事业单位招考

公务员,是指依法履行公职、纳入国家行政编制、由国家财政负担工资福利的工作人员。事业单位,是指国家为了社会公益目的,由国家机关举办或者其他组织利用国有资产举办的,从事教育、科技、文化、卫生等活动的社会服务组织。

高校大学毕业生可以参加国家公务员、事业单位人员招考。

五、自主创业

自主创业,是指劳动者主要依靠自己的资本、资源、信息、技术、经验以及其他因素自己创办实业,解决就业问题。

大学生创业要注意的事项:

(1) 要有打持久战的心理准备,最好结合自身的专业和擅长,整合自身资源,找准项目,大胆尝试,刚开始时要有生活质量和水准暂时下降的心理承受能力。

(2) 不要被别人意见所左右,切忌人云亦云、左右摇摆,认认真真走自己的路,对外界的风言风语不去理会,别人说三道四自然不用认真对待。商场如战场,经营中对战略战术要保密,不排除有些人会通过故意刺激你的方式"逼"你说出相关秘密,这点要十分谨慎。

(3) 刚开始时,不要四处张扬指望合作,一切等站稳脚跟后再说。

(4) 前辈或他人的成功经验可适当借鉴,但不能盲目照搬照抄。别人成功有其自身特定条件,不一定适合你,要审时度势,找出最适合自己的一条路来。记住,他人的经历是没办法复制的。

(5) 要有激情和想象力。前者能鼓励自己时刻保持干劲和活力,后者能帮助自己克服在资金、管理、营销等方面遭遇困难时的无奈并保持希望和梦想。

(6) 创业者一定要有吃苦耐劳的准备,并要有失败后决不退缩、不达目的誓不罢休的斗志。想当年,史玉柱和巨人集团轰然倒塌,不得不隐姓埋名,那是何等落魄和凄凉。可是几年之后,"脑白金"风靡大江南北,让隐藏在背后的史玉柱再次成为关注的焦点,人们不得不惊叹创业者的坚韧和执著。

(7) 要学会正确看待你的同伴的优点和不足。面对团队成员的彷徨和犹豫,除了以宽广的胸怀对待外,还要积极储备人才,这在开始时尤其重要。在这个社会上,没有人会随随便便成功,创业如同冲锋陷阵,有人临阵逃脱,有人一去不返,此时此刻不要叹气,更不要泄气,应立即着手招兵买马,不到最后关头绝不轻言退却和放弃,只有经过这样的磨炼,你才能褪去幼稚和单纯,不断走向成熟和干练,处理问题才会越发得心应手、应付自如,直至取得最后的胜利。

（8）要注意团结团队中的同伴,一个团队要有统一的核心价值理念,注重发挥每个人的特长和作用,记住一个人是很难创业的,就像联想的柳传志、百度的李彦宏,表面看似是个人通过努力获得成功的,其实是一个团队在发挥作用。

（9）要不断地学习。如今,社会发展变化太快,创业者要与时俱进,不断学习新东西,接受新观念、新事物。

（10）良好的生活习惯和健康的身体是开拓事业的前提和有力保证,即使学习再忙,也不能忽视坚持良好的生活习惯和保持身体健康。

第三节 就业技巧

学院就业信息网

一、面试前的准备工作

1. 充分了解对方

这项工作非常重要。面试之前,你应该广泛收集所要面试公司的多方面资料。对于面试官来说,了解本公司的应聘者起码说明了他是用心的。

2. 准备相关的资料

包括个人履历,邀请你面试的信函,公司的资料,各种证书,公司的地址、电话号码,以及关于面试的联系人等信息。只带一个手提包或公事包,尽量把化妆品、笔等零碎的小物品有条理地收好。手里又提又拿东西,容易给人凌乱、急躁的感觉。

3. 出行的准备

不管是乘公交车、打车还是乘火车,要确保你有充分的时间。如果是电话通知你面试,一定要问清楚怎么到达方便,特别要问清楚到公司之后怎么找到面试场所。很多人接到面试电话,只会说"好""好的",然后还得自己想办法怎么走,往往事倍功半,甚至耽误了面试。事先问清楚具体路线将事半功倍,同时又说明你考虑问题周到。

4. 着装

剪裁合宜、简单大方的套装,能建立男士的权威感与专业性,而女士下身应以裙装为主,如穿长裤,应选择质料柔软、剪裁合宜的西装裤。套装、西装颜色以中性为主,避免夸张、刺眼的颜色。以自己的"肤色属性"为前提选择着装颜色(也就是穿适合你皮肤色调的色彩),能让人感到你精力充沛、容光焕发。配饰要选简单高雅的,不要佩戴造型过于夸张、会叮当作响的饰品。应化保守淡雅的彩妆,切勿浓妆艳抹。头发、指甲、配件等都应干净清爽,给人良好的印象。女士最好不要涂指甲油。男士穿西装要配深色袜子。

5. 考虑可能的问题和应答

回答问题时原则上须给人的印象是有责任感、诚实、忠诚、勤奋、认真等。

二、面试过程中应注意的问题

1. 面试中的基本礼仪

（1）一旦和用人单位约好面试时间后，一定要提前 5～10 分钟到达面试地点，以表示求职者的诚意，增强对方的信任感，同时也可调整自己的心态，作一些简单的仪表准备，以免仓促上阵，手忙脚乱。为了做到这一点，一定要牢记面试的时间、地点，有条件的同学最好能提前去一趟，以免因一时找不到地方或途中延误而迟到。

（2）进入面试场合时不要紧张。如门关着，应先敲门，得到允许后再进去。开关门动作要轻，以从容、自然为好。

（3）对用人单位的问题要逐一回答。对方向你介绍情况时，要认真聆听。为了表示你已听懂并感兴趣，可以在适当的时候点头或适当提问、答话。

（4）在整个面试过程中，应保持举止优雅大方，谈吐谦虚谨慎，态度积极热情。

2. 应聘者语言运用的技巧

（1）口齿清晰，语言流利，优雅大方。交谈时要注意发音准确，吐字清晰。

（2）语气平和，语调恰当，音量适中。面试时要注意语言、语调、语气的正确运用。

（3）语言要含蓄、机智、幽默。说话时除了表达清晰以外，适当的时候可以使用幽默的语言，使谈话增加轻松愉快的气氛，同时展示自己的优越气质和从容风度。

（4）注意听者的反应。求职面试不同于演讲，而是更接近于一般的交谈。交谈中，应随时注意听者的反应。

3. 应聘者回答问题的技巧

（1）把握重点，简洁明了，条理清楚，有理有据。一般情况下回答问题时要结论在先，议论在后，先将自己的中心意思表达清晰，然后再做叙述和论证。

（2）讲清原委，避免抽象。用人单位提问总是想了解一些应聘者的具体情况，切不可简单地仅以"是"和"否"作答。

（3）确认提问内容，切忌答非所问。面试中，如果对用人单位提出的问题一时摸不到边际，以致不知从何答起或难以理解对方问题的含义时，可将问题复述一遍，并先谈自己对这一问题的理解，请教对方以确认内容。对不太明确的问题，一定要搞清楚，这样才会有的放矢，不致答非所问。

（4）有个人见解和特色。用人单位有时接待若干名应聘者，相同的问题会问若干遍，类似的回答也要听若干遍，这就需要应聘者的回答应有特色。

（5）知之为知之，不知为不知。面试遇到自己不知、不懂、不会的问题时，回避闪烁、默不做声、牵强附会、不懂装懂的做法均不足取，诚恳坦率地承认自己的不足之处，反倒会赢得面试者的信任和好感。

三、防范就业风险

1. 即将进入职场的大学毕业生

即将进入职场的大学毕业生,将从稚嫩的学生变成自信的职业人,对职场新人来说,职场陷阱可以说无处不在,每走一步都要倍加小心。即将进入职场的大学生要注意以下几点:

(1) 尽快熟悉企业文化,避免试用期内被淘汰。好不容易在众多求职者中脱颖而出,却可能因为不了解企业文化、言行不慎而被淘汰。一般来说,在试用期内,企业会以职能部门和人事部门两方面的意见对新人进行考核,职能部门重点考核新人的专业水平是否能满足岗位要求,人事部门则重点考核新人的新环境适应能力、人际交往能力、协作能力等。

专家支招:对新人来说,试用期就是考核期,应多听、多观察、多问、多学,这是职场新人平安度过试用期的最好办法。一方面要掌握岗位所需技能,另一方面还要尽快熟悉企业文化,切忌在言行举止上与企业文化发生冲突。

(2) 试用期也要签合同,避免遭到无理由解雇。一些大学生找到工作后,企业并没有与之签订劳动合同,而只有口头协议,一旦遇到招聘你的管理人员发生变动,就会因为没有劳动合同被解雇,得不到任何保障。

专家支招:即使是试用期,也应该签试用期的劳动合同,明确双方权利、义务,职场新人必须学会保护自己,如果企业不提,自己也要主动询问签订合同相关事宜,尤其要留心用人单位的合同是否符合法律规定。

(3) 避免人际关系失和,遭到冷遇。一些新人性格内向或过于孤立,容易被同事疏远,工作业绩也难以被认可,将不会被企业重用。

专家支招:现在企业都非常注重团队精神,不论性格内向还是外向,一定要保持良好的人际关系,尽量不要把自己孤立在同事圈外,凡事不妨多请教同事。

2. 初入职场的大学生

(1) 拒缴各种名义的费用。任何招聘单位,以任何名义向求职者收取抵押金、服装费、产品押金、风险金、报名费、培训费等行为,都属非法行为。招聘单位培训本单位的职工,也不准收取培训费。求职者遇到此类情况,要坚持拒缴,并向招聘单位所在地区相关部门举报,以确保自己的合法权益不受侵害。

(2) 掌握劳动法规和相关政策。求职者在求职前或求职过程中,应主动学习一些劳动法规和相关政策,提高自己的求职能力和独立思考的能力。

(3) 通过多种途径了解公司背景。在求职者正式进入单位之前,应想方设法加强对企业的了解以免误入骗子设下的陷阱。比如,注意招聘单位的营业执照等相关证件;正规单位招聘一般会将招聘地点设在单位的办公室、会议室,对一些以租房作为应聘地点的单位要提高警惕。

(4) 谨慎签订劳动合同。与用人企业签合同时,求职者要"三看":一看企业是否经过工商部门登记以及企业注册的有效期限,否则所签合同无效;二看合同字句是否准确、清楚、完整,不能用缩写或含糊的文字表达;三看劳动合同是否有一些必备内容,包括劳动合同期限、工作内容、劳动保护和劳动条件、劳动报酬、社会保险和福利、劳动纪律、劳动合同终止的条件、违反劳动合同的责任等。必须签书面合同,试用期内也要签合同。

（5）发觉被骗，及时报案。求职者一旦发觉上当受骗，要及时向招聘单位所在地的人力资源和社会保障局监察大队或公安局派出所报案，寻求法律保护。但由于劳务诈骗往往涉及公安、工商、劳动、人事等部门，求职者应该根据情况选择最有效的投诉部门，若被投诉对象为合法机构，求职者可以找劳动行政部门；若情况特别严重，涉及金额较大，可以到公安部门报案。

第九章 健　康　篇

第一节　健康概述

一、健康的涵义

健康是指一个人在身体、精神和社会等方面都处于良好的状态。传统的健康观是"无病即健康",现代人的健康观是整体健康,根据世界卫生组织的解释:健康不仅指一个人身体有没有出现疾病或虚弱现象,还指一个人在生理上、心理上和社会上的完好状态。由此可见,现代人的健康内容包括躯体健康、心理健康、道德健康、环境健康等。

健康是人的基本权利,对人的重要性不言而喻,健康是人生的第一财富。现代养生学者宋一夫率先提出"养生之前必先修心"的理论,因此,现代关于健康的较为普遍的理解是心理上的健康与生理上的健康同样重要。

1. 健康状态的表现

(1) 精力充沛,能从容不迫地应付日常生活和工作的压力而不感到过分紧张。

(2) 处事乐观,态度积极,乐于承担责任,对于任何事情都不过分挑剔。

(3) 善于休息,睡眠良好。

(4) 应变能力强,能适应环境的各种变化。

(5) 能够抵抗一般性感冒和传染病。

(6) 体重正常,身材均匀,站立时头、肩、臂位置协调。

(7) 眼睛明亮,反应敏锐,眼肌轻松,眼睑状态良好。

(8) 牙齿清洁,无空洞,无痛感;齿龈颜色正常,不出血。

(9) 头发有光泽,无头屑。

(10) 肌肉、皮肤富有弹性,走路轻松有力。

(11) 即使身体病了内心也依然坚强,保持好心情,对生活充满希望。

2. 健康的标准

(1) 食得快:进食时有很好的胃口,能快速吃完一餐饭而不挑剔食物,内脏功能正常。

(2) 便得快:一旦有便意时,能很快排泄大小便,且感觉轻松自如,在精神上有一种良好的感觉,胃肠功能良好。

(3) 睡得快:上床能很快熟睡,且睡得深,醒后精神饱满,头脑清醒。

(4) 说得快:语言表达正确,说话流利。头脑清楚,思维敏捷,中气充足,心、肺功能正常。

(5) 走得快:行动自如、转变敏捷,精力充沛旺盛。

(6) 良好的个性:性格温和,意志坚强,感情丰富,具有坦荡胸怀与达观心境。

(7) 良好的处世能力:看待问题客观、现实,具有自我控制能力,适应复杂的社会环境,对事物的变迁能始终保持良好的情绪,能保持对社会外环境与机体内环境的平衡。

(8) 良好的人际关系:待人接物大度和善,不过分计较,能助人为乐,与人为善。

(9) 适量运动:运动能改变血液中化学成分,有利于防止动脉血管硬化,保护血液,维护心血管系统的健康。可经常参加以耐力性为主的运动项目,如跑步、球类运动、登山等。

3. 健康的评估

(1) 世界卫生组织的报告认为:

健康＝15%遗传因素＋10%社会因素＋8%医疗条件＋7%气候条件＋60%自我保健。

(2) 健康的生活方式。有关专家经过研究后,得出了一个健康的生活方式(四因素):

健康生活＝情绪稳定＋运动适量＋饮食合理＋科学休息

(3) 健康体重公式。一个人体重适宜程度的标准测评方法:

体重指数等于体重(kg)除以身高(m)的平方。体重指数不到18.5,偏瘦;介于18.5和20.9,苗条;介于20.9和24.9,适中;超过24.9,偏胖。

二、高校要实施健康教育工作

2017年6月14日,教育部颁布的《普通高等学校健康教育指导纲要》(教体艺〔2017〕5号)明确指出,健康是青少年全面发展的基础,加强高校健康教育、提升学生健康素养,是贯彻落实《"健康中国2030"规划纲要》,建设健康中国、全面提升中华民族健康素质的重要内容。近年来,各地各高校在推进健康教育、提升学生健康素养方面做了大量工作,取得了积极进展,但健康教育的覆盖面不广、针对性不强、措施落实不到位等问题仍然突出;部分学生健康意识淡漠,维护和促进自身健康能力不足,锻炼不够、睡眠不足、作息不规律、膳食不合理等不健康生活方式正在成为影响学生健康的危险因素。因此,高校健康教育要全面贯彻落实《"健康中国2030"规划纲要》的部署和要求,不断更新观念、创新形式、落实载体、完善制度,全方位、多途径、多形式开展高校健康教育和健康促进,充分发挥健康教育在培育和践行社会主义核心价值观、推进素质教育中的综合作用,帮助学生树立健康意识,掌握维护健康的知识和技能,形成文明、健康生活方式,提高自身健康管理能力,增强维护全民健康的社会责任感,促进学生身心健康和全面发展。

《普通高等学校健康教育指导纲要》明确指出,高校健康教育是中小学健康教育的延续和深化,是全民健康教育的重要组成部分。高校健康教育内容主要包括健康生活方式、疾病预防、心理健康、性与生殖健康、安全应急与避险五个方面,其目标和核心内容主要有以下几方面:

1. 健康生活方式

(1) 目标:树立现代健康意识,掌握健康管理和健康决策的基本方法,养成文明健康的生活方式,提高自觉规避、有效应对健康风险的能力。

(2) 核心内容:现代健康的概念;高校学生面临的主要健康问题和影响因素;健康决策

和健康管理的基本原则;饮食行为与健康,中国居民膳食指南及其应用,日常生活常见的食品安全隐患与防范(食品安全五要素);睡眠与健康,睡眠不足与睡眠障碍的危害,劳逸结合,规律作息,预防网络成瘾;运动与健康,科学锻炼原则及方法、运动负荷的自我监测;烟草危害及戒烟策略,毒品(新型毒品)危害及禁毒,物质滥用(酗酒、滥用镇静催眠药和镇痛剂等成瘾性药物等)的危害及防范;环境卫生与健康。

2. 疾病预防

(1)目标:增强防病意识,掌握常见疾病的预防原则和常规措施,提高防控传染病和慢性非传染性疾病的能力。

(2)核心内容:常见传染病(如流感、结核病、病毒性肝炎等)的预防;慢性非传染性疾病(如高血压、糖尿病、肿瘤等)的基本知识、预防原则和常规措施;抗生素滥用对健康的危害,在医生指导下使用抗生素;定期进行健康体检的意义和项目选择;常用的健康指标、正常范围,测定身体健康状况的常用方法(如测量腋温和脉搏、血压等);正确选择必要、有效的保健与保险服务。

3. 心理健康

(1)目标:树立自觉维护心理健康的意识,掌握正确应对学业、人际关系等方面的不良情绪和心理压力必需的相关技能,提高心理适应能力。

(2)核心内容:心理健康的概念;心理健康与身体健康的关系;学生心理发展特点和相关社会因素;抑郁症和焦虑症的表现,自我心理调适与技能,促进积极情绪与缓解不良情绪的基本方法;维护良好人际关系与有效交流的方法;心理咨询与服务利用,常见心理问题或危机的辨识与求助;珍爱生命。

4. 性与生殖健康

(1)目标:树立自我保健意识,掌握维护性与生殖健康的知识和技能,提高维护性与生殖健康的能力。

(2)核心内容:性与生殖健康的基本知识;友谊、爱情、婚恋、家庭与伦理道德;优生优育与适宜有效的避孕方法;非意愿怀孕和应对措施;常见生殖健康问题与自我保健方法;无保护性行为对生殖健康的影响;常见性传播疾病和预防;艾滋病的传播、流行与控制,易感染艾滋病的高危行为和预防措施,艾滋病咨询检测和服务,不歧视艾滋病感染者和病人;预防性侵害的方法和技能。

5. 安全应急与避险

(1)目标:树立安全避险意识,掌握常见突发事件和伤害的应急处置方法,提高自救与互救能力。

(2)核心内容:突发事件与个人安全防范,意外伤害(触电、溺水、中暑、中毒、运动创伤等)的预防、自救与互救的基本原则和方法;无偿献血基本知识,无偿献血是公民的义务;休克、晕厥、骨折等急症的现场救护原则,心肺复苏、创伤救护(止血、包扎、固定、搬运)等院前急救技能;动物(犬、猫、蛇等)抓伤、咬伤后的应急处置;防范网络安全风险,甄别不科学、不健康信息的技能与方法;实验、实习等场所安全要求与防护技能,注意个人防护,避免职业伤害;旅行卫生保健的基本要求,规避旅行中的健康与安全风险的基本措施和策略。

《普通高等学校健康教育指导纲要》还明确指出,高校要发挥课堂教学主渠道作用,多渠道开展健康教育,多形式开展健康实践,充分利用报刊、广播、电视、网络等手段和途径,加强高校健康教育工作宣传力度,总结交流典型经验和有效做法,传播科学的健康观,营造全社会关心、重视和支持高校健康教育的良好氛围。

第二节 身体健康

一、坚定身体健康观念

当人们温饱问题解决之后,对健康的渴求越来越强烈,健康成为人们的基本目标,追求健康成为所有人的时尚。人人都希望自己拥有健康、长寿、高质量的生活。的确,拥有健康,才能拥有一切,有健康的身体才能挑起生活的重担,才能为人民服务,才能对社会有所贡献,才能享受生活带来的幸福。期待健康的人们,要有"防未病"的观念,不要待到生命将结束时才体会到享受生命的味道。我们衷心祝愿人们精神饱满,精力充沛,拥有健康的体魄,享受现代社会的繁荣、祥和、文明、进步、幸福与快乐的生活,让人们的健康、长寿的美好愿望能够实现。

生命是宝贵的,俗话说:"长江一去无回头,人老何曾再少年。"生命对于每个人只有一次,人生没有回程票。生命一旦结束,你拥有的一切就随之消失。人生的所有财富和名誉是无数个"0",只有身体健康才是"1",如果没有这个"1",人生也只是一个"0",健康应成为大家安身立命之本。

俗话说:"兵无常势,水无常形。"健康是一个动态的概念,健康遵循"短板效应"。今天健康了,但由于不遵循健康的基本准则,明天健康就会滑坡。当你疏忽了健康,健康也疏忽了你。

现代医学研究表明,不少疾病不是生物因素引起的,而是由不良的生活方式、心理因素、环境因素等引起的,这种新的医学观念被称为"生物、心理、社会医学模式"。

生活方式包括饮食结构、工作、睡眠、运动、文化娱乐、社会交往等诸多方面。过重的压力造成精神紧张,不良的生活习惯,如过多的应酬、吸烟、过量饮酒、缺乏运动、过度劳累等,都是危害人体健康的不良因素。

例如,对于长期从事学习的人来说,长时间坐位、运动不足、长期使用计算机等,可以导致颈或腰肌劳损、颈椎病、腰椎间盘突出、便秘、痔疮、皮肤损害等,饮用过量咖啡、浓茶、饮料,学习紧张,压力大,睡眠不足,睡眠质量差等,也都会不同程度地导致健康受损。长此以往,身体将出现各种各样的病症。

二、了解健康管理常识

高校的健康管理,是指基于大学生健康体检结果,建立专属健康档案,给出健康状况评估,并有针对性地提出个性化健康管理方案,据此,由专业人士提供有针对性的咨询指导和跟踪辅导服务,使学生能从社会、心理、环境、营养、运动等多个角度得到全面的健康维护和保障服务。

健康管理不仅是一个概念、一种方法,也是对个人或群体的健康危险因素进行全面管理的过程,更是一套完善、周密的程序。其宗旨是调动个人、集体和社会的积极性,有效地利用有限的资源来取得最好的健康效果。

通过健康管理能达到以下目的:一学,学会一套自我管理和日常保健的方法;二改,改变不合理的饮食习惯和不良的生活方式;三减,减少用药量、住院费、医疗费;四降,降血脂、降血糖、降血压、降体重,即降低慢性病风险因素。

具体而言,健康管理可以了解你的身体年龄,判断患病倾向,由医生向你提供健康生活处方及行动计划。长期跟踪你的健康,最大限度减少重大疾病的发生。同时,及时指导就医,降低个人医疗花费,提高你的保健效率,最终达到提高个人生命质量的目的。

三、健康生活方式行动倡议书

健康是人的基本权利,是幸福快乐的基础,是国家文明的标志,是社会和谐的象征。在全面建设小康社会过程中,我国人民的健康水平明显提高,精神面貌焕然一新。然而,社会发展和经济进步在带给人们丰富物质的同时,也在改变着人们的饮食起居和生活习惯。与吸烟、酗酒、缺乏体力活动、膳食不合理等生活方式密切相关的高血脂、高血压、高血糖、肥胖等已成为影响我国人民健康素质的大敌。面对不断增加的由生活方式引发的疾病,药物、手术、医院、医生的作为受到限制,唯一可行的是每个人都从自己做起,摒弃不良习惯,做健康生活方式的实践者和受益者。为此,我们向全体大学生发出如下倡议:

(1) 追求健康,把投资健康作为最大回报,将"我行动、我健康、我快乐"作为行动准则。

(2) 改变不良生活习惯,不吸烟、不酗酒,公共场所不喧哗,保持公共秩序,礼貌谦让,塑造健康、向上的大学生形象。

(3) 合理搭配膳食,规律用餐,保持营养平衡,维持健康体重。

(4) 加强运动,适度量力,不拘形式,贵在坚持。

(5) 保持良好的心理状态,自信乐观,喜怒有度,静心处事,诚心待人。

(6) 营造绿色家园,创造整洁、宁静、美好、健康的生活环境。

(7) 以科学的态度和精神,传播科学的健康知识,反对、抵制不科学和伪科学信息。

(8) 将每年9月1日作为"全民健康生活方式日",不断强化健康意识,长期保持健康的生活方式。

让我们在追求健康中实现人与自然的和谐,愿人人拥有健全的人格、健康的心态、健壮的体魄,实现全面发展,拥有幸福生活。

四、预防呼吸道传染病,科学戴好口罩

科学戴口罩,对于新冠肺炎、流感等呼吸道传染病具有预防作用,既保护自己,又有益于公众健康。为引导大家科学戴口罩,有效防控疫情,保护公众健康,特提出以下指引:

1. 普通公众

(1) 居家、户外,无人员聚集、通风良好。防护建议:不戴口罩。

(2) 处于人员密集场所,如办公室、购物场所、餐厅、会议室、车间等;或乘坐厢式电梯、公共交通工具等。防护建议:在中、低风险地区,应随身备用口罩(一次性使用医用口罩或医

用外科口罩),在与其他人近距离接触(小于等于1米)时戴口罩。在高风险地区,戴一次性使用医用口罩。

(3) 对于咳嗽或打喷嚏等感冒症状者。防护建议:戴一次性使用医用口罩或医用外科口罩。

(4) 对于与居家隔离、出院康复人员共同生活的人员。防护建议:戴一次性使用医用口罩或医用外科口罩。

2. 特定场所人员

(1) 处于人员密集的医院、汽车站、火车站、地铁站、机场、超市、餐馆、公共交通工具以及社区和单位进出口等场所。防护建议:在中、低风险地区,工作人员戴一次性使用医用口罩或医用外科口罩。在高风险地区,工作人员戴医用外科口罩或符合KN95/N95及以上级别的防护口罩。

(2) 在学校的教室、工地宿舍等人员密集场所。防护建议:在中、低风险地区,日常应随身备用口罩(一次性使用医用口罩或医用外科口罩),在人员聚集或与其他人近距离接触(小于等于1米)时戴口罩。在高风险地区,工作人员戴医用外科口罩或符合KN95/N95及以上级别的防护口罩;其他人员戴一次性使用医用口罩。

第三节 心理健康

大学生心理健康标准

一、大学生对心理问题的误解

如今的大学生比较重视身体保健,感冒、发热都知道及时看病吃药,但很少有人把心理健康与身体健康放到同样重要的位置。大学生群体的心理疾病常识和心理健康知识非常贫乏。

正如一个人会感冒、发热一样,心理有问题也是正常的,关键是如何疏导郁积在心里的那些纠结,以避免其对自己、对社会造成危害。

相当多的大学生对心理健康、心理咨询持回避态度。一位女生的话很有代表性,她说:"我很健康啊!我既不想自杀,也不想杀人,我怎么会有心理问题?"这些同学只把杀人或自杀等严重事件归于心理问题,而忽视了心理问题在其他方面的体现,认为心理问题只是那些做出极端事件者的专利。事实上,制造极端事件只是一个人心理问题达到极其严重的程度时的表现。

心理问题是普遍存在的,每个大学生都应正视这个问题。心理健康或心理正常是一个相对而言的概念。大学生心理健康的标准有以下几点:

(1) 能保持对学习较浓厚的兴趣和求知欲望。

(2) 能保持正确的自我意识,接纳自我。自我意识是人格的核心,指人对自己与周围世界关系的认识和体验。

(3) 能协调与控制情绪,保持良好的心境。心理健康者能经常保持愉快、自信、满足的心情,善于从行动中寻求乐趣,对生活充满希望,情绪稳定性好。

（4）能保持和谐的人际关系，乐于与人交往。

（5）能保持完整、统一的人格品质。心理健康的最终目标是保持人格的完整性，培养健全人格。人格完整是指构成人格的气质、能力、性格和理想、信念、人生观等各方面平衡发展。

（6）能保持良好的环境适应能力，包括正确认识环境及处理个人和环境的关系。

（7）心理行为符合年龄特征。一个人的心理行为经常严重地偏离自己的年龄特征，一般都是心理不健康的表现。

总的概述就是：对自己有良好的自我意识；对别人友好、宽容，有良好的人际关系；对工作、学习投入极大的热情；对环境有良好的适应能力。

每个人都存在产生心理问题的潜在可能性，一旦这种可能性受到外部某种条件的激发，就会产生心理问题。但是心理问题并不是心理障碍，心理问题只有发展到一定程度，具备了一定的条件之后才形成心理障碍。例如，如果空虚和抑郁状态迟迟不能解决并持续存在，那就会上升到心理障碍的高度。

然而，很多大学生对心理问题和心理疾病存在不科学的认识，有的学生根本没有意识到自己有心理问题，在产生心理障碍之后不敢正视这一现实，往往将自己的心理问题和疾病归结于心情不好、一时的不快和冲动等，不愿意进行心理咨询。例如，有一些人认为有些事情属于自己的隐私，没有必要让人知道。他们觉得如果去心理咨询室，就代表自己脑子有问题了，同时害怕周围的同学知道后会疏远自己。事实上，逃避无济于事，只会产生更为不良的后果。

进行心理咨询与去看心理医生并不相同，心理咨询的作用是防患于未然，维护心理健康，促进人更健康地发展，属于正常人群交流的范畴。当一个人有心理障碍或心理疾病时，那就得去医院看心理医生了。

二、大学生产生心理问题的原因

1. 理想和目标的缺失

心理测评小程序

有些大学新生形容中学阶段的生活"就像在黎明前漆黑一片的隧道中赛跑"，高考就是前方那盏最明亮的灯，同学们你追我赶地向着这一目标奔跑，虽身心疲惫但目标十分明确，因而生活紧张但却充实。顺利地进入大学之后，却认为自己"缺乏生活目标，从而得过且过""学习上提不起兴趣，考试及格即可"。在高层次目标尚未建立之前，情绪低落、彷徨迷失的现象在大一新生中并不鲜见。

2. 自我价值感的丧失

经过高考拼杀的大学新生，带着良好的自我感觉进入大学校园之后，突然发现自己只不过是大学生中的普通一员。在强手如云的新班集体里，面对新一轮的排列组合，昔日那种"鹤立鸡群"的优越感已荡然无存，无形中会给一些大学新生的心理造成一种失落感。

3. 学习方法的不适应

对于大一新生来说，尤其突出的矛盾是由应试教育造成的不良学习习惯无法适应新的大学教学。没有了中学里老师的耳提面命，许多大学新生面对知识的海洋，不知从何学起，难免会产生困惑、迷茫和无所适从的感觉。

4. 人际交往的障碍

不知如何与来自不同家庭、不同社会背景的人相处,是一些大学新生人际交往障碍的主要表现,由此而引发的人际矛盾和心理不适往往给一些大学新生带来许多烦恼。这在大学生的心理问题中占很大的比例。此外,有些同学不知如何处理与异性的关系,有的新生受习惯心理影响,对男女交往过分敏感,从而使正常的异性交往不能自然进行,甚至相互"隔离";也有的同学过快地将同学关系发展成恋爱关系,过早地沉溺于"两人世界";也有的陷入单相思而不能自拔,由此而产生情感冲突。

5. 生活适应和自理能力较差

南方、北方地区学生的倒位就学,饮食方面的显著差异和生活习惯的不同,常会造成部分学生的环境应激。如果他们不能在短期内顺利适应,心理应激便会影响其正常的学习、睡眠等活动,从而形成心理问题。另外,随着学生家庭经济情况的改善,女生间攀比衣着打扮,男生抽烟饮酒,同学之间过生日以及郊游等导致消费水平逐渐上涨,已经成为当前高校值得重视的问题。这种情况对于部分家庭经济困难而又爱面子、讲虚荣的大学生也会造成心理问题,如产生严重的自卑、忧虑、紧张等精神压力,甚至还会引发违法行为。

三、大学生心理健康问题的调适

人才素质包括思想道德素质、文化素质、专业素质、身体素质和心理素质五个方面。实践证明,身体、心理素质在一定程度上是一个人所有素质的基础,大学生没有良好的心理素质便无法很好地完成学业,更无力承担未来建设祖国的责任,从这个角度讲,心理素质直接影响大学生全面素质的提高。只有心理健康,大学生的德、智、体、美才能得到全面发展;只有心理健康,大学生才能不断增强实践能力和创新精神。高校开展心理健康教育的首要目标是优化大学生的心理素质,其次才是帮助大学生解决心理健康方面的问题。

1. 自我心理调节

为了尽快适应全新的大学环境,大学新生应积极进行全方位的自我调整,对自己要有一个再认识。不因生活环境不适应而产生失望感;不因人际关系不适应而产生孤独感;不因在中学时的优势消失而产生失落感;不因对学校管理制度不适应而产生压抑感。调整的过程就是从中学到大学的转变过程,调整意识的强弱和速度的快慢决定了适应周期的长短。起步越早,调整得越快,转变得也就越好,在高一层次的竞争中就越占有优势。适应转变的关键在于以轻松自然、积极健康的心态面对新的生活。

(1) 换一个角度看问题是保持良好心境的妙方。许多时候,烦恼来自于不合理的认知角度。有这样一个故事:有一位老太太有两个女儿。大女儿开伞店,小女儿开洗衣店。老太太天天为女儿的生意发愁。为什么呢?下雨天她担心小女儿洗的衣服晒不干,晴天则担心大女儿的伞卖不出去。后来有人提醒她,"老人家,您好福气啊!下雨天,您的大女儿家生意兴隆;大晴天,您的小女儿家生意好做。对您来说,哪一天都是好日子。"老太太转念一想,不禁眉开眼笑。可见,事情本身往往无所谓好坏,苦恼往往来自不合理的认知角度。所谓"天下本无事,庸人自扰之"。

换一个角度看问题,会使你换一种心情感悟人生。塞翁失马,焉知非福。积极的认知使你在看到事物不利的方面时,更能看到有利的一面。这种换一个角度看问题的方式,会使你看到希望,增强信心,保持乐观的心境。

生活就是一面镜子,保持良好的心境,生活就会充满阳光。借用佛家的说法,能够控制的事情,我们要执着地追求,而不能控制的事情就以顺其自然的心态去看待,不要太在乎一时的得失。如果一个人总是带着无奈、怀疑、忧虑的心情去生活,那无疑是在浪费生命。放松你的心情,感受生活的美好,你会得到心灵上的安宁。

(2) 保持积极的心态。参加文体活动的人大都有体会:有一类人心态积极,喜欢迎接挑战,越比赛越兴奋。他们往往能最大限度地发掘出自身已有的技能水平和潜在能力,从而获胜。与此相反,另一类人平时认真学习,刻苦训练,状态良好,但一到关键时刻就心慌意乱,表现失常,造成不应有的遗憾。这两种类型的人的区别显然不是技能高低不同,而是心态不同。成功心理包含一种自我选择控制能力,也叫自我心理调节能力。

凡是想在考试或比赛中取得优异成绩,达到预期目标的大学生,都要善于进行自我心理调节,运用心理战术。比如对于考试,在复习备考阶段,你心里一定要谦虚地想:我目前的水平不高、基础不牢,所以我必须全力以赴,比别人花费更多的时间和精力。而当你一旦进入考场,坐在座位上,心里却要毫不含糊地自我暗示:我是最棒的,比在座的诸位都强,所以我丝毫不用害怕和紧张,我要集中全力去夺取胜利。只有这样,你才能在平时做好最充分的准备,在考试时发挥正常水平甚至超水平发挥!

(3) 面对逆境,敢于挑战。人人都希望生活万事如意,平时考虑的都是如何才能让自己更为优秀,几乎不设想前进征途中会遇到什么困难,而不设想困难并不等于困难不出现,很少有人一生完一帆风顺,逆境会像幽灵一般纠缠着我们。逆境即人们常常谈及的灾祸、挫折或厄运。家庭的不幸、理想暂时不能实现、情感的伤痛、世俗的忌妒、身体的伤残、人情的冷漠……都属于人们生活中的逆境。从逆境产生的原因上讲,有客观条件引起的,也有主观原因引起的;有必然的,也有偶然的。但不论哪一类,都给人的心灵带来摧残,给人一种失去原有生活规律的怅然若失感,使生活变得曲折和艰难。

因此,如何面对逆境,就成为青年大学生无法回避的问题,也是心理调适亟待解决的重点问题。在失意的状况下,埋怨环境和他人毫无用处,只会浪费时间和增加更多的痛苦,关键是要自我调节,增强生活的勇气。古人云:"大事难事看担当,逆境顺境看襟度,临喜临怒看涵养,群行群止看识见。"日本第三大保险公司"住友生命"的会长新井正明,曾因失去一只脚而消沉,甚至想到自杀,但后来他从我国明代儒家吕新吾的"鉴人四秘"中得到启发,遂发愤图强,终于创造了日本保险业的辉煌成绩。面对生活的重压、人生的挑战,自我心理调节是取得心理平衡的有效途径。

2. 树立自信心

心态决定命运,拥有自信将走向成功。

人的伟大就在于具有主体性和能动性,就在于能够树立自信和主动意识,这种伟大是任何动物都不具备的。因此,只有人才能成为万物之灵,只有人才能够改造生存环境,创造各种财富和文明。

人的欲望和需求总是不断提高、不断更新的,而且人还有自我实现的需要——达到自己理想的目标,成为自己期望成为的那种人,这就需要发挥人的主体性和能动性。

在相同的环境里成长、生活、学习、工作,从同一条水平线上起步走上人生的旅程,有的人干出一番事业,而有的人却终生碌碌无为。不同的人生之路是从哪里产生区别的呢?细说起来因素众多,但决定性的因素就在于一个人的意识是否觉醒,精神是否解放,也就是有无自信和主动意识。

李世鹏现为微软亚洲研究院副院长。他自幼聪明过人，15岁时以山东省高考理科第二名的优异成绩进入中国科学技术大学。但是自从走进高校大门，他就发现自己遇到了麻烦。第一学期的考试成绩非常糟糕，位于班级的后10名，第二学期也差不多。他无法接受这个事实，因为他读了这么多年书，总是稳居前三名，已经习惯于看到别人都在自己身后，从来没有体会过让别人走在自己前边的那种感觉。在痛苦地咀嚼"失败"的苦涩后，他猛然意识到，"既然我已经落在最后，那我还有什么可担心的呢？我就尽我最大的努力去追赶好了"。

从此，他不再被患得患失的忧虑所烦扰，不再在意自己的位次排名，压力随之一扫而空。到了大学二年级期末的时候，李世鹏的综合评分已是班上第二名。就是在这时，李世鹏由衷地体会到："好多人都觉得进了大学就是革命到头，其实那是人生的十字路口。每个人都会遇到挫折，在这一点上你和别人没有什么差别，我也是一样。问题是你怎么去对待挫折，想办法解决你的问题，永远不要失去信心。"

他重新拾起了自己的信心。他能感觉到，经历过起伏跌宕之后的自信，与那种一帆风顺中的自信是不一样的。

当然，自信不是主观武断，是以真才实学为基础的。但对许多人来说，最难的不是学习掌握某种专业的学识，而是强化自信和主动意识，发挥自己的主体性和能动性，即发挥人的最伟大之处。

许多成功青年的亲身经历都一再证明了这样一条成功"铁律"，即"自信和主动意识导致成功"。

那些敢于去尝试的人一定是聪明人，他们不会输。因为即使他们不成功，也能从中学到教训。所以，只有那些不去尝试的人，才是绝对的失败者。

有时我们回过头看过去，对比周围形形色色的人，就会发现有些人比你更聪明、更杰出，那不是因为他们的条件得天独厚，事实上你和他们一样好。如果你今天的处境与他们不一样，只是因为你的精神状态和他们不一样，在同样一件事情面前你的想法、反应和他们不一样。他们比你更加自信，更有勇气，仅这一点就决定了事情的成败，以及你与他们完全不同的成长之路。

3. 重视情商的培养

面对"中国的大学生最欠缺什么"的问题，中国的心理专家一致认为：中国的大学生最欠缺情商。美国哈佛大学心理系教授丹尼尔·戈尔曼首先提出"情绪智商"的概念，它包括抑制冲动、延迟满足的克制力和调控自己情绪的能力。通俗地说，情商就是有自信；有自知之明；自律；做事情有热情，很投入；对人有同情心，善于倾听，有良好的人际关系。这些方面与一个人的聪明才智、技术知识没有直接关系。

戈尔曼等人研究发现，对工作业绩来说，情商的影响力是智商的九倍。高情商的人更能克服烦恼，他们有足够的勇气来面对可以克服的挑战，有足够的度量接受不可克服的挑战，有足够的智慧来分辨两者的不同。这里更可以看出情商的重要性：如果你什么事都要求完美，那你一定常常烦恼；如果你什么事都坚持己见地拼命，那只是"匹夫之勇"。真正的勇气是要能接受那些不能改变的事实；真正的度量是能自我控制地接受那些不能改变的事情，而不为它们烦恼；真正的自觉是能够认识到自己有没有能力改变一件事情；真正的智慧是把人有限的时间用在可解的问题上。

情商可以培养，但是绝不是靠读书、考试就能得到的，而是要自我评估，自我确定目标，有恒心地改变自己。自我评估是去了解自己情商在哪方面有欠缺。因为情商的高低一般由他人判断,不是自己能看清楚的。平时多了解别人对你的看法,多听取别人(尤其是情商高的人)的建议。

大学生可以多听听老师、家长、同学的意见,或想办法得到匿名者的建议。发现自己的缺陷后,可以挑选合适的目标来培养自己的情商。例如,如果人际关系太差,可以定一个目标每个月交一个新朋友;如果太含蓄、害羞,可以规定自己每天上课要发言一次;如果自控能力不好或脾气太坏,可以请朋友在自己要发脾气时用约定的"密码"来提醒自己平静下来,也可以在每一堂课或会议后,要求同学、老师对自己的表现进行评估。

从教育的角度来说,我们倾向于把今天的时代称为"情商时代",情商在绝大多数情况下的确比智商更重要。

4. 宽以待人

(1) 宽以待人要求与人交往贵在善。我国古来就有"君子宽以待人,严于责己"的处世方法。所谓宽以待人,就是指对他人的要求不过分,不强求于人,而是以宽容为怀,能让人时且让人,能容人处且容人。

人们交往贵在与人为善、宽以待人,尽可能向他人提供方便,尽量给予他人帮助。可以说,宽以待人是道德水平较高的表现。你希望别人善待自己,就要善待别人,要将心比心,多给人一些关怀、尊重和理解;对别人的缺点要善意指出,不能幸灾乐祸;对别人的危难应尽力相助,不应袖手旁观、落井下石。即使是在自己人生得意之时,也不能得意忘形、居功自傲,而是应多想想别人对自己的帮助和恩惠,让三分功给别人。人总是喜欢和宽容厚道的人交朋友,正所谓"宽则得众"。

你对待他人的态度,就是将来别人对你的态度;你觉得别人无足轻重,别人也会对你的事情漠不关心。

宽以待人要求我们:"己欲立而立人,己欲达而达人"(《论语》)。自己要站得住,同时也使别人站得住;自己要事事行得通,同时也使别人事事行得通,"君子成人之美,不成人之恶,小人反是"(《论语·颜渊》)。在一定意义上,成人之美就是成己之美,只要不牵涉大的原则,能忍让的尽量忍让,退一步海阔天空,千万不要得理不饶人,以一颗善心待人,以一颗宽容的心包容别人,多替身边的人考虑。这样,你才能以微笑的心情度过你的大学生活及以后的日子;这样,你才能使你周围的环境充满温情与友爱,当以后回忆起这段日子时,相信微笑会不由自主地浮现在你的脸上,感动也会常常流过你的心底。

在一家咖啡厅里,一位顾客的高嗓门打破了静谧的氛围,"小姐,你过来!你过来!"一边喊着,一边指着面前的杯子,"看看,你们的牛奶是坏的,把我一杯好好的红茶都糟蹋了!"服务小姐赔礼道歉:"真对不起,我立即给你换一杯。"新红茶很快上来了,跟先前一样,碟边放着新鲜的柠檬和牛奶。小姐轻轻地将这些放在这位顾客面前,又轻声说:"先生,建议你,如果放柠檬,就不要加牛奶,因为有时候柠檬酸会造成牛奶结块。"那位顾客的脸"刷"地一下红了,匆匆喝完茶,径直走出去。旁边有人笑问服务小姐:"明明是他土,你为什么不直接说他呢?他那么粗鲁地叫你,你为什么不还以颜色呢?"小姐说:"正因为他粗鲁,所以要用婉转的方式对待;正因为道理一说就明白,所以用不着大声。理不直的人,常用气壮来压人;理直的人要用气和来交朋友。"

(2) 宽以待人还要求善于与不同性格的人交往。性格是一种极其复杂的心理现象,有着各种特点,其中之一为情绪特点。如脾气暴躁的人,他们的情绪特点一般都是稳定性、持久性差,而强度又比较高,遇到一些不顺心的事情,就易发脾气、闹情绪。

在现实生活中,由于工作、学习和交往的需要,每个人都不可避免地要接触不同职业的人,不同兴趣爱好的人,不同脾气性格的人。有的勤快,有的懒散;有的勇敢,有的怯懦;有的温和,有的暴躁;有的豪放不羁,有的谨小慎微……一个人想要同所有的人都成为亲密的朋友,建立良好的交往关系,既是不实际的,也是不可能的。但是,如果我们尽量学会和各种不同性格的人打交道,就能够和更多的人相处得融洽、和谐。

世界上的事物本来就千差万别,可以说,世界上没有完全相同的两片树叶。如果你希望对方改变性格,也许你更应该学会适应对方的性格。

有一只乌鸦打算往东方飞,途中遇到一只鸽子。看见乌鸦飞得很辛苦,鸽子就关切地问:"你要飞到哪里去?"乌鸦愤愤不平地说:"其实我不想离开这里,可是这个地方的居民都嫌我的叫声不好听,所以我想飞到别的地方去。"鸽子好心地告诉乌鸦:"别白费力气了,如果你不改变你的声音,飞到哪里都不会受到欢迎的。"

生活中往往就是这样,如果你无法改变周围的环境,唯一的方法就是改变你自己。

与不同性格的人相处,要求大同、存小异。性格不同的人,处理问题的方式往往不同。我们要学会在不同之中发现共同之处。如性格平和的人在给朋友提意见时,言辞会尽可能委婉,语气尽可能柔和,唯恐伤害了他人的自尊心;而性格倔犟的人在给他人提意见时,可能会单刀直入,语言尖锐,不留情面。这时候,如果只看到那个直率的人进行批评的态度和方法,就会觉得他太鲁莽,太不讲情面。而如果除了看到两人提意见的方式不同之外,还注意到两人的出发点一样,都是出于一片好心,真心帮助别人,就不会觉得直率的人粗鲁无礼,反而觉得他有难得的古道热肠。多看到别人与自己的共同点,就容易和不同性格的人相处。

最重要的一点是,与不同性格的人相处,胸怀应该豁达一些,气量应该宽广一些。假如你的朋友爱发脾气,这时你首先要忍让,待他脾气发过以后,应当开导他,让他明白发脾气是不理智的行为。没有事后的说理,就难以帮助朋友克服易发脾气的不良性格。

宽以待人,就是以宽广的胸怀、宽容的气度,创造宽松的人际环境,大度豁达。由此形成人格魅力,使别人敬重和倾慕你的人品。尤其在竞争激烈的今天,宽以待人会使人人都喜欢与你交往。因此,宽以待人是为人处世的一个重要原则。

四、正确认识网络心理

随着计算机的普及,网络在许多方面发挥的作用可以与报纸、广播、电视这三大传统媒体相抗衡,被称之为"第四媒体"。网络已经深刻地影响着人们生活的各个方面。21世纪的中国已经开始进入了"网络社会"。作为引领潮流的大学生,网络对于他们是一个挡不住诱惑的新奇世界。

调查显示,目前高校在校生接触过网络的人数高达99.2%,其中近65%的学生经常上网(指平均每周上网6小时以上)。网络在大学生闲暇生活中占据了举足轻重的地位,把网络熟练地应用于自己的生活,这在大学生中已经成为普遍现象。

网络对人类生活,特别是对青年大学生生活方式的影响可以说是革命性的,大学生可以实现网上学习、网上交友、网上购物、网上就医、网上搜索……在整个地球的网络社交圈子中,大学生可根据兴趣、爱好、能力等形成不同的身份个体。

1. 网络对大学生来说是一把双刃剑

就像任何新技术的运用在给人类带来便利的同时,也会给人类带来伦理道德上的困惑一样,网络不是洪水猛兽,但它却是一把双刃剑。数字化时代,网络在给大学生带来积极影响的同时,也不可避免地给他们造成一些负面影响。

网络在大学生的闲暇生活中发挥了不可或缺的作用。首先,网络作为一种教育手段,丰富了教育内容,拓宽了教育途径,帮助大学生在一个宽广、自由的环境中积累知识,使大学生能方便、快捷地了解各种各样的现代科学知识和生活经验,有利于自身综合素质的提高;其次,网络能够使大学生进行多元的互动和交往,促进了大学生相互之间的交流,同时也与广阔的社会进行了有效的融合;再次,网络将进一步把地球变小,让全球沟通便利千万倍,有助于大学生全球意识的形成;最后,在网络时代,父母与大学生将有更多的思考时间,来修正双方的感情以便更好地表达(如电子邮件、QQ、微信、微博等),有助于新型代际关系的建立。

对大学生而言,网络在带来积极影响的同时,也不可避免地会造成一些负面效应。

(1) 对大学生世界观、人生观、价值观的影响:

大学阶段是青年学生世界观、人生观和价值观形成的关键时期。大学生容易接受新事物、新观点,但由于缺乏经验与鉴别能力,往往良莠不分。

网上说谎的情况非常普遍。据对某高校经常上网的在校生进行的一项调查发现,400名网民之中有48.6%的人承认向网友说过谎,或者用另外一种身份结交过网友。除此之外,网上存在着大量不良信息,这对于世界观、人生观、价值观正在形成的大学生来说危害极大。

在互联网上,不同国家之间的文化传统、思想道德观念和生活方式大不相同,其冲突十分激烈。西方发达国家依靠其雄厚的资金和先进的技术,对外输出大量信息,其中包括其政治观点和文化理念。一些发达国家在网上借"民主问题""人权问题""宗教问题"来攻击我国的政治体制,竭力标榜其政治制度的合理与完善。西方价值观念、腐朽生活方式的影响也无孔不入,造成了大学生价值观念冲突的加剧,甚至导致大学生道德观念的失范。

网络社会提供了独特的"虚拟"环境,造就了无限制道德行为的真空,网络在给大学生展示和提供一个高度开放的自由空间的同时,也对传统的伦理道德准则提出了挑战,同时,现实社会中大家熟悉的、一致认可的某些"游戏规则"也失去了效力,这就可能造成大学生道德意识与道德行为的失控。

(2) 对大学生心理健康的影响:

网络交流的随意性、隐匿性为大学生提供了交往情境的双重环境和氛围,容易使大学生放任自己以逃避现实世界,一旦回到现实就会感到备受束缚和限制,产生一种孤独感。这样就有可能会扭曲一些大学生的人格,出现一系列的心理疾病。

网络性心理障碍的典型表现:在日常生活中情绪低落,无愉快感或兴趣丧失,睡眠障碍、生物钟紊乱,食欲下降、体重减轻,容易激动,自我评价降低,严重者社会活动减少,有自杀意念。

① 网络依赖。网络世界的虚拟性往往会使大学生网民产生一种特别"自由"的感觉和"为所欲为"的冲动,做一些明显不恰当的行为,尤其是在心情不好时,有些大学生常常上网发"帖子",招来许多网友共发牢骚,还相互安慰一番。久而久之,明明知道靠网络解决不了实际问题,但还沉溺其中,不能自拔,产生对网络的过分依赖心理。更有甚者,沉溺于网络游戏,从中产生一种强烈的满足感和快感,可以感觉到现实中感觉不到的自信,从而一头扎进这个虚拟的世界中,成为"电子海洛因"的吸食者,因此荒废了学业。

② 网络成瘾。一位学生这样描述自己的"症状"：平日里无精打采，一上网就处于亢奋状态；一天不上网，手指便会发痒，把桌面当键盘敲；每天虽然告诫自己不要泡网吧了，可一到傍晚，还是不由自主地走进网吧，一玩就玩到了凌晨，想停也停不下来。刚进大学时成绩还不错，后来"红灯"越挂越多，差点被除名，学校最后同意让我试读一学期。爸妈为了管住我，甚至在学校附近租了房子住下来。类似这样的"网络成瘾综合征"，目前在高校的"发病率"正不断攀升。

"上网不是病，上多了会得病！"不同的是，网络成瘾综合征没有明显的生理病兆，只是心理上的依赖。网瘾严重时无法摆脱上网的念头，坐立难安，无法自控。

③ 网络抑郁。QQ、微信、微博作为大学生人际交往、思想交流的重要手段，对缓解心理紧张，释放学习、生活压力有积极作用。但由于网络的虚拟特征，又使一部分大学生深陷其中不能自拔，使正常的人际交流出现困难。更有甚者，一旦停止上网就会出现急性戒断综合征，甚至采取自残或自杀手段，危害个人和社会安全。

（3）对大学生人际交往的影响：

大学阶段是个体人际交往能力和人际关系形成的重要时期，由于网络交往与传统的具有亲和感的面对面的人际交往大不相同，往往难以形成真实可信和安全的人际关系。终日与电脑终端打交道，缺乏直接的人际交往，更易使大学生趋向于孤立、自私、冷漠和非社会化，更易使大学生在现实生活中对他人的幸福和社会发展漠不关心。

① 人际交往受阻。许多大学生可以与网络中的陌生伙伴侃侃而谈，但当真正见到其人时，却不知所措，这便导致个人心理更加封闭；还有一些大学生原来社会交往活动比较频繁，现在由于把大部分时间投入到网络聊天中，既减少了结识现实生活中新朋友的机会，也减少了与现有朋友的联系，导致友情淡化，无形中缩小了个人生活的圈子。当他们从热烈火爆的网上交往气氛中退下来，回到平静单调的现实生活时，强烈的心理落差使他们容易产生心理孤独感。

② 人际交往错位。网络社会改变了人们情感沟通的方式，使传统的可视性、亲和感的人际交往方式逐渐弱化。特别是当大学生在现实生活中遇到困难的时候，他们会觉得网络交往更容易使人满足。因为，在虚拟的网络世界里，可以消除各种社会暗示和物质表象的干扰，平等地与对方沟通信息、交流思想、表达感情，以求得到对方最大的理解和帮助。但长此以往就会逐步削弱大学生的实际交往能力，从而造成现实人际交往的矛盾与错位。

③ 人际交往退化。上网时间过多就会减少大学生参加正常社会活动和人际交往的时间，引起社会退缩行为，导致其心理健康水平下降。人不能永远沉溺于虚拟的世界，终究要回归现实社会。如果长期脱离现实，就失去了人与人之间那种真实的互动感觉，进入社会后可能无法与人进行正常交往，甚至可能出现社交恐惧，影响正常人格的完善。因此，无休止、无节制地上网来逃避现实生活，阻碍了大学生的独立与心理成熟。

（4）对大学生学习方式的影响：

网络代替了图书馆，使自主学习真正成为可能，这是学习方式的重大改变，更是学习观念和方式的重大改变，为大学生知识更新和调整自身的知识结构创造了有利的客观条件。大学生是一个特殊的社会群体，他们的信息来源主要依靠书籍、报纸、网络、电视、广播等媒体。其中，网络以高效快捷的优势，成为大学生获取信息的主要渠道。

但有部分大学生识别能力较低，自制力不够，迷恋网络游戏，通宵达旦地泡网吧，既不正常上课，也不按时休息，学习成绩直线下降，出现了"上机像条龙，下机像条虫"的现状，以至于学生家长向社会喊出了"救救陷入网络不能自拔的孩子"的呼声。

因此,面对网络对大学生学习方式的冲击,大学生要正确认识和使用网络,养成良好的用"脑"和上网习惯,避免对不健康、不客观、不科学信息"全盘接受"现象的发生。面对纷繁复杂的网络信息,要学会判断和筛选,从中找到对自身发展有益的、正确的信息,让网络为我所用。

2. 大学生如何走出网络心理误区

网络,永远是大学生们的热情所在,这是文化、科技、知识的吸引所致。网络心理问题的发生也是大学生们在成长的历程中所遭遇的激流和暗礁之一。正确使用网络工具,走出网络心理误区,是每个大学生在校期间所必须解决的问题。这个问题解决得好,大学生才能以健康的心态走进网络,实现真正的自由网上冲浪。我们提倡"走下网络,走出教室,走向操场,走进自然"。

(1) 应对挑战,端正态度:

网络的使用者必须客观地把握、评价网络媒体对我们的影响,不过分迷恋网络媒体,这是我们对待网络的正确态度。应该正视这样的事实:大多数大学生对待网络的心态还是正常的、积极的。

网络交流无论如何也达不到面对面直接交流那样亲切和真实的程度。因此,大多数大学生认为网络交往的消遣作用多于实际意义,网络人际交往应当是现实人际交往的适当补充,使人与人之间的联系更加紧密而不是更加疏远。但是,网上的虚假信息太多了,这就造成大学生对各种网络信息的态度多半是"半信半疑"的。如果我们大学生树立了良好的网络使用心态,增强辨别能力,就不至于受到各种非主流思想的影响,将会变得更有判断能力。经验表明,成熟的网民往往在一些固定的网站上停留,不会在网上到处"乱冲浪",大学生也是如此。所以,随着中国对外交流的日益频繁,大学生与网络的联系会更密切。既然无法脱离它,那么大学生就应该以开放的、正常的心态来对待网络媒体的挑战。

(2) 加强预防,防患于未然:

面对网络文化的挑战,我们不能因噎废食、关闭网络、断绝交流,而应高度重视,防患于未然。人们可以通过网络进行通信、购物、阅读、交友等,网络使人们之间的距离越来越近,人们也越来越亲近这个新生的伙伴。但同时,网络像一只无形的魔掌,暗中控制着自制力较弱的大学生。传播学认为,电子媒介本身就具有一种麻醉功能,完全消除不太可能,最实际的办法就是防患于未然,做好预防工作。在自己出现网络心理困扰的征兆时,就积极采取措施,提醒自己正确对待现实生活中的困难、矛盾,敢于正视现实并与其保持正常的接触,对周围事物保持清醒、客观的认识。

(3) 面对困惑,调整心态:

传统媒体信息传播方式是单向的,即传播者将信息主动推给受众,受众处于被动的地位,与法律、道德相悖的内容易于被控制,不使之得以传播。而网络传播则将这种单向传播方式改变为双向传播,受众的主体地位得到体现,他们可以主动地获取自己所需要的信息。自制力较弱的大学生往往会出于好奇或冲动心理刻意地去寻找一些色情、暴力信息。许多大学生在日常生活中无法接触到这类信息,因此怀有一种猎奇心理,网络消除了传统媒体的"把关人"角色,大学生点击鼠标就能看到那些低级庸俗的东西。这种不良信息对大学生的心理成长极为有害。

面对这些困惑,我们应该学会调整自己的心态,尽快摆脱不正常的情绪。当你总是不能从对网络的渴望中走出来,大脑里一直是网络(聊天记录、游戏场面、黄色信息等)的种种影像时,你就应设法把自己的注意力从网络转移到自己感兴趣的其他事情上去,如听听音乐、看看电影、跳跳舞、打打球、找同学和朋友聚会等,以冲淡网络对自己的"向心力"。

(4) 遵守网络道德,强化自律:

当前,互联网给人们带来文明进步的同时,也产生相当大的负面效应,垃圾邮件、色情及暴力信息、网上犯罪不一而足。网上常出现颓废、消极、不负责任的言论,这都直接影响大学生的认知、情感、心理。

在无序的网上世界培育健康的网络道德势在必行。道德主要是通过自律来实现的。

首先,大学生在对待反动、色情、迷信信息时,自觉地不看、不听、不信。对这些精神"毒品",不要抱着好奇、试试看的心理去点击和观看,因为一"吃"就上瘾,一上瘾就难以自拔。与其以后进"戒毒所",不如一开始就抵制它。一个不懂得抵制的人,总是跟着感觉走、跟着时髦走的人,是不可能实现道德自律的。网上聊天,可帮助我们交流信息和思想,但如果认为在那个虚拟的世界里可以不负责任地胡说八道,那就错了。虚拟的世界连着真实的世界,影响着每一个坐在电脑前面的人,一个有正义感、有责任感的人,在生活中会处处(包括上网)以负责任的态度行事,主持正义,反对邪恶。

其次,互联网是开放的,信息庞杂多样,既有大量进步、健康、有益的信息,也有不少反动、迷信、黄色的内容。互联网已成为思想政治工作一个新的重要阵地。国内外敌对势力正竭力利用它同我们的党和政府争夺群众、争夺青年。我们要根据其特点,采取有力措施应对这种挑战。对大学生来说,应培养网络道德,用道德来自律,尽量抵制负面效应,这有利于大学生健康成长。

(5) 主动积极寻求帮助:

在第三届泛亚太地区心理卫生研讨会上,北京大学心理学系钱铭怡教授关于大学生网络成瘾的研究,引起了与会者的广泛关注。钱教授对北京12所高校的近500名本科生进行抽样测试,结果表明,大学生中存在一定比例的网络成瘾者,占被测试者的6.4%。钱教授在北京高校的取样发现,被测试大学生上网的大部分时间是用于工作学习或与网友聊天,其次是收发电子邮件、玩游戏、看电影、听音乐,很少有人花时间参与网络赌博。被测试学生每周使用电脑或网络的时间与其网络成瘾呈正相关趋势,而成瘾与使用电脑或上网的年限等没有必然的联系,甚至呈负相关关系。

调查发现,83%的网络成瘾者是开始使用网络一年内出现症状的;网络成瘾者中78%是使用聊天工具、网络游戏和新闻组这类偏重双向沟通的软件,而非成瘾者上网多数出于工作或学习的需要,是将网络视为工具;网络成瘾者普遍认为使用网络对他们的学业、人际关系、经济状况和职业造成中等或严重影响,但又普遍忽视网络成瘾给身体带来的危害。

更危险的是,网络诈骗对大学生的人身安全也具有严重危害。如一部分大学生将网恋看成时髦的游戏,欺骗别人的感情,害人终将害己。

当出现"网络成瘾综合征""网络侵害""网络诈骗""网络骚扰"等网络传播的伴生品对大学生的身心健康产生危害与威胁,而大学生自己不能走出心理误区的时候,就应该积极求助于他人,包括老师、家长、心理医生、同学、朋友等。通过找同学朋友倾诉、向心理老师咨询等手段,释放网络心理压力,缓解心理痛苦,形成健康向上的心理状态;也可以利用电话、网络等进行远程心理咨询,特别是可以通过许多比较好的心理咨询网站了解有关心理健康方面的知识,同时,还可以通过网络咨询解决网络心理问题,这些都是我们大学生网民培养良好网络心理的有效途径。

大学生还必须最终完成从他助向自助的过渡：通过对网络心理健康的理解和网络心理咨询，培养良好的网络心理，并通过网络心理健康教育与调适，提高自我心理素质，最后实现自己帮助自己走出心理困惑。这就是他助向自助过渡的心理调适过程。这个过程很艰巨，也很漫长，但这是当代大学生心智健康发展的必由之路。

3. 网瘾及网瘾的形成原因

根据北京军区总医院制定的"网络成瘾临床诊断标准"中的定义，网络成瘾是指个体反复过度使用网络导致的一种"精神行为障碍"，表现为对网络的再度使用产生强烈的欲望，停止或减少网络使用时出现戒断反应，同时可伴有精神及躯体症状。其具体标准是：

① 出于非工作学习目的每天上网六个小时以上；

② 这种上网状态持续了三个月以上；

③ 社会功能即学习、工作和交往的能力因长期上网而受损；

④ 如果减少或者停止上网时就会出现周身不适、烦躁、易怒、注意力不集中、睡眠障碍等戒断反应。

网瘾综合征形成的原因主要有两个方面：

一是直接的生理原因。由于患者上网持续时间过长，使大脑神经中枢持续处于高度兴奋状态，引起肾上腺素水平异常增高，交感神经过度兴奋，血压升高。这些改变可引起一系列复杂的生理和生物化学变化，尤其是植物神经紊乱，体内激素水平失衡，会使免疫功能降低，诱发种种疾患，如心血管疾病、胃肠神经官能症、紧张性头痛、焦虑、忧郁等。同时由于眼睛长时间注视电脑显示屏，视网膜上的感光物质视紫红质消耗过多，若未能补充其合成物质维生素A和相关蛋白质，就会导致视力下降、眼痛、怕光、暗适应能力降低等。

二是间接的心理原因。我们可以从马斯洛的需要理论来探究大学生网瘾的心理成因。马斯洛将人的需要分为七层，第一层为生理需要，包括衣、食、住、行等；第二层是安全的需要；第三层是爱与归属的需要；第四层是尊严的需要；第五层是求知和理解的需要；第六层是审美的需要；第七层是自我实现的需要。马斯洛相信人类的需要是呈层级分布的。他认为一至四级的需要属于缺失需要（deficiency need），五至七级的需要属于成长需要（growth need）。网络对人的需要的满足无非就是在这些缺失性需要和成长性需要之中，不可能超越其外。所以，可以认为人在网络上所达到满足的需要看似都是合乎人的正常需要的。然而，网络成瘾主要从需要满足的手段及其造成的后续影响上产生了对个体成长和身心健康发展的危害。

（1）大学生年龄基本在17～24岁，处于青春中后期，生理发育已成熟，对性充满好奇，渴望与异性交往。高中阶段学生由于高考压力，忽略了对异性的交往，而大学阶段学生相对自由，加上思想活跃，受西方文化和多种媒体如电影、电视、书刊等的影响较多，潜意识中对异性的渴求尤为强烈。网络的开放性与匿名性可以为在网上吸引异性的注意力、获取异性的好感、直接对异性表达爱意提供极大的便利。网络上有很多色情内容，网络群体的匿名、开放与便利也为一些大学生满足性的好奇并从中获得某些生理上的满足提供了十分方便的机会。有些学生由于认知力和自制力较差，无法正确对待这一看似便利实则危险的生理满足方式，而将其经常化甚至沉溺其中。

（2）当代大学生中独生子女居多，不少学生缺乏生活锻炼和独立生活的能力，大学里很多事情都要学会自己做，因而在入学后的一段时间里会遇上许多学习、生活上的困难、挫折。

太多的不习惯和生活中的独立性往往会给大一、大二的学生造成不小的压力,难免会产生失落或自卑心理。一些性格内向的学生,刚进入大学时,与新同学不熟悉,遇到困难与挫折时不愿意或不好意思与同学交流,找网友宣泄就可能成为比较理想的方式。长此以往,就形成了对网络的依赖心理,沉湎于虚拟世界,与现实生活产生隔阂,网络社会成了他们精神生活的支柱,正常的认知、情感和心理定位受到影响,健康的性格和人生观的养成受到影响。

(3) 网络可以相对安全地以比较低的交际成本来满足人们的社会交际的需要。对于一些性格内向、不善现实交际的同学而言,在虚拟世界里,他们可以重新塑造一个形象,一个隐藏自身缺点、增加更多优点、能够吸引他人的形象,可以抛开现实生活中他们对社会交际的焦虑。通过网络聊天、网上交友、组织社团、做论坛版主等,不仅能够在很大程度上满足释放心理压力的要求,而且能够在精神交流中获得人际交往的快乐。相比较而言,现实生活中人在需要倾诉的时候有很多顾忌,交际成本明显增加。因此很多大学生更愿意在网上表现自我真实的内心世界,寻找感情寄托,如一个现实世界的无名小辈可能因为文采或口才卓越而在网上得到更多的尊重,一个现实世界的文弱书生可能由于在网络游戏中英勇善战而获得虚拟世界的认可和崇拜。

(4) 网络信息资源种类多、数量大、更新快,而且是集文字、声音和图像于一体的立体化传播形态。大学生处于人类的心理断乳期,有强烈的探索欲望,渴望了解书本外的各种知识、信息,了解外部世界,网络的功能齐全、信息丰富、雅俗共赏、自由开放等特性正好可以满足大学生的求知需要。但如果过度迷恋网络,就会导致网络成瘾。

(5) 大学生的成长过程正是其自我意识的发展过程。在这个过程中,大学生特别渴望自我价值得到肯定。在现实世界里,大学生自我价值的实现还面临着诸多限制,可是在网络虚拟世界,如网游、博客、论坛,人们可以说自己想说的话,做自己想做的事情,成为自己想成为的人,不仅可以实现现实生活中不能实现的价值追求,得到一种虚拟的价值认可和成就感,甚至还很容易获得某种短暂的高峰体验,即一种可能是瞬间产生的、压倒一切的敬畏情绪,也可能是转眼即逝的极度强烈的幸福感,甚至是欣喜若狂、如醉如痴、欢乐至极的感觉。强烈的个体价值实现欲望与网络提供的相对容易的价值虚拟实现方式,往往会导致一些大学生对网络产生心理依赖而最终患上网瘾。

网络,这个相对自由的意识流环境可以通过很多途径引发出人们各种潜在的欲望和需要,上网时间越长,自我克制的能力越容易丧失,导致强调个性需要忽略社会责任,强调现时满足忽略道德底线的基本要求,最终导致和现实自我的矛盾冲突,形成内心焦虑,进而出现沟通交流的障碍,最终表现出非常典型的社会疏离等特征。

4. 网络成瘾的种类

人在网络成瘾后,如果一段时间不能上网,就会产生失落感、焦虑症、空虚感,烦躁不安,想找人吵架或想攻击别人;个别人会心情郁闷,产生悲观厌世情绪和自杀念头。网络成瘾主要有以下几类:

(1) 网络依赖成瘾。使用者没有任何明确目的,不可抑制地长时间操作计算机或上网浏览网页、玩游戏等,几乎每天上网5~6个小时,常熬夜上网,网瘾日益严重。

(2) 网络交际成瘾。这类人在现实生活中不愿和人直接交往,不合群,沉默寡言,但喜欢网络交际,经常上网聊天或通过其他网络交流方式与人交流思想情感,一天不上网交际就浑身不舒服。

(3) 网络色情成瘾。上网者迷恋网上的所有色情音乐、图片及影像等。有专家指出每周花费11小时以上用来浏览色情网站的人,就有色情成瘾的嫌疑。

(4) 网络收集成瘾。这包括强迫性地从网上收集无用的、无关紧要的或者不迫切需要的信息。

(5) 网络游戏成瘾。不可抑制地长时间玩网络游戏,这是较普遍存在的现象。

5. 摆脱网络成瘾综合征

如果你觉得网瘾太大,自己抵抗力太小,那么以下三条具体建议,可以帮助你预防和摆脱网络成瘾综合征:

第一,不要把上网作为逃避现实生活问题或者化解消极情绪的工具。上网逃脱不了现实,"逃得过初一,逃不过十五"。更重要的是,因为你的上网行为在不知不觉中已经得到了强化,网瘾加重。

第二,上网之前先定目标。每次花2分钟时间想一想你要上网干什么,把具体要完成的任务列在纸上。不要认为这2分钟是多余的,因为它可以为你省10个2分钟,甚至100个2分钟。

第三,上网之前先限定时间。看一看你列在纸上的任务,用1分钟估计一下大概需要多长时间。假设你估计要用40分钟,那么把闹钟定到20分钟,到时候看看你进展到哪里了。

总之,我们在享受网络常给我们的便利时,不能忘记的一个重要的原则是,网络的精彩绝伦、快速便捷及其他的种种优点都不能完全地替代现实生活,网络生活只能作为现实生活的一部分。

6. 做网络的主人

你若不想因为上网影响你的生活且真的付诸行动的话,这里有几点建议供你参考:

(1) 在生活中应合理、平衡地使用网络,减少上网时间,多与家人、同学交流。

(2) 每周做3~4次增氧健身运动,每次20~30分钟,慢跑、散步和骑自行车效果也不错。

(3) 坐在电脑前时,要多吃一些有利于大脑、营养丰富的食品,如苹果、卷心菜、豆制品等。尽量不要饮酒和喝咖啡,可饮用一些增加能量、放松情绪的保健饮料。

(4) 端正坐姿,使用直背椅子,调整电脑显示器的位置,这样就不会弯着脖子驼着背上网了。

(5) 要防止用眼过度,导致视力衰退。要经常到户外走走,或每隔1小时站在窗前远眺,还可使用缓解视力疲劳的眼药水。

(6) 若要防止过于沉溺网络,导致学习"岌岌可危",那就要严格自制,及早树立"学习就是学习、玩就是玩"的意识。

(7) 若陶醉于网络色情内容,包含玩色情游戏和进入淫秽聊天室,那你真的要认真检讨一下自己的所作所为了,及早离开"精神鸦片",而且传播和下载这些还会受到法律制裁。为了避免受到诱惑,先把正经事干完再上网,可以每天固定浏览新闻和某些博客等,或者让宿舍的同学监督,这些都是不错的方法。

(8) 从今天开始,慢慢养成良好的上网习惯,不再受网络的诱惑,做网络真正的主人。

对于大学生而言,网络是一把双刃剑,它既不是虚拟的伊甸园,也不是潘多拉的盒子。点击网页,文明与污染随着鼠标的移动而展现,有灿烂的阳光,也有黑暗的角落。作为大学生,要提高自身的分辨力,自觉规范上网行为,培养良好的网络道德,在挖掘网络深层知识的同时,掌握其实际运用意义,将网络作为自身腾飞的翅膀,而不是成为它的俘虏。

五、就业心理指导

面对就业,大学生的心理是复杂多变的。通过几年大学生活,同学们在知识、能力与人格方面有了显著发展,有着强烈的就业意愿和积极的就业动机,为能尽快实现自己的人生价值而感到由衷的欢欣。就业岗位和就业方式的多样化也为大学生就业提供了更多的机遇和更大的自由度,许多大学生都摩拳擦掌、跃跃欲试,准备在所学专业领域一展身手,但是在就业过程中,又难免出现种种心理问题。

1. 大学生的一般就业心理问题

大学生群体是个体由青年期到成年期成长过程中一个特殊的群体。集多种特殊性于一身,存在着处于"第二次心理断乳期"和"心理延续偿付期",处于"边缘人"地位,受多重价值观影响,人格处于再构成过程等内在心理原因,加上存在着环境中诱发因素的作用,使得大学生的心理健康状况堪忧。一般认为大学生就业期的心理问题主要有挫折心理、从众心理、嫉妒心理、羞怯心理、盲目攀比心理、自卑心理、依赖心理,注重实惠、坐享其成的心态以及过分强调自我价值等。为了帮助广大学生更好地认识这些问题,为就业做好心理准备,我们首先从以下几个方面来看看大学生就业时一般存在哪些心理问题。

(1) 就业心理压力与焦虑。当前激烈的就业竞争环境使得就业问题给大学生带来了较大的心理压力,而且这种压力在各年级学生中都存在。清华大学的调查显示,个人前途与就业已成为大学生心理压力中最重要的因素,而且有些压力随着年级增高而有上升的趋势。学生就业压力体验相当严重,尤其以心理体验最为严重。大学生毕业前心理压力较过去有明显增大,主要原因是就业、考研、恋爱、生活中不愉快的经历、突发事件、经济条件等。女大学生心理压力大于男大学生,农村学生的焦虑水平高于城市学生。而大学生针对就业压力的释放方式则过于内向化,主要是自己解决和求助于同学、朋友。

(2) 就业心理期望与失落感。许多大学生都有一种"十年寒窗,一举成名"的心理,因此对择业的期望相当高。大学生大多希望到生活条件好、福利待遇高的大城市、大机关、大公司工作,而不愿到急需人才但条件艰苦的中小城市和基层小单位工作,过分地考虑择业的地域、职位的高低和单位的经济效益。高期望值驱使毕业生总是向往高薪水、高职位、高起点,渴求高收入、高物质回报率,并一厢情愿地对用人单位提出种种要求,将自己就业的目标定得很高,即使找不到合适的单位也不肯降低就业期望值。比如,有一些学生就说:"非北京、上海、深圳不去。"可是现实就业岗位大多不像大学生所想象得那么美好,因此当大学生们发现现实与理想的差距较大时,就容易出现"高不成,低不就"现象,并产生偏执、幻想、自卑、虚伪等心理问题,并可能导致择业行为的偏差。

(3) 就业观念不合理。大学生的择业观念虽然在总体上倾向于务实化与理性化,但由于处于择业观念的转型过程,存在着各种不良观念,并严重影响了其身体健康和顺利就业。这些不良观念主要表现在以下几个方面:

① 只顾眼前利益,忽视职业发展。一些大学生在择业标准中只有工作条件、收入等眼前实在利益,而对自我的职业兴趣、能力、职业的发展前景等因素不作考虑,因而极易选择并不适合自己的职业。

② 职业标准过于功利化、等级化。一些毕业生过分强调职业的功利价值,甚至还将职

业划分为不同等级,而不考虑国家与社会的需要,不愿意到条件比较艰苦的地区和行业去工作。

③ 求安稳、求职一次到位的传统观念根深蒂固。很多大学生仍然喜欢稳定、清闲、福利保障好的单位,希望以此就能选定理想的职业,而不愿意选择有风险、有挑战性的职业,更不敢去自己创业。

④ 过分强调专业对口,学以致用。在求职时,只要是与自己专业关系不密切的职业就不考虑,这样做只能是人为地增加了自己的就业难度。

⑤ 职业意义认识不当。许多大学生从观念上来说,还是仅仅把工作当做一种谋生的手段,没有充分认识到职业对个人发展、社会进步的重要意义。

(4) 就业人格缺陷:

① 自我同一性混乱。有许多同学在毕业、择业的时候,尚未达成自我同一性。具体来说,就是对自己的职业目标、需要、价值观及自身特点等没有明确的认识;在就业时不能正视自己的能力、素质和择业的客观环境,不能对自己有一个客观、清醒、全面的评价。因此,他们在职业选择时往往是茫然、犹豫不决、反复无常、见异思迁、躁动不安,不能主动、独立地获取职业消息、筛选目标、规划职业生涯,也不能解决就业中的问题,做出正确的决策。自我同一性混乱在就业中的两个突出表现就是盲目从众与依赖。

盲目从众,是指在求职中不考虑自己的兴趣、专业等特点,盲目听从或跟随别人的意见以及盲目寻求热门职业的现象。持有这种心理的毕业生往往脱离自己的实际状况,跟在别人的后面走,如在就业市场中哪个单位前人多他们就往哪里去,别人说什么工作好他们就寻求什么样的工作,而全然不顾自己的能力和现状,不会扬长避短。

依赖,是指在就业中不愿承担责任,缺乏独立意识,没有个人独立的决策能力,没有进取精神,只是依赖父母或老师、学校,甚至只等职业送上门而不去积极争取。一些毕业生自己不去找工作,只等着父母和亲朋好友出面四处奔波,到处找关系、托人情,甚至还怀恋过去那种统包统分的制度,希望学校解决就业问题。当别人为自己找的工作不合心意时就大发脾气,抱怨父母或学校。还有不少毕业生由家长陪着参加供需见面会,职业的好坏完全由父母决定,缺乏自主择业的能力。

② 就业挫折承受力差。不少大学生在求职时只想成功,一旦遭受挫折就会像泄了气的皮球,一蹶不振,陷入苦闷、焦虑、失望的情绪之中不能自拔。他们对求职中的挫折既缺乏估计也缺乏承受能力,不能很好地调节自己的心态,也不会通过总结求职中的经验教训来获得下一次的成功。

自主择业给大学生提供了就业的自由及通过竞争获得理想职业的机会。应该说这也是大多数学生所期望与认可的。但当大学生真正面对激烈的竞争环境时,也有许多人表现出缺乏信心、缺乏勇气,求职时战战兢兢、顾虑重重、畏首畏尾,不敢大胆自荐。结果是有压力没勇气,不能真正向用人单位展现自己的竞争实力,以至错过机会,在竞争中陷入了不战自败的境地。特别是一些冷门专业或学习成绩不佳的同学及没有"关系"的同学就更容易出现不敢竞争、不敢尝试的问题。

大学生害怕竞争的保守心理一方面与缺乏社会实践锻炼有关,另一方面更与许多大学生害怕失败,不敢面对就业挫折有关,如一些大学生在就业中只找那些把握性大的职业,而对竞争强的工作不敢问津,害怕求职失败遭受打击。

③ 自卑与自大。一些毕业生在求职中常会产生自卑心理,对自己评价偏低,他们总是

以为自己的水平比别人差,单位要求很高自己肯定达不到,自己能力不行,等等。就业中的自卑心理一般源于以下一些情况:首先是一些冷门专业的学生看到就业市场招聘自己专业的单位少、待遇差或在求职中遭冷遇,就容易悲观失望;其次,一些性格比较内向、不善言辞的大学生看到其他应聘者口若悬河,自己什么也说不出来也会自惭形秽;再次,一些在校成绩与表现一般的大学生看到别人的自荐书上奖励、证书、成果一大堆,自己什么也没有,也容易自我贬低;最后,一些女大学生在遭受用人单位的歧视后也会自怨自艾。总之,自卑的大学生不敢正视现实,对自己的长处认识不够,怀疑自己的能力,不善于发现适合自己的职业岗位,在对自己的抱怨、贬低中失去了求职的勇气。

自卑的反面是自大,而且两者有时会相互转化。一些专业较好、就业资本较雄厚的大学生容易从自信变为自负。还有一些大学生是脱离实际的自大,他们既缺乏对自己的客观认识,也对就业市场、职业生活缺乏了解,一切都凭自己的主观想象。如有的大学生自以为经过大学几年的学习和锻炼已经满腹经纶,任何工作都可以出色完成,在求职中自觉高人一等、自命不凡、四处吹嘘,一旦出现变故则容易陷入自卑、自责,一蹶不振。

自卑与自大是大学生身上常见的人格缺陷,在就业中的表现都是对自己缺乏一个客观的评价,同时对职业缺乏深入的认识。在就业中自卑与自大常存在交织的现象,如一些大学生在求职比较顺利时容易自大,一旦出现挫折就自卑;一些大学生虽然对自身条件比较自卑,但是真正遇到用人单位时却又表现为自大,要价很高。

④ 偏执与人际交往障碍。大学生在就业中的偏执心理有不同的表现:① 追求公平的偏执。大学生要求公平的竞争环境,对一些不良的社会风气感到气愤是正常的,但有一些大学生表现为对公平的过分偏执,将自己求职中的一切问题都归结于就业市场不公平,以致给自己的整个求职过程都笼罩上了心理阴影。② 高择业标准的偏执。大多数毕业生对求职有过高的期望,不过多数人能通过在就业市场的体验,客观地认识和接受当前的就业现状并调整自己的择业标准。但仍有大部分大学生固执己见,偏执地坚持自己原来的择业标准,甚至宁愿不就业也不改变。③ 对专业对口的偏执。一些大学生在就业时过分追求专业对口,不顾社会需要,无视专业伸缩性、适应性,只要是与专业有一定出入的工作就不问津,只要不能干本专业就不签约。这样就人为地减少了自己就业的机会。

有些大学生缺乏基本的人际交往能力。如有的大学生在求职过程中过于怯懦、紧张,不敢在用人单位面前表现自己,甚至连面试也不敢去,常常一开口就面红耳赤、语无伦次。还有些大学生在求职中不会察言观色,不懂得照顾别人的感受,不懂人际交往的礼貌礼仪。如有位大学生在面试结束时,用人单位的负责人递给他一支烟,他不仅当即拒绝还气愤地说:"我从来都没有这种恶习!"

(5) 就业心态问题:

① 过度焦虑与急躁。许多大学生就业时既希望谋求到理想的职业,又担心被用人单位拒之门外,还担心自己在择业上的失误会造成终身遗憾,并对未来的职业生活感到心中无底。在就业过程中存在一定的焦虑是正常的,但一些大学生焦虑过了头,成天都想着各种不必要的担心,从而造成精神上紧张不宁、忧心忡忡、烦躁不安、意志消沉,行为上反应迟钝、手忙脚乱、无所适从。

还有一些大学生在就业时显得过于急躁,整个就业期情绪始终处于亢奋状态,常常心急如焚、四面出击、东奔西跑,希望尽快找到合适的工作,但又缺乏对就业形势的冷静观察以及对自我求职的理性思考,做了许多吃力不讨好的事。因此常常有一些毕业生在并不完全了解用人单位的情况下就匆匆签约,一旦发现实际情况与自己想象的不一样或发现了更好的工作时,便追悔莫及,甚至毁约,给自己带来许多不必要的麻烦与心理困扰。

②消极等待与"怀才不遇"心理。与就业时的急躁心理相反的是一些大学生在就业问题上表现得非常消极,平时也不参加招聘会,有单位来招聘就看看,如果不满意就等下去,满意时也不主动争取,抱着"你不要我是你的损失"的态度,期待着有单位会主动邀请。还有些人"这山望着那山高",不肯轻易低就,明明已经找到工作,但拖着不肯签约,总希望有更好的单位出现。

另外有些大学生自恃条件很好,认为"满腹经纶""博古通今""学富五车",可以大有作为,但在择业时却常常碰壁或者找到的工作不满意,于是抱怨"世上无伯乐",抱怨自己运气不好,成天闷闷不乐、怨天尤人。

③攀比与嫉妒。在求职中,同学之间"追高比低"的现象时有发生,一些同学在求职中经常相互吹嘘自己的职业待遇好、收入高,导致职业期望越来越高,求职变成了自我炫耀。还有些同学看见或听说别人找到了条件优越、效益较好的单位心理上就不平衡,抱着"他能去,我更能去"的态度非要找一个条件更好的单位,而不考虑自身的条件、社会需要、职业发展及就业中的机遇因素。

一些毕业生对别人所找的工作心存嫉妒,特别是看到自认为条件不如自己的人也能找到很好的工作就更容易出现嫉妒心理,于是有些人故意对别人的工作冷嘲热讽、贬低、讽刺和挖苦,意图打击别人,更有甚者抱着"我得不到,你也别想得到"的畸形心态在用人单位面前造谣中伤别人。

④抑郁与逆反。在择业中受到挫折后,一些毕业生会感到无能为力、失去信心,表现为失落抑郁、不思进取、情绪低落、意志消沉,他们常常会放弃一切积极的求职努力,听天由命。严重时还会对外界的环境也漠然置之,减少人际交往,对一切都无所谓,并进而导致抑郁症。

而另外一部分毕业生,则对职业教育、职业信息存在逆反心理。对来自辅导员、班主任、学校就业指导服务中心以及同学和用人单位的正确信息、善意批评与建议,他们不相信、不听从,偏要对着干,一厢情愿地盲目求职。比如当别人为其推荐某工作单位时,他总是抱有戒心,别人讲得越多他越不相信。当求职失败时,不总结自己的问题,甚至明明知道自己失败的原因也不改正。在以后的求职中依然我行我素,听不进任何批评与建议。

⑤侥幸与懒散心理。有些同学认为用人单位不可能去查实每个人的自荐书是否真实,而且在面试时时间比较短、不可能对自己作全面的考察和了解,只要自己当时充分地表现一下,把工作骗到手,签好协议书就行了。于是,一些毕业生把别人的获奖证书、成果证明等偷梁换柱地复印在自己的自荐书里,而且自己明明没有当什么干部,也没有参加什么社会实践活动,也照着别人的写上,甚至胡编乱造一番,以至有时在用人单位收到的自荐书中一个班竟出现了五六个班长。还有的大学生在面试时把自己吹得天花乱坠、无所不能,结果经过现场实践考核或试用时就马上露出了原形。

有的毕业生签约比较早,往往在毕业半年前或更长时间就落实了单位,这时就容易出现懒散心理,认为工作单位已定,没有什么可以担心了,应该松口气、歇歇脚了,于是学习没了动力,纪律散漫,考试仅仅追求及格,毕业论文只求通过,甚至长期旷课、上网、夜不归宿。还有极少数大学生因此受到学校的处分,严重的甚至被开除或勒令退学,找到的工作也因此丢了,悔之莫及。

⑥心理不满与行为、生理反应失常。由于就业市场中确实存在一些不公平现象,以及

某些专业、学校不易找工作的客观现实,一些大学生在遇到就业挫折时就容易出现各种不满心理,比如有些同学认为"学习靠自己,就业靠关系",还有些同学抱怨专业、学校不好。

在各种不满与不良就业心态的影响下,还会出现一些不良行为和生理反应。这些不良行为有故意旷课、夜归、喝酒、起哄、闹事、损坏东西、打架对抗、进行不良交往、行为怪异、过度消费等,严重时还可能导致严重违纪与违法行为的出现。由于心理应激水平高,心理冲突强度大,有的毕业生会出现一些躯体化症状,如头痛、头昏、心慌、消化紊乱、神经衰弱、血压升高、身体酸痛、饮食障碍、失眠。

行为与生理反应失常通常是比较严重的就业心理失常表现,出现这些问题时要及时进行心理调节或寻求心理咨询专家的帮助。

2. 大学生就业心理的自我调适

就业本身就是我们认识和适应社会的一个过程,在求职过程中遇到困难,甚至经过几次挫折才成功是正常的;在就业中遇到许多心理冲突、困惑,产生一些不良情绪也是正常的。遇到就业问题时,要学会调节自己的心态,使自己能从容、冷静地面对就业这一人生重大课题,并做出正确、理智的选择。如果你遇到了就业心理困扰,可以试着从以下几个方面来调节:

(1) 接受客观现实,调整就业期望值。就业市场化、自主择业给大学生带来了机遇与实惠,但许多大学生对"市场"残酷的一面认识不足,对就业市场的客观实际了解不够。经过对就业市场、就业形势的客观了解与深刻体验后,我们必须明白现实情况就是如此,无论是抱怨还是气愤都没有用,这种就业情况不是一时半会儿就能改变的。与其成天怨天尤人,浪费了时间、影响了自己心情,还不如勇敢地承认和接受当前所面临的现实,彻底打破以往的美好想象,脚踏实地地寻求解决问题的好办法。

在就业市场上,用人单位招不到人、大量的毕业生无处去的"错位"现象普遍存在,这是因为大学生的就业期望普遍较高的缘故。因此,要顺利就业就必须首先根据自己的实际情况和就业形势,调整自己的就业期望值。调整就业期望值不是对单位不做选择,只要有招聘单位就去,而是要在职业生涯规划和职业发展观念的基础上重新确定自己的人生轨迹。这就是说要树立长远的职业发展观念,放弃过去那种择业就是"一次到位",要求绝对安稳的观念。要知道现在再好的单位,将来也有倒闭或被裁撤的可能,因此,在择业时要看得长远一些,学会规划自己整个人生的职业生涯。在当前获得一个理想职业的时机还不成熟时,应采取"先就业,后择业,再创业"的办法。也就是说,在择业时不要期望太高,可以先选择一个职业,不断提高自己的社会生存能力、增加工作经验,然后再凭借自己的努力,通过正当的职业流动,来逐步实现自我价值。许多大学生不愿意去经济落后的地区工作,可是随着西部大开发的进行,西部地区将成为经济发展的热点,也将给大学生们提供更多的发展机会,因此抢先到这样的地区去工作可能会更有利于自己的职业发展,取得事业的成功。

(2) 充分认识职业价值,树立合理的职业价值观。传统观念认为人们工作就是为了满足生存需要,但是对于现代社会的人来说,职业对个体的意义已经远不是如此简单,职业可以满足人们从低层次到高层次的多方面需要。如最近有人对职业价值结构进行初步研究,发现了交往、毅力、挑战、环境、权力、成就、创造、求新、归属、责任、自认11个类别的因子。因此,职业的价值是丰富的,我们要充分认识到职业对个体发展、社会进步所起到的重要作用。

在择业时不能只考虑经济收入、工作条件、地点等因素,更要考虑职业对自我一生发展的影响与作用,应看重职业能否帮助实现自我价值。因此,要在考察社会需要的基础上,树立注重自我职业发展、才能发挥、事业成功的职业价值观。对于那些虽然现在工作条件不怎么样,但发展空间大,能让自己充分发挥作用的单位要优先考虑;对于那些现在经济发展水平不太高,但发展潜力大、创业机会多的工作地点也要重视。总之,盲目到一些表面上看来不错,但不适合自己,自身才能不能得到有效发挥的单位去工作,是不会让自己满意的。与其将来后悔,不如现在就改变自己,树立适应我国当前市场经济发展、人才需求规律的合理的职业价值观,以指导自己正确择业。

(3) 认识与接受职业自我,主动捕捉机遇。大学生就业中的许多心理困扰都与大学生不能正确认识和接受自我有关,因此正确地认识自我的职业心理特点并接受自我,是调节就业心理的重要途径,并可以帮助自己找到适合自己的职业方向。要知道自己喜欢什么样的职业、需要什么样的职业、自己的择业标准以及依自己目前的能力能干什么样的工作,这样才能知道什么样的工作更适合自己。许多同学通过亲身经历求职活动后就会发现自己的能力与水平并不像自己以前想象得那么高,并容易出现各种失望、悲观、不满情绪。因此在认识自我特点后还要接受自我,对自我当前存在的问题不能一味地抱怨,也没有必要自卑,因为自己当前的特点属于客观现实,在毕业期间要有大的改变是不可能的,因此要承认自己的现状,学会扬长避短。另外,要用发展的观点来看待自己,要知道有些缺点并不可怕,可以先就业然后在工作岗位上不断发展自己。

大学生就业中的机遇因素也是非常重要的,因此了解并接受了自我的特点以后,还要学会抓住属于自己的机遇,这样才能保证以后求职顺利。要抓住机遇首先必须要多收集相关的职业信息,多参加一些招聘会,并根据已定的择业标准进行选择。需要注意的是机遇并不是对任何人都适用的。一份工作的好与不好,是相对的,对别人合适的,对自己不一定合适,因此一定不能盲从;要时刻记住,只有适合自己的才是最好的。最后要注意机遇的时效性,在发现就业机会时要主动出击,不能犹豫,也不要害怕失败,应有敢试敢闯的精神。

(4) 坦然面对就业挫折,提高心理承受力。面对市场竞争、就业压力,大学生在求职中总会遇到许多困难、挫折甚至是委屈,如一些专业"热门",有些则"冷门";又如女大学生找工作容易受到歧视等。面对这些问题仅抱怨是没有用的,更重要的是调整自我心态,提高自己对各种突发事件的心理承受能力。其实,就业的过程也是大学生重新认识自我、认识社会,并主动调整自我适应社会的过程。如果能通过求职而增强自我心理调节与承受能力,对大学生今后的职业生活都是非常有益的。

在求职中遇到挫折时,要用冷静和坦然的态度待之,客观地分析自己失败的原因,进行正确的归因。首先,在就业市场化、需求形势不佳、就业竞争激烈的条件下,出现求职失败是在所难免的,不能期望自己每次求职都能成功。要对可能出现的求职挫折有充分的心理准备。同时,应把就业看作一个很好的认识社会、认识职业生活、适应社会的机会,应通过求职活动来发展自己,促进自我成熟,因此"不以成败论英雄"。其次,求职失败并不一定就是因为自己的能力不行。出现求职失败有许多原因,可能是因为你选择的求职方向不对,也可能是因为你的价值观与单位的企业文化不符合,还有可能是其他一些偶然因素。总之,要正确分析自己失败的原因,调整自己的求职策略,学会安慰自己,以便在下次的求职中获得成功。

(5) 调整就业心态,促进人格完善。在求职时,自己或身边的同学出现一些不健康的心态是正常的,没有必要过度担心,或害怕自己也出现心理障碍。当然对于这些不良心态也要学会主动调适,必要时还可以寻求有关心理专家的帮助。进行自我心理调适的方法有很多,首先,可以进行积极的自我心理暗示,鼓励自己、相信自己,帮助自己渡过难关。其次,可以向朋友、老师倾诉,寻求他们的安慰与支持。最后,还可以通过体育锻炼、听音乐、旅游等方式转移自己的注意力,排解心中的烦闷,放松自己的心情。

通过对自己在就业时出现的种种不良心态的分析,可以发现自己平时不容易察觉的一些人格缺陷。应该说这些人格缺陷是产生这些就业心理问题的根本原因,如果现在不完善自己的人格,那么这些问题还会在今后的工作、生活中继续带来困扰。因此,有关问题暴露得越早越好,同时也不必为自己所存在的人格缺陷而懊恼,因为很少有人拥有绝对的健全人格,关键是要在发现自己的问题的基础上,积极改变自己、发展自己,使自己的人格更加成熟,使自己将来的人生道路更加顺利。

(6) 开拓进取,勇于创业。大学生是有理想、有抱负、有创新精神、敢作敢为的青年先锋。因此大学生要有自主创业的打算,这既可以在毕业后马上实现,也可以通过进行一定的社会积累后再实行。大学生们一定要有开拓事业的信心与勇气。当前有些大学生在创业时虽然遇到了一些困难,但也有非常成功的案例。大学生创业的关键是要有准确的观念与思路,要对自己有一个合理的规划与定位,要与有市场经验的人合作,要进行科学化、职业化的管理。

六、安徽审计职业学院心理健康中心简介

安徽审计职业学院心理健康中心设立于 2007 年 10 月,隶属于学院学生处,负责制订全校心理健康教育计划并组织实施。

心理健康中心的工作目标是根据大学生的心理特点开展学生心理健康教育、心理辅导或咨询,帮助大学生树立心理健康意识,优化心理品质,预防和缓解心理问题,提高心理健康水平。

心理健康中心的工作任务是宣传、普及心理健康知识,讲解增进心理健康的途径,传授心理调适的方法,解析心理异常的现象。

心理健康中心的工作原则是尊重、理解、真诚、保密。

心理健康中心现有专职心理教师两名,兼职心理教师两名。心理健康中心办公室设在图书馆西一楼,设有办公接待室、心理测量室、心理咨询室、音乐放松室、心理沙盘室、心理宣泄室,以接待学生日常来访咨询。

1. 心理咨询须知

心理咨询是指来访者(即要求进行心理咨询的人)与心理咨询师之间,就来访者提出的问题和要求进行共同分析、研究和讨论,找出问题所在,经过心理咨询师启发和指导,找出解决问题的方法,以克服情绪障碍,恢复来访者与社会环境的协调适应能力,维护身心健康。心理咨询的终极目标是助人自助。

心理健康中心义务向全院师生提供心理咨询服务,相关服务原则及流程如下:

(1) 保密原则。我们将始终严格地遵守保密原则,具体内容如下:

① 心理咨询师有责任向求助者说明心理咨询工作者的保密原则,以及应用这一原则的限度;

② 心理咨询工作中的有关资料,包括个案记录、测验资料、信件、录音、录像和其他资料,均属专业信息,应在严格保密的情况下进行保存,不得列入其他资料之中;

③ 心理咨询职业要求的其他保密原则。

(2) 预约咨询步骤：

第一步：预约时间和老师

你可以通过两条途径进行预约。其一是来访者本人到心理健康中心办公室图书馆西一楼，填写"心理咨询预约登记表"；其二是拨打预约电话：63617019，与值班的工作人员协商咨询时间。工作人员将根据咨询问题，帮你选择一个合适的咨询老师，协助你填写好"心理咨询预约表"，交给咨询老师。

注意：心理咨询预约接待时间为每周一至周五下午；另安排周三晚上7:00~9:00为咨询时间。

第二步：准时赴约

咨询时间确定后，请你准时赴约。准时赴约，不仅是对咨询老师尊重的表现，也是你认真对待自身问题的表现，是咨询老师判断你是否适合接受心理咨询的评价指标之一。一般而言，一次咨询的时间为40~50分钟。即使你迟到了，咨询老师也不会轻易延长咨询时间。当然，你也不必到得太早，即使你提前到达，咨询也将在约定的时间开始。通常比约定的时间提前10分钟左右到达比较合适。因为每次咨询的时间有限制，所以最好先想好开头说什么。咨询时应开门见山，几句话就应进入主题。不要顾虑重重，说话拐弯抹角，尽量做到有问必答，以便咨询老师准确分析、判断你的问题。

第三步：敞开心扉，自助成长

在咨询过程中，要把心理老师看作是一个特别亲密的朋友，尽可能反映自己的真实情况，不要虚假陈述，比如，修改事情的真实经过、掩饰自己的真实感受等，这些都将会妨碍咨询老师对你的问题做出准确的判断。不必担心咨询老师会泄密，他们会尊重你的隐私权，对你所说的内容予以绝对保密，因此，面对心理老师，应尽可能地敞开心扉，真实地陈述自己的问题。不要期望心理老师帮你做决定。不少来访者希望老师给一个明确的答复，比如要不要转专业，应不应该和女友分手，等等。而心理老师的职业准则恰恰是要避免这种不能完全负责的"硬性指导"，他们只能给你讲些观点和道理，启发、疏导你的"症结"，最后的决定还得由你自己拿。

第四步：坚持咨询

不要期望一次咨询就能"根治"问题。心理问题不是一夜形成的，它的解决也往往需要一个过程，那种希望"一点通""仙人指路"的走捷径的想法是不现实的。心理老师布置给你的"家庭作业"或提出的建议，你要认真去做和考虑，才能达到咨询的效果。如果心理老师建议你接受长期咨询，请你务必坚持，不能半途而废。

温馨提示：如果你不喜欢这位咨询老师，或者感觉问题没有得到有效解决，你也可以及时中断咨询，更换其他咨询老师或结束心理咨询。

2. 心理健康中心功能室介绍

(1) 音乐放松室。音乐治疗主要用音乐来治疗情绪或行为障碍，促进积极人格的成长和发展。音乐放松室能够让来访者在一个轻松愉悦的环境中放松肌肉神经，消除疲劳、焦虑、缓解情绪，使身心和谐，从而达到缓解压力，增加积极情绪，提高生理机能协调性，改善心理不良状态的目的。

地点：心理健康中心。

(2) 心理沙盘室。沙盘游戏有两大基本构成要素：沙子、人或物的微缩模型。沙盘游戏是一种心理辅导与治疗的手段,在一个自由、受保护的空间,来访者运用各种模型、玩具,在沙盘内呈现心灵故事,使来访者的意识与无意识之间架起桥梁,表达超语言的内心体验,疏通被阻碍的能量。其广泛地应用于多种心理疾病的治疗,并对人格发展、想象力和创造力培养及健康心理维护等发挥积极促进作用。

地点:心理健康中心。

(3) 心理宣泄室。宣泄室可以让你在一个安全与受保护的环境下,使用呐喊仪或击打宣泄仪帮助你正确疏导情绪,使你可以把自己内心的矛盾与痛苦情绪体验在可控制的范围内释放出来,减轻心理压力,减轻或消除紧张情绪,较好地恢复平静的心情。

地点:心理健康中心。

(4) 心理测量室。心理测量是指依据一定的心理学理论,使用一定的操作程序,对人的能力、人格及心理健康等心理特性和行为确定出一种数量化的价值。广义的心理测量不仅包括以心理测验为工具的测量,也包括用观察法、访谈法、问卷法、实验法、心理物理法等方法进行的测量。心理测量通过科学、客观、标准的测量手段对人的特定素质进行测量、分析、评价。

地点:心理健康中心。

(5) 团体辅导室。由受过培训的心理老师与接受辅导的当事人在相互尊重、真诚沟通的环境下,协助当事人认识自己、接纳自己,充分发挥自己的优势和潜能,克服生活中的困难,使其在学业、情感和行为上获得全面发展。团体心理辅导以小组或小集体的组团方式开展心理辅导活动、团体心理讲座、心理交流沙龙等。

地点:图书馆一楼大厅。

学院心理健康网站

第十章 修身篇

第一节 党的十九大精神

深入学习宣传贯彻党的十九大精神,是当前和今后一个时期全党全国的首要政治任务。为深入领会习近平新时代中国特色社会主义思想,准确把握党的十九大提出的重大理论观点和重大战略部署,我们将十九大报告的主要精神汇总如下,供同学们学习贯彻。

一、党的十九大主要精神

思政学习材料

1. 大会主题

不忘初心,牢记使命,高举中国特色社会主义伟大旗帜,决胜全面建成小康社会,夺取新时代中国特色社会主义伟大胜利,为实现中华民族伟大复兴的中国梦不懈奋斗。

2. 两个重大判断

中国特色社会主义进入新时代,我国社会主要矛盾为人民日益增长的美好生活需要和不平衡不充分的发展之间的矛盾。

3. 一个使命和"四个伟大"

实现中华民族伟大复兴,进行伟大斗争、建设伟大工程、推进伟大事业、实现伟大梦想。

4. 习近平新时代中国特色社会主义思想

习近平新时代中国特色社会主义思想是对马克思列宁主义、毛泽东思想、邓小平理论、"三个代表"重要思想、科学发展观的继承和发展,是马克思主义中国化的最新成果,是党和人民实践经验和集体智慧的结晶,是中国特色社会主义理论体系的重要组成部分,是全党全国人民为实现中华民族伟大复兴而奋斗的行动指南。

5. 新时代中国特色社会主义的基本方略

坚持党对一切工作的领导,坚持以人民为中心,坚持全面深化改革,坚持新发展理念,坚持人民当家作主,坚持全面依法治国,坚持社会主义核心价值体系,坚持在发展中保障和改善民生,坚持人与自然和谐共生,坚持总体国家安全观,坚持党对人民军队的绝对领导,坚持"一国两制"和推进祖国统一,坚持推动构建人类命运共同体,坚持全面从严治党。

6. 新时代中国特色社会主义的战略安排

到建党一百年(2020年),全面建成小康社会;到新中国成立一百年(本世纪中叶),把我国建成富强、民主、文明、和谐、美丽的社会主义现代化强国。

二、党的十九大报告谈青年

青年兴则国家兴,青年强则国家强。青年一代有理想、有本领、有担当,国家就有前途,民族就有希望。中国梦是历史的、现实的,也是未来的;是我们这一代的,更是青年一代的。中华民族伟大复兴的中国梦终将在一代代青年的接力奋斗中变为现实。全党要关心和爱护青年,为他们实现人生出彩搭建舞台。广大青年要坚定理想信念,志存高远,脚踏实地,勇做时代的弄潮儿,在实现中国梦的生动实践中放飞青春梦想,在为人民利益的不懈奋斗中书写人生华章!

三、学习宣传贯彻党的十九大精神

认真学习宣传贯彻党的十九大精神,是全党全国当前和今后一个时期的首要政治任务。党有号召,团有行动。共青团是党的助手和后备军,只有学习好、宣传好、贯彻好党的十九大精神,才能更好履行党赋予的职责使命,更好团结带领广大团员青年发挥生力军和突击队作用,始终紧跟党走在时代和青年的前列。共青团员是青年中的先进分子,应当坚持与共产党员同样的政治标准,只有学习好、宣传好、贯彻好党的十九大精神,才能更好保持自身的先进性,更好发挥在青年中的模范带头作用。当代青年将是新时代建设社会主义现代化强国的中坚力量,只有学习好、宣传好、贯彻好党的十九大精神,才能更好了解把握国家和民族的发展大势,找准自身成长发展的正确路径,在实现中国梦的生动实践中放飞青春梦想。

共青团学习领会党的十九大精神,必须从原原本本认真学原文做起,坚持全面、准确。要认真研读党的十九大报告和党章,着重把握以下 10 个方面:深刻领会党的十九大的主题,深刻领会习近平新时代中国特色社会主义思想的历史地位和丰富内涵,深刻领会党的十八大以来党和国家事业发生的历史性变革,深刻领会中国特色社会主义进入了新时代,深刻领会我国社会主要矛盾的变化,深刻领会新时代中国共产党的历史使命,深刻领会实现第一个百年奋斗目标和向第二个百年奋斗目标进军,深刻领会社会主义经济建设、政治建设、文化建设、社会建设、生态文明建设等方面的重大部署,深刻领会国防和军队建设、港澳台工作、外交工作的重大部署,深刻领会坚定不移全面从严治党的重大部署。

共青团学习宣传党的十九大精神,必须抓住重点、面向青年。要把着力点聚焦到习近平新时代中国特色社会主义思想是党必须长期坚持的指导思想上,聚焦到 5 年来党和国家事业取得历史性成就和发生历史性变革上,聚焦到作出中国特色社会主义进入了新时代、我国社会主要矛盾已经转化为人民日益增长的美好生活需要和不平衡不充分的发展之间的矛盾等重大政治论断的深远影响上,聚焦到贯彻落实党的十九大的重大决策部署上,聚焦到以习近平同志为核心的新一届中央领导集体是深受全党全国各族人民拥护和信赖的领导集体上,聚焦到习近平总书记是全党拥护、人民爱戴、当之无愧的党的领袖上。

第二节 习近平新时代中国特色社会主义思想

2017年10月18日,在中国共产党第十九次全国代表大会上,习近平总书记首次提出"新时代中国特色社会主义思想"。新时代中国特色社会主义思想是全党全国人民为实现中华民族伟大复兴而奋斗的行动指南。2017年10月24日,中国共产党第十九次全国代表大会通过了关于《中国共产党章程(修正案)》的决议,习近平新时代中国特色社会主义思想被写入党章。

习近平新时代中国特色社会主义思想,用八个"明确"清晰阐明,用十四项基本方略进行具体谋划,吸引着想要透过中国找寻未来方向的世界目光。习近平新时代中国特色社会主义思想是马克思主义中国化的最新成果,是新时代中国的马克思主义,是21世纪的马克思主义。

2018年3月11日,习近平新时代中国特色社会主义思想被载入宪法,在党内外、在全国上下已经形成广泛的高度认同。

一、产生背景

社会主要矛盾的变化,构成了我们进入新时代的基本依据和基本动力,也是习近平新时代中国特色社会主义思想建构的逻辑起点。以此为基础,我们党坚持以马克思列宁主义、毛泽东思想、邓小平理论、"三个代表"重要思想、科学发展观为指导,坚持解放思想、实事求是、与时俱进、求真务实,坚持辩证唯物主义和历史唯物主义,紧密结合新的时代条件和实践要求,以全新的视野深化对共产党执政规律、社会主义建设规律、人类社会发展规律的认识,进行艰辛理论探索,取得重大理论创新成果,形成了习近平新时代中国特色社会主义思想。

二、思想内核

八个明确、十四个坚持,是习近平新时代中国特色社会主义思想的具体展开和内涵逻辑,从世界观和方法论的高度,系统全面地回答了中国特色社会主义进入新时代后,中国共产党的新目标、新使命,面临的新矛盾等一系列带有根本性的问题,与治党治国治军的各方面工作紧密相连,既有理论高度,更具实践价值,将指导我们更好地坚持和发展中国特色社会主义。

三、思想内容

(1)明确坚持和发展中国特色社会主义,总任务是实现社会主义现代化和中华民族伟大复兴,在全面建成小康社会的基础上,分两步走在21世纪中叶建成富强、民主、文明、和谐、美丽的社会主义现代化强国。

(2)明确新时代我国社会主要矛盾是人民日益增长的美好生活需要和不平衡不充分的

发展之间的矛盾,必须坚持以人民为中心的发展思想,不断促进人的全面发展、全体人民共同富裕。

(3) 明确中国特色社会主义事业总体布局是"五位一体"、战略布局是"四个全面",强调坚定道路自信、理论自信、制度自信、文化自信。

(4) 明确全面深化改革总目标是完善和发展中国特色社会主义制度,推进国家治理体系和治理能力现代化。

(5) 明确全面推进依法治国总目标是建设中国特色社会主义法治体系,建设社会主义法治国家。

(6) 明确党在新时代的强军目标是建设一支听党指挥、能打胜仗、作风优良的人民军队,把人民军队建设成为世界一流军队。

(7) 明确中国特色大国外交要推动构建新型国际关系,推动构建人类命运共同体。

(8) 明确中国特色社会主义最本质的特征是中国共产党领导,中国特色社会主义制度的最大优势是中国共产党领导,党是最高政治领导力量,提出新时代党的建设总要求,突出政治建设在党的建设中的重要地位。

四、基本方略

(1) 坚持党对一切工作的领导。
(2) 坚持以人民为中心。
(3) 坚持全面深化改革。
(4) 坚持新发展理念。
(5) 坚持人民当家作主。
(6) 坚持全面依法治国。
(7) 坚持社会主义核心价值体系。
(8) 坚持在发展中保障和改善民生。
(9) 坚持人与自然和谐共生。
(10) 坚持总体国家安全观。
(11) 坚持党对人民军队的绝对领导。
(12) 坚持"一国两制"和推进祖国统一。
(13) 坚持推动构建人类命运共同体。
(14) 坚持全面从严治党。

五、现实意义

习近平新时代中国特色社会主义思想,是对十八大以来我们党理论创新成果的最新概括和表述,系统回答新时代坚持和发展什么样的中国特色社会主义、怎样坚持和发展中国特色社会主义等重大问题。这是全党全国各族人民为实现中华民族伟大复兴而奋斗的行动指南。

第三节　核心价值观

社会主义核心价值观是社会主义核心价值体系的内核,体现社会主义核心价值体系的根本性质和基本特征,反映社会主义核心价值体系的丰富内涵和实践要求,是社会主义核心价值体系的高度凝练和集中表达。

社会主义核心价值观包含12个词,共24个字,分别从国家、社会、公民个人三个层面提出社会主义核心价值观的价值目标、价值取向和价值准则。

富强、民主、文明、和谐,是国家层面的价值目标;

自由、平等、公正、法治,是社会层面的价值取向;

爱国、敬业、诚信、友善,是公民个人层面的价值准则。

一、热爱祖国,勇于担当

爱国:公民最基本的价值准则。

爱国是人们对于祖国的一种深厚的依恋、爱护,以及与此相应的实际行动。爱国是每个公民应当遵循的最基本的价值观念和道德准则,也是中华民族的光荣传统。几千年来,中华儿女一直高举爱国旗帜,涌现出无数爱国英雄、仁人志士,传诵着数不清的爱国诗篇。爱国主义精神早已融入亿万人民的心里。作为中华民族精神的核心,爱国主义精神始终是各民族、各阶层团结一致的强大动力,支撑着中华民族团结奋斗、发展繁荣的伟大实践。

我们爱国,因为我们的祖国山河壮丽、地大物博,因为我们的祖国有着悠久的历史、灿烂的文明,因为我们生于斯、长于斯,祖国的一举一动都牵动着我们的心。在漫长的历史进程中,虽历经磨难,但中国人民始终英勇不屈、艰苦奋斗,创造了光辉灿烂的经济、政治、文化成果。这一切在每个中国人身上都打上了深深的烙印,铸造了中国心。正如《我的中国心》这首歌中所唱的那样:"洋装虽然穿在身,我心依然是中国心;我的祖先早已把我的一切烙上中国印。"在中华民族成长和发展的历史实践中,我们深深地懂得国家的重要和爱国的必要,懂得个人命运与国家和民族命运在根本上是一致的;没有国,就没有家,也就没有个人的自由和幸福,甚至没有个人的生命和安全;只有国家独立富强,个人才能自由、富裕与幸福。正如孙中山先生所说:"国家者载民之舟也,舟行大海中,猝遇风涛,当同心互助,以谋共济。"正是从这种个人与国家的密切关系中,以及对这种关系的深刻认识中,中国人民产生了对祖国浓厚强烈的道德情感,并把这种强烈的爱国情感转化为行动和实践。在培育和践行社会主义核心价值观的今天,我们应当怎样进一步弘扬爱国主义精神呢?

爱国就要热爱人民。我们要尊敬我们的先辈,是他们创造了中国的今天;爱同自己一样生长在中华大地上的父老乡亲、师长朋友,他们与我们血肉相连,共同支撑和发展着今天的社会。我们要怀着一颗感恩之心,为人民服务,努力回报祖国、回报社会、回报人民,让人民生活得更富裕、更美好。爱国爱民应从孝老爱亲做起,尤其要关心爱护鳏寡孤独等特殊社会群体,热心帮助那些处于困境之中的人。特别是当国家发生突发事件和巨大灾害之时,一定要高度关注,挺身而出,不畏艰险,不计报酬,尽力贡献;坚决反对国内外一切敌对势力对我们的分裂瓦解,同一切损害祖国利益和荣誉的行为进行坚决斗争。

爱国就要热爱祖国的每一寸土地,爱惜人民的辛勤劳动和创新创造。中华民族自古以来就认识到自然环境的重要性,强调"天人合一""民胞物与",注意爱护生态;中华传统文化一直强调"一粥一饭,当思来之不易;半丝半缕,恒念物力维艰"。这些远见卓识,已被今天世界的人口膨胀和工业化所带来的环境危机所证实。保护环境再也不能等待,再也无法推托。我们必须继承和发扬热爱祖国大好河山的优良传统,立即行动起来,发扬中华民族朴素、节俭的好传统,加强生态文明建设,让天蓝水清,推动和保障我国经济持续发展。

爱国就要热爱中华民族优秀传统文化。中华民族优秀传统文化是一座丰富的宝库,既有文史哲学,又有科技艺术,尤其值得珍视的是蕴含其中的"自强不息、厚德载物""独立自主、奋发图强""崇德向善、团结友爱"等精神,这些都是我们民族的根和魂。中华民族优秀传统文化是中国特色社会主义事业的文化根基和思想支撑,对于增强我们的道路自信、理论自信、制度自信,不断开创中国特色社会主义事业新局面具有重要意义。

爱国最重要的就是要热爱中国特色社会主义。社会主义救了中国,中国特色社会主义发展了中国。进入近代以来,中华民族曾经一度陷入被人任意欺凌践踏的半殖民地半封建境地,但是她又迅速崛起。经过几十年的不懈努力,中国人民在中国共产党的领导下,高举爱国主义旗帜,以马克思主义为指导,实现了历史性的飞跃:实现民族独立和人民解放,建立了人民当家做主的新中国,确立了社会主义基本制度;实行改革开放,建设中国特色社会主义,逐步实现从温饱到小康的历史性跨越。如今,我们祖国的面貌日新月异,经济发展,政治稳定,文化繁荣,社会和谐,人民生活显著改善,"'神舟'九天揽月、'蛟龙'五洋捉鳖",一个"国家富强、民族振兴、人民幸福"的中国梦正在加快实现。我们的祖国从来没有像今天这样强大、这样可爱。生活在这样一个国家里,作为一个中国人,我们能不欢欣鼓舞,能不感到骄傲自豪吗?能不以更大的决心和干劲报效祖国吗?

培育和践行爱国这一价值准则,首先需要我们认真学习、努力工作,特别是把个人的前途命运同祖国发展繁荣、同人民幸福安康结合起来,为祖国取得的每一点进步和成绩而喜悦,为祖国面临的困难和挑战而担忧,为实现人民幸福而努力。更重要的是把这种强烈的爱国主义情感转化为实际行动,落实到每一个祖国需要的时刻,贯彻到平凡的工作岗位和日常生活中。当爱国成为每一个中国人的最高价值准则时,社会主义核心价值观的作用就会发挥得更充分,中华民族就会更加同心同德,创造出新的辉煌。

二、恪尽职守,爱岗敬业

敬业:在平凡中铸就非凡。

敬业是公民的重要价值准则,也是最基本的职业道德要求。一个人无论从事哪个行业、担任什么职务,都应该用辛勤的劳动和扎实的工作践行敬业这一朴素而崇高的美德。在培育和践行社会主义核心价值观的今天,尤其需要大力倡导敬业精神,引导人们恪尽职守,为实现全面建成小康社会的奋斗目标和中华民族伟大复兴的中国梦而不懈奋斗。

敬业是中华传统美德的重要元素。《礼记》中有"敬业乐群"之说,孔子也主张"敬事而信""执事敬"。梁启超在《敬业与乐业》一文中,专门阐述了敬业的职业精神。他认为,敬业就是"凡做一件事,便忠于一件事,将全副精力集中到这事上头,一点不旁骛"。简单地说,敬业就是用敬畏、敬重的态度对待自己的工作,认真负责、一心一意、精益求精。其内涵主要表现在以下几个方面：

忠于职守的工作态度。敬业的人会对自己从事的职业具有献身精神，将自己的一生与其联系起来，在事业发展中实现人生价值；会拥有强烈的责任感，明确认识到自己承担的特定职责，忠实履行职责，勤勤恳恳工作，任劳任怨付出。这样，工作就会由外在的强制和被动转化为内在的自觉和主动。正如美国黑人领袖马丁·路德·金所说："如果一个人是清洁工，那么他就应该像米开朗基罗绘画、像贝多芬谱曲、像莎士比亚写诗那样，以同样的心情打扫街道。他的工作如此出色，以至于天空和大地的居民都会对他注目赞美：'瞧，这儿有一位伟大的清洁工，他的活儿干得真是无与伦比！'"工作岗位没有高低之分，没有贵贱之别。每一项工作都值得我们去做，值得我们用心去做好。只要我们勤勤恳恳、尽职尽责、精益求精，都会做出不平凡的成绩。

干一行爱一行的职业情感。"爱而不敬，非真爱也；敬而不爱，非真敬也。"事实证明，真正的敬业者必然有爱业情怀。对职业的热爱是敬业的深层动力，会燃起人们巨大的工作热情，激发人们奋进的强大动力。正如高尔基所言："天才是由于对事业的热爱感而发展起来的，简直可以说，天才就其本质而论只不过是对事业、对工作过程的热爱而已。"爱业的人会把工作当作快乐、当作幸福，会保持一股积极进取的干劲、一种拼搏奋斗的热情，想方设法把工作做好、做到极致。一个人无论身处什么岗位，只要在岗一天，就应当踏踏实实、尽职尽责地干好分内工作，正所谓"在其位，谋其政"。

敬业、精业的业务素养。敬业是精神和状态问题，精业是能力和水平问题。一个人无论本领多大、能力多强、素质多高，凡事拈轻怕重、敷衍塞责，就很难有所成就。同样，一个人无论多么爱岗敬业，如果认识水平不高、技术能力平平，恐怕也很难取得大的成绩。特别是在知识更新日新月异的今天，树立终生学习的观念，不断提升专业素养和业务水平，显得十分重要。今天，各行各业涌现出来的标兵、模范，如被誉为新时期产业工人杰出代表的许振超、"蓝领专家"孔祥瑞、"金牌工人"窦铁成、"知识工人"邓建军等，既是爱岗敬业的杰出代表，也是敬业、精业的先进模范。他们干一行精一行，刻苦钻研，勇于创新，练就了高强的本领，突破了一个又一个技术难关，创造了一流业绩，在本职岗位上做出了突出贡献，也将敬业精神提升到了新的境界。

敬业看似平凡，实则不易。职业和工作岗位是人们生存和发展的基本保障。任何岗位都意味着机会和平台，它可以成就我们的事业、成就我们的人生。人生的意义和价值正是通过从事一定职业显示出来的。人生在世，成就一番事业，在职场上大有作为，是大多数人的职业愿景。而事业有成，实现自己的人生目标，展现生命的意义和价值，在很大程度上取决于个人的工作态度、敬业精神。机遇青睐敬业者。只有勤勉敬业的人，才能在平凡的岗位上铸就不平凡的业绩，最大限度地实现自己的理想。

任何一个工作单位都是一个有机联系的整体，只有人人热爱本职工作、兢兢业业，各个工作部门协调运转，才能产生整体效用。敬业也是促进社会和谐的道德基础。古希腊哲学家柏拉图认为：公正即和谐，正义是个人和国家的"善德"；城邦的正义体现为不同阶层的人们各司其职、尽展其能所形成的秩序。在现实生活中，和谐社会的建构需要每个社会成员在各自的岗位上勤勉工作：公务员廉洁奉公、法官秉公执法、军人保家卫国、商人诚信经营、教师教书育人、医生救死扶伤、科技人员发明创造……唯有社会成员各守其道、各司其职、各尽其责，才能形成正义的文明社会。

敬业不是一句简单的口号，不是随便说说就能实现的，需要每个人、每个行业乃至全社会共同努力。每个劳动者都需要树立正确的岗位意识,认识到每个岗位都可以施展理想抱负、奉献聪明才智、展示人生价值;保持良好的工作态度,在岗言岗、在岗爱岗、在岗为岗,做到心无旁骛、专心致志、埋头苦干、积极奋进;争创一流业绩,刻苦学习工作所需要的各项技能,努力成为本行业、本岗位的行家里手、业务骨干,在平凡的岗位上书写非凡的人生篇章。

三、诚实守信,立身之本

诚信:为人之本,兴国之基。

1. 大学生诚信的内涵

诚信这一概念是由"诚"和"信"两个概念组成的。诚,指真诚、诚实;信,指信任、信用和守信。"诚"与"信"合起来作为一个科学的道德范畴,是现代社会的产物。在现代社会,经济的市场化和国际化、政治的民主化和法制化以及文化的多元化和交往方式的现代化,无不凸显着诚信的价值并要求践行诚信。我们可以把诚信定义为适应现代市场经济发展要求的、同现代经济契约关系和民主政治密切相关并继承了传统诚信美德的真诚无欺、信守承诺的心理意识、原则规范和行为活动的总和。诚信的本质,要从以下几个方面来把握:

首先,诚信是一种人们在立身处世、待人接物和生活实践中必须而且应当具有的真诚无欺、实事求是的态度和信守承诺的行为品质,其基本要求是说老实话、办老实事、做老实人。诚信之诚是诚心诚意、忠贞不二;诚信之信是说话算数和信守承诺。它们都是现代人应当备而且必须具备的基本素质和品格。在市场经济条件下,人们只有树立起真诚守信的道德品质,才能适应社会生活的要求,并实现自己的人生价值。

其次,诚信是一种社会的道德原则和规范,它要求人们以求真务实的原则指导自己的行动,以知行合一的态度对待各项工作。在现代社会,诚信不仅指公民和法人之间的商业诚信,而且也包括建立在社会公正基础上的社会公共诚信,如制度诚信、国家诚信、政府诚信、企业诚信和组织诚信等。这就是说,任何政府和制度都要按照诚信的原则来组织和建构,亦需按照诚信的原则行使其职权。一旦背离了诚信的原则和精神,政府就会失信于民,制度就会成为不合理的包袱。

最后,诚信是个人与社会、心理和行为的辩证统一。诚信本质上是德行伦理与规范伦理,或者说是信念伦理与责任伦理的合一,是道义论与功利论、目的论与手段论的合一。如果说"诚"强调的是个人内心信念的真诚,是一种品行和美德,那么"信"则是"诚"这种内在品德的外在化显现,是一种责任和规范。在中国历史上,就有"诚于中而信于外"的说法。诚信不仅是一种道德目的,是人们应当具有的一种信念,而且也是一种道德手段,是人们应当承担的一种社会责任和谋取利益、实现利益的方式。诚信,既可以是价值论和功利论的,又可以是道义论和义务论的。价值论和功利论的诚信观把诚信作为一种价值和实现目的的手段,认为人们如果不讲诚信就无法实现自身的发展和完善,也很难取得长久而真正的利益。道义论和义务论的诚信观则把诚信视为一种应尽的义务和内在的要求,认为人们讲求诚信是提升自身素质和实现全面发展的需要,讲求诚信哪怕不能带来物质上的利益,仍然是弥足珍贵的。我们主张在诚信问题上把道义论和功利论结合起来,既把诚信的讲求视为一种谋利和促进发展的手段,又把诚信的讲求视为一种神圣的使命和内在的义务,使诚信的讲求既崇高又实用,既伟大又平凡,这体现了中国传统文化所倡导的"极高明而道中庸"的价值特质。

总之,诚信是一切道德的根基和本原。它不仅是一种个人的美德和品质,而且是一种社会的道德原则和规范;不仅是一种内在的精神和价值,而且是一种外在的声誉和资源。诚信是道义的化身,同时也是功利的保证或源泉。

2. 大学生诚信教育的重要性

当代大学生是我国社会主义现代化建设的中坚力量,是社会主义事业的接班人。诚信素质如何,直接关系着我国经济建设和社会发展的进程。

(1)公民道德建设要求我们必须加强大学生诚信教育。大学生首先是一位普通的社会公民,应该具备一个公民最基本的道德品质。可以说,诚实守信是每一个公民做人立世的根本准则。在公民基本道德规范中,诚信是一个很重要的规范。如果一个大学生连起码的诚信品德都不具备,我们无法想象他怎么能够成为合格的公民,对公民道德建设会带来什么样的影响。

(2)市场经济要求我们必须加强大学生诚信教育。社会主义市场经济是合同经济、法制经济,这就要求作为市场经济主体的人必须具备诚实守信的良好品质。青年大学生即将成为未来市场经济的主力军,他们在未来的市场经济建设中将发挥举足轻重的作用,关系着未来社会的发展及全面建成小康社会宏伟目标和伟大中国梦的实现。可见,加强大学生诚实守信教育是市场经济的内在要求。

因此,国家的发展、社会的进步要求我们必须重视大学生的诚信建设,切实加强诚信教育,不断增强大学生的法律意识和守信意识,努力培养具有信用素质、诚信精神的世纪人才。

3. 大学生诚信缺失的表现

中华民族乃文明古国、礼仪之邦。诚信是中华民族的传统美德,也是全人类所认同的道德规范。在现代社会,传统诚信道德得到了进一步发展,它不再只是一种道德义务,而是已经成为伦理、经济、法律等社会义务的综合规范,是现代社会文明和社会秩序的必要条件。大学生是民族的希望和未来,是人类文明的传承者、社会主义事业建设的后备军。他们的诚信状况将直接关系到国家现代化建设的顺利进行。近年来,大学生中出现的种种诚信危机警示我们:大学生诚信状况不容乐观,必须引起我们的高度重视。

(1)考试作弊现象屡禁不止。大学生考试作弊是校园中普遍存在的现象,且手段也越来越高明。据《中国青年报》报道,某大学曾就作弊问题做过调查,有近一成的被调查者承认在考试中经常作弊,有59.5%的被调查者承认偶尔会作弊,另有半数以上的被调查者承认有过作弊的想法,甚至不少地方还出现了以赚钱为目的的、有组织、有谋划的"职业枪手"队伍。

(2)学术抄袭日益严重。部分大学生失去了严谨求实的治学态度,为完成学业抄袭作业、假想实验数据、任意编造研究结果等,甚至剽窃他人科技成果和论文,毕业论文造假的问题已越来越严重。

(3)就业自荐书造假成风。一些大学生为了在就业时找到好工作,增加就业竞争砝码,于是在个人自荐材料上大做手脚,或文过饰非,或无中生有。如通过各种方式篡改考试成绩,制造优秀大学生、三好学生等证书,甚至有个别学生伪造英语考级证书、毕业证书和学位证书。有用人单位在招聘时,曾出现过同一个毕业班出现多名班长的现象,情形颇为尴尬,这使用人单位越来越难以相信大学生的"一面之词"。

(4)投机取巧追逐名利。在评奖评优、入党、竞选干部、论文答辩时,一些学生不是靠实力去争取,而是想方设法请客送礼、争选票、拉关系、走捷径。

（5）骗取贷款和逃避还贷。部分学生隐瞒家庭经济真实情况，出具虚假贫困证明骗取助学贷款，给学校工作造成负担，也增加了家庭经济真正困难的学生获得贷款的难度。少数学生毕业后不按期交还贷款，是当今高校深感头痛和无奈的问题。

（6）拖欠学费。恶意欠费现象在许多高校普遍存在，而且所欠金额每年都在递增。一些学生缺乏交费上学的意识，或有意逃避交费义务，不按时交纳学费，交费时抱观望态度，能拖则拖，追缴毕业班学生欠费工作成了高校工作中的"老大难"。

（7）就业中随意违约。大学生在就业择业中任意变更、撕毁就业协议的行为时有发生。不少学生初次签约时只是委曲求全，暂时找个工作，与用人单位签约后仍四处面试，一旦找到认为更好的工作就随便毁约，与用人单位不辞而别。这一方面扰乱了招聘单位的招聘计划，让用人单位很被动；另一方面致使学校声誉受损，在社会上造成不好的影响。

（8）人际关系淡漠。人际沟通，从表面上看是信息在人们之间的传播和流动，实际上，它实现了个人与他人、个体与群体、个人与社会关系的相互建构。某高校问卷调查结果显示：81.6%的学生同意"与陌生人打交道时要小心"，60%的学生认为"在这个竞争激烈的年代里，如果不保持警惕，别人就可能占你便宜"，只有52.3%的学生表示"在对他人的态度上有足够的信任和安全感"，由于缺乏真诚与信任，不少学生沉迷于网络虚拟世界，不愿意在生活中与人交往，这些行为导致学生孤僻、冷漠、缺乏责任感，引发心理疾病，不利于学生健康人格的形成和发展。

4. 关于诚信的名言警句

生命不可能从谎言中开出灿烂的鲜花。——海涅

言不信者，行不果。——墨子

诚实是力量的一种象征，它显示着一个人的高度自重和内心的安全感与尊严感。

——艾琳·卡瑟

民无信不立。——孔子

人类最不道德处，是不诚实与怯懦。——高尔基

没有诚实何来尊严。——西塞罗

当信用消失的时候，肉体就没有生命。——大仲马

真话说一半常是弥天大谎。——富兰克林

真诚是一种心灵的开放。——拉罗什富科

如果要别人诚信，首先自己要诚信。——莎士比亚

诚实是人生的命脉，是一切价值的根基。——德莱

诚者，天之道也；思诚者，人之道也。——孟子

欺人只能一时，而诚信却是长久之策。——约翰·雷

四、团结友善，谦恭礼让

友善：处理人际关系的基本准则。

社会主义核心价值观倡导的友善，是对人类以往友善理念的继承和发展，是社会主义条件下处理人际关系的基本价值准则，是我们建设和谐家园、实现中国梦的重要精神条件和价值支撑。

1. 友善价值观的丰富内涵

（1）谦敬礼让、帮扶互助。即在工作和生活中不矜能、不伐善，先人后己，保持谦虚低调。面对道德高尚、品质优秀的人，要虚心学习，做到见贤思齐；面对他人的过失、缺点，要设身处地给予体谅和包容，诚心诚意进行提醒和帮助。勠力同心、同舟共济，在他人有困难时及时解急救难、雪中送炭。谦敬礼让、帮扶互助的友善风气在人们之间流转，传递的是温情与爱心，能消除隔阂、融冰化雪，使人仿佛置身春风之中。

（2）志同道合、携手奋进。同类相感，同声相求。友善之情往往生发于志趣相投的人们之间，因此人们常说"同志为友""道不同不相为谋"。如果说友善的基础是志同道合，那么，在当代中国，全体中华儿女的共同之"志"就是实现中国梦，共同之"道"就是中国特色社会主义道路。将个人追求融入国家梦想，在实现中华民族伟大复兴梦的征途上同心同德、共同奋进，是社会主义友善价值观的时代要求。

（3）珍惜资源、关爱自然。人类不仅生活在群体、社会中，而且生活在天地、自然中。人们在自身的生存发展中不仅要和他人、社会打交道，而且要和自然打交道。"爱人"与"爱物"密不可分。人类只有一个地球，它是人们共有的生存家园。尊重自然、保护环境，就是尊重和保护他人他国的生存发展权利，就是尊重和保护子孙后代的生存发展权利，就是尊重和保护人类自己。

2. 友善价值观的践行途径

（1）深刻领会友善价值观在"三个倡导"中的地位作用。"三个倡导"是我们党从国家、社会和个人三个层面对社会主义核心价值观进行高度概括、凝练的产物。其中，个人层面的价值要求在一定意义上居于基础地位。而在个人层面的四项价值观中，友善又相对处于更为基础的地位，其他三项价值观无一不与友善理念相关联：如果一个人在日常交往中对身边人都不能以善相待，就不能指望其会爱国，也不能指望其会在具体工作岗位上兢兢业业、为社会和他人做奉献；一个不爱他人、只关心自己利益的人，就很难在人际交往中做到尊重他人、诚信无欺。所以，在实践中积极倡导、培育友善价值观，对社会主义核心价值观的整体培育与践行具有极为重要的意义。

（2）创造性地用活我国传统优秀道德资源。我国传统文化中包含着丰富的仁爱友善思想。在甲骨文中，"友"字的造型是顺着一个方向的两只手，意为两手协同或以手相助。我国古人强调"仁者爱人"，主张"出入相友、守望相助"的人际交往论，主张"万物一体""天人合一"的生态和谐论，将"民胞物与"视为道德修养的理想境界。在此基础上，古人还发展出了丰富的道德实践理论，包括"反求诸己""推己及人"的忠恕论，"责友以善""以友辅仁"的友善观。在践行社会主义友善价值观的过程中，应科学继承这些传统优秀道德资源，并实现其创造性转化、创新性发展。

（3）夯实力行友善价值观的物质基础。"仓廪实而知礼节，衣食足而知荣辱"。社会主义友善价值观的培育和践行，离不开人民群众物质文化生活水平的切实提高。党的十八届三中全会强调，要紧紧围绕更好保障和改善民生、促进社会公平正义深化社会体制改革，改革收入分配制度，促进共同富裕，确保社会既充满活力又和谐有序。随着教育、就业、医疗、住房、养老等事关国计民生问题的改善，那些原本为生计而紧锁的眉头会自然舒展。而当每个人的脸上都洋溢着幸福的微笑时，人际和睦友善的风气就更易形成。

（4）开展以友善为主题的道德教育和道德实践活动。榜样的教育、示范和引领，对社会主义友善价值观的培育具有重要作用。人间自有真情在,生活中从来不乏见义勇为、助人为乐的善行义举。因此,道德教育应贴近百姓生活,着力捕捉、发掘和宣传群众身边的善意与真爱。此外,还要在社会中广泛开展人人参与的以关爱他人、奉献爱心为主题的志愿服务活动,着力引导全社会成员关注、关心、关爱困难群体,营造帮扶互助的友善风气。

(5)完善对善行义举的保护保障机制。培育和践行社会主义友善价值观,是一项匡正人心之举,需要惩恶与扬善并举。一方面,要对损人利己等伤风败德行为采取多管齐下的治理、惩处措施;另一方面,也要注意保护践行友善品质之人的合法权益不受损害,并在物质上和精神上给予其相应的支持和慰勉。概言之,在全社会积极营造风清气正、善有善报、恶有恶报的崇德向善氛围,是有效培育、涵养社会主义友善价值观的必备土壤。

第四节 中 国 梦

一、何为"中国梦"

中国梦,是中国共产党召开第十八次全国人民代表大会以来,习近平总书记所提出的重要指导思想和重要执政理念,其于2012年11月29日被正式提出。

习总书记把"中国梦"定义为"实现中华民族伟大复兴,就是中华民族近代以来最伟大梦想",并且表示这个梦"一定能实现"。

中国梦的核心目标也可以概括为"两个一百年"的目标,也就是:到2021年中国共产党成立100周年和2049年中华人民共和国成立100周年时,逐步并最终顺利实现中华民族的伟大复兴,具体表现是国家富强、民族振兴、人民幸福,实现途径是走中国特色的社会主义道路、坚持中国特色社会主义理论体系、弘扬民族精神、凝聚中国力量,实施手段是政治、经济、文化、社会、生态文明五位一体建设。

二、"中国梦"与大学生成长成才

中共中央总书记习近平带领新一届中央领导集体参观"复兴之路"展览时指出,"实现中华民族伟大复兴,就是中华民族近代以来最伟大的梦想"。

1. 伟大的梦想成就伟大的民族

2013年3月17日,习近平同志在当选国家主席后发表重要讲话,再一次诠释了"中国梦"的具体内涵,并提出了实现中国梦路径的"三个必须"。伟大的梦想成就伟大的民族,习近平同志对"中国梦"的诠释,既饱含着对近代以来中国历史的深刻洞悉,又彰显了全国各族人民的共同愿景,为党带领人民开创未来指明了前进方向,在中华大地上引起强烈共鸣。

(1)"中国梦"首先是"自强梦"。实现"中国梦",就是实现综合国力进一步跃升。如今,我国经济总量已跃居世界第二位,但人口多、底子薄、发展很不平衡的状况并未根本改变。党的十八大描绘了中国复兴的宏伟目标:到建党100周年时全面建成小康社会;到新中国成立100周年时,建成富强、民主、文明、和谐的社会主义现代化国家。这两个百年目标,构成了"中国梦"的基本图景,是中华儿女的共同期盼,是一代代中国共产党人的历史重任和理想夙愿。

(2)"中国梦"也是"复兴梦"。中华文明是世界上唯一几千年不断延续、传承至今的文明,但在近代百年的历史发展中,中国曾遭受了侵略和很多不公正的待遇。近代以来,我们渴盼复兴,无数先烈为了实现民族复兴抛头颅、洒热血。现在,我们比历史上任何时期都更接近中华民族的伟大复兴,也更加认识到,中华民族之所以迎来复兴的曙光,靠的就是一代代人的艰辛奋斗和埋头苦干。党的十八大将中国特色社会主义总布局从经济、政治、文化、社会建设"四位一体"升华为包括生态文明建设的"五位一体",标志着中华文明格局开启了向物质文明、政治文明、精神文明、社会文明和生态文明全面发展的更高阶段演进的新里程。"人世间的一切幸福都需要靠辛勤的劳动来创造",我们只有立足岗位创先争优,胼手胝足奋发有为,在奋斗的每个驿站都留下无悔的记忆,才能为梦想注入一份心力。

(3)"中国梦"还是"幸福梦"。党的十八大着眼于提升人民的幸福指数,将"坚持维护社会公平正义""坚持走共同富裕道路""坚持促进社会和谐"纳入夺取中国特色社会主义新胜利的基本要求,将"保障和改善民生"作为社会建设的重点,等等。这些和谐因素的充实,对"中国梦"的阶段性特征作了更为清晰的描绘,也为"中国梦"增添了更加美丽的幸福光环。党的十八大强调,"不断在实现发展成果由人民共享、促进人的全面发展上取得新成效"。这标志着中国特色社会主义把实现人的自由全面发展作为终极价值追求,必将极大地提升"中国梦"的吸引力、凝聚力和感召力。

2. 青年大学生是实现"中国梦"的重要后备力量

我们党从成立之日起,就始终关心、关注广大青年。作为青年大学生,要主动将自己的成长成才与实现"中国梦"结合起来,按照"三个必须"的要求,共同实现"中国梦"。

作为青年大学生,要坚定"走中国道路"的信心。如今,中国社会进入了一个快速发展的时期。尽管我们的社会不乏怀抱崇高理想、充满奋斗激情的青年人,然而,西方思想文化的渗透,各种社会思潮的冲击,社会复杂现实的影响,给我们青年的信仰带来了巨大的冲击和影响。在多样化、世俗化、市场化的现代话语中,一些青年将利己主义、享乐主义日常化、合理化。对金钱和享乐的向往,正侵蚀着一些青年的社会良知,扭曲着一些青年的主流价值观和信仰。长此以往,我们将会失去前进的动力。

大学生是青年中的佼佼者,一定要用中国特色社会主义理论体系武装自己,坚定走中国特色社会主义道路,国家才能在经济全球化和市场化的过程中崛起,只有国家发展,我们才有自己的机会,才有可能实现自己期望的梦想。当广大青年大学生过上美好生活的时候,中国也就获得了自己的新生命。

作为青年大学生,一定要弘扬"中国精神"。中华文明源远流长,中国精神生生不息。大学生成长成才不仅要看其知识水平,更要看道德表现,而以爱国主义为核心的民族精神和以改革开放为核心的时代精神是"德"的根本所在。爱国主义生发于中华文明传统、积蕴于现代中华民族复兴历程,爱国主义是近些年中国快速崛起的强大动力,是动员与感召无数青年大学生为祖国奋斗的精神力量,是中国文化软实力的重要体现。今天的大学生一定要继续弘扬爱国主义的优良传统,为祖国发展进步增添正能量。

中国精神始终与时代同步,不断改革创新。当今时代,信息交流日益广泛,知识更新大大加快。我们要跟上时代和社会前进的步伐，就必须不断提高自己的综合素质。当前，改革开放进入了攻坚阶段，面临许多的困难和问题。我们青年学生只有踏踏实实地打好基础，才能勇敢面对各种挑战，努力创造更加辉煌的青春业绩。我们只有发扬开风气之先的优良传统，以敢为人先的志气、超越前人的勇气、革故鼎新的锐气，不断培养自己的创新意识和创新能力，逐步形成适应时代发展洪流和方向的新思维、新观念，不断探索新思路、新办法和新途径，才能成为科学探索和创新的先锋。

作为青年大学生，必须紧密团结，"凝聚中国力量"。"中国梦"要求每一个中国人都用自己的勇气、智慧、创造精神争取美好生活的梦。青年兴则国家兴，青年强则国家强，责任已一步步落到我们青年大学生身上。我们是一个命运共同体，只有国家好、民族好，我们每个人才会好；只有民族、国家实现科学发展，个人才能实现全面发展。同样，只有每个人都拿出实干的精神和劲头，立足本职，干好自己的事情，像罗阳、林俊德、张丽莉等那样，在自己岗位上人人出彩，每个人的活力都充分涌流，14亿个体共同编织的"中国梦"才够美丽，才更坚实。

作为这个有机整体中的一分子，中国当代青年大学生也不是以个体存在的，而是共同生活在中国这个大家庭中的一员，国家的荣辱兴衰与我们息息相关。只有更多地关心国家大事，了解当今世界发展的趋势，坚持德、智、体、美全面发展，才能肩负起实现振兴中华的重任，更好地体现作为优秀青年人的人生价值和追求。我们大学生是青年中有较多机会接受现代科学技术教育的一部分人，是"科教兴国"战略的受益者。我们在受益的同时，也应是"科教兴国"的实践者和完成者，应当义不容辞地挑起振兴祖国科技事业、迎接新技术革命挑战的重担，紧密团结在党的周围，从而成为祖国振兴的中坚力量。

千里之行，始于足下。实现中国梦，需要的是实实在在的行动。人生如船，梦想如帆，年轻一代将在追逐梦想的进程中成熟。当代大学生是伴随着改革开放这一伟大时代成长起来的优秀群体，对青年学生而言，最实在的行动就是要刻苦学习、实现价值。

作为一名当代青年大学生，一定要用"中国梦"丰富自己的价值愿景；用爱国主义情怀提升自己的思想境界；用扎实的专业知识和技能提升自己的本领，只有这样，当自己毕业走入社会后才能为中国梦的实现做出自己应有的贡献。

党的十八大提出，"广大青年要积极响应党的号召，树立正确的世界观、人生观、价值观，永远热爱我们伟大的祖国，永远热爱我们伟大的人民，永远热爱我们伟大的中华民族，在投身中国特色社会主义伟大事业中，让青春焕发出绚丽的光彩。"这是党对青年的殷殷期盼，这也是国家和时代对青年的深深呼唤。

高校教育工作者是青年大学生学习知识的传播者、思想进步的引路人和生活的导师，一定要紧紧围绕党的十八大提出的"立德树人"的根本任务，教育引导广大学生为实现国家富强、民族复兴、人民幸福的伟大"中国梦"而发奋学习、不懈奋斗，共同为中国梦的实现而奋斗努力。

第五节 修身养性

一、大学生修身养性的必要性

大学生这一社会群体,基于它在社会体系中的特殊地位,它必然会被社会寄予较高的期望,提出较高的要求。而作为一名大学生,是青年,同时又是儿子,也许还是哥哥、班长、团员等角色,那么他就必须按照社会对大学生、儿子、哥哥、班长、团员等角色的不同规范要求自己,使自己适应这些角色。大学生大都踌躇满志,对自己的未来跃跃欲试,角色期望值往往偏高。较高的角色期望有利于自信心的增强和创造力的发挥。但是过高的角色期望也容易使人脱离实际,不能正确地对待自己。我们应该学习和把握好自己正在承担和将要承担的社会角色,加强自身的修养,锻炼自己的社会应变力,以适应社会的不同需要。

大学生的修养及形象如何,一直是近几年社会议论的焦点。据一份调查报告显示,社会各界对大学生的议论,主要集中在这几个方面:缺乏道德修养、自私、懒惰、冷漠、志大才疏、狂妄、目光短浅等。看起来,问题非常严重,但这不是构成大学生群体特点的主要因素,因为作为大学生这样一个备受世人瞩目、承担社会责任的特殊青年群体,社会往往用更加苛刻的标准要求他们。可以说,没有哪一个社会群体能像大学生这样被放在了社会倍加重视、倍加关注、倍加爱护而又倍加羡慕的位置上。全国高校上千所,大学生数百万名,要想找出一些不能容忍的现象,甚至更为严重的问题,也是非常容易的,但这些毕竟不是主流。

但摆在我们面前的问题是:一方面,社会和时代对大学生的要求和期望越来越高;另一方面,20世纪90年代以来,对大学生形象的评价却急剧下降,校内不文明现象大量出现,连大学生本人都普遍认为,现实中所见到的大学生的素质比未上大学前所想象的大学生的素质要低得多。虽然这些并不是大学生的主流,但毕竟出现在我们大学生这一群体之中,这不能不引起我们的沉思和警惕。看来在现实和希望之间,在现状和目标之间,我们还存在不少的差距,的确到了非修其身、养其性不可的时候了。

二、修身养性的三重境界

有位哲人说,人生有三重境界,可以说修身养性也有三重境界:看山是山,看水是水;看山不是山,看水不是水;看山还是山,看水还是水。

第一重境界的含意是:涉世之初,纯洁无瑕,用童真的眼光看待事物,相信所见到的就是最真实的,万事万物在我们的眼里都还原成本原。

第二重境界的含意是:年龄渐长,经历越多,发现这个世界问题越来越多,越来越复杂,甚至于对事物的认知经常会黑白颠倒,是非混淆。眼见未必是真,一切如雾里看花,似真似幻,似真似假。对现实世界产生了怀疑,多了一份理性与思考。

第三重境界的含意是:人生的经历积累到一定程度,不断地反省,茅塞顿开,洞察世间万事万物的内涵。这是一种洞察世事后的返璞归真。

三、大学生修身养性的方法

1. 懂得感恩

别人为你付出一次,你当涌泉相报,任何时候都不能忘记别人对你的好,包括在你发脾气的时候。我们往往在和父母吵完架、气完全消了后,才想起对方的好;往往在与恋人分离后,才想起对方的好;往往在死者已逝时,才想起对方的好。但有些事情已不能挽回。为何不在发火前多想想别人为你的付出?人,往往容易感动一时,却没想过要分分秒秒都怀感恩之心。

2. 有高远的志向

当你碰到觉得很难处理的事情,不要在意,不要焦虑。当你的眼睛望着远方时,你便不会去看脚下的几颗石头;当你被天边美丽的彩虹吸引时,你便不会去注视身边树叶上的那片碍眼的蜘蛛网。

3. 有一颗善良的心

当你遭遇不平的时候,想想这个世界上还有很多人都在受苦,他们与你同是生命,而你只是沧海一粟。当你心怀同情时,你的心就不再只装着自己的苦难了。

4. 学会坦然

要承认自己的身边必有能超越自己的人,必有人有你一生都无法企及的天赋,承认了这种必然,就会懂得坦然接受。不要觉得"没有人比得上我",而是要承认你的身边有很多人具备你没有的优点,或是具备和你一样的优点,甚至比你更为突出,这都是很正常的,没什么大不了的。自卑和妒忌将占用你大量的时间和精力,静下心来不断完善自己才是正事。

5. 自己能控制自己

人很想控制别人,很想让别人依照自己的意思来办事,而对待自己却容易放纵、任性。长久地放纵自我,将导致动物的本性越来越突出,必须具有这种危机感,才能有自我控制的意识。自控能力其实很好锻炼,如当你在做一件你觉得非常有意思的事情的时候,若停止做这件事除了会让你有不愉快的感觉以外,没有任何损失的话,就强逼自己立刻停止,不去做。

6. 保持心静

看书,是最能使心静下来的方法。当然,其他静心的办法有很多,可是无论是练瑜伽,打太极,还是读书,乃至欣赏音乐、绘画,都必须以对自己灵魂的磨炼为前提,如若为了赶潮流或是虚荣,都只能是得其皮毛,就好像一束塑料的花朵,外表美观,却没有丝毫的生命力。

四、大学生应了解的宗教知识

1. 何为宗教

宗教是人类社会发展到一定历史阶段出现的一种文化现象,属于社会特殊意识形态。马克思主义认为,宗教就本质而言,是一种支配人们日常生活的异己力量幻想地反映为超人间的社会意识形态。宗教虽然是对现实世界的一种反映,但其反映是颠倒的、扭曲的、虚幻的。

恩格斯在《反杜林论》中指出："一切宗教都不过是支配着人们日常生活的外部力量在人们头脑中的幻想的反映，在这种反映中，人间的力量采取了超人间的力量的形式。"

2. 我国的宗教政策及规定

我国法律尊重公民的宗教信仰自由，也要求宗教与社会主义社会相适应，依法管理宗教事务。

（1）旗帜鲜明地坚持教育与宗教相分离的原则：

① 宪法规定不得利用宗教进行"妨碍国家教育制度"的活动。《中华人民共和国宪法》第三十六条规定："任何人不得利用宗教进行破坏社会秩序、损害公民身体健康、妨碍国家教育制度的活动。宗教团体和宗教事务不受外国势力的支配。"宪法明确了我国实施教育与宗教相分离的根本法律依据。

② 教育法明确规定"国家实行教育与宗教相分离"。《中华人民共和国教育法》第八条规定："国家实行教育与宗教相分离。任何组织和个人不得利用宗教进行妨碍国家教育制度的活动。"这一规定，既是我国教育坚持社会主义方向的基本要求，也是我国积极引导宗教与社会主义社会相适应的宗教工作基本方针的体现。

③ 国民教育各级各类学校不得组织和举行宗教活动。《宗教事务条例》第二十条规定："非宗教团体、非宗教活动场所不得组织、举行宗教活动，不得接受宗教性的捐献。"包括高校在内的我国各级各类国民教育机构中都不得设立宗教活动场所，在国民教育各级各类学校和教育机构传播宗教、发展信徒、设立宗教活动场所、举行宗教活动、建立宗教组织等，都属于违法行为。

④ 国家法律法规严禁在高校从事宗教活动。《高等学校校园秩序管理若干规定》第十三条要求，在校内组织讲座、报告等活动，不得宣传封建迷信，不得进行宗教活动。《普通高等学校学生管理规定》第四十三条要求，学校应当坚持教育与宗教相分离原则，任何组织和个人不得在学校进行宗教活动。《高等学校接受外国留学生管理规定》第三十三条要求，高等学校应当尊重外国留学生的民族习俗和宗教信仰，但不提供举行宗教仪式的场所，校内严禁进行传教及宗教聚会等活动。

⑤ 严禁在校园进行宗教活动。严禁在宗教院校以外的各级各类学校、教育机构传播宗教、发展信徒、设立宗教活动场所、举行宗教活动、建立宗教组织；严禁在社会公共场所、企事业单位及其他社会组织中进行传教活动；严禁师生参加非法宗教组织和宗教聚会活动；严禁在校园内穿戴褐色罩袍、蒙面黑纱等宗教服饰和标识；严禁散发宗教类出版物及宣传品；严禁宗教教职人员进入教师队伍、走上高校讲台。对违反这些规定的师生要进行批评教育，屡教不改的教师要调离教师岗位或给予相应纪律处分，学生要按照相关规定作出处理直至开除其学籍。高校要配合有关部门依法取缔校园及其周边非法宗教活动场所和聚会点。

（2）共产党员和共青团员不得信仰宗教。宗教信仰自由是宪法赋予公民的权利，但不是说共产党员、共青团员就可以信仰宗教。就国家而言，宗教是私人的事情，而对马克思主义政党来说，宗教不是私人的事情，党要坚持对工人群众进行无神论宣传教育，帮助他们树立科学的世界观，防止宗教对党员思想的侵蚀。中国共产党是无产阶级政党，共产党员只能信仰马克思列宁主义，不能信仰宗教。共青团员是共产主义事业的接班人，同样不能信仰宗教。

①《党章》规定共产党员不能信仰宗教。《中国共产党章程》总纲规定，中国共产党以马克思列宁主义、毛泽东思想、邓小平理论、"三个代表"重要思想和科学发展观以及习近平新

时代中国特色社会主义思想作为自己的行动指南。共产党员只能信仰马克思主义,不能信仰宗教,这是中国共产党的一项基本思想和组织原则。《党章》是党内根本大法,各级党组织和每一名党员都必须严格遵守党章的规定,坚定共产主义理想信念,牢记党的宗旨,绝不能在宗教中寻找自己的价值和信念,不得信仰宗教,更不得传播和发展宗教。

② 党内法规对共产党员不能信仰宗教的规定。《中国共产党统一战线工作条例(试行)》第二十三条规定,共产党员应当团结信教群众,但不得信仰宗教。《关于新形势下党内政治生活的若干准则》要求,党员不准搞封建迷信,不准信仰宗教;共产党员要做坚定的马克思主义无神论者,严格遵守党章规定,坚定共产主义理想和中国特色社会主义信念,牢记党的宗旨,不得信仰宗教,更不得传播和发展宗教。

③ 共青团员不能信仰宗教。《中国共产主义青年团章程》总则规定,中国共产主义青年团是中国共产党领导的先进青年的群众组织,是中国共产党的助手和后备军。共青团员在加入组织时就已经做出了信仰的选择,要做一名无神论者。因此,共青团员不得信仰宗教和参加宗教活动。青年大学生,应该通过不断学习,丰富科学文化知识,理性认识宗教,坚持无神论,反对有神论,自觉树立马克思主义的科学世界观。共青团员信仰宗教,团组织要对其进行批评教育,屡教不改的要给予纪律处分。

3. 为什么大学生不要信教

(1) 大学坚持宗教与教育相分离的原则。坚持教育与宗教相分离是正确处理社会主义教育与宗教关系的基本方针,是政教分离原则的一项重要内容。

① 学堂(校)与教堂即宗教活动场所相分离。
② 教师与牧师即宗教教职人员相分离。
③ 教材与宗教经典、宗教教义相分离。
④ 学生和教徒相分离。学生在学校不得穿着宗教服饰,佩戴宗教标志,从事宗教活动。
⑤ 学校教育活动和宗教活动相分离。

(2) 大学生是社会主义事业的接班人。青少年是国家的未来,按照教育与宗教相分离原则和有关法律要求,学校有义务保护广大青少年的权利,为青少年提供良好的学习和成长环境;尤其要重视对青少年进行科学文化知识教育,在青少年中普及科学知识,引导他们树立辩证唯物主义和历史唯物主义的科学世界观(包括科学无神论的世界观),增强自觉抵制宗教和有神论思想侵蚀的能力,成为有理想、有道德、有文化、有纪律的社会主义新人。任何纵容、唆使、强迫青少年读经、学经,从事宗教活动的行为都是非法的,都必须坚决制止。

(3) 学习科学知识是大学生的首要任务。大学生正值青春年华,精力充沛、意气风发,作为社会主义事业的接班人和未来国家的建设者,共同肩负着中华民族伟大复兴的历史使命和14亿中华儿女国富民强的历史重托。学习科学文化知识才是大学生在校的首要任务。科学与宗教在本质上有着根本区别。作为中华人民共和国公民,青年学生享有宗教信仰自由的权利,但青年学生却不应该信仰宗教。

(4) 大学生应该如何避免宗教陷阱:

① 了解各种宗教的背景,掌握有关宗教的知识,由此才能辨别异端组织。

② 作为当代青年,我们应坚持马克思主义宗教观,不断学习,充实自身,坚持实事求是的科学精神,成长为具有中国特色社会主义坚定信念、掌握丰富科学文化知识的一代新人。

③ 如遇到不法传教分子,应拒绝给向你传教的人士留下联系方式,并提醒其他同学,避免同学受其骚扰。同时及时上报辅导员或学校保卫部门。

附录　高校毕业生就业创业政策百问

全国高等学校学生信息咨询与就业指导中心

一、鼓励引导高校毕业生面向城乡基层、中西部地区、东北地区、艰苦边远地区以及革命老区、民族地区、贫困地区就业

1. 什么是基层就业？

基层就业就是到城乡基层工作。国家近几年出台了一系列优惠政策鼓励高校毕业生积极参加社会主义新农村建设、城市社区建设和应征入伍。一般来讲，"基层"既包括广大农村，也包括城市街道社区；既涵盖县级以下党政机关、企事业单位，也包括社会团体、非公有制组织和中小企业；既包含单位就业，也包括自主创业、自谋职业。

2. 国家鼓励毕业生到基层就业的主要优惠政策包括哪些？

按照《国务院关于做好当前和今后一段时期就业创业工作的意见》（国发〔2017〕28号）、《中共中央办公厅 国务院办公厅印发〈关于进一步引导和鼓励高校毕业生到基层工作的意见〉的通知》（中办发〔2016〕79号）、《中共中央组织部、人力资源社会保障部等五部门关于印发高校毕业生基层成长计划的通知》（人社部发〔2017〕85号）等文件规定：

（1）完善工资待遇进一步向基层倾斜的办法，健全高校毕业生到基层工作的服务保障机制，鼓励毕业生到乡镇特别是困难乡镇机关事业单位工作。

（2）对高校毕业生到中西部地区、艰苦边远地区和老工业基地县以下基层单位就业、履行一定服务期限的，按规定给予学费补偿和国家助学贷款代偿（本专科学生每人每年最高不超过8 000元、研究生每人每年最高不超过12 000元）。

（3）结合政府购买服务工作的推进，在基层特别是街道（乡镇）、社区（村）购买一批公共管理和社会服务岗位，优先用于吸纳高校毕业生就业。

（4）落实完善见习补贴政策，对见习期满留用率达到50%以上的见习单位，适当提高见习补贴标准，允许就业见习补贴用于见习单位为见习人员办理人身意外伤害保险以及对见习人员的指导管理费用。

（5）将求职补贴调整为求职创业补贴，对象范围扩展到已获得国家助学贷款的毕业年度高校毕业生，以及贫困残疾人家庭、建档立卡贫困家庭高校毕业生和特困人员中的高校毕业生。

（6）艰苦边远地区基层机关招录高校毕业生可适当放宽学历、专业等条件，降低开考比例，可设置一定数量的职位面向具有本市、县户籍或在本市、县长期生活的高校毕业生。

各地各高校要服务乡村振兴战略，引导毕业生到现代种业、农产品加工、农村电子商务等一、二、三产业就业创业，投身扶贫开发和农业农村现代化建设。结合城镇化进程和公共服务均等化要求，充分挖掘教育、劳动就业、社会保障、医疗卫生、住房保障、社会工作、文化

体育及残疾人服务、农技推广等基层公共管理和服务领域的就业潜力,吸纳高校毕业生就业。

3. 国家对在基层工作的高校毕业生职业发展有哪些鼓励政策措施?

按照《国务院关于做好当前和今后一段时期就业创业工作的意见》(国发〔2017〕28号)、《中共中央办公厅 国务院办公厅印发〈关于进一步引导和鼓励高校毕业生到基层工作的意见〉的通知》(中办发〔2016〕79号)、《中共中央组织部、人力资源社会保障部等五部门关于印发高校毕业生基层成长计划的通知》(人社部发〔2017〕85号)等文件规定:

(1) 在干部人才选拔任用机制上,进一步强化基层工作经历的政策导向,向在基层工作的优秀高校毕业生倾斜。

(2) 自2012年起,省级以上机关录用公务员,除特殊职位外,按照有关规定一律从具有2年以上基层工作经历的人员中考录。

(3) 市地级以上机关应拿出一定数量职位面向具有基层工作经历的公务员进行公开遴选。

(4) 省、市级所属事业单位面向社会公开招聘时,应拿出一定数量岗位公开招聘有基层事业单位工作经历的人员。有条件的地区,可明确具体公开遴选或招聘的比例。

(5) 鼓励国有大中型企业建立健全人力资源管理激励机制,将在基层生产和管理一线表现优秀的高校毕业生纳入后备人才队伍,加大从基层一线选拔任用中层干部的力度。

(6) 对具有基层工作经历的高校毕业生,在研究生招录和事业单位选聘时实行优先制。

(7) 高校毕业生在中西部地区和艰苦边远地区县以下基层单位从事专业技术工作,申报相应职称时,可不参加职称外语考试或放宽外语成绩要求。充分挖掘社会组织吸纳高校毕业生就业潜力,对到省会及省会以下城市的社会团体、基金会、民办非企业单位就业的高校毕业生,所在地的公共就业人才服务机构要协助办理落户手续,在专业技术职称评定方面享受与国有企事业单位同类人员同等待遇,对于吸纳高校毕业生就业的社会组织,符合条件的可同等享受企业吸纳就业扶持政策。

(8) 对到农村基层和城市社区从事社会管理和公共服务工作的高校毕业生,符合公益性岗位就业条件并在公益性岗位就业的,按照国家现行促进就业政策的规定,给予社会保险补贴和公益性岗位补贴。

4. 什么是基层社会管理和公共服务岗位?

所谓基层社会管理和公共服务岗位,包括大学生村官、支教、支农、支医、乡村扶贫,以及城市社区的法律援助、就业援助、社会保障协理、文化科技服务、养老服务、残疾人居家服务、廉租房配套服务等岗位。

2009年4月,人力资源和社会保障部下发《关于公布第一批基层社会管理和公共服务岗位目录的通知》(人社部函〔2009〕135号),向社会公布第一批基层社会管理和公共服务岗位目录,以指导各地做好鼓励和引导高校毕业生到基层就业的工作。这批发布的岗位目录共分为基层人力资源和社会保障管理、基层农业服务、基层医疗卫生服务、基层文化科技服务、基层法律服务、基层民政、托老托幼、助残服务、基层市政管理、基层公共环境与设施管理维护以及其他领域,包括在街道(乡镇)、社区(村)等基层单位从事公共就业服务、社会保障、劳动关系协调、劳动监察、农业、扶贫开发、医疗、卫生、保健、防疫、文化、科技、体育、普法宣传、民事调解、托老、养老、托幼、助残、公共设施设备管理养护等相关事务管理服务工作的50种岗位。

5. 什么是其他基层社会管理和公共服务岗位？

在街道社区、乡镇等基层开发或设立的相应的社会管理和公共服务岗位。部分由政府出资，或由相关组织和单位出资。所安排使用的人员按规定享受相关补贴。

6. 什么是公益性岗位？

由政府开发、以满足社区及居民公共利益为目的的管理和服务岗位。对符合条件在公益性岗位安置就业的就业困难人员，按规定给予社会保险补贴和岗位补贴。符合公益性岗位安置条件的就业困难的高校毕业生，可按规定享受公益性岗位就业援助政策。

7. 什么是公益性岗位社会保险补贴？

按照《财政部、人力资源社会保障部关于进一步加强就业专项资金管理有关问题的通知》（财社〔2011〕64号）规定，对就业困难人员的社会保险补贴实行"先缴后补"的办法。在公益性岗位安排就业困难人员，并缴纳社会保险费的，按其为就业困难人员实际缴纳的基本养老保险费、基本医疗保险费和失业保险费给予补贴，不包括就业困难人员个人应缴纳的基本养老保险费、基本医疗保险费和失业保险费，以及企业（单位）和个人应缴纳的其他社会保险费。社会保险补贴期限，一般最长不超过3年。

8. 什么是公益性岗位补贴？

对在公益性岗位安排就业困难人员就业的单位，按其实际安排就业困难人员人数给予岗位补贴。公益性岗位补贴期限，一般最长不超过3年。

在公益性岗位安排就业困难人员就业的单位，可按季向当地人力资源和社会保障部门申请公益性岗位补贴。公益性岗位补贴申请材料应附：符合享受公益性岗位补贴条件的人员名单及《身份证》复印件、《就业创业证》复印件、发放工资明细账（单）、单位在银行开立的基本账户等凭证材料，经人力资源和社会保障部门审核后，财政部门将补贴资金支付到单位在银行开立的基本账户。

9. 为鼓励高校毕业生面向基层就业，实施学费补偿和助学贷款代偿政策的主要内容是什么？

按照《国务院关于进一步做好新形势下就业创业工作的意见》（国发〔2015〕23号）、《关于调整完善国家助学贷款相关政策措施的通知》（财教〔2014〕180号）、《财政部、教育部关于印发〈高等学校毕业生学费和国家助学贷款代偿暂行办法〉的通知》（财教〔2009〕15号）等文件规定，高校毕业生（全日制本专科、高职生、研究生、第二学士学位毕业生）到中西部地区、艰苦边远地区和老工业基地县以下基层单位就业、履行一定服务期限的，按规定给予学费补偿和国家助学贷款代偿。在校学习期间获得国家助学贷款（含高校国家助学贷款和生源地信用助学贷款，下同）的，补偿的学费优先用于偿还国家助学贷款本金及其全部偿还之前产生的利息。定向、委培以及在校期间已享受免除全部学费政策的学生除外。

目前，国家助学贷款资助标准已经调整为：全日制普通本专科学生（含第二学士学位、高职学生，下同）每人每年申请贷款额度不超过8 000元；年度学费和住宿费标准总和低于8 000元的，贷款额度可按照学费和住宿费标准总和确定。全日制研究生每人每年申请贷款额度不超过12 000元；年度学费和住宿费标准总和低于12 000元的，贷款额度可按照学费和住宿费标准总和确定。

国家助学贷款资助标准调整后，《财政部 教育部 总参谋部关于印发〈高等学校学生应征入伍服义务兵役国家资助办法〉的通知》（财教〔2013〕236号）、《财政部 教育部 民政部 总参谋部总政治部关于实施退役士兵教育资助政策的意见》（财教〔2011〕538号）和《财政部 教育部关于印发〈高等学校毕业生学费和国家助学贷款代偿暂行办法〉的通知》(财教〔2009〕15号)中有关学费补偿、国家助学贷款代偿和学费资助的标准,相应调整为本专科学生每人每年最高不超过8 000元、研究生每人每年最高不超过12 000元。学费补偿、国家助学贷款代偿和学费资助的其他事项,仍按原规定执行。

10. 国家实施补偿学费和代偿助学贷款的就业地域范围包括哪些?

国家对到中西部地区和艰苦边远地区基层单位就业、并履行一定服务期限的中央部门所属高校毕业生,按规定实施相应的学费补偿和助学贷款代偿。这里涉及的地域范围主要包括:

(1) 西部地区:西藏、内蒙古、广西、重庆、四川、贵州、云南、陕西、甘肃、青海、宁夏、新疆等12个省(自治区、直辖市)。

(2) 中部地区:河北、山西、吉林、黑龙江、安徽、江西、河南、湖北、湖南、海南等10个省。

(3) 艰苦边远地区:由国务院确定的经济水平、条件较差的一些州、县和少数民族地区(详情可登录中国政府网查询:http://www.gov.cn)。

(4) 基层单位:

① 中西部地区和艰苦边远地区县以下机关、企事业单位,包括乡(镇)政府机关、农村中小学、国有农(牧、林)场、农业技术推广站、畜牧兽医站、乡镇卫生院、计划生育服务站、乡镇文化站、乡镇劳动就业服务站等。

② 工作现场地处以上地区县以下的气象、地震、地质、水电施工、煤炭、石油、航海、核工业等中央单位艰苦行业生产第一线。

11. 学费补偿和助学贷款代偿的标准和年限是多少?

学费补偿、国家助学贷款代偿标准,本专科生每人每年最高不超过8 000元,研究生每人每年最高不超过12 000元。

本科、专科(高职)、研究生和第二学士学位毕业生补偿学费或代偿国家助学贷款的年限,分别按照国家规定的相应学制计算。在校学习的时间低于相应学制规定年限的,按照实际学习时间计算补偿学费或代偿助学贷款年限。在校学习时间高于相应学制年限的,按照学制规定年限计算。

每年代偿学费或国家助学贷款总额的三分之一,3年代偿完毕。

12. 中央部门所属高校毕业生如何申请学费补偿和助学贷款代偿?

(1) 在办理离校手续时向学校递交《学费和国家助学贷款代偿申请表》和毕业生本人、就业单位与学校三方签署的到中西部地区、艰苦边远地区和老工业基地县以下基层单位服务3年以上的就业协议;

(2) 在校学习期间获得国家助学贷款的,在与国家助学贷款经办银行签订毕业后还款计划时,注明已申请国家助学贷款代偿,如获得国家助学贷款代偿资格,不需自行向银行还款;

(3) 高校负责审查申请资格并上报全国学生资助管理中心。

13. 地方所属高校毕业生到基层就业如何获得学费补偿和助学贷款代偿?

按照《财政部、教育部关于印发〈高等学校毕业生学费和国家助学贷款代偿暂行办法〉的通知》(财教〔2009〕15号)要求,各地要抓紧研究制定本地所属高校毕业生面向本辖区艰苦边远地区基层单位就业的学费补偿和助学贷款代偿办法。地方所属高校毕业生到基层就业是否可以获得学费补偿或国家助学贷款代偿,以及如何申请办理补偿或代偿等,请向学校所在地政府有关部门查询。

14. 到基层就业如何办理户口、档案、党团关系等手续？

对到中西部地区、艰苦边远地区和老工业基地县以下基层单位就业的高校毕业生，实行来去自由的政策，户口可留在原籍或根据本人意愿迁往就业地区；人事档案原则上统一转至就业单位所在地的县级政府人力资源和社会保障部门，由公共就业和人才服务机构提供免费人事代理服务；党团组织关系转至就业单位，在工作期间积极要求入党的，由乡镇一级党组织按规定程序办理。

15. 中央有关部门实施了哪些基层就业项目？

近年来，中央各有关部门主要组织实施了5个引导高校毕业生到基层就业的专门项目，包括：团中央、教育部、财政部、人力资源和社会保障部四部门从2003年起组织实施的"大学生志愿服务西部计划"；中组部、人力资源和社会保障部、教育部等8个部门从2006年开始组织实施的"三支一扶"（支教、支农、支医和扶贫）计划；教育部、财政部、人力资源和社会保障部、中央编办等4个部门从2006年开始组织实施的"农村义务教育阶段学校教师特设岗位计划"；中组部、教育部、财政部、人力资源和社会保障部等部门从2008年起组织实施的"选聘高校毕业生到村任职工作"；农业部、人社部、教育部等部门从2013年起组织实施的"农业技术推广服务特设岗位计划"。

16. 什么是农村义务教育阶段学校教师特设岗位计划？

2006年，教育部、财政部、原人事部、中央编办下发《关于实施农村义务教育阶段学校教师特设岗位计划的通知》（教师〔2006〕2号），联合启动实施"特岗计划"，公开招聘高校毕业生到"两基"攻坚县农村义务教育阶段学校任教。特岗教师聘期3年。

17. 农村教师特岗计划实施的地区范围包括哪些？

2006～2008年，"特岗计划"的实施范围以国家西部地区"两基"攻坚县为主（含新疆生产建设兵团的部分团场），包括纳入国家西部开发计划的部分中部省份的少数民族自治州，适当兼顾西部地区一些有特殊困难的边境县、少数民族自治县和少小民族县。2009年，实施范围扩大到中西部地区国家扶贫开发工作重点县。2015～2016年，中央特岗计划实施范围具体为：《中国农村扶贫开发纲要（2011～2020年）》确定的11个集中连片特殊困难地区和四省藏区县，中西部地区国家扶贫开发工作重点县，省级扶贫开发工作重点县，西部地区原"两基"攻坚县（含新疆生产建设兵团的部分团场），纳入国家西部开发计划的部分中部省份的少数民族自治州以及西部地区一些有特殊困难的边境县，少数民族自治县和少小民族县。特岗计划设岗县（市），必须是教师总体缺编、结构性矛盾突出的县（市）。

18. 农村教师特岗计划招聘对象和条件是什么？

（1）以高等师范院校和其他全日制普通高校应届本科毕业生为主，可招少量应届师范类专业专科毕业生。

（2）取得教师资格，具有一定教育教学实践经验，年龄在30岁以下的全日制普通高校往届本科毕业生。

（3）参加过"大学生志愿服务西部计划"、有从教经历的志愿者和参加过半年以上实习支教的师范院校毕业生同等条件下优先。

（4）报名者应同时符合教师资格条件要求和招聘岗位要求。

19. 农村教师特岗计划的招聘程序有哪些？

特岗教师实行公开招聘，合同管理。合同规定用人单位和应聘人员双方的权利和义务。

招聘工作由省级教育、人力资源和社会保障、财政、编办等相关部门共同负责,遵循"公开、公平、自愿、择优"和"三定"(定县、定校、定岗)原则,按下列程序进行:① 公布需求;② 自愿报名;③ 资格审查;④ 考试考核;⑤ 集中培训;⑥ 资格认定;⑦ 签订合同;⑧ 上岗任教。

20. 什么是选聘高校毕业生到村任职?

2008年,中组部、教育部、财政部、人力资源和社会保障部出台了《关于印发〈关于选聘高校毕业生到村任职工作的意见(试行)〉的通知》(组通字〔2008〕18号),计划用5年时间选聘10万名高校毕业生到农村担任村党支部书记助理、村委会主任助理或团支部书记、副书记等职务。从2010年开始,扩大选聘规模,逐步实现"一村一名大学生村官"计划的目标。选聘的高校毕业生在村工作期限一般为2~3年。

21. 选聘到村任职的对象是什么?要满足哪些条件?选聘程序是什么?

选聘对象为30岁以下应届和往届毕业的全日制普通高校专科以上学历的毕业生,重点是应届毕业和毕业1~2年的本科生、研究生,原则上为中共党员(含预备党员),非中共党员的优秀团干部、优秀学生干部也可以选聘。

基本条件是:① 思想政治素质好,作风踏实,吃苦耐劳,组织纪律观念强。② 学习成绩良好,具备一定的组织协调能力。③ 自愿到农村基层工作。④ 身体健康。此外,参加人力资源和社会保障部、团中央等部门组织的到农村基层服务的"三支一扶""志愿服务西部计划"等活动期满的高校毕业生,本人自愿且具备选聘条件的,经组织推荐可作为选聘对象。

选聘工作一般通过个人报名、资格审查、组织考察、体检、公示、决定聘用、培训上岗等程序进行。

22. 什么是"三支一扶"计划?

"三支一扶"是支教、支医、支农、扶贫的简称。2006年,中组部、原人事部等8个部门下发《关于组织开展高校毕业生到农村基层从事支教、支农、支医和扶贫工作的通知》(国人部发〔2006〕16号),以公开招募、自愿报名、组织选拔、统一派遣的方式,从2006年开始连续5年,每年招募2万名高校毕业生,主要安排到乡镇从事支教、支农、支医和扶贫工作。服务期限一般为2~3年。招募对象主要为全国普通高校应届毕业生。

2011年4月,人力资源和社会保障部下发《关于继续做好高校毕业生"三支一扶"计划实施工作的通知》(人社部发〔2011〕27号),决定继续组织开展高校毕业生"三支一扶"计划,从2011年起,每年选拔2万名,5年内选拔10万名高校毕业生到基层从事"三支一扶"服务。

23. 什么是大学生志愿服务西部计划?

大学生志愿服务西部计划由共青团中央牵头,教育部、财政部、人力资源和社会保障部共同组织实施。从2003年开始,每年招募1.8万名普通高等学校应届毕业生,到西部贫困县的乡镇从事为期1~3年的教育、卫生、农技、扶贫以及青年中心建设和管理等方面的志愿服务工作。

24. 什么是农业技术推广服务特设岗位计划?

农业技术推广服务特设岗位计划由农业部牵头,人力资源和社会保障部、教育部、科技部共同组织实施。从2013年开始,每年招募一批普通高等学校应届毕业生,到乡镇或区域性农业技术推广机构从事为期2~3年的农业技术推广、动植物疫病防控、农产品质量安全服务等工作。

25. 参加中央部门组织实施的基层就业项目,服务期满后享受哪些优惠政策?

根据中组部、人力资源和社会保障部、教育部、财政部、共青团中央《关于统筹实施引导高校毕业生到农村基层服务项目工作的通知》（人社部发〔2009〕42号）等政策规定，参加中央部门组织实施的基层就业项目、服务期满的毕业生，享受以下优惠政策：

（1）公务员招录优惠：每年拿出公务员考录计划的一定比例，专门用于定向招录服务期满且考核称职（合格）的服务基层项目人员。服务基层项目人员也可报考其他职位。

（2）事业单位招聘优惠：鼓励在项目结束后留在当地就业，参加各基层就业项目相对应的自然减员空岗，全部聘用服务期满的高校毕业生。从2009年起，到乡镇事业单位服务的高校毕业生服务满1年后，在现岗位空缺情况下，经考核合格，即可与所在单位签订不少于3年的聘用合同。同时，各省（区、市）县及县以上相关的事业单位公开招聘工作人员，应拿出不低于40%的比例，聘用各专门项目服务期满考核合格的高校毕业生。

（3）考学升学优惠：服务期满后3年内报考硕士研究生初试总分加10分；同等条件下优先录取；高职（高专）学生可免试入读成人本科。

（4）国家补偿学费和代偿助学贷款政策：参加各基层就业项目的毕业生，符合规定条件的，可享受相应的学费补偿和助学贷款代偿政策。

（5）服务期满自主创业的，可享受税收优惠、行政事业性收费减免、小额贷款担保和贴息等有关政策。

（6）其他：各基层就业项目服务年限计算工龄。服务期满到企业就业的，按照规定转接社会保险关系。

26. 高校毕业生到艰苦边远地区或国家扶贫开发工作重点县就业有什么优惠政策？

按照《中共中央办公厅、国务院办公厅印发〈关于进一步引导和鼓励高校毕业生到基层工作的意见〉的通知》（中办发〔2016〕79号）文件规定：

（1）对到中西部地区、东北地区或艰苦边远地区、国家扶贫开发工作重点县县以下机关事业单位工作的高校毕业生，新录用为公务员的，试用期工资可直接按试用期满后工资确定，试用期满考核合格后的级别工资，在未列入艰苦边远地区或国家扶贫开发工作重点县的中西部地区和东北地区的高定一档，在三类及以下艰苦边远地区或国家扶贫开发工作重点县的高定两档，在四类及以上艰苦边远地区的高定三档。

（2）招聘为事业单位正式工作人员的，可提前转正定级，转正定级时的薪级工资，在未列入艰苦边远地区或国家扶贫开发工作重点县的中西部地区和东北地区的高定一级，在三类及以下艰苦边远地区或国家扶贫开发工作重点县的高定两级，在四类及以上艰苦边远地区的高定三级。

（3）落实对乡镇机关事业单位工作人员实行的工作补贴政策，当前补贴水平不低于月人均200元，并向条件艰苦的偏远乡镇和长期在乡镇工作的人员倾斜。落实艰苦边远地区津贴增长机制。

二、鼓励企业特别是中小微企业吸纳高校毕业生就业

27. 国家对鼓励中小微企业吸纳高校毕业生有哪些政策措施？

按照《国务院关于进一步做好新形势下就业创业工作的意见》（国发〔2015〕23号）、《国务院办公厅关于做好2014年全国普通高等学校毕业生就业创业工作的通知》（国发〔2014〕22号）、《国务院办公厅关于做好2013年全国普通高等学校毕业生就业工作的通知》（国办发〔2013〕35号）、《国务院关于进一步支持小型微型企业健康发展的意见》（国发〔2012〕14号）和《国务院关于进一步做好普通高等学校毕业生就业工作的通知》（国发〔2011〕16号）等文

件规定:

(1) 对招收高校毕业生达到一定数量的中小企业,地方财政应优先考虑安排扶持中小企业发展资金,并优先提供技术改造贷款贴息。

(2) 对劳动密集型小企业当年新招收登记失业高校毕业生,达到企业现有在职职工总数30%(超过100人的企业达15%)以上,并与其签订1年以上劳动合同的劳动密集型小企业,可按规定申请最高不超过200万元的小额担保贷款并享受50%的财政贴息。

(3) 高校毕业生到中小企业就业的,在专业技术职称评定、科研项目经费申请、科研成果或荣誉称号申报等方面,享受与国有企事业单位同类人员同等待遇。

(4) 对小微企业新招用毕业年度高校毕业生,签订1年以上劳动合同并缴纳社会保险费的,给予1年社会保险补贴。

28. 国家对引导国有企业吸纳高校毕业生就业有哪些政策措施?

按照《国务院关于进一步做好新形势下就业创业工作的意见》(国发〔2015〕23号)、《国务院办公厅关于做好2014年全国普通高等学校毕业生就业创业工作的通知》(国发〔2014〕22号)、《国务院办公厅关于做好2013年全国普通高等学校毕业生就业工作的通知》(国办发〔2013〕35号)和《关于做好2013~2014年国有企业招收高校毕业生工作有关事项的通知》(国资厅发分配〔2013〕37号)等文件规定:

(1) 承担对口支援西藏、青海、新疆任务的中央企业要结合援助项目建设,积极吸纳当地高校毕业生就业。

(2) 建立国有企事业单位公开招聘制度,推动实现招聘信息公开、过程公开和结果公开。

(3) 国有企业招聘应届高校毕业生,除涉密等特殊岗位外,要实行公开招聘,招聘应届高校毕业生信息要在政府网站公开发布,报名时间不少于7天;对拟聘人员应进行公示,明确监督渠道,公示期不少于7天。

29. 企业招收就业困难高校毕业生享受什么优惠政策?

按照《财政部、人力资源社会保障部关于进一步加强就业专项资金管理有关问题的通知》(财社〔2011〕64号)规定,对各类企业(单位)招用符合条件的就业困难高校毕业生,与之签订劳动合同并缴纳社会保险费的,按其为就业困难高校毕业生实际缴纳的基本养老保险费、基本医疗保险费和失业保险费给予补贴,不包括企业(单位)和个人应缴纳的其他社会保险费。

根据《就业促进法》有关规定,就业困难人员是指因身体状况、技能水平、家庭因素、失去土地等原因难以实现就业,以及连续失业一定时间仍未能实现就业的人员。就业困难人员的具体范围,由省、自治区、直辖市人民政府根据本行政区域的实际情况规定。

企业(单位)按季将符合享受社会保险补贴条件人员的缴费情况单独列出,向当地人力资源和社会保障部门申请补贴。社会保险补贴申请材料应附:符合享受社会保险补贴条件的人员名单及身份证复印件、就业创业证复印件、劳动合同等就业证明材料复印件、社会保险征缴机构出具的社会保险费明细账(单)、企业(单位)在银行开立的基本账户等凭证材料,经人力资源和社会保障部门审核后,财政部门将补贴资金支付到企业(单位)在银行开立的基本账户。

30. 企业为高校毕业生开展岗前培训享受什么优惠政策?

按照《国务院关于进一步做好新形势下就业创业工作的意见》(国发〔2015〕23号)、《国务院办公厅关于做好 2014 年全国普通高等学校毕业生就业创业工作的通知》（国办发〔2014〕22 号）、《财政部、人力资源社会保障部关于进一步加强就业专项资金管理有关问题的通知》（财社〔2011〕64 号）等文件规定，企业新录用毕业年度高校毕业生与其签订 6 个月以上期限劳动合同，在劳动合同签订之日起 6 个月内由企业依托所属培训机构或政府认定的培训机构开展岗前就业技能培训的，根据培训后继续履行劳动合同情况，按照当地确定的职业培训补贴标准的一定比例，对企业给予定额职业培训补贴。

企业开展岗前培训前，需将培训计划大纲、培训人员花名册及身份证复印件、劳动合同复印件等材料报当地人力资源和社会保障部门备案，培训后根据劳动者继续履行劳动合同情况，向人力资源和社会保障部门申请职业培训补贴。申请材料经人力资源和社会保障部门审核后，财政部门按规定将补贴资金直接拨入企业在银行开立的基本账户。企业申请职业培训补贴应附：培训人员花名册、培训人员身份证复印件、就业创业证复印件、劳动合同复印件、职业培训合格证书等凭证材料。

对小型微型企业新招用高校毕业生按规定开展岗前培训的，各地要根据当地物价水平，适当提高培训费补贴标准。

31. 高校毕业生从企业到机关事业单位就业后工龄如何计算？

按照《国务院关于进一步做好普通高等学校毕业生就业工作的通知》（国发〔2011〕16 号）等文件规定，高校毕业生从企业、社会团体到机关事业单位就业的，其按规定参加企业职工基本养老保险的缴费年限合并为连续工龄。

32. 高校毕业生到企业特别是中小企业就业可否在当地落户？

按照《国务院办公厅关于做好 2014 年全国普通高等学校毕业生就业创业工作的通知》（国办发〔2014〕22 号）、《国务院办公厅关于做好 2013 年全国普通高等学校毕业生就业工作的通知》（国办发〔2013〕35 号）文件规定，要简化高校毕业生就业程序，消除其在不同地区、不同类型单位之间流动就业的制度性障碍。切实落实允许包括专科生在内的高校毕业生在就（创）业地办理落户手续的政策（直辖市按有关规定执行）。

省会及以下城市要放开对吸收高校毕业生落户的限制，简化有关手续，应届毕业生凭普通高等学校毕业证书、全国普通高等学校毕业生就业报到证、与用人单位签订的就业协议书或劳动（聘用）合同办理落户手续；非应届毕业生凭与用人单位签订的劳动（聘用）合同和普通高等学校毕业证书办理落户手续。高校毕业生到小型微型企业就业、自主创业的，其档案可由当地市、县一级的公共就业人才服务机构免费保管。办理高校毕业生档案转递手续，转正定级表、调整改派手续不再作为接收审核档案的必备材料。

33. 流动人员人事档案如何保管？

按照《关于进一步加强流动人员人事档案管理服务工作的通知》（人社部发〔2014〕90 号）、《流动人员人事档案管理暂行规定》规定，流动人员档案具体包括：非公有制企业和社会组织聘用人员的档案；辞职辞退、取消录（聘）用或被开除的机关事业单位工作人员档案；与企事业单位解除或终止劳动（聘用）关系人员的档案；未就业的高校毕业生及中专毕业生的档案；自费出国留学及其他因私出国（境）人员的档案；外国企业常驻代表机构的中方雇员的档案；自由职业或灵活就业人员的档案；其他实行社会管理人员的档案。

流动人员人事档案管理实行集中统一、归口管理的管理体制，主管部门为政府人力资源和社会保障部门，接受同级党委组织部门的监督和指导。流动人员人事档案具体由县级以上（含县级）公共就业和人才服务机构以及经人力资源和社会保障部门授权的单位管理，其他单位未经授权不得管理流动人员人事档案。严禁个人保管本人或他人的档案。跨地区流动人员的人事档案,可由其户籍所在地或现工作单位所在地的公共就业和人才服务机构管理。

高校毕业生到具有档案管理权限的机关、事业单位、国有企业就业的,由单位直接接收、管理档案。到无档案管理权限的单位(私营企业、外资企业等)就业的,可由各地公共就业和人才服务机构负责提供档案管理等人事代理服务。高校毕业生离校时没有就业的,档案可由学校统一发回原户籍所在地公共就业和人才服务机构保管。档案不允许个人保存。

2015年1月1日起,取消收取人事关系及档案保管费、查阅费、证明费、档案转递费等名目的费用。各级公共就业和人才服务机构应提供免费的流动人员人事档案基本公共服务。

34. 什么是人事代理?高校毕业生怎样办理人事代理?

公共就业和人才服务机构可在规定业务范围内接受用人单位和个人委托,从事下列人事代理服务:(1) 流动人员人事档案管理;(2) 因私出国政审;(3) 在规定的范围内申报或组织评审专业技术职务任职资格;(4) 转正定级和工龄核定;(5) 大中专毕业生接收手续;(6) 其他人事代理事项。

按照《人才市场管理规定》有关规定,人事代理方式可由单位集体委托代理,也可由个人委托代理;可多项委托代理,也可单项委托代理;可单位全员委托代理,也可部分人员委托代理。

单位办理委托人事代理,须向代理机构提交有效证件以及委托书,确定委托代理项目。经代理机构审定后,由代理机构与委托单位签定人事代理合同书,明确双方的权利和义务,确立人事代理关系。

35. 高校毕业生如何与用人单位订立劳动合同?

《劳动合同法》第七条规定,用人单位自用工之日起即与劳动者建立劳动关系。第十条规定,建立劳动关系,应当订立书面劳动合同。已建立劳动关系,未同时订立书面劳动合同的,应当自用工之日起一个月内订立书面劳动合同。用人单位与劳动者在用工前订立劳动合同的,劳动关系自用工之日起建立。

第八条规定,用人单位(企业、个体经济组织、民办非企业单位等组织)招用劳动者时,应当如实告知劳动者工作内容、工作条件、工作地点、职业危害、安全生产状况、劳动报酬,以及劳动者要求了解的其他情况;用人单位有权了解劳动者与劳动合同直接相关的基本情况,劳动者应当如实说明。

第九条规定,用人单位招用劳动者,不得扣押劳动者的居民身份证和其他证件,不得要求劳动者提供担保或者以其他名义向劳动者收取财物。

36. 什么是社会保险?我国建立了哪些社会保险制度?

社会保险是指国家通过立法,按照权利与义务相对应原则,多渠道筹集资金,对参保者在遭遇年老、疾病、工伤、失业、生育等风险情况下提供物质帮助(包括现金补贴和服务),使其享有基本生活保障、免除或减少经济损失的制度安排。

社会保险法第二条规定,我国建立基本养老保险、基本医疗保险、工伤保险、失业保险、生育保险等社会保险制度,保障公民在年老、疾病、工伤、失业、生育等情况下依法从国家和社会获得物质帮助的权利。其中,基本养老保险制度包括职工基本养老保险制度、新型农村社会保险制度和城镇居民社会养老保险制度;基本医疗保险制度包括职工基本医疗保险制度、新型农村合作医疗制度和城镇居民医疗保险制度。

37. 用人单位应该履行哪些社会保险义务？享有哪些社会保险权利？

(1) 社会保险义务：一是申请办理社会保险登记的义务；二是申报和缴纳社会保险费的义务；三是代扣代缴职工社会保险的义务；四是向职工告知缴纳社会保险费明细的义务。

(2) 社会保险权利：一是有权免费查询、核对其缴费记录；二是有权要求社会保险经办机构提供社会保险咨询等相关服务；三是可以参加社会保险监督委员会，对社会保险工作提出咨询意见和建议，实施社会监督；四是对侵害自身权益和不依法办理社会保险事务的行为，有权依法申请行政复议或者提起行政诉讼。此外，还有权对违反社会保险法律、法规的行为进行举报、投诉。

38. 参加社会保险的个人享有哪些权利？

高校毕业生依法缴纳社会保险费后，享有以下权利：

(1) 有权依法享受社会保险待遇；

(2) 有权监督本单位为其缴费情况；

(3) 有权免费向社会保险经办机构查询、核对其缴费和享受社会保险待遇权益记录；

(4) 有权要求社会保险经办机构提供社会保险咨询等相关服务；

(5) 对侵害自身权益和不依法办理社会保险事务的行为，有权依法申请行政复议或者提起行政诉讼。

此外，还有权对违反社会保险法律、法规的行为进行举报、投诉。

39. 目前国家对用人单位及其职工和参保个人缴纳社会保险费的费率是如何规定的？

(1) 用人单位及其职工缴纳社会保险费的费率。根据《国务院关于完善企业职工基本养老保险制度的决定》(国发〔2005〕38号)、《国务院关于建立城镇职工基本医疗保险制度的决定》(国发〔1998〕44号)、《失业保险条例》(国务院令第258号)规定，用人单位缴纳基本养老保险、基本医疗保险和失业保险的费率，分别是原则上为本单位工资总额的20%、6%左右和2%；用人单位缴纳工伤保险费按照《工伤保险条例》(国务院令第586号)规定实行行业差别费率和浮动费率，有关费率确定按照国家相应规定执行；用人单位缴纳生育保险费的费率按照《企业职工生育保险试行办法》(劳部发〔1994〕504号)规定执行，由统筹地区政府根据实际情况自行确定，但不得超过用人单位工资总额的1%。职工本人缴纳基本养老保险、基本医疗保险和失业保险的费率，分别为本人工资的8%、2%和1%。

(2) 参保个人缴纳社会保险费的费率。根据《国务院关于完善企业职工基本养老保险制度的决定》(国发〔2005〕38号)规定，无雇工的个体工商户和灵活就业人员参加职工基本养老保险的缴费费率为20%，其中8%计入个人账户；无雇工的个体工商户和灵活就业人员参加职工基本医疗保险的缴费费率，按国家有关规定，统筹地区可以参照当地基本医疗保险建立统筹基金的缴费水平确定。

(3) 城镇居民参加居民医疗保险和农村居民参加新型农村社会养老保险及新型农村合作医疗，主要采取定额方式缴纳社会保险费。

40. 高校毕业生如何处理劳动人事纠纷？

发生劳动人事争议，可以通过协商解决。当事人不愿协商或协商不成的，可以向调解组织申请调解；不愿调解、调解不成或者达成调解协议后不履行的，可以向劳动人事争议仲裁委员会申请仲裁；对仲裁裁决不服的，除法律另有规定的外，可以向人民法院提起诉讼。

对用人单位违反劳动保障法律、法规和规章的情况，高校毕业生可向人力资源和社会保障部门举报、投诉。劳动保障监察机构将依法受理，纠正和查处有关违法行为。

41. 什么是服务外包和服务外包企业？

服务外包是指企业将其非核心的业务外包出去，利用外部最优秀的专业化团队来承接该业务，从而使其专注核心业务，达到降低成本、提高效率、增强企业核心竞争力和对环境应变能力的一种管理模式。

服务外包企业是指其与服务外包发包商签订中长期服务合同，承接服务外包业务的企业。

42. 目前服务外包产业主要涉及哪些领域及地区？

服务外包分为信息技术外包服务（ITO）、技术性业务流程外包服务（BPO）和技术性知识流程外包（KPO）等。ITO包括软件研发及外包、信息技术研发服务外包、信息系统运营维护外包等领域。BPO包括企业业务流程设计服务、企业内容管理数据库服务、企业运营数据库服务、企业供应链管理数据库服务等领域。KPO包括知识产权研究、医药和生物技术研发和测试、产品技术研发、工业设计、分析学和数据挖掘、动漫及网游设计研发、教育课件研发、工程设计等领域。

我国目前服务外包示范城市有21个，分别是北京、天津、上海、重庆、大连、深圳、广州、武汉、哈尔滨、成都、南京、西安、济南、杭州、合肥、南昌、长沙、大庆、苏州、无锡、厦门。

43. 服务外包企业吸纳高校毕业生有哪些财政支持？

按照《国务院办公厅关于鼓励服务外包产业加快发展的复函》（国办函〔2010〕69号）、《人力资源社会保障部、商务部关于加快服务外包产业发展促进高校毕业生就业的若干意见》（人社部发〔2009〕123号）等文件规定，对符合条件的服务外包企业，每新录用1名大学以上学历员工从事服务外包工作并签订1年期以上劳动合同的，给予企业不超过每人4 500元的培训支持；对符合条件的培训机构培训的从事服务外包业务人才（大学以上学历），通过服务外包业务专业知识和技能培训考核，并与服务外包企业签订1年期以上劳动合同的，给予培训机构每人不超过500元的培训支持。

服务外包企业吸纳高校毕业生参加就业见习的，享受相关财政补助政策。服务外包企业吸纳就业困难高校毕业生就业，享受社会保险补贴等扶持政策。就业困难高校毕业生参加服务外包培训可按规定享受职业培训补贴和职业技能鉴定补贴。

三、鼓励大学生应征入伍，报效祖国

44. 国家鼓励大学生应征入伍服义务兵役，这里的"大学生"如何界定？

指根据国家有关规定批准设立、实施高等学历教育的全日制公办普通高等学校、民办普通高等学校和独立学院，按照国家招生规定录取的全日制普通本科、专科（含高职）、研究生、第二学士学位的应（往）届毕业生、在校生和已被普通高校录取但未报到入学的学生。

征集的大学生以男性为主，女性大学生征集根据军队需要确定。

45. 公民应征入伍需要满足哪些政治条件和基本身体条件？

征集服现役的公民必须热爱中国共产党，热爱社会主义祖国，热爱人民军队，遵纪守法，品德优良，决心为抵抗侵略、保卫祖国、保卫人民的和平劳动而英勇奋斗。征兵政治审查的内容包括：应征公民的年龄、户籍、职业、政治面貌、宗教信仰、文化程度、现实表现以及家庭主要成员和主要社会关系成员的政治情况等。

公民应征入伍要符合国防部颁布的《应征公民体格检查标准》和有关规定。其中，有几项基本条件：

身高:男性 160cm 以上,女性 158cm 以上。

体重:男性不超过标准体重的 30%,不低于标准体重的 15%。

女性不超过标准体重的 20%,不低于标准体重的 15%。

标准体重＝(身高－110) kg。

视力:大学生右眼裸眼视力不低于 4.6,左眼裸眼视力不低于 4.5。屈光不正,准分子激光手术后半年以上,无并发症,视力达到相应标准的,合格。

内科:乙型肝炎表面抗原呈阴性,等等。

46. 应征入伍服义务兵役大学生的年龄是如何规定的?

男性普通高等学校在校生为年满 18 至 22 周岁,高职(专科)毕业生可放宽到 23 周岁,本科及以上学历毕业生可放宽到 24 周岁。

女性普通高等学校在校生为年满 18 到 20 周岁,应届毕业生可放宽到 22 周岁。

47. 高校毕业生应征入伍服义务兵役要经过哪些程序?

(1) 网上报名预征:有应征意向的高校毕业生可在征兵开始之前登录"全国征兵网"(网址为 http://gfbzb.gov.cn,下同)进行报名,填写、打印《应届毕业生预征对象登记表》和《高校毕业生应征入伍学费补偿国家助学贷款代偿申请表》(以下分别简称为《登记表》《申请表》),交所在高校征兵工作管理部门。

(2) 初审、初检:毕业生离校前,在高校参加身体初检、政治初审,符合条件者确定为预征对象,高校协助兵役机关将《登记表》和《申请表》审核盖章发给毕业生本人,并完成网上信息确认。初审、初检工作最迟在 7 月 15 日前完成。

(3) 实地应征:高校应届毕业生可在学校所在地应征入伍,也可在入学前户籍所在地应征入伍。

(4) 组织高校应届毕业生在学校所在地征集的,结合初审、初检工作同步进行体格检查和政治审查,在毕业生离校前完成预定兵,9 月初学校所在地县(市、区)人民政府征兵办公室为其办理批准入伍手续。政治审查以本人现实表现为主,由其就读学校所在地的县(市、区)公安部门负责,学校分管部门具体承办,原则上不再对其入学前和就读返乡期间的现实表现情况进行调查。

(5) 在入学前户籍所在地应征入伍的,高校应届毕业生于 7 月 30 日前将户籍迁回入学前户籍地,持《登记表》和《申请表》到当地县级兵役机关参加实地应征,经体格检查、政治审查合格的,9 月初由当地县(市、区)人民政府征兵办公室办理批准入伍手续。

48. 大学生征集工作由哪个部门牵头负责?

高校所在地兵役机关会同有关部门进入高校开展征集工作,高校由学生管理部门或学校武装部门牵头负责,有意向参军入伍的大学生可向所在学校学工部(处)、就业中心、资助中心或武装部咨询有关政策。

49. 高校毕业生应征入伍服义务兵役享受哪些优惠政策?

高校毕业生应征入伍服义务兵役,除享有优先报名应征、优先体检政审、优先审批定兵、优先安排使用"四个优先"政策,家庭按规定享受军属待遇外,还享受优先选拔使用、学费补偿和国家助学贷款代偿、退役后考学升学优惠、就业服务等政策。

50. 高校毕业生应征入伍"四个优先"政策是怎样规定的?

高校毕业生预征对象参军入伍享受"四优先"政策:

(1) 优先报名应征。报名由县级兵役机关直接办理。夏秋季征兵开始前,县级兵役机关通知其报名时间、地点、注意事项等。确定为预征对象的高校毕业生,持《应届毕业生预征对象登记表》,可以直接到学校所在地或户籍所在地县级兵役机关报名应征。

(2) 优先体检政考。体检由县级兵役机关直接办理。夏秋季征兵体检前,县级兵役机关通知其体检时间、地点、注意事项等。确定为预征对象的高校毕业生,未能在规定时间内在学校参加体检的,本人持《应届毕业生预征对象登记表》,可在征兵体检时间内报名直接参加体检。

(3) 优先审批定兵。审批定兵时,应当优先批准体检政审合格的高校毕业生入伍。高职(专科)以上文化程度的合格青年未被批准入伍前,不得批准高中文化程度的青年入伍。

(4) 优先安排使用。在安排兵员去向时,根据高校毕业生的学历、专业和个人特长,优先安排到军兵种或专业技术要求高的部队服役;部队对征集入伍的高校毕业生,优先安排到适合的岗位,充分发挥其专长。

51. 大学生应征入伍服义务兵役国家给予资助的内容是什么?

高等学校学生应征入伍服义务兵役国家资助,是指国家对应征入伍服义务兵役的高校学生,在入伍时对其在校期间缴纳的学费实行一次性补偿或获得的国家助学贷款(国家助学贷款包括校园地国家助学贷款和生源地信用助学贷款,下同)实行代偿;应征入伍服义务兵役前正在高等学校就读的学生(含按国家招生规定录取的高等学校新生),服役期间按国家有关规定保留学籍或入学资格、退役后自愿复学或入学的,国家实行学费减免。

52. 高校学生应征入伍享受学费补偿、国家助学贷款代偿及学费减免的标准是多少?

按照《关于调整完善国家助学贷款相关政策措施的通知》(财教〔2014〕180号)、《财政部、教育部、总参谋部关于印发〈高等学校学生应征入伍服义务兵役国家资助办法〉的通知》(财教〔2013〕236号)、《关于对直接招收为士官的高等学校学生施行国家资助的通知》(财教〔2015〕462号)文件规定:

(1) 学费补偿、国家助学贷款代偿及学费减免标准,本专科生每人每年最高不超过8 000元,研究生每人每年最高不超过12 000元。

(2) 学费补偿或国家助学贷款代偿金额,按学生实际缴纳的学费或获得的国家助学贷款(国家助学贷款包括本金及其全部偿还之前产生的利息,下同)两者金额较高者执行,据实补偿或者代偿。退役复学后学费减免金额,按学校实际收取学费金额执行。超出标准部分不予补偿、代偿或减免。

(3) 获学费补偿学生在校期间获得国家助学贷款的,补偿资金必须首先用于偿还国家助学贷款。如补偿金额高于国家助学贷款金额,高出部分退还学生。

(4) 从2015年起,国家对直接招收为士官的高等学校学生施行国家资助,入伍时对其在校期间缴纳的学费实行一次性补偿或获得的国家助学贷款(包括校园地国家助学贷款和生源地信用助学贷款)实行代偿。

53. 高校学生应征入伍服义务兵役都可以享受国家资助政策吗?

在校期间已免除全部学费的学生,定向生、委培生和国防生,其他不属于服义务兵役到部队参军的学生,均不享受学费补偿和国家助学贷款代偿政策。

54. 高校学生应征入伍服义务兵役享受学费补偿、国家助学贷款代偿和学费减免的年限如何计算?

学费补偿、国家助学贷款代偿和学费减免的年限,按照国家对本科、专科(高职)、研究生和第二学士学位规定的相应修业年限据实计算。以入伍时间为准,入伍前已达到的修业规定年限,即为学费补偿或国家助学贷款代偿的年限;退役复学后应完成的国家规定的修业年限的剩余期限,即为学费减免的年限;复学后攻读更高层次学历不在减免学费范围之内。

专升本、本硕连读、中职高职连读、第二学士学位毕业生补偿学费或代偿国家助学贷款的年限,分别按照完成本科、硕士、高职和第二学士学位阶段学习任务规定的学习时间计算。

专升本、本硕连读学制在校生,在专科或本科学习阶段应征入伍的,以实际学习时间实行学费补偿或国家助学贷款代偿;在本科或硕士学习阶段应征入伍的,以本科已学习时间或硕士已学习时间计算,实行学费补偿或国家助学贷款代偿,其以前专科学习时间或本科学习时间不计入学费补偿或国家助学贷款代偿。中职高职连读学生学费补偿或国家助学贷款代偿的年限,按照高职阶段实际学习时间计算。

55. 高校学生申请应征入伍服义务兵役国家资助的程序是什么?

(1) 应征报名的高校学生登录大学生征兵报名系统,按要求在线填写、打印《高校学生应征入伍学费补偿国家助学贷款代偿申请表》(一式两份,以下简称《申请表》)并提交学校学生资助管理部门。在校期间获得国家助学贷款的学生,需同时提供《国家助学贷款借款合同》复印件和本人签字的一次性偿还贷款计划书。

(2) 学校相关部门对《申请表》中学生的资助资格、标准、金额(如有生源地信用助学贷款,学校应联系贷款经办银行或贷款经办地县级学生资助管理机构确认贷款金额)等相关信息审核无误后,对《申请表》加盖公章,一份留存,一份返还学生。

(3) 学生在征兵报名时将《申请表》交至入伍所在地县级人民政府征兵办公室(以下简称"县级征兵办")。学生通过征兵体检被批准入伍后,县级征兵办对《申请表》加盖公章并返还学生。

(4) 学生将《申请表》原件和入伍通知书复印件,寄送至原就读高校学生资助管理部门。

56. 因个人原因被部队退回,高校学生已获国家资助的经费要被收回吗?

因本人思想原因、故意隐瞒病史或弄虚作假、违法犯罪等行为造成退兵的学生,学校取消其受助资格,并不得申请学费减免。各省(区、市)人民政府征兵办公室应在接收退兵后及时将被退回学生的姓名、就读高校、退兵原因等情况逐级上报至国防部征兵办公室,并按照学生原就读高校的隶属关系,通报同级教育行政部门。

被部队退回并被取消资助资格的学生,如学生返回其原户籍所在地,已补偿的学费或代偿的国家助学贷款资金由学生户籍所在地县级教育行政部门会同同级人民政府征兵办公室收回;如学生返回其原就读高校,已补偿的学费或代偿的国家助学贷款由学生原就读高校会同退役安置地县级人民政府征兵办公室收回。各县级教育行政部门和各高校应在收回资金后10日内,逐级汇总上缴至全国学生资助管理中心。收回资金按规定作为下一年度学费补偿或国家助学贷款代偿经费。

57. 高校毕业生入伍服义务兵役年限是多少?

我国现行的义务兵役制度服役年限是两年。

58. 大学生士兵退役后享受哪些就学优惠政策?

(1) 高职(专科)学生入伍经历可作为毕业实习经历。

(2) 退役大学生士兵入学或复学后免修军事技能训练,直接获得学分。

(3) 设立"退役大学生士兵"专项硕士研究生招生计划。根据实际需求,每年安排一定数量专项计划,专门面向退役大学生士兵招生。在全国研究生招生总规模内单列下达,不得挪用。

(4) 将高校在校生(含高校新生)服兵役情况纳入推免生遴选指标体系。鼓励开展推荐优秀应届本科毕业生免试攻读研究生工作的高校在制定本校推免生遴选办法时,结合本校具体情况,将在校期间服兵役情况纳入推免生遴选指标体系。在部队荣立二等功及以上的退役人员,符合研究生报名条件的可免试(指初试)攻读硕士研究生。

(5) 将考研加分范围扩大至高校在校生(含高校新生)。退役人员在继续实行普通高校应届毕业生退役后按规定享受加分政策的基础上,允许普通高校在校生(含高校新生)应征入伍服义务兵役退役,在完成本科学业后3年内参加全国硕士研究生招生考试,初试总分加10分,同等条件下优先录取。

(6) 退役大学生士兵专升本实行招生计划单列。高职(专科)学生应征入伍服义务兵役退役,在完成高职学业后参加普通本科专升本考试,实行计划单列,录取比例在现行30%的基础上适度扩大,具体比例由各省份根据本地实际和报名情况确定。

(7) 高校新生录取通知书中附寄应征入伍优惠政策。高校向新生寄送《录取通知书》时,附寄应征入伍宣传单,宣传单主要内容包括优惠政策概要、报名流程指南、学籍注册要求等。

(8) 放宽退役大学生士兵复学转专业限制。大学生士兵退役后复学,经学校同意并履行相关程序后,可转入本校其他专业学习。

(9) 具有高职(高专)学历的,退役后免试入读成人本科,或经过一定考核入读普通本科;荣立三等功以上奖励的,在完成高职(专科)学业后,免试入读普通本科。

(10) 应征入伍的高校毕业生退役后报考政法干警招录培养体制改革试点招生时,教育考试笔试成绩总分加10分。

59. 什么是政法干警招录培养体制改革试点考试?

国家为培养政治业务素质高、实战能力强的应用型、复合型政法人才,加强政法机关公务员队伍建设,2008年开始重点从部队退役士兵和普通高校毕业生中选拔优秀人才,为基层政法机关特别是中西部和其他经济欠发达地区的县(市)级以下基层政法机关提供人才保障和智力支持。

60. 应征入伍的高校应届毕业生离校后户口档案存放在哪里,如何迁转?

被确定为预征对象的高校应届毕业生,回入学前户籍所在地应征的,将户口迁回入学前户籍所在地,档案转到入学前户籍所在地人才交流中心存放。在学校所在地应征的,可将户籍和档案暂时保留在学校。

高校应届毕业生批准入伍后,其户口档案予以注销,档案放入新兵档案。

61. 高校应届毕业生退役后户档迁移有何优惠政策?

高校应届毕业生入伍服义务兵役退出现役后一年内,可视同当年的高校应届毕业生,凭用人单位录(聘)用手续,向原就读高校再次申请办理就业报到手续,户档随迁(直辖市按照有关规定执行)。

62. 没有参加网上报名预征的大学生是否还可以应征入伍并享受有关优惠政策?

未参加网上报名预征的大学生,在征兵期间需要补办网上预征手续,没有经过网上报名预征的大学生不享受有关优惠政策。

63. 什么是士官?与义务兵有什么区别?

我军现役士兵按兵役性质分为义务兵役制士兵和志愿兵役制士兵。义务兵役制士兵称为义务兵,志愿兵役制士兵称为士官。士官属于士兵军衔序列,但不同于义务兵役制士兵,是士兵中的骨干。义务兵实行供给制,发给津贴,士官实行工资制和定期增资制度。

64. 国家资助直接招收为士官的高等学校学生如何界定?

是指直接从非军事部门招收为部队士官的全日制普通本专科(含高职)、研究生、第二学士学位的应(往)届毕业生,以及成人高校的普通本专科(高职)应(往)届毕业生;纳入全国高等学校招生统一考试、直接招录或选拔补充为部队士官的定向生。

四、积极拓宽重点领域就业渠道

65. 国家鼓励和引导高校毕业生去哪些重要领域就业创业?

"一带一路"建设、京津冀协同发展、长江经济带发展等提供了大量的岗位需求。高校毕业生要主动对接人才需求,积极到重点地区、重大工程、重大项目、重要领域去就业。要结合建设科技强国、质量强国、航天强国、网络强国、交通强国、数字中国、智慧社会要求,引导毕业生到高技术产业、战略性新兴产业、先进制造业和现代服务业等领域就业创业。深入挖掘互联网、大数据、人工智能和实体经济深度融合创造的就业机会,在共享经济、现代供应链、人力资本服务等领域拓展就业新空间。

66. 什么是"一带一路"建设?

"一带一路"是"丝绸之路经济带"和"21世纪海上丝绸之路"的简称,是国家级顶层发展规划。它将充分依靠中国与有关国家既有的双多边机制,借助既有的、行之有效的区域合作平台,一带一路旨在借用古代丝绸之路的历史符号,高举和平发展的旗帜,积极发展与沿线国家的经济合作伙伴关系,共同打造政治互信、经济融合、文化包容的利益共同体、命运共同体和责任共同体。

67. "一带一路"建设将给大学生就业带来哪些机遇?

"一带一路"的互联互通项目将推动沿线各国发展战略的对接与耦合,发掘区域内市场的潜力,促进投资和消费,创造需求和就业。2015年3月,国家发展改革委、外交部、商务部联合发布了《推动共建丝绸之路经济带和21世纪海上丝绸之路的愿景与行动》。"一带一路"经济区开放后,承包工程项目突破3 000个。2015年,我国企业共对"一带一路"相关的49个国家进行了直接投资,投资额同比增长18.2%。2015年,我国承接"一带一路"相关国家服务外包合同金额为178.3亿美元,执行金额为121.5亿美元,同比分别增长42.6%和23.45%。2016年6月底,中欧班列累计开行1881列,其中回程502列,实现进出口贸易总额170亿美元。

68. 国家和地方重大科研项目包括哪些?哪些高校毕业生可以被吸纳为研究助理或辅助人员?签订的服务协议应包含哪些内容?

按照《科技部、教育部、财政部、人力资源社会保障部、国家自然科学基金委员会关于鼓励科研项目单位吸纳和稳定高校毕业生就业的若干意见》(国科发财〔2009〕97号)规定,由高校、科研机构和企业所承担的民口科技重大专项、973计划、863计划、科技支撑计划项目以及国家自然科学基金会的重大重点项目等,可以聘用高校毕业生作为研究助理或辅助人员参与研究工作。此外的其他项目,承担研究的单位也可聘用高校毕业生。

吸纳对象主要以优秀的应届毕业生为主,包括高校以及有学位授予权的科研机构培养的博士研究生、硕士研究生和本科生。

被吸纳的高校毕业生需与项目承担单位签订服务协议,明确双方的权利、责任和义务,但不是项目承担单位的正式在编职工。

签订的服务协议应包含：
(1) 项目承担单位的名称和地址；
(2) 研究助理的姓名、居民身份证号码和住址；
(3) 服务协议期限；
(4) 工作内容；
(5) 劳务性费用数额及支付方式；
(6) 社会保险；
(7) 双方协商约定的其他内容。
服务协议不得约定由毕业生承担违约金。

69. 科研项目服务协议的期限如何约定？履行期间是否可以解除协议？

根据《人力资源社会保障部办公厅关于重大科研项目单位吸纳高校毕业生参与研究工作签订服务协议有关问题的通知》（人社厅发〔2009〕47号）等文件规定，服务协议期限最多可签订3年，3年以下的服务协议期限已满而项目执行期未满的，根据工作需要可以协商续签至3年。

服务协议履行期间，毕业生可以提出解除服务协议，但应提前15天书面通知项目承担单位。

项目承担单位提出解除服务协议的，应当提前30日书面通知毕业生本人。研究助理被解除服务协议或协议期满终止后，符合条件的毕业生可按规定享受失业保险待遇。

70. 科研项目承担单位是否给被吸纳的高校毕业生买保险？被吸纳的高校毕业生户档如何迁转？服务协议期满后如何就业？

项目承担单位应当为毕业生办理社会保险，具体包括基本养老保险、基本医疗保险、失业保险、工伤保险、生育保险，并按时足额缴费，根据《国务院关于做好当前和今后一段时期就业创业工作的意见》（国发〔2017〕28号）等文件规定，将社会保险补助纳入劳务费列支，劳务费不设比例限制。参保、缴费、待遇支付等具体办法参照各项社会保险有关规定执行。

毕业生参与项目研究期间，根据当地情况，其户口、档案可存放在项目承担单位所在地或入学前家庭所在地公共就业和人才服务机构。项目承担单位所在地或入学前家庭所在地公共就业和人才服务机构应当免费为其提供户口、档案托管服务。

协议期满，如果项目承担单位无意续聘，则毕业生到其他岗位就业。同时，国家鼓励项目承担单位正式聘用（招用）人员时，优先聘用担任过研究助理的人员。项目承担单位或其他用人单位正式聘用（招用）担任过研究助理的人员，应当分别依据《劳动合同法》、《国务院办公厅转发人事部关于在事业单位试行人员聘用制度意见的通知》（国办发〔2002〕35号）等规定执行。

71. 毕业生服务科研项目协议期满被用人单位正式录（聘）用后，如何办理落户手续？工龄如何接续？

担任过研究助理的人员被正式聘用（招用）后，按照有关规定，凭用人单位录（聘）用手续、劳动合同和《普通高等学校毕业证书》办理落户手续；工龄与参与项目研究期间的工作时间合并计算，社会保险缴费年限合并计算。

五、鼓励高校毕业生到国际组织实习任职

72. 什么是国际组织？

国际组织是具有国际性行为特征的组织，是两个或两个以上国家（或其他国际法主体）

为实现共同的政治经济目的,依据其缔结的条约或其他正式法律文件建立的有一定规章制度的常设性机构。

国际组织分为政府间组织和非政府间组织,也可分为区域性国际组织和全球性国际组织。政府间的国际组织有联合国、欧洲联盟、世界贸易组织等,非政府间的国际组织有国际奥委会、国际红十字会等。

73. 联合国的国际公务员有哪几种?哪些职位是面向高校毕业生的?

联合国的国际公务员主要分为三种:D类、P类和G类。D代表的是director,即高级管理人员;P代表的是Professional,即专业人员;而G则是General,即一般事务。

D类属于领导类职务,部分是在联合国内部一级一级晋升上来的,另外一部分则来自各国直接派遣,比如我国各部委派驻到联合国的工作人员。

G类属于基础性岗位,大多是行政、秘书等辅助性雇员,一般从机构所在国当地招聘。

P类是联合国的中坚力量,因此,对于想加入联合国的高校毕业生而言,最常规的方式,是参加联合国的YPP考试(即青年专业人员考试)。

74. 什么是联合国青年专业人员(YPP)考试?

联合国青年专业人员(YPP)考试是2012年联合国对原国家竞争考试(NCRE)改革后的考试项目,是联合国招聘工作人员的主要方式之一,由人力资源和社会保障部协助联合国在中国举办。

青年专业人员考试的对象为初级业务官员(P1/P2级),由联合国秘书处每年根据各会员国占地域分配的理想员额幅度情况,邀请无代表性、代表性不足或即将变为代表性不足的会员国参加考试。会员国同意参加后,其国民可通过联合国网站报名参加本年考试。

联合国将对申请参加考试的人员进行初步网上筛选,确定最终参加考试人员名单。考试一般由笔试和面试两个阶段的测试组成。通过考试选拔的人员将进入联合国后备人员名单,当出现职位空缺时,由联合国从后备人员名单中选聘。

75. 国家对高校毕业生到国际组织实习任职提供哪些支持和指导服务?

(1)提供"高校毕业生国际组织实习任职服务平台"(http://gj.ncss.org.cn/),为毕业生到国际组织实习任职和参加志愿活动等,提供信息、咨询、培训等服务。

(2)鼓励有条件的高校结合国际组织人才需求,开展培养推送高校毕业生到国际组织实习任职工作,将国际组织基本情况、招聘要求、职业发展路径等内容,纳入大学生就业指导教材和课程。

(3)对到国际组织实习的大学生,高校应给予保留学籍、计算相应学分等政策支持;毕业生可向学校申请保留户口档案两年(直辖市按有关规定执行),两年内落实就业单位的可按应届毕业生身份办理就业手续。高校在制定本校推免生遴选办法时,将大学生到国际组织实习情况纳入推免生遴选指标体系。

(4)国家留学基金管理委员会出台《国家留学基金资助全国普通高校学生到国际组织实习选派管理办法(试行)》,对符合条件的到国际组织实习的高校学生予以资助,包括一次往返国际旅费、资助期限内的奖学金和艰苦地区补贴,资助期限为3~12个月。详见教育部留学基金委网站(http://www.csc.edu.cn/)。

(5)国家留学基金管理委员会从全国优秀应届毕业生中选派实习生,前往联合国教科文组织、国际民航组织及国际电信联盟进行实习,为期3~12个月,并可提供奖学金资助。详见教育部留学基金委网站(http://www.csc.edu.cn/)。

76. 高校毕业生到国际组织实习任职,需要具备哪些能力?如何在校做好准备?

(1) 语言水平

联合国有六种官方工作语言,英语、法语、西班牙语、阿拉伯语、俄语和汉语。其中英语和法语最为重要,两者兼具的求职者进入国际组织有着天然的优势。联合国的很多机构在招聘时都要求应聘者能够使用两种或两种以上语言进行交流。除了要做到听说读写"四会",更为重要的是运用这些语言进行沟通交流,比如能够进行协商谈判、做口头报告、在公众面前演讲、撰写相关报告或文件等。而且联合国要求员工必须能够与不同的对象进行交流,并做到有效、清晰、简洁、准确可信、能阐释复杂的问题,同时要有吸引力,便于对方理解。

在大学时期,要注重外语能力的培养,努力熟练掌握"听说读写"的基本技能,也要多锻炼使用外语进行口头和书面交流的实际运用能力。有条件的话也可以参加托福、雅思等在国际上被广泛承认的语言水平考试,取得的成绩有助于申请国际组织的实习、志愿、正式工作项目。

(2) 综合素质

国际组织对所聘公务员的要求,不单纯是技术性、专业性的,更重要的是在任何职场都需要的沟通能力、管理能力,尤其强调国际组织、跨文化工作所需要的某些能力,如伙伴关系(partnership)、团队精神(team spirit)、协同配合(synergy)、互动(interaction)、相互尊重与理解(mutual respect and understanding)等。在工作中,要有意识地培养有效行为的能力,避免无效行为。

世界卫生组织有一个全球能力模版(Global Competency Model),反映了对国际公务员各方面能力的总体要求,分为核心能力、管理能力、领导能力三大类,共 13 项内容,很有参考价值。

六、鼓励支持高校毕业生自主创业,稳定灵活就业

77. 高校毕业生自主创业,可以享受哪些优惠政策?

按照《国务院关于进一步做好新形势下就业创业工作的意见》(国发〔2015〕23 号)、《国务院办公厅关于深化高等学校创新创业教育改革的实施意见》(国办发〔2015〕36 号)等文件规定,高校毕业生自主创业优惠政策主要包括:

(1) 税收优惠:持人社部门核发的《就业创业证》(注明"毕业年度内自主创业税收政策")的高校毕业生在毕业年度内(指毕业所在自然年,即 1 月 1 日至 12 月 31 日)创办个体工商户、个人独资企业的,3 年内按每户每年 8 000 元为限额依次扣减其当年实际应缴纳的营业税、城市维护建设税、教育费附加和个人所得税。对高校毕业生创办的小型微利企业,按国家规定享受相关税收支持政策。

(2) 创业担保贷款和贴息支持:对符合条件的高校毕业生自主创业的,可在创业地按规定申请创业担保贷款,贷款额度为 10 万元。鼓励金融机构参照贷款基础利率,结合风险分担情况,合理确定贷款利率水平,对个人发放的创业担保贷款,在贷款基础利率基础上上浮 3 个百分点以内的,由财政给予贴息。

(3) 免收有关行政事业性收费:毕业 2 年以内的普通高校毕业生从事个体经营(除国家限制的行业外)的,自其在工商部门首次注册登记之日起 3 年内,免收管理类、登记类和证照类等有关行政事业性收费。

(4) 享受培训补贴:对高校毕业生在毕业学年(即从毕业前一年 7 月 1 日起的 12 个月

内参加创业培训的,根据其获得创业培训合格证书或就业、创业情况,按规定给予培训补贴。

(5) 免费创业服务:有创业意愿的高校毕业生,可免费获得公共就业和人才服务机构提供的创业指导服务,包括政策咨询、信息服务、项目开发、风险评估、开业指导、融资服务、跟踪扶持等"一条龙"创业服务。各地在充分发挥各类创业孵化基地作用的基础上,因地制宜建设一批大学生创业孵化基地,并给予相关政策扶持。对基地内大学生创业企业要提供培训和指导服务,落实扶持政策,努力提高创业成功率,延长企业存活期。

(6) 取消高校毕业生落户限制,允许高校毕业生在创业地办理落户手续(直辖市按有关规定执行)。

78. 大学生创业工商登记有什么要求?

深化商事制度改革,进一步落实注册资本登记制度改革,坚决推行工商营业执照、组织机构代码证、税务登记证"三证合一",推进"三证合一"登记制度改革意见和统一社会信用代码方案,实现"一照一码"。放宽新注册企业场所登记条件限制,推动"一址多照"、集群注册等,降低大学生创业门槛。

79. 对大学生自主创业学籍管理有什么要求?

根据《教育部关于做好2016届全国普通高等学校毕业生就业创业工作的通知》(教学〔2015〕12号)文件规定,对有自主创业意愿的大学生,实施弹性学制,放宽学生修业年限,允许调整学业进程、保留学籍休学创新创业。

80. 高校对自主创业大学生可提供什么条件?

按照《普通高等学校学生管理规定》(中华人民共和国教育部令第41号)、《教育部关于做好2016届全国普通高等学校毕业生就业创业工作的通知》(教学〔2015〕12号)文件规定:

(1) 学生参加创新创业、社会实践等活动以及发表论文、获得专利授权等与专业学习、学业要求相关的经历、成果,可以折算为学分,计入学业成绩。具体办法由学校规定。学校应当鼓励、支持和指导学生参加社会实践、创新创业活动,可以建立创新创业档案、设置创新创业学分。

(2) 学校可以根据情况建立并实行灵活的学习制度。对休学创业的学生,可以单独规定最长学习年限,并简化休学批准程序。

(3) 休学创业或退役后复学的学生,因自身情况需要转专业的,学校应当优先考虑。

(4) 各地各高校建设一批大学生创业示范基地,继续推动大学科技园、创业园、创业孵化基地和实习实践基地建设,高校应开辟专门场地用于学生创新创业实践活动,教育部工程研究中心、各类实验室、教学仪器设备等原则上都要向学生开放。

(5) 各高校要优化经费支出结构,多渠道统筹安排资金,支持创新创业教育教学,资助学生创新创业项目。

81. 高校毕业生怎样提升自主创业的能力?

各高校要根据人才培养定位和创新创业教育目标要求,促进专业教育与创新创业教育有机融合,调整专业课程设置,挖掘和充实各类专业课程的创新创业教育资源,在传授专业知识过程中加强创新创业教育。面向全体学生开发开设创新创业必修课和选修课,纳入学分管理。

各地人力资源和社会保障部门已形成一些成熟的创业培训模式,如"GYB"(产生你的企业想法)、"SYB"(创办你的企业)、"IYB"(改善你的企业);高校毕业生可选择参加创业培训和实训,并可按规定享受培训补贴,以提高创业能力。

82. 高校如何开展创新创业教育？

健全创新创业教育课程体系。高校要加快创新创业教育优质课程信息化建设，推出一批资源共享的慕课、视频公开课等在线开放课程。建立在线开放课程学习认证和学分认定制度。组织学科带头人、行业企业优秀人才，联合编写具有科学性、先进性、适用性的创新创业教育重点教材。

改革教学方法和考核方法。高校要广泛开展启发式、讨论式、参与式教学，扩大小班化教学覆盖面，推动教师把国际前沿学术发展、最新研究成果和实践经验融入课堂教学，注重培养学生的批判性和创造性思维，激发创新创业灵感。运用"大数据"技术，掌握不同学生学习需求和规律，为学生自主学习提供更加丰富多样的教育资源。改革考试考核内容和方式，注重考查学生运用知识分析、解决问题的能力，探索非标准答案考试，破除"高分低能"积弊。

强化创新创业实践。高校要加强专业实验室、虚拟仿真实验室、创业实验室和训练中心建设，促进实验教学平台共享。各地区、各高校科技创新资源原则上向全体在校学生开放，开放情况纳入各类研究基地、重点实验室、科技园评估标准。鼓励各地区、各高校充分利用各种资源建设大学科技园、大学生创业园、创业孵化基地和小微企业创业基地，作为创业教育实践平台，建好一批大学生校外实践教育基地、创业示范基地、科技创业实习基地和职业院校实训基地。完善国家、地方、高校三级创新创业实训教学体系，深入实施大学生创新创业训练计划，扩大覆盖面，促进项目落地转化。举办全国大学生创新创业大赛，办好全国职业院校技能大赛，支持举办各类科技创新、创意设计、创业计划等专题竞赛。支持高校学生成立创新创业协会、创业俱乐部等社团，举办创新创业讲座论坛，开展创新创业实践。

83. 如何向高校毕业生创设的小微企业优先转移科技成果？

国家鼓励利用财政性资金设立的科研机构、普通高校、职业院校，通过合作实施、转让、许可和投资等方式，向高校毕业生创设的小微企业优先转移科技成果。

84. 怎样申请创业担保贷款？在哪些银行可以申请创业担保贷款？

创业担保贷款按照自愿申请、社区推荐、人力资源和社会保障部门审查、贷款担保机构审核并承诺担保、商业银行核贷的程序，办理贷款手续。

各国有商业银行、股份制商业银行、城市商业银行和城乡信用社都可以开办创业担保贷款业务，各地区根据实际情况确定具体经办银行。在指定的具体经办银行可以办理创业担保贷款。

85. 哪些项目属于微利项目？

微利项目由各省、自治区、直辖市人民政府结合当地实际情况确定，并报财政部、中国人民银行、人力资源和社会保障部备案。对于从事微利项目的，财政据实全额贴息，展期不贴息。

86. 离校后未就业高校毕业生如何参加就业见习？

人力资源和社会保障部门通过媒体、公共就业和人才服务机构以及电视、网络、报纸等多种渠道，发布就业见习信息，公布见习单位名单、岗位数量、期限、人员要求等有关内容，或者组织开展见习单位和高校毕业生的双向选择活动，帮助离校未就业高校毕业生和见习单位对接。离校后未就业回到原籍的高校毕业生可与原籍所在地人力资源和社会保障部门及当地团组织联系，主动申请参加就业见习。

87. 就业见习期限有多长？

高校毕业生就业见习期限一般为3~12个月。

高校毕业生就业见习活动结束后,见习单位对高校毕业生进行考核鉴定,出具见习证明,作为用人单位招聘和选用见习高校毕业生的依据之一。在见习期间,由见习单位正式录(聘)用的,在该单位的见习期可以作为工龄计算。

88. 离校未就业高校毕业生参加就业见习享受哪些政策和服务?

(1) 获得基本生活补助(基本生活补助费用由见习单位和地方政府分担,各地要根据当地经济发展和物价水平,合理确定和及时调整基本生活补助标准);

(2) 免费办理人事代理;

(3) 办理人身意外伤害保险;

(4) 见习期满未被录用可继续享受就业指导与服务。

89. 见习单位能享受什么优惠政策?

对企业(单位)吸纳离校未就业高校毕业生参加就业见习的,由见习企业(单位)先行垫付见习人员见习期间基本生活补助,再按规定向当地人力资源和社会保障部门申请就业见习补贴。

就业见习补贴申请材料应附:实际参加就业见习的人员名单、就业见习协议书、见习人员身份证、登记证复印件和大学毕业证复印件、企业(单位)发放基本生活补助明细账(单)、企业(单位)在银行开立的基本账户等凭证材料,经人力资源和社会保障部门审核后,财政部门将资金支付到企业(单位)在银行开立的基本账户。

见习单位支出的见习补贴相关费用,不计入社会保险缴费基数,但符合税收法律法规规定的,可以在计算企业所得税应纳税所得额时扣除。

90. 高校毕业生如何申请参加职业培训?

职业培训由各地人力资源和社会保障部门负责组织实施。高校毕业生可到当地人力资源和社会保障部门咨询了解职业培训开展情况,选择适宜的培训项目参加。

职业培训工作主要由政府认定的培训机构、技工院校或企业所属培训机构承担。

91. 高校毕业生能否享受职业培训补贴政策?如何申请职业培训补贴?

高校毕业生毕业年度内参加就业技能培训或创业培训,可按规定向当地人力资源和社会保障部门申请职业培训补贴。毕业后按规定进行了失业登记的高校毕业生参加就业技能培训或创业培训,也可向当地人力资源和社会保障部门申请职业培训补贴。

按照《财政部、人力资源社会保障部关于进一步加强就业专项资金管理有关问题的通知》(财社〔2011〕64号)等文件规定,申请材料经人力资源和社会保障部门审核后,财政部门按规定将补贴资金直接拨付给申请者本人。职业培训补贴申请材料应附:培训人员《身份证》复印件、《就业创业证》复印件、职业资格证书(专项职业能力证书或培训合格证书)复印件、就业或创业证明材料、职业培训机构开具的行政事业性收费票据(或税务发票)等凭证材料。

高校毕业生参加就业技能培训或创业培训后,培训合格并通过职业技能鉴定取得初级以上职业资格证书(未颁布国家职业技能标准的职业应取得专项职业能力证书或创业培训合格证书),6个月内实现就业的,按职业培训补贴标准的100%给予补贴。6个月内没有实现就业的,取得初级以上职业资格证书,按职业培训补贴标准的80%给予补贴;取得专项职业能力证书或创业培训合格证书,按职业培训补贴标准的60%给予补贴。

92. 高校毕业生如何获取职业资格证书?

高校毕业生个人可向职业技能鉴定所(站)自主申请职业技能鉴定。职业技能鉴定要参加理论知识考试和操作技能(专业能力)考核。经鉴定合格者,由人力资源和社会保障部门核发相应的职业资格证书。

93. 高校毕业生能否享受职业技能鉴定补贴政策,如何申请技能鉴定补贴?

按照《财政部、人力资源社会保障部关于进一步加强就业专项资金管理有关问题的通知》(财社〔2011〕64号)等文件规定,对高校毕业生在毕业年度内通过初次职业技能鉴定并取得职业资格证书或专项职业能力证书的,按规定给予一次性职业技能鉴定补贴。

通过初次职业技能鉴定并取得职业资格证书或专项职业能力证书的,可向职业技能鉴定所在地人力资源和社会保障部门申请一次性职业技能鉴定补贴。职业技能鉴定补贴申请材料应附:申请人身份证复印件、就业创业证复印件、职业资格证书复印件、职业技能鉴定机构开具的行政事业性收费票据(或税务发票)等凭证材料,经人力资源和社会保障部门审核后,财政部门按规定将补贴资金支付给申请者本人。

七、为高校毕业生提供就业指导、就业服务和就业援助

94. 主要有哪些机构为高校毕业生提供就业服务?

(1)公共就业和人才服务机构。由各级人力资源和社会保障部门举办的公共就业和人才服务机构,为高校毕业生免费提供政策咨询、就业信息、职业指导、职业介绍、就业援助、就业与失业登记或求职登记等各项公共服务,按规定为登记失业高校毕业生免费提供人事档案管理等服务。此外,还定期开展面向高校毕业生的公共就业和人才服务专项活动,比如每年5月的"民营企业招聘周"、每年9月的"高校毕业生就业服务月"、每年11月的"高校毕业生就业服务周"等,为高校毕业生和用人单位搭建供需对接平台。

(2)高校毕业生就业指导机构。目前,各省教育部门、各高校普遍建立了高校毕业生就业指导机构,为毕业生提供就业咨询、用人单位招聘及实习实训信息、求职技巧、职业生涯辅导、毕业生推荐、实习实践能力提升和就业手续办理等多项就业指导和服务。

(3)职业中介机构。主要包括从事人力资源服务的经营性机构,政府鼓励各类职业中介机构为高校毕业生提供就业服务,对为登记失业高校毕业生提供服务并符合条件的职业中介机构按规定给予职业介绍补贴。

95. 职业中介机构如何享受职业介绍补贴?

按照《财政部、人力资源社会保障部关于进一步加强就业专项资金管理有关问题的通知》(财社〔2011〕64号)等文件规定,在工商行政部门登记注册的职业中介机构,可按经其就业服务后实际就业的登记失业人员人数向当地人力资源和社会保障部门申请职业介绍补贴。

职业介绍补贴申请材料应附:经职业中介机构就业服务后已实现就业的登记失业人员名单、接受就业服务的本人签名及身份证复印件、就业创业证复印件、劳动合同等就业证明材料复印件、职业中介机构在银行开立的基本账户等凭证材料。申请材料经人力资源和社会保障部门审核后,财政部门按规定将补贴资金支付到职业中介机构在银行开立的基本账户。

96. 高校毕业生获取就业信息的主要渠道有哪些?

(1)浏览各类就业信息网站,包括中央有关部门主办的全国性就业信息网站、地方有关部门主办的就业信息网站、各高校就业信息网站及校内bbs求职版面、其他专业性就业网站等;

(2) 参加各类招聘和双向选择活动,包括国家有关部门、各地、学校、用人单位等相关机构组织的各类现场或网络招聘活动;

(3) 参与校企合作实习,包括社会实践、毕业实习等活动;

(4) 查阅媒体广告,如报纸、刊物、电台、电视台、视频媒体等;

(5) 他人推荐,如导师、校友、亲友等;

(6) 主动到单位求职自荐等。

97. 在校期间高校毕业生可以通过哪些途径提升就业能力?

在学好专业知识技能的同时,根据学校要求或安排,毕业生可以通过选修或必修就业指导课程、参与学校组织的就业实习、技巧辅导、模拟招聘等活动,学习和了解相关职业的资料和信息,充分借助社会实践平台,全面提升就业能力。

高校毕业生还可通过学校实施的毕业证书与职业资格证书"双证书"制度、组织到企业顶岗实习、参加人力资源和社会保障部门认定的定点机构开展的职业技能培训等,切实增强自身的岗位适应能力与就业竞争力,促进职业素养的养成。

98. 困难家庭高校毕业生包括哪些毕业生?享受哪些帮扶政策?

困难家庭高校毕业生是指来自城镇低保家庭、低保边缘户家庭、农村贫困家庭和残疾人家庭的普通高校毕业生。

各级机关考录公务员、事业单位招聘工作人员时,免收困难家庭高校毕业生的报名费和体检费。

为帮助困难家庭的高校毕业生求职就业,高校一般都会安排经费作为困难家庭毕业生的求职补助,或对已成功就业的困难家庭毕业生给予奖励。困难家庭的毕业生可向所在院系书面申请。学校也应根据平时掌握的情况,对困难家庭的毕业生给予主动帮助。

从2013年起,对享受城乡居民最低生活保障家庭、获得国家助学贷款的毕业年度内高校毕业生,可给予一次性求职创业补贴,补贴标准由各省级财政、人力资源和社会保障部门会同有关部门根据当地实际制定,所需资金按规定列入就业专项资金支出范围。

99. 高校毕业生如何办理就业登记和失业登记?离校后未就业如何获得相应的就业指导和服务?

在法定劳动年龄内、有劳动能力和就业要求、处于无业状态的城镇常住人员,可以到常住地的公共就业服务机构进行失业登记。各地公共就业服务机构要为登记失业的各类人员提供均等化的政策咨询、职业指导、职业介绍等公共就业服务和普惠性就业政策,并逐步使外来劳动者与当地户籍人口享有同等的就业扶持政策。将《就业失业登记证》调整为《就业创业证》,免费发放,作为劳动者享受公共就业服务及就业扶持政策的凭证。有条件的地方可积极推动社会保障卡在就业领域的应用。

100. 离校未就业高校毕业生享受哪些服务和政策?

按照《国务院办公厅关于做好2013年全国普通高等学校毕业生就业工作的通知》(国办发〔2013〕35号)和《人力资源社会保障部关于实施离校未就业高校毕业生就业促进计划的通知》(人社部发〔2013〕41号)要求,为做好离校未就业高校毕业生就业工作,从2013年起实施离校未就业高校毕业生就业促进计划:

(1) 地方各级人社部门所属公共就业人才服务机构和基层公共就业服务平台要面向所有离校未就业高校毕业生(包括户籍不在本地的高校毕业生)开放,办理求职登记或失业登记手续,发放《就业创业证》,摸清就业服务需求。其中,直辖市为非本地户籍高校毕业生办

理失业登记办法按现行规定执行;

(2) 对实名登记的所有未就业高校毕业生提供更具针对性的职业指导;

(3) 对有求职意愿的高校毕业生要及时提供就业信息;

(4) 对有创业意愿的高校毕业生,各地要纳入当地创业服务体系,提供政策咨询、项目开发、创业培训、融资服务、跟踪扶持等"一条龙"创业服务,及时提供就业信息;

(5) 要将零就业家庭、经济困难家庭、残疾等就业困难的未就业高校毕业生列为重点工作对象,提供"一对一"个性化就业帮扶,确保实现就业;

(6) 对有就业见习意愿的高校毕业生,各地要及时纳入就业见习工作对象范围,确保能够随时参加;

(7) 对有培训意愿的离校未就业高校毕业生,各地要结合其专业特点,组织参加职业培训和技能鉴定,按规定落实相关补贴政策;

(8) 地方各级公共就业人才服务机构要为离校未就业高校毕业生免费提供档案托管、人事代理、社会保险办理和接续等一系列服务,简化服务流程,提高服务效率;有条件的地方可对到小微企业就业的离校未就业高校毕业生,提供免费的人事劳动保障代理服务;

(9) 加大人力资源市场监管力度,严厉打击招聘过程中的欺诈行为,及时纠正性别歧视和其他各类就业歧视。加大劳动用工、缴纳社会保险费等方面的劳动保障监察力度,切实维护高校毕业生就业后的合法权益。

参 考 文 献

[1] 边玉芳.心理健康[M].上海:华东师范大学出版社,2006.
[2] 时新中.赢在新起点[M].合肥:合肥工业大学出版社,2008.
[3] 《携手青春:大学生入学教育》编写组.携手青春:大学生入学教育[M].4版.合肥:中国科学技术大学出版社,2015.
[4] 胡华北.大学生心理健康指导[M].合肥:合肥工业大学出版社,2009.
[5] 徐冬生.我心飞翔:大学生心理自助手册[M].合肥:安徽人民出版社,2009.
[6] 胡华北.我的青春我做主:大学新生入学指导[M].合肥:合肥工业大学出版社,2010.
[7] 叶超飞.江西环境工程职业学院学生服务手册[M].北京:北京理工大学出版社,2014.
[8] 安徽审计职业学院文件汇编(2017).
[9] 安徽审计职业学院网站:http://www.ahsjxy.cn/.